學校行政領導理論與實務

吳 煥 烘 著
國立嘉義大學教育學系教授

五南圖書出版公司 印行

序

　　近年來，由於社會變遷的加速，政治的開放民主，經濟的迅速成長，產業的結構改變，以及價值觀念多元化的衝擊，導致教育的承傳功能與主導地位也面臨新的挑戰，必須加快革新的步調，以因應當前與未來社會發展的需要。

　　其實，學校教育的發展，在面對當前自由、民主、多元、開放的社會，必須是全面的、持續的、均衡的齊頭並進，一方面須適應瞬息萬變的時代要求，另一方面又須適應包羅萬象的社會需要，且須根據推陳出新的教育原理，期能培育有用人才，服務社會，造福人群。雖然教育的效果無法立竿見影，但其影響卻是綿長深遠的。因此，學校中的行政領導者，如能以更宏觀的思維、更前瞻的規劃、更積極的作為，掌握領導的訣竅，妥為策劃，善加激勵，有效整合內部意見，建立共識，即能增進校內圓融的人際溝通，和諧處理錯綜複雜的教育問題，有助於提升學校教育品質，強化學校的競爭力。

　　在學校行政學門中，領導理論乃是近來倍受重視的新興領域。因為領導得法，除可發揮群策群力，成就組織，亦可造就領袖；反之，則足以拖累組織，甚至毀滅個人。其重要性，不言可喻。在當前競爭激烈的社會，學校正面臨前所未有的衝擊與挑戰。究竟學校領導的困境何在？如何有效解決？領導者如何以恢宏開闊的胸襟，面對多元社會的挑戰？如何終身學習？如何以謙遜、開放、聆聽、內省的精神，贏得教職員工的信賴？如何有效地溝通，和諧地推展教育的新理念和新作為？如何追求卓越的學校經營與效率，成為一位傑出的學校行政領導者。這些問題都是值得當今各級學校行政領導者及幹部深思與反省的課題。

本書作者吳煥烘博士，任教國立嘉義大學教育學系教授，是一位學養俱優的學者，而且更是一位教學認真、用心研究、關懷學生的好老師。吳教授除努力研究、熱心教學外，更積極參與學校行政工作，擔任學務長多年，襄助校務工作，績效卓著，贏得全校師生的稱讚。此外，吳博士亦擔任嘉大國民教育研究所「學校行政專題研究」課程，教學相長，並為培育國內學校行政領導人才盡心盡力，貢獻良多。最近吳博士將其講學與研究心得，整理撰寫《學校行政領導理論與實務》一書，殊屬難得。全書共計十二章，主要內容包括領導的特質與技術理論、行為理論、權變領導理論、轉型與互易領導理論、全面品質管理的學校領導、學習型組織領導、知識管理與領導、團隊領導、危機管理與領導、衝突管理與領導，以及現代領導的重要主題等。綜覽全書，作者從新思維、新方向、新作法著手，頗有令人耳目一新之感。同時，作者能兼顧理論與實務，尤著重本土化範例，與國內學校現實情境、生活事例、處理經驗相結合，此乃本書一大特色。此外，本書取材新穎，內容豐富，析理精闢，體大思精亦為本書另一特色。本書不僅可以作為國內各大學教育系所之教學用書，也可作為教育行政工作者進修的重要參考資料。爰誌數語，以為推介。

楊國賜 敘於

國立嘉義大學校長室

民國九十三年八月

自　序

　　領導是一種影響的交互歷程，領導者運用各種影響力，使成員之精神、力量全數致力於達成成員與組織機構的既定目標。在學校中，上至校長，下至各級行政主管都從事領導工作，肩負領導之責，它影響整個組織或單位的運作，同樣一件事務，有些單位做起來是「兩岸猿聲啼不住」，糾纏抵制，扞格不入；有些單位是「輕舟已過萬重山」，齊心協力，眾志成城。所以學校領導的成功與否，關係著學校教育目標的達成。

　　學校組織具有科層體制的特質，但是又無一般公務機關的科層體制嚴謹，它存有行政與教學雙系統在運轉，再加上目標的抽象、使用技術無標準化、人員參與的流動性，呈現鬆散連結的組織現象，甚至有學者研究指出學校決策是「垃圾桶決策模式」。另外學校組織環境又遭逢急劇的變化，知識周期的縮短、多元文化的衝擊，參與人員激增，期望又殊異。學校領導者在組織內外環境的變遷與學校組織特質所型塑的情境中，更增加其困難度與挑戰性，也充滿著學校轉型的機會。

　　鑒於學校行政領導的重要性與挑戰性，它關係著學校辦學績效與學校成員的成長、學校教育事業的永續發展，因而引起筆者寫作的動機，試著將領導理論與學校行政結合，寫作《學校行政領導理論與實務》一書。為了使讀者能對學校行政領導有綜合性、系統性與實務性的學習與了解，本書寫作的特色是：

一、寫作的脈絡：本書寫作脈絡是依照領導理論的發展，做領導理論的介紹、領導理論在學校組織的實證研究，以及在學校行政領導的應用。內容包括領導的特質論、領導行為理論、權變領導理論、轉型與互易領導、學習型組織領導、團隊領導、知識管理領導、危機領

導、衝突管理，以及領導的重要課題。

二、主流觀點：因為領導理論眾多，各家說法甚多，本書寫作時顧及領導理論的廣度，對現今領導的熱門課題予以介紹，也對重要理論著墨較深，並做綜合性的歸納，使讀者能掌握理論脈絡發展外，亦能對重要領導理論及現今領導的熱門課題有清晰的概念，並能與流行結合。

三、實務或範例本土化：書中所舉案例或實務以本國學校的研究或發生的為主，希望能更貼近自己的文化背景看待問題，與學校現實情境、生活事例、處理經驗切合，而能有所切磋、反省、參考、觀摩、學習與啟迪。

從事教育行政工作，跟隨過五位校長學習，發現他們都是謙謙君子，全心投入到學校，而且精神抖擻，不管是知識的豐碩、內涵的修養，均是後學學習的楷模，從他們的指教與身上學習到：從事教育工作領導的品德操守，工作的堅持、擔當與踏實，不斷的學習、不斷的成長、不斷的奉獻，讓筆者受益良多，在此致上最誠摯的謝忱；同時感謝回學校進修的校長、主任、老師們的相互切磋討論，增加本書的實務內涵；還要謝謝家人的鼓勵與支持，使本書能順利完成。

最後，要特別感謝校長楊國賜博士在百忙中為本書作序，並希望本書之出版能對從事學校領導工作者有些微的助益，筆者學疏才淺，期盼教育先進不吝指教。

吳煥烘　謹識於

國立嘉義大學教育系
民國九十三年九月

作者簡介

吳煥烘

學歷：

　　國立政治大學教育研究所教育博士

　　國立政治大學教育研究所碩士

　　國立政治大學教育學系學士

經歷：

　　私立東南工業專科學校講師兼心理輔導組組長

　　省立嘉義師範學院講師、副教授兼總務長

　　國立嘉義師範學院副教授兼進修推廣部主任

　　國立嘉義師範學院教授兼訓導處訓導長

　　國立嘉義大學教授兼學生事務處學務長

現任：

　　國立嘉義大學教育學系教授

目　錄

第 1 章

緒　　論

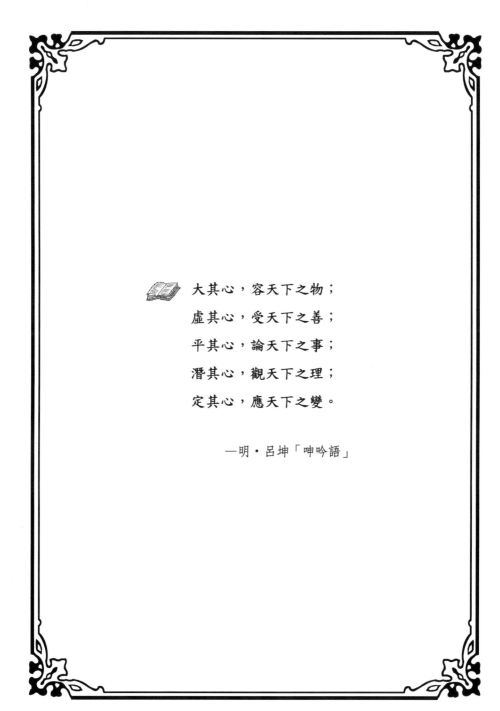

大其心，容天下之物；

虛其心，受天下之善；

平其心，論天下之事；

潛其心，觀天下之理；

定其心，應天下之變。

—明・呂坤「呻吟語」

　　領導會影響組織能否在生態環境中，輸入組織所需要的珍貴資源，整合內部將其有效的轉化，並將其成果輸出達到效能與效率，使組織能永續發展與經營。人們戲稱學校「十年沒有校長，畢業生一個也不少」，但是可曾想到「學校一日無校長，學校一日無發展」，尤其在變遷快速、環境日趨複雜的今日，已經無法如和尚敲鐘，有口無心，做一天和尚敲一天鐘，必須有強而有利的領導帶領成員，往組織的「迦南樂土」邁步前進。所以無論任何組織包括學校，如何使所領導的成員竭盡所能，為共同理想與目標努力是非常重要而不可忽視的重要課題。本章分五節：第一節學校行政領導的意義；第二節學校領導的效能；第三節領導的主要研究取向與理論演進；第四節領導的概念層級；第五節本書的組織架構；以此對領導做綜合性的介紹，茲分述於下。

第一節　學校行政領導的意義

　　領導的意義根據研究者自己主觀興趣做不同的定義，有從個人特質、行為對別人的影響而下的領導定義；有從互動型式、角色關係、管理職位、人對合法影響力的知覺等來定義（Yukl, 2002），而且隨著時代的不同而有不同，過去五十年較有代表性的定義可分從三方面敘述：視領導為過程的觀點；視領導為影響力的觀點；視領導為互動關係的觀點。

一、視領導為過程的觀點

　　視領導為過程的觀點，如 Barrow（1977），他認為領導是影響個人或團體趨向目標的一種行為過程。Stogdill（1974）主張領導乃是針對組織目標並完成其目標，而影響活動的程序。Drath & Palus（1994）認為領導是使人能了解與承諾一起做事，成為有知覺意識的歷程。此種領導定義著重在領導的整個過程，它包含領導者、被領導者、領導情境變數；

並在所關切的問題、對待的態度、激勵與決策的方式、過程的督導方法、結果的評鑑等整個的領導過程。

二、視領導為影響力的觀點

視領導為影響力的觀點，如 French & Raven（1956）認為領導是團體中一部分人對其他部分的人的社會影響力，如果該一團體中一部分人對其他部分的人具有某種權力，那麼前者對後者便有某種程度的領導作用。House et al.,（1999）亦認為領導是一種能力，用來影響、激勵，並使他人能為組織的成功與效能付出貢獻。

此種視領導為影響力的觀點，其影響作用來自於權力（power），此種權力包含兩大類：一為職位權力；二為個人權力（Bass, 1960; Etzioni, 1991; Yukl & Fable, 1991）：

㈠職位權力（position power）

職位權是伴隨職位而來，誰擁有此職位，就擁有此權力，又稱既得的權力。職位權包含組織中或社會系統中與職位相關的權力、特權、義務和責任，管理通常擁有合法的權力去建立工作規則和分派工作給部屬；職權包含能控制金錢、資源、設備、原料與職位。職位權力包含：

1. 法職權（legitimate power）：合法權是組織中最正式、最基本的一種權力。領導者據此發布命令，並指導部屬工作，部屬必須服從命令。部屬因為相信「領導者有權對他提出要求、且他有義務聽從」而順從領導者。

2. 獎賞權（reward power）：部屬順從以便獲得管理者所控制的報酬；也就是管理者能提供給他人多少獎勵的能力稱之為獎賞的權力。部屬因為相信「他想得到的獎賞是由領導者控制著」而順從領導者。在組織中，如果部屬認為只要他聽從領導者的要求，即可經由領導者授權，

得到他想要的獎勵，則部屬自然會對領導者言聽計從。

3.強迫權（coercive power）：領導者藉由強硬高壓的態度與行為，驅使部屬服從的權力。部屬因為相信「他能藉此避開由領導者控制的懲罰」而聽從領導者。在組織中，如果部屬認為只要他聽從領導者的要求，即可避免受到領導者的懲罰，則部屬自然會對領導者言聽計從。

4.資訊權力（information power）：有此種權力者有管道可以得到重要的資訊和掌控資訊的傳播。領導者經常可以得到資訊，下屬們卻沒有辦法直接得到。領導者可以過濾、扭曲資訊，掌控資訊不讓部屬得到，以此來增加他的專家權力和下屬對他的倚賴，達到影響的目的。有一些下屬有管道可以得到他的上司所要的資訊，他可以利用這資訊來影響他的上司所要做的決定。

5.生態權力（ecological power）：領導者有權掌控環境、技術和工作的編制，這一種影響的行為又稱為生態控制（ecological control），領導者可用環境控制提高部屬的工作熱誠；亦可用生態控制使部屬工作不利。

㈡個人權力（personal power）

指領導者個人的屬性是其影響力的來源，部屬不會因領導者權位不再而稍減對領導者的順從，這些屬性是領導者個人努力去學習或長期培養而成，又稱贏得的權力。個人權力包含：

1.參照權（referent power）：參照權是因為影響者與被影響者彼此認同，故又稱認同權或歸屬權。領導者藉由個人崇高的人格情操、個人修養而贏得部屬認同。在參照權的影響之下，領導者和部屬之間很容易培養一種共同的情感，此時，部屬的服從是不計任何代價的，因此，領導者所具有的影響力也是無限的。

2.專家權（expert power）：專家權力指特殊專業的處理能力，專家

權力的影響力相當大，特別是在科技導向的社會中，由於工作趨於精細
分工，因此有賴各種專家達成各項目標。領導者擁有卓越的專業能力，
並不一定會影響部屬，必須部屬認同領導者擁有此專業能力，以及相信
他能提供可信的情報與忠告。

三、視領導為互動關係觀點

　　Tannenbaum, Weschler & Massarik（1961）認為領導是人與人交互的
影響力，它是在某些情況下，藉著溝通的程序加以運用，以達成特定目
標之行為。黃昆輝（1972）從教育行政領導的觀點，也特別強調領導的
互動關係，所以他認為領導是教育行政人員指引組織的工作方向，採取
交互反應的策略，以鳩合成員意志，並藉成員的參與，發揮團體的智慧
及組織人力，從而實現組織目標的一種行為。Yukl（2002）認為領導是
一種影響的過程，使他人了解與同意要做什麼、如何做且能有效能的做，
而且在過程中，助長個人和集體的努力來完成共享的目標。

　　從領導為過程的觀點、影響力的觀點和互動關係的觀點，可以了解
對領導會有不同的定義是因偏重的角度不同所致。事實上，領導乃是包
含利用影響力、產生交互作用的整個歷程。另外，對不同組織而有各種
不同的領導，如企業領導、教會領導、軍隊領導、學校領導等。我們也
必須了解包含領導的現象：(1)領導是包含行為、關係、情境層面的複雜
歷程；(2)領導存在兩個人、團體、或大到組織的關係；(3)領導從上到下
延伸到各階層，有高階領導、也有低階領導；(4)領導發生在組織內部領
導者和成員的互動，以及組織外部的情境環境；(5)領導的激勵方式包含
內在的提升期望水準，和外在的獎酬系統（Sadler, 2003）。

　　所以學校行政領導是發生在二人以上之學校的生態組織環境中，學
校行政領導者與被領導者產生交互作用的行為過程，領導者運用各種影
響力，使成員了解工作的任務、方法，助長成員精神、力量全數致力於

達成成員與學校組織共享的既定目標。

第二節　學校領導的效能

壹　組織效能的理論模式

　　領導的目的就是要達成組織效能，好的學校校長領導確實對學校效能的提升有所貢獻（Hallinger & Heck, 1998），所以本節對組織效能做系統的介紹。早期的管理學者將效能定義為組織目標的達成，只要目標一達成，就表示組織有效能；效能的高低端視其完成目標之程度而定。此一派的理論模式稱之為「目標模式」（The Goal Model）。較晚期之管理學者反對目標模式將組織視為一個理性的封閉系統，而認為組織是一自然系統、開放系統，它是個有機體，有機體有其個別之需求，所以組織效能的高低乃是以在特定的情境下，組織滿足這些需求的能力而定，有了這種能力，組織方能生存和維持其均衡。這種重視組織和環境的關係，並以組織對外之「談判地位」（bargaining position）來界定組織效能，把效能之高低認為是以絕對或相對條件向環境索取稀少和有價值資源的能力大小，這一學派稱之為「系統資源模式」（Systems Resources Model）。另外，認為人為目標模式與系統資源模式可以統合成「整合模式」（Integrated Model）。

一、目標模式（The Goal Model）

　　傳統上，組織效能被界定為成功地達成組織目標的程度，如 Etzioni（1964）將組織效能定義為「組織目標是各該組織試圖實現的期望事務之狀態」，亦即指組織活動的結果是符合或達到組織目標，即是有效能。這種說法它必須有兩項基本的假設：第一、組織中有一群理性的決策者，

在他們心目中有一組追求的目標。第二、目標的數量至少要能夠施行，且能具體地予以界定，使參與者了解且依循去做，如此，才能測量組織目標是否達成。

㈠組織目標可分為三種類型（Steers, 1977）

1.官方目標（official goals）：有關組織的任務及其目的用正式的文件陳述出來，本質上它的特徵是抽象的，是為了獲得大眾的支持與認可，而不是用來引導行政人員和教師的行為，例如：學校的官方目標是「教育每一學生，使他們發揮最大之潛能」。

2.作業目標（operative goals）：它是組織的真正意圖。不管官方目標為何，作業目標是指導學校中所做的實際工作（task）和活動（activities）。因為官方目標反應在教育實際運作上的程度不一，所以有可能是作業性的，也可能不屬於作業性的。

3.操作性目標（operational goals）：它是具有被認可的標準和評鑑的程序，明確地描述如何測量組織目標的達成與否，以及其達成之程度。例如：國小六年級的學生在這項讀算測驗中將有 80%會及格。這種數學目標非常具體且明確，所以，如果要用目標模式來決定組織效能，操作性目標就非常地必需。

㈡目標模式的批評

運用目標來評鑑組織效能的目標模式，遭受到一些強烈的批評（Hoy & Ferguson, 1985）：

1. 組織的目標並非單一化，它可能同時有很多目標，而這些目標彼此間是不一致、不能相容的，而目標模式傾向於邏輯和內在的一致性。

2. 過於重視行政人員的目標，而忽視教師、學生和學校資助者所設立的目標。

3.組織目標是經常變動的，目標隨著情境因素和行為的改變而改變，但在模式中以供評鑑的目標則趨向於靜態的。

4.因為組織的官方目標經常不是作業性目標，所以要將它做實際運作的分析是相當的困難且複雜，甚至可能產生誤導現象。

5.有一些學者認為組織目標並不能指導人員的行為，它僅是在事後（ex post facto）確認學校和教育人員的行為而已。

6.要為目標模式設計一套非常明確的效標（criteria）以供測量效能也是非常困難的（Bedeian, 1984）。

二、系統資源模式（System Resource Model）

此模式認為組織的需求是非常繁複，以及充滿動力的，要用有意義的方法去界定具體目標均屬不可能。因此，系統資源模式著重在組織的生存與成長。把重點擺在組織從環境中去爭取，去獲得必要資源的能力，如此，要評估組織的效能，一定要評估其組織內部是否具一致性，是否有效的運用資源，彈性的運用各種機制（mechanisms），以及爭取各種資源，尤其是稀有資源的能力。

系統資源模式將組織視為是一個開放的系統，同時在組織達到任何程度的規模以前，組織所面臨的需求已經變得很複雜了，不可能用少數幾個項目來界定有意義的組織目標。因此，在較有效能的組織中，各單位的期望、非正式團體及個人需求，均比較無效能的組織中，更能共同的合作，而對環境產生影響力。所有的組織都強調適當的資源需求和避免過度的緊張，因為和諧一致會提高組織的效能。

對系統資源模式運用到教育組織上時，也有一些可疑的缺點（Goodman & Pennings, 1977）：第一、系統資源模式太強調輸入，可能對結果有不良的影響。例如，私立學校為了爭取學生，避免註冊人數太少，而花了大筆的經費、人力、時間在交際、刊登廣告等等，因此影響到學校

投資在教學設備、教師福利及教學之品質。第二、系統資源模式所強調的輸入或爭取資源，本質上它是組織的一種操作性目標，所以系統資源模式實際上是目標模式。如 Hall（1972）所說：「資源的獲得並不是偶然的，它是根據組織所企圖達到的目標──操作性目標而達成的」。

三、整合模式（Integrated Model）

　　Steers（1977）認為目標模式和系統資源模式是互補的，將這兩種模式的觀點予以合併是可能的，也可令人滿意的，目標模式強調組織具體目標的達成；系統資源模式是根據開放系統的觀點，著重組織中各個分子間的和諧運作、適應能力、領導能力的發揮，以及決策、溝通過程等。雖然兩種模式觀點有些差異，但他們都免不了要採用目標，因為行為無論是內在或外在的，都是目標取向的，所以組織行為也不例外。按照系統資源模式的架構，目標是多樣化且富變動性的，並非靜態的，亦非最後的狀態，而是隨著時間的改變而改變的。例如，一些短期目標達成，也可作為達成後繼目標的新資源。

　　Hoy & Miskel（2001）將效能的時間因素、組織的利害相關人員、多重的校標加以整合，形成組織效能的整合模式如〔圖 1-1〕。

　　所謂組織的利害相關人員（constituencies）在每一階段會做出共識的重要操作目標；時間序列層面必須界定具體的短、中、長程的期間；在輸入、轉化與輸出的過程中，每一系統階段都有效能指標。

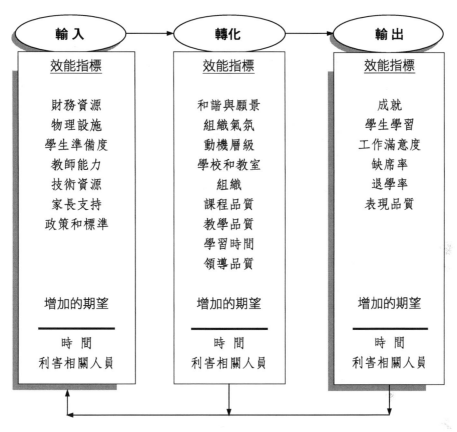

圖 1-1　組織效能的整合模式

資料來源：Hoy, W. K. & Miskel, C. G. (2001). *Educational administration: Theory, research, and practice* (6th ed. p. 297). New York: McGraw-Hill.

貳　影響組織效能的因素

一、組織效能包含的層面

　　為了對效能有統整之觀點，必須考慮下列四個層面（Goodman & Pennings, 1977）：

㈠時間因素

評估效能標準產生差異的因素是時間。例如：學校中，短期效能代表性的指標是：學生的成就、士氣、工作滿意和忠誠；中期的效能標準是：學校的適應和發展、教育人員的工作進展、畢業生的成就；長期的效能標準是：學校整個機構的生存。因此，討論到學校效能時，必須考慮到時間的層面。

㈡不同的組織層次

組織效能的標準可依不同的層次來選擇，如個別的教育人員、工作團體、學校和學區等。

㈢多樣化的組成分子

效能標準通常是反映一些個人和團體所持有的價值觀和偏見。因為學校有許多組成分子或利益團體，因此效能標準是依許多觀點而定的。

㈣多樣化的標準

組織效能是「多向量構面」的，沒有單一的永久標準。

二、組織效能的標準

在綜合目標模式和系統資源模式時，每一個開放系統其循環的階段──輸入、轉換、產出，都需要有效能的指標，幾乎每一階段、過程或結果變項都可採作效能的指標。Parsons（1960）提出了四種明確的效能標準：

㈠適應（adaptation）

學校依環境的基本需求而自我調適，學校組成分子則藉機轉變外在情況和改變內在計畫，以適應新情境而作調適。

㈡**目標達成**（goal attainment）

系統決定其目標、運用其資源而達成追求之目標。在教育組織上，典型的目標達成是指學生的學業成就、資源的獲取，以及對師生服務的品質等。

㈢**統整**（integration）

指系統內的社會團結。它是將社會關係加以組織、協調並統整成單一結構的歷程。學校主要的統整問題是教職員的工作滿意、人際關係的衝突、成員出勤狀況和士氣等。

㈣**潛能**（latency）

它是創造和維護組織系統的動機和價值型式的問題，亦即維持組織系統之原意。學校在潛在功能上表現有效的指標是：忠誠、工作興趣、對學校的認同感、對工作之動機和角色、規範之一致性等。

Steers（1975）檢閱了十七個採用多變數的效能研究如〔表 1-1〕，發現效能的效標均不一致，他將這些效標予以歸類為〔表 1-2〕，發現「適應力」（adaptability）及變通力（flexibility）最多（10 次）；「生產力」（productivity）次之（6 次）；滿意（5 次）、獲利力與獲取資源各 3 次；消除壓力、控制環境、發展、效能、成長、整合、開放的溝通及留住員工為 2 次；其他 1 次。

Miskel, McDonald & Bloom （1982），檢視了這些研究，肯定的認為組織效能是多構面的概念，同時也認為滿意度與組織效能認知是研究機關組織效能的重要構面。

表 1-1　研究組織效能摘要表

有關研究和主要的效標	測量方式	推論之範圍
Georgopoulos & Tannenbaum (1957) 生產力、變通力、組織壓力的消除	規範性模式	所有機關組織
Bennis (1962) 適應性、認同感、真實能力	規範性模式	所有機關組織
Blake & Mouton (1964) 高生產中心與高員工中心的同時成果	規範性模式	企業組織
Caplow (1964) 穩定性、整合力、自願性、成果	規範性模式	所有機關組織
Katz & Kahn (1966) 成長、儲存、生存、整體環境的控制	規範性模式	所有機關組織
Lawrence & Lorsch (1967) 整合與差異的平衡	描述性模式	企業組織
Yutchman & Seashore (1967) 成功的獲得稀有而珍貴的資源、整體環境的控制	規範性模式	所有機關組織
Friedlander & Fickle (1968) 獲利力、員工之滿足	規範性模式	企業組織
Price (1968) 生產力、士氣、適應力	規範性模式	企業組織
Mohoney & Weitzel (1969) 一般企業模式	描述性模式	企業組織及實驗室
Mott (1972) 生產力、變通立、適應力	規範性模式	所有機關組織
Duncan (1973) 達成目標、整合、適應	規範性模式	所有機關組織
Gibson, et al. (1973) 短程及長程的生產、效率、滿意度	規範性模式	所有機關組織
Gibson, et al. (1973) 短期之適應性、長期發展的生存力	規範性模式	所有機關組織

Neganhi & Reiamann (1973) (1)行為目標： 　人力之取得，員工之滿意 　人力之保留，人際關係 　部門間之關係，人力之運用 (2)經濟指標： 　銷售的成長、淨利	規範性模式	企業組織
Child (1973, 1975) 獲利力、成長	規範性模式	企業組織
Webb (1974) 凝聚力、效率、適應力、支持	描述性模式	宗教組織

資料來源：Steers, R. M. (1975). Problem in the measurement of organizational effectiveness. *Educational Administration Quarterly, 20,* 546-558.

表 1-2　評量組織效能效標次數表

評量效標	次數	評量效標	次數
適應力與變通力	10	留住員工	2
生產力	6	成長	2
滿意	5	整合	2
獲取資源	3	開放的溝通	2
獲利力	3	生存	2
環境控制	2	壓力消滅	2
發展	2	其他	1
效率	2		

資料來源：同〔表 1-1〕。

參　學校效能的意涵與特徵

一、學校效能的意涵

　　從目標模式而言，學校效能就是學校達成教育目標的程度；從系統資源模式的角度，學校能整合內部，向外爭取稀有而珍貴的資源──教師、職員、學生、預算、財物、儀器設備等，並予以有效運用；從綜合模式看，學校不但要強調組織具體目標的達成，還要著重與所有成員間的和諧運作、適應能力、領導能力的發揮，以及決策、溝通過程等。而這些均存在生態環境中，不管目標、資源、人員都會隨著時間的改變而改變的。所以 Hoy & Miskel（1991）用生態的觀點視學校效能是在衡量時間層面、學校組織層次、學校成員及評鑑學校效能的規準（criteria）等因素下，學校組織發揮適應、目標達成、統整及潛能等功能的程度。

　　吳清山（民 81）認為「學校效能是一所學校在各方面均有良好績效，它包括學生學業成就、校長的領導、學校的氣氛、學習技巧和策略、學校文化和價值，以及教職員發展等，因而能夠達成學校所預訂的目標。」因此學校效能的重心應在於行政與教學有效地互動，親師生共同參與校務發展，以構築優質的學校生態，實現學校的教育目標。

二、學校效能的特徵

　　Fanitin（1986）對學校表現提出學校卓越的公式（卓越＝品質＋平等＋效能＋效率＋參與），用此公式分辨學校表現卓越與否。但從具體操作言，學者們對學校效能的指標特徵具有共識的項目有（Sanders, et al., 1984; Samuel, 1990; Berry & Small,1990；黃振球，1990；陳慶中，1992；吳清山，1992；李懿德、王真麗，1992；吳煥烘，1994；邱錦昌，2001）：

㈠優質的學校文化與學校組織氣氛

學校對一般目標的承諾、成功取向的氣氛、普遍的照顧、家長及社區的支持、有秩序的環境氣氛、教職員以自己的工作為榮、學校充滿信任、承諾、合作的文化。

㈡良好的學校行政領導

校長的價值觀、信念與人格特質，可以激勵部屬完成學校任務；展現各項知識與技能，使學校能達成目標。

㈢妥適的課程安排

有經核准的課程以界定教師與學生的教學內容；課程所包含的經驗能提供學生，適應當代社會有效與必須的基本技能；包含的經驗能增長學生對自己與他人的知識、了解與鑑賞；完整的計畫評估與視導課程的實施。

㈣教師能有效的教學

教師能有計畫與提供有效的教學，並注重閱讀教學，以達成學校任務；教導學生如何學習以及如何評價所學。

㈤教職員持續進修與發展

學校有完整及有效的教職員進修辦法與發展計畫；教職員了解進修促進成長的需要與自願參與。

㈥家長熱心參與與支持學校

學校建立家長參與的程序，鼓勵家長參與學校意願與興趣，參與鼓勵與支持學生學習，家長對學校滿意與信任。

㈦學務工作重視學生之輔導

學務工作在學務政策上、學校與家長參與、預防工作與輔導、學生
活動的規劃、各級人員角色扮演是否積極適中,學校環境是否有利於學
生生活與學習。

㈧經常評鑑、評量與改進

學校能經常評鑑,並能依評鑑資料以改進學校計畫;依課程既定的
目標評量學生的成就;所有教師依據公平與系統化的程序評量。

從上述的學校效能意涵與學校效能特徵的分析中,可以了解學校領
導者要有領導效能,必須能成功的達成學校的目標,同時也要使學校同
仁態度上喜歡與接受他的領導,在領導的過程中也要考慮他的團體過程
的品質,例如:有否提升團體的凝聚力、成員間的合作與動機的增強,
有效的解決問題與衝突,對未來的變革與危機有所準備等;但也因效能
指標很多,有些指標是相互間成負相關或相互矛盾衝突。如用物質獎勵
師生的成就或懲罰過失,此方法短期對目標達成有利,對長期目標有害
時,要追求長期效果或短期效果呢?又如家長參與它的適中程度是相當
難拿捏,正如同現在有些國小家長參與過頭,竟然指揮老師要如何教學
或干涉教師的專業,造成學校的困擾。

第三節　領導的主要研究取向與理論演進

影響領導效能最重要的三類變項就是:(1)領導者的特質;(2)跟隨者
的特質;(3)情境的特質。這三類變項形成領導的研究取向的基本便項與
研究模式,如〔表 1-3〕領導理論的關鍵變項,以及〔圖 1-2〕領導理論
研究的基本模式(Yukl, 2002)。

表 1-3　領導理論的關鍵變項

領導者的特質
1. 特質（動機、人格、價值）
2. 信心與樂觀
3. 技術和專業
4. 行為
5. 真誠與倫理
6. 影響策略
7. 對部屬的歸因

跟隨者的特質
1. 特質（需求、價值、自我概念）
2. 信心與樂觀
3. 技術和專業
4. 對領導者的歸因
5. 信任領導者
6. 任務的承諾和努力
7. 對領導者和工作的滿意

情境的特質
1. 組織單位的型式
2. 單位大小
3. 職位權利與權威
4. 任務結構與複雜性
5. 任務的相互依賴性
6. 環境的不確定性
7. 對外部的依賴性

資料來源：Yukl, G. A. (2002). *Leadership in organization* (5th ed. p. 11). New Jersey: Prentice-Hall, Inc.

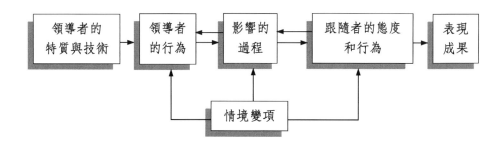

圖 1-2　領導理論研究的基本模式

資料來源：同〔表 1-3〕。

　　隨著研究者對三類變項的取捨和權重的不同，形成領導理論的發展演進，也就形成不同的研究方式，從特質式研究取向、權力影響式研究取向、行為式研究取向、權變式研究取向，到整合式研究取向。茲分述於下。

一、特質式研究取向

　　1930～1940 年代最早的領導研究是特質式研究取向（如〔圖 1-3〕），研究目的是想找出領導者的特質（人格、動機、價值、技能）來解釋效能。基本上認為領導者領導會有效能，是他擁有特殊的特質如精力無窮、敏銳的直覺、神秘的遠視能力與不可抗拒的說服力；而這些在無效能的領導者是沒有的。但因缺乏對領導過程的了解與解釋，以及

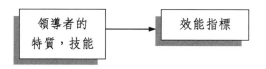

圖 1-3　領導的特質式研究取向

對中介變項的忽視，無法找出可以保證成功的領導特質。經過多年研究無結果，領導的研究者發覺特質有些是潛藏的，同樣特質所表現出來的行為不見得一樣，而且會影響他人的是領導者所表現出來的行為，所以漸漸轉向領導的行為式研究取向和權力影響式研究取向。

二、權力影響式研究取向

　　1950 年以後，領導的權力影響式研究取向是研究領導者與其他成員互動的影響歷程。研究者假設領導者擁有一些職位權力和個人權力（法職權、獎賞權、強制權、資訊權、生態權、參照權、專家權）的發動影響力，部屬被動因應（實際上部屬不一定是被動），使部屬表現領導者所欲求的行為，因而達到效能（如〔圖 1-4〕）。權力影響式研究取向所做的研究大多數是領導者擁有多少權力，如何使用權力、權力使用的適當時機、權力使用的效果，少部分研究部屬的對抗權（counter power）對效能的影響，如消極抵制、不提供資訊、積極的罷工等。所以權力可以影響部屬，也可以影響同儕、上司或組織外的人。研究方法是用問卷或訪談法蒐集領導者和被領導者使用權力的態度和行為，以及組織的效能。權力影響式研究後來漸漸發展出分享權力的參與式領導理論。

圖 1-4　領導的權力影響式研究取向

三、行為式研究取向

　　1950 年起領導的研究轉向行為式研究取向，此種研究取向模式是了

解領導者的行為和多種領導效能指標（組織效能、員工滿意度、學習成
就、出席率等）的關係，以及分辨有效能的領導和無效能領導的行為（圖
1-5）。研究方法是發展領導行為的描述問卷、實驗室實驗法、實地實驗
法、訪談或開放式問卷大規模調查或重要事例法研究。做行為類別歸納
（大部分分為關懷取向領導行為和倡導取向領導行為兩個層面，有些再
由兩層面進行細分成多重的領導行為。），並確認領導行為和結果變項
的關係。此類研究取向最大的缺點是忽視情境的中介變項，導致研究結
果不能獲得一致，領導的研究者漸漸轉移將情境變項加入研究。

圖 1-5　領導的行為式研究取向

四、權變式研究取向

　　1970 年起，領導的研究者因發現行為取向的研究欠缺對情境中介變
項的考慮，導致結果的不一致，所以轉移至領導的權變式研究取向。領
導的權變式研究取向主要的理念假設是領導行為若能與情境變項配合，
即能產生高的領導效能；反之，領導行為若不能與情境變項配合，即不
能產生高的領導效能（如〔圖 1-6〕）。此類研究的操作變項是領導者的
領導形式、領導行為；情境變項包括組織單位的形式、單位大小、職位
權利與權威、任務結構與複雜性、任務的相互依賴性、領導者與部屬的
關係等，依變項是領導效能（部屬對領導者的知覺、態度、滿意度、組
織績效、學業成就等），不同的權變領導理論選用不同的情境因素，架
構其情境變項，如 Fiedler 的「權變領導理論」（Contingency Theory of

Leadership）、Hersey & Blandchard 的「情境領導理論」（Situational Leadership Theory）。也有研究情境因素會中和或替代領導行為的作用，如 Kerr & Jermier（1978）針對部屬特性、任務性、組織特性對支持性領導行為和指導性領導行為的具體替代品（substitutes）與中和物（neutral- izers）的作用。但是領導的權變式研究取向因為各理論所研究的變項各有偏重，不足以解釋領導的整個領導層面現象，所以領導的研究者轉而用領導的整合式研究取向。

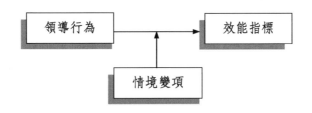

圖 1-6　領導的權變式研究取向

五、整合式研究取向

1980 年以後，領導理論者或研究者想在一個研究中包含兩種以上的領導變項，但依職位能有一個領導理論包含所有的變項（如特質、行為、影響力、情境變項等），此種研究取向即是領導的整合式研究取向（Yukl, 2002）。

領導從特質論的研究忽視了領導者行為的影響，而專注於特質與領導效能的關係；行為論的研究忽視了領導情境變項的影響，而專注於行為與領導效能的關係；權力影響的研究忽視了其他領導行為的影響歷程，以及特質與權力和影響的關係；而專注於權力影響策略與領導效能的關係；情境理論的研究，專注於研究情境因素與領導行為配合及領導效能的關係；而中和或替代領導理論專注於對領導行為中和或替代的作用，

如 Kerr & Jermier（1978）針對部屬特性、任務性、組織特性對支持性領導行為和指導性領導行為的具體替代品（substitutes）與中和物（neutralizers）的作用，忽視了領導行為、特質、權力運用的影響。

但是領導的權變式研究取向因為各理論所研究的變項各有偏重，不足以解釋領導的整個領導層面現象，所以領導的研究者轉而用領導的整合式研究取向，其完整架構見〔圖 1-7〕（Yukl, 2002），各研究變項概念相符部分也加以整合成〔表 1-4〕（Yukl, 2002）。

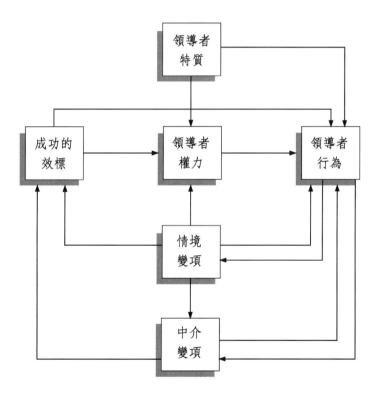

圖 1-7　領導研究的完整架構

資料來源：Yukl, G. A. (2002). *Leadership in organization* (5th ed. p. 430). New Jersey: Prentice-Hall, Inc.

　　領導的整合式研究完整架構視領導者特質、領導者行為、領導者權力、情境變項、中介變項、成功效標而產生互動或連動的影響。領導特質會影響領導者的權力大小與有無，也會因個人特質影響領導者所表現的外顯行為；領導者的權力會受到領導者特質、所設定成功效標和情境變項的影響，而其亦會影響領導者行為；組織會因情境變項、中介變項而設定成功效標，成功效標會影響領導者的權力與領導者行為；情境變項會影響所設定成功效標與領導者行為，同時也受到領導者行為的影響；中介變項會影響所設定成功效標與領導者行為，同時也受到情境變項、與領導者行為的影響；領導者所表現的行為受到領導者特質、領導者權力、情境變項、中介變項、成功效標等綜合影響；領導者行為會透過情境變項與中介變項而影響組織效能指標的達成。

　　轉型領導和互易領導是領導的整合式研究取向最佳例子，它跳脫傳統的情境因素、影響因素與領導行為，用更寬廣的視野研究領導，請參閱第五章轉型領導與互易領導。

第四節　領導的概念層級

　　領導的概念可以分成個人自我歷程領導、對偶歷程領導、團體歷程領導和組織的歷程領導，其彼此的關係與層級如〔圖 1-7〕（Yukl, 2002）。多數的領導理論都聚焦於某一層級，因為既要精簡又容易應用的多層面理論相當困難，也牽涉每一層級有其自己的效標變項、中介變項、以及領導行為的關係與解釋。茲將四種層級的領導分述於下。

表 1-4　領導的不同研究方式概念間相符表

行為	權力	影響過程	影響策略	領導者特質	領導者技能
計畫作為	專家權 法職權	修正期望	說服	成就取向	認知技能
釐清角色、 目標	專家權 法職權	修正期望	說服	成就取向	技術技能
監督表現	法職權	工具式順從	壓力	成就取向	技術技能
權變獎賞	獎酬權	工具式順從	交換	個人權力 動機	技術技能
權變懲罰	強迫權	工具式順從	壓力	社會權力 動機	技術技能
支持	參照權	增加自我效率	統合	社會權力 動機	人際技能
表揚	專家權	增加自我效率	逢迎	社會權力 動機	技術技能 人際技能
教導	參照權 專家權	修正期望 增加自我效率	說服 告知	社會權力 動機	技術能 人際能
角色楷模 自我犧牲	參照權	個人認同	鼓舞吸引力 （暗示的）	自信	人際技能
團隊建立	參照權 法職權	社會認同	鼓舞吸引力	社會權力 動機	人際技能
型塑願景	專家權	內化	鼓舞吸引力	社會權力 動機	認知技能 人際技能
解釋變革需 要	專家權	修正期望	說服	成就取向 自信	認知技能
鼓勵變革	參照權 法職權	修正期望 增加自我效率	說服 鼓舞吸引力	社會權力 動機	人際技能
參與領導	參照權 法職權	賦能 內化	諮商 聯盟	社會權力 動機	人際技能

資料來源：Yukl, G. A. (2002). *Leadership in organization* (5th ed. p. 429). New Jersey: Prentice-Hall, Inc.

一、個人自我歷程領導（Intra-individual Process）

個人自我歷程的領導與一般領導所謂的要兩人以上有所不同，它是研究一個人的特質、技能、動機、行為、如何影響個人做決定的相互關係與歷程，如自我領導、自我決策等。

二、對偶歷程領導（Dyadic Process）

對偶歷程是研究領導者與被領導者兩個人的關係與互動歷程。多數的對偶歷程領導理論認為是一種互惠的影響歷程，例如：領導與部屬的交換理論（leader-member exchange theory）探討部屬為什麼會相信領導者、遵照領導者的指示去服從、承諾，領導者拿什麼心理或物質的誘因與部屬交換，而認為雙方覺得彼此所交換的代價是相當的，此種的互動歷程會繼續下去，如果有一方覺得此交換不相當，就會提出要求給付或停止互動；權力影響與運用也是對偶歷程領導。

三、團體歷程領導（Group Process）

團體歷程領導是領導者帶領一組人員從事某一任務（task），領導者如何有效能的達成任務。領導理論很多在研究不同團體之團隊的領導歷程，例如：團隊領導就是團體歷程領導，研究如何選擇成員、培訓、組合與運用，任務目標如何訂，角色安排與分工，成員間如何互動、信任與承諾等。另外領導、正式團體與非正式團體的領導也是屬於團體歷程領導。

四、組織的歷程領導（Organizational Process）

組織的歷程領導是一個相對較大的社會系統，它下轄有次級系統，如各單位或工作團隊，此類型的領導以界限分為組織內與組織外領導，

事實上現在的組織都是開放系統，所以此型的組織領導著重於組織的適應、存活、發展與永續經營。要達到上述目的，領導者要經過SWOT分析，在輸入上爭取獲得重要資源的輸入而不虞匱乏，有效率的轉化形成產品輸出，而為顧客所歡迎。所以領導者必須做好組織的內外公共關係、設計適合的組織架構、組織的願景及發展目標的倡導，塑造優質的組織文化。

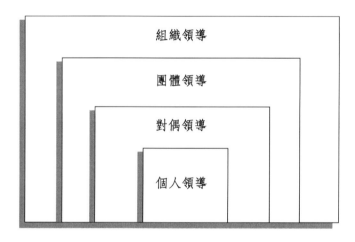

圖 1-7　領導歷程的概念層級

資料來源：Yukl, G. A. (2002). *Leadership in organization* (5th ed. p. 14). New Jersey: Prentice-Hall, Inc.

第五節　本書的組織架構

　　本書是依照「領導理論的發展」為軸線，對每一階段重要的領導理論作介紹外，並將領導理論在學校應用所做的研究予以整理，最後提出領導理論在學校行政領導的策略與應用。本書分為以下十二章：

第一章　**緒論**：內容包括學校行政領導的意義、學校領導的效能、領導主要研究取向與理論演進、領導的概念層級、本書的組織架構等。

第二章　**領導的特質與技術理論**：內容包括早期領導特質和技術研究、領導特質與領導效能、領導者的領導技能、領導者的動機、領導特質與技術理論評述、領導特質與技術理論對學校行政領導的啟示。

第三章　**權力與領導的行為理論**：內容包括權力與影響力、管理者工作的特質、角色扮演與影響因素，領導行為理論的研究、領導行為在教育上的研究與評述。

第四章　**權變領導理論**：內容包括費德勒的權變理論、赫塞和布蘭洽的情境領導理論、豪斯的「途徑—目標理論」、克爾和澤米爾的領導替代理論、余克的多元連結模式、權變領導理論對學校行政的啟示與應用。

第五章　**轉型領導與互易領導的領導理論**：內容包括轉型領導與互易領導的意涵、轉型領導的行為層面、互易領導的行為層面、轉型領導與互易領導的比較、轉型領導與互易領導在教育上的研究、轉型領導與互易領導在學校行政領導的應用。

第六章　**全面品質管理在學校行政領導的應用**：內容包括全面品質管理的意義、全面品質管理的理論、全面品質管理的重要基本理念、全面品質管理與傳統式管理的差異、全面品質管理的特性及其對學校之影響、全面品質管理在學校領導的具體作法。

第七章　**學習型組織理論在學校行政領導的應用**：內容包括學習型組織興起的時代背景、學習型組織的基本概念、學習型組織理論應用在學校的研究、學習型學校應該表現的具體特徵或行

　　為、學校組織轉化成「學習型學校」的困境、建構學習型學
　　校的領導策略。

第八章　**知識管理之實證研究與在學校運用之內涵**：內容包括知識的
　　　　意涵、知識管理的基本概念、知識管理之實證研究、知識管
　　　　理運用在學校之內涵。

第九章　**團隊領導理論在學校行政領導的應用**：內容包括團隊的意涵、
　　　　類別與發展、團隊的領導與成效評估、學校團隊的現況、學
　　　　校邁向高效能團隊的因應之道。

第十章　**學校危機管理與領導**：內容包括危機的意涵、特性與分類，
　　　　危機管理的意涵、模式與策略，學校危機管理的意義與現況、
　　　　學校危機管理策略與作為。

第十一章　**學校衝突管理與領導**：內容包括衝突的意涵與觀念演進，
　　　　衝突的特性、過程與原因，衝突管理的內涵、管理模式與
　　　　策略，學校衝突管理的實證研究、學校衝突管理的策略。

第十二章　**當代領導的重要主題**：內容包括學校組織文化領導、從執
　　　　行力檢視學校行政領導革新之道、領導者的自我反省。

參考書目

吳清山（1992）。**學校效能研究**。台北市：五南出版。

吳煥烘（1994）。**雲嘉地區國民小學教育卓越表現之研究**。台北：正昇教育科學社。

李懿德、王真麗譯（1992）。**發展一個強勢文化：領導能力為主要關鍵**。教育行政國際學術研討會。台灣省中等教師研習會。

邱錦昌（2001）。**教育視導與學校效能**。台北：元照出版。

陳慶中譯（1992）。**轉化與高績效學校**。教育行政國際學術研討會。台灣省中等教師研習會。

黃振球（1990）。**學校管理與績效**。台北：師大書苑。

Berry, J. E., & Small, F. (1990). *Characteristics and considerations for change-implementing excellence and accountability*. Educational Resources Information Center.

Barrow, C. (1977). The variable of leadership: A review and conceptual framework. *The Acdemy of Management Review,2,* 232-250.

Bass, B. M. (1960). *Leadership, psychology, and organizational behavior*. New York: Harper.

Bedeian, A. G. (1984). *Organizations: Theory and analysis*. CBS College Publishing.

Drath, W. H. & Palus, C. J. (1994). *Making common sense: Leadership as meaning-making in a community of practice*. Greensboro, NC: Center for Creative Leadership.

Etzioni, A. (1964). *Modern organization*. New York: Prentice-Hall.

Etzioni, A. (1991). *A comparative analysis of complex organizations*. New York: Free Press.

Fanitin, M. D. (1986). Regaining excellence in education. In Merrill Publishing

Company. *What is excellence* (pp. 44-60). A Bell and Howell Company, Columbus.

French, J. R., & Raven, B. (1956). The basis of social power. In D. Cartwright (Ed.) *Group dynamics*(pp. 608-622). Michigan University Press.

Goodman, P. S., & Pennings, M. (1977). *New perspectives on organizational effectiveness*. San Francisco: Jossey-Bass.

Hall, R. H. (1972). *Organization: Structure and process*. New York: Prentice-Hall.

Hallinger, P., & Heck, R. H. (1998). Exploring the pricipal's contribution to school effectiveness:1980-1995. *School Effectiveness and School Improvement, 9*(20), 157-191.

House, R. J., Hanges, P. J., Ruiz-Quintanilla, S. A.., Dorfman, P. W., Javidan, M., Dickson, M., & Associates. (1999). Cultural influences on leadership and organization: Project Globe. In W. H. Mobley, M. J. Gessner, & V. Arnold (Eds.), *Advances in global leadership*(pp. 171-233). Stanford, CT: JAI Press.

Hoy, W. K., & Ferguson, J. (1985). A Theoretical framework and exploration of organizational effectiveness of schools. *Educational Administration Quarterly, 21*, 117-134.

Hoy, W. K., & Miskel, C. G. (1991). Educational administration: *Theory, research, and practice* (4th ed.). New York: McGraw-Hill.

Hoy, W. K., & Miskel, C. G. (2001). Educational administration: *Theory, research, and practice* (6th ed.). New York: McGraw-Hill.

Kerr, S., & Jermier, J. M. (1978). Substitutes for leadership: Their meaning and measurement. *Organizational Behavior and Human Performance, 22*, 375-403.

Northwest Regional Educational Laboratory, 1982.

Parsons, T. (1960). *Structure and process in modern societies*. Glencoe, IL: Free Press.

Sadler, P. (2003). *Leadership*. British Library Cataloguing-in-Publication Data.

Samuel, G. S. (1990). *Standards for quality elementary and middle schools, kinder-*

garten through eight grads. Revised edition, National Association of Elementary School Principals, Alexandria, VA.

Sanders, et al., (1984). *School effectiveness: Profile of school excellence*. Appalachia Educational Lab., Charleston, W. Va. (ED249228).

Steers, R. M. (1975). Problem in the measurement of organizationa effectiveness. *Educational Administration Quarterly, 20, 546-558*.

Steers, R. M. (1977). *Organizational effectiveness: A behavior view*. Ca: Goodyear.

Stogdill, R. (1974). *Handbook of leadership*. New York: Free Press.

Tannenbaum, R., Weschler, I. R., & Massarik, F. (1961). *Leadership and organization*. New York: McGraw-Hill, 1961.

Yukl, G. A., & Fable, C. M. (1991). The important of influence power sources in downward and lateral relations. *Journal of Applied Psychology, 76*, 416-423.

Yukl, G. A. (2002). *Leadership in organization* (5th ed.). *New Jersey: Prentice-Hall, Inc.*

第 2 章

領導的特質與技術理論

南風法則

法國作家拉封丹寫過的一則寓言：

北風和南風比威力，

看誰能把行人身上的大衣脫掉。

北風首先來一個冷風凜冽寒冷刺骨，

結果行人為了抵禦北風的侵襲，便把大衣裹得緊緊的。

南風則徐徐吹動，頓時風和日麗，行人因為覺得春暖上身，始而解開鈕扣，繼而脫掉大衣，南風獲得了勝利。

啟示：溫暖勝於嚴寒。

　　　　領導者在管理中運用「南風」法則，就是要尊重和關心下屬，以下屬為本，多點「人情味」，盡力解決下屬日常生活中的實際困難，使下屬真正感受到領導者給予的溫暖，從而激發出工作的積極性。

—摘自黃金旺

http://big51.china.com.cn/chinese/feature/605573.htm

　　特質論是 1950 年以前對領導所做的研究理論，顧名思義，特質論企圖找出性格、社會、身體或智力的特質，用以區別領導者與非領導者。此一理論在古代「君權神授說」時代最為風行，認為一個人之所以能成為領導者，一定有其不同的特質導致其成為領導者；但是特質是如何來？一說是天生遺傳的，一說是後天可以培養的。其研究方法大約可分為問卷調查法、關鍵事件探討法、強迫選項查核表、行為定位等級數法、語意區分法、及統計的因素分析法與多變項迴歸法。隨著研究的發展，除了研究將領導者與非領導者加以比較外，進一步探討特質與效能的關係，以及開始考慮情境變數的因素。

　　Hoy & Miskel（2001）綜合近年來有關研究，歸納出三大類有效的領導特質：(1)人格特質（personality traits）：包括自信、抗壓、情緒成熟、真誠；(2)動機特質（motive traits）：包括深具工作與人際需求、成就導向、有權利需求、期望高；(3)技能特質（skill traits）：包括技術技能、人際技能、概念技能。大部分研究特質論也將特質論分為人格特質、動機特質與技能特質三大部分，茲分述於下：

一、人格特質

　　它是指個人對環境中刺激反應時的一種內在傾向，而此種傾向是個人遺傳和環境兩種因素交互影響而形成，是一種獨特與穩定的性情，不是以特殊表現方式的行為。個人特質可分為三種：首要特質（cardinal traits）、重要特質（central traits）與次要特質（secondary traits）。

(一)首要特質

　　它是指個人生活中所具有最顯著、最主要的特質，這種特質不是人人皆有，所以留給人的印象最深刻，這種特質概括了其他所有特質，而代表了個人的人格，如貝多芬是音樂家，是因其具有音樂的首要特質。

㈡重要特質

它代表個人幾個方面的內在傾向,亦即組成個人人格的幾個具有統整性的重要特質,如自信心、外向性、情緒成熟、活動力。

㈢次要特質

它指個人適應環境時,某些暫時性的行為傾向和態度,不是決定個人人格的主要因素。

二、動機特質

它是指引起個體活動,維持已引起的活動,並導引該活動朝向某一目標進行的一種內在心理歷程。一般人均將需求(need)、驅力(drive)、動機三者視為同義詞,表示同一件事而交替使用。通常心理學家把需求或者動機區分為:

㈠生理性動機

例如:飢餓、渴、性、母性、痛與睡眠。

㈡社會性動機

例如:好奇、探索、操弄、成就動機、尊重、人與人的關係、權力,和獨立自主,需求和動機是很重要的,因為它們會影響個人對訊息和事件的專注力,並且他們對行為會給予導引和支持。

㈢價值觀(values)

它是指內化形成的態度,有關於是與非、倫理和非倫理、道德和非道德,這種內化而成的態度,就是所謂的價值觀。價值觀包括:公正、正義、誠實、自由、平等、博愛、忠心、愛國、上進心、自我實現、卓越、實用主義、謙卑、有禮貌以及合作性。價值觀的重要是因為它們會

影響一個人的優先選擇，對問題的認知、了解和行為的選擇。

三、技能特質

它指的是以有效的方法來做某些事情的能力。就像特質一樣，技能是藉由學習和遺傳而來；技能可以以不同抽象程度來作界定，範疇也可以由一般較廣泛的範圍（例如：智商、人與人之間技巧），到比較狹隘、比較特定的不同觀念、條件水準（例如：口語推理、說服力）。不同研究者，對於技能的觀念做許多的研究，這些研究已經造成認知混淆的現象。這樣的現象與行為學派的流行所造成的現象非常類似（Yukl,2002）。

第一節　早期領導特質和技術研究

早期領導的研究者確信對於有效領導必要特質可以藉由經驗主義的研究，指出這些特質的種類包括生理的一些特質（例如：身高、外表），以及人格方面（自尊、重感情、穩定性）和天資（天賦、資質）（如：一般智能、口語流暢、有創造力）。茲將分為 1904～1947 年與 1948～1970 年領導特質之研究兩部分分述於下：

一、1904～1947 年領導特質之研究

Stogdill（1948）在 1904～1948 年間執行 124 篇有關領袖特質的研究報告中，發現領導與非領導間的特質差異頗大。領導者通常較積極參與工作，且能促進團體達成目標，其特質包括：智力、了解任務、主動、關心他人的需要、堅毅、自信、勇於承擔責任、善於支配和控制。

Bass（1990）整理 1904～1947 年有關領導特質的研究，主要以兒童與社會團體為研究對象，歸結有以下數項結論（林文津，1992）：

㈠團體之領導者優於其成員的特質有：智力、學業、責任心、活動

與社會參與、社經地位；領導者所應具備的特質、特點及技能，多半受到其領導情境的需求而定（有十五項研究支持）。

㈡有些因素僅對某些特定團體適用。比如運動能力及體力是兒童幫派及遊戲團體領導人物的特點；傑出的成年領導者則具有智能上的堅忍不移及完整的特質（有十項研究支持）。

㈢與領導者最有關聯的項目依次是創新能力、受歡迎程度、社交能力、判斷力、積極進取、超越他人的慾望、幽默、與他人合作的意願、活潑、運動能力。

㈣雖然有些證據顯示在中小學時就展現領導能力，有可能會持續到大學以及日後的職業生涯及社團活動中，但對於領導能力可否轉移至成年，仍待研究。

㈤有關領導的各種因素大致可歸類為下列六項：

    *1.*能力：智力、警覺性、表達能力、創造力、判斷力。

    *2.*成就：學業表現、知識、各種運動成就。

    *3.*責任心：可靠性、主動性、堅毅、積極進取、自信、好強的慾望。

    *4.*參與：活動意願、社交能力、合作、適應力、幽默。

    *5.*地位：社經地位、受歡迎程度。

    *6.*情境：心智程度、地位、能力、被領導者的需求與興趣、想要達到的目標等。

二、1948～1970 年領導特質之研究

Maslow（1954, 1967）用回溯法研究美國歷史偉人包括林肯、傑佛遜、愛因斯坦、羅斯福、詹姆斯等人言行事蹟。分析他們的人格特質，歸納為十二點（張春興，1985）：尚實際、有創見、建知己、重客觀、重新穎、擇善固執、愛生命、具坦誠、重公益、能包容、富幽默、悅己

信人。

Kast & Rosenzweig（1974）認為領導者的人格特質須具有：體魄雄偉、精力充沛、智慧高超、掌握方向目標、富有熱情、待人和藹，重視友誼、人格真誠、品格完整、具有技術專業、有決斷力、具概念能力、知識豐富、富想像力、堅定的決心、堅忍與耐力、有勇氣。

Stogdill（1974）檢視自 1948～1970 年間 163 篇有關領導特質的研究文獻，將其歸納為六類：

㈠身體特徵（physical characteristic）：年齡、外表、身高、體重。

㈡社會背景（social background）：教育、社會地位、社會移動性。

㈢智慧（intelligence）：智力、能力、判斷力、知識、決心、說話的流利程度。

㈣人格（personality）：積極進取性、機警性、支配慾、熱心、外向性、獨立性、創造力、真誠、自信。

㈤任務有關的特質（task-related characteristics）：成就需求、負責的需求、主動精神、恆心毅力、事業心、工作導向。

㈥社會特質（social characteristics）：行政能力、魅力、合作精神、受人歡迎、聲望、社交能力、人際技巧、睿智、外交手腕。

Gardner（1989）綜合 R. Stogdill, B. Bass, E. P. Hollander 等學者之研究，歸納出領導者個人特質的重點有：

㈠身體的活力與耐力。

㈡智慧和付諸行動的判斷力。

㈢承擔責任的強烈意願。

㈣能力足堪重任。

㈤了解追隨者的需要。

㈥與人相處的技巧。

㈦實現夢想的慾望。

㈧激勵他人。

㈨勇氣、果斷、堅定不移。

㈩贏得與維持信任。

㈡管理、決定、設立優先次序的能力。

㈢自信心。

㈣權力慾、支配慾、進取心。

㈤適應力、採取行動的彈性（譚家瑜，1992）。

成功的領導人其形象如何，Stogdil（1974）依據這些特質所得之研究結果，對成功領導者的形象有如下精采的描繪：

> 他渴望擔當責任，達成任務；精力旺盛，堅持追求目標；大膽嘗試，創新解決問題；主動積極參與社會事務；富自信、自我認同、勇於承擔結果；抵擋人事壓力，忍受挫折與延宕酬賞；能建構人際網路，影響他人，達成當前目標。

從以上的研究可以了解，一個人沒有辦法單獨藉助於他擁有某種特點這樣的長處、優勢而成為一個領導者，也很難同時擁有如此完美的特質，例如：黃昆輝（2002）指出優秀成功的行政領導者應具的特質有：機智、堅忍、親合力、誠信、有壯志、主動。同時領導者個人特質也要跟他的部屬特性、工作任務、活動及目標、當時情境互相結合，才能竟其功。

第二節　領導特質與領導效能

一、企業界領導特質的研究

在企業界領導特質與領導效能的研究，茲論述於下：

㈠ Neff and Citrin（1999）結合企業分析與金融市場對績效的認同法，篩選當代美國最成功的企業領導人 50 位，逐一進行個別訪問、紀錄、查證和分析，找出了十項共同特質。雖然不能說這十項特質是邁向成功的不二法門，但是這些成功的領導人都擁有這些或其中的大部分特質，這十項共同特質即是（鄒應瑗，2001）：

1. 熱情；
2. 清晰的思考與智慧；
3. 偉大的溝通技巧；
4. 精力旺盛；
5. 抑制自我：不自我吹捧，對成就非常謙虛，將成功歸諸於辛勤工作、時機好、運氣好、家人與同事的支持和努力等；
6. 內心平和；
7. 記取經驗教訓；
8. 健全的家庭生活；
9. 正面的態度；
10. 專注於「把對的事情做對」。

㈡從領導特質預測領導效能上，Yukl（2002）歸納整合有關大型組織的經理和行政人員的研究，發現能預測他們領導效能的特質是：

1. 精力旺盛，具抗壓力與容忍力；
2. 自信；

　　3.具內控性格；

　　4.真誠；

　　5.具社會權力動機；

　　6.中度的成就取向；

　　7.親密需求低。

二、美國校長領導特質的研究

　　㈠ Hemphill, Griffiths, & Frederiksen（1962）以 32 位小學校長為樣本，分析其領導特質，結果發現維持組織關係最有效能的校長多具有友善、負責、活力、熱心、勇敢、富有同情心、自發、自信、接納、以及免於憂慮與焦慮等特質（謝文全，2003）。

　　㈡有關優秀校長的特質，Smith & Piele（1990）依據在 Blumberg 與 Greenfield 地區選取 8 位校長，他們被教師、學生、家長、學區行政人員普遍認為是優秀的校長，經過訪談、蒐集有關優秀校長領導特質的研究，歸納出優秀的教育領導人所持有的領導特質是（喬玉全、陳梓、錢華，1991）：

　　1.目標：優秀的校長有明確的目標，並為之努力工作直到實現目標。

　　2.保持警覺：優秀的校長為尋找完成目標的機會，隨時不斷的保持警覺，若不能自然出現機會，他們會創造機會。

　　3.安全感：優秀的教育領導人安全感強，他們不懼怕新事務、新思想、不怕與他人打交道，對自己及外界對他的評價顯示相當自信與成熟，這種安全感與自信心使他們對不同的觀點更加寬容，更能容忍不確定或曖昧不明的事務。

　　4.自主積極行動：有效能的校長並不滿足於目前的所有規則和習慣，時常主動發覺還有哪些欠缺，努力改變人們認為不能改變的事務。

　　5.有遠見，不滿足於現實：渴求進取精神，自己主宰工作，而不是

被工作控制。

　　6.社會參與：優秀的校長最寶貴的是擁有各種需求、興趣和期望與不同的人一起工作的能力；具有與他人一起有效工作並且保證合作的能力；有效運用團體隸屬感且具同理心。

　　7.*溝通*：優秀校長均有很強的人際關係技能，並且，在與人面對面的互動中，能夠與多種不同的個人和團體進行有效的溝通。

　　8.傾聽：優秀的校長傾聽能力都很強，他們能對周遭所發生的事情非常敏感；不僅擅於表達而且也擅於吸收想法和建議。

　　㈢美國中等學校校長協會認定：十二項學校領導者必備的一般能力為：果斷力；判斷力；領導；口頭溝通；組織能力；問題分析；敏感度；壓力容忍能力；書面溝通；教育價值；個人動機；興趣廣泛。

　　㈣美國全國教育行政政策審議委員會針對校長知識基礎及技能基礎發展出四大領域校長必備的知識及能力：

　　1.功能領域：包括領導、資訊蒐集、問題分析、判斷、組織監督、執行、授權。

　　2.教育方案領域：包括教學與學習環境、課程設計、學生輔導與發展、教職員發展、測量與評鑑、資源分配。

　　3.人際關係領域：包括激勵他人、人際間之敏感度、口頭與非語言表達、書面表達。

　　4.教育脈絡領域：包括各種哲學價值及文化價值、法規的執行層面、政策面與政治影響力、公共關係（林文律，民86）。

三、我國校長領導特質的研究

　　有關校長所需要擁有的特質與學校效能研究，蔡培村（1985）針對我國國民中小學校長的領導特質、權力基礎、學校組織結構及組織氣氛與教師工作滿足的關係，以台灣省及台北市、高雄市所屬國民中小學為

範圍，以分層隨機取樣法抽取 230 所學校，2,070 人為樣本人數，將校長特質分為六項：

第一項、身心品德：品德高尚，操守廉潔；身心健康；為人和善具愛心；個性樂觀開朗；態度端莊，風度高雅；談吐幽默；具穩定、祥和的情緒；具有自信心。

第二項、專業學識：豐富的學術基礎；具有行政實務經驗；具有學術與研究經驗；時時進修，吸取新知；熟悉基本法規；對教育問題有深入的了解；對教育工作很投入；能以專業之能力處理教育問題。

第三項、人際關係：與同事和樂相處；虛懷若谷，廣納雅言；善解人意，關懷同仁；容易與人交往；有耐心傾聽同仁內心想法與感受；能與社區人士取得良好溝通；善於察顏觀色；人緣極佳。

第四項、工作動機：做事積極進取；具有辦學理想；做事非常專注；做事貫徹始終；具有創新意願；做事精神炯炯，孜孜不倦；做事善於掌握時機；做事設定目標，全力以赴。

第五項、決定能力：思考縝密；有敏銳的判斷力；精於分析事理；能洞察問題癥結；做事能權宜變通，取決應行之道；處事先蒐集資料，研判事實再做決定；處世有獨到的見解；具有統觀全局，掌握關鍵的能力。

第六項、督導能力：處事公平公正；能讓同仁參與重要措施決定；能用人為才；能促使同事各盡其才；能讚賞同仁成就；有勇於擔當的魄力；會採納同仁建議且付諸實施；對待同仁寬嚴並濟，賞罰分明。

將校長六項特質做比較研究發現：1.校長重要領導特質最重要的是身心品德、專業學識、工作動機、督導能力、決定能力、人際關係。2.校長的領導特質較佳，則學校組織氣氛愈佳，教師工作滿足愈高。3.校長的督

導能力是預測學校組織氣氛和教師工作滿足的最主要變項。

四、最近有效能校長領導特質的研究

Day, Harris & Hadfield（2001）對傳統有關學校有效能領導者的研究做綜合性的研究與檢視，發現在丹麥、英格蘭、英國、澳洲等國認為有效能的學校領導者，其特質是：

㈠領導者有清楚的個人願景，知道要追求或獲得什麼。

㈡注重影響深遠的事務，並與老師、同事一起努力。

㈢尊重教師的自主，保護教師不受額外命令、事務的干擾。

㈣好的領導者能高瞻遠矚，預期未來的變遷並做妥善的準備，使師生們不致驚恐或無能力因應。

㈤領導者做事能有系統與有計畫的進行，能夠抓住政治與經濟的現實面，有能力去談判和妥協（Moos, Mahony & Reeves, in MacBeath, 1998）。

㈥領導者能有效的與教職員生及相關人員清楚、充分溝通個人和教育價值，是反映與代表大家對學校的道德目的。

㈦領導者的情緒智商扮演重要的因素，領導者了解、控制與有效的處理自己的情緒（Higgs & Dulewicz, 2000）。

從上述的這些研究中，不管是在企業界或是在教育界，姑且不論部屬特質、領導情境，有效能的領導者都要擁有健康的素質、堅強的精神毅力、情緒穩定、對事情專注、人際關係能力好的特質，他們確實擁有其與眾不同的特殊特質，而且除了少數特質不一樣外，多數的特質是雷同的，所以不管是整體效能、工作滿足感或是學校組織氣氛，均有顯著的差異。

五、與升遷有關的個人特質

Bray, Campell & Grant（1974）美國電話電報公司（AT & T）進行為期八年的長期研究，以評估一群候選人晉升為中階主管的情形，結果發現預測會晉升的候選人中，64%升上中階主管職位，預測不會晉升的候選人中只有 32%升為中級主管。此研究發現與升遷有顯著相關的個人特質有（Yukl, 1981）：

㈠口語與溝通技巧（r＝.33）：就一熟悉的主題向小團體簡報的好壞。

㈡人際關係技巧（r＝.32）：領導團體完成任務而不會引起敵意的能力。

㈢晉升需求（r＝.31）：此人想要比同事更快速晉升的程度。

㈣承受壓力的能力（r＝.31）：面對個人壓力仍能保持工作水準的程度。

㈤不確定性的容忍度（r＝.30）：在不確定或混亂情境下，仍能保持工作水準的程度。

㈥組織與計畫能力（r＝.28）：事先組織工作和計畫的效能。

㈦精力（r＝.28）：能維持高水準工作活力的程度。

㈧創造力（r＝.25）：用新方法解決管理問題的可能性。

㈨興趣範圍（r＝.23）：個人對各類活動感到興趣的程度，如科學、運動、音樂和藝術。

㈩內在工作標準（r＝.21）：縱使上司沒有要求工作標準，個人自己會要求工作做好的程度。

㈡行為的彈性（r＝.21）：受激勵後能快速調整行為達到目標。

㈢安全的需求（r＝－.20）：期望安全有保障工作的程度。

㈣延遲滿足慾望的能力（r＝－.19）：能在無獲得大的報酬下長期工

作，而日後再獲得的程度。

　　(生)決策力（r＝.18）：做決策的準備度和品質。

　　(圭)工作第一（r＝.18）：從工作獲得的滿足感優於其他一切領域。

　　(去)目標的彈性（r＝−.18）：依照實際機會改變生活目標的能力。

　　從這些預測變項中，有十三項是正相關，亦即，此項特質程度愈高，其升遷之機會愈大；有三項是負相關，亦即，此項特質程度愈高，其升遷機會愈小。我們從目前中小學校長的個人特質和此項研究結果對照，就可看出為何有些校長是這麼年輕，他們是否顯現出與這些特質有關。

六、成功與失敗領導者的個人特質

　　美國創造力領導研究中心（Center for Creative Leadership, CCL）試圖證明最終晉升至高級主管的人和最後未能晉升的人其特質有無差別，所謂未能如願的人就是遭解聘、轉業、提早退休、原地踏步毫無晉升機會的人 21 位；最後成功晉升至高級主管的人 20 位。本研究是與這些中級人員的執行長和高級人力資源經理晤談，所用的是綜合性特質（特質、技能、其他能力）。除了發現他們的特質確有差別外，在後續的追蹤研究，發現本研究結果適用在美洲與歐洲（Lombardo & Mccauley, 1988; Van Velsor & Leslie, 1995），其重要不同特質有六項（1～6 項）；另外 1997 年美國婦女貿易中心（Women's Business Center）提出另外五項特質（7～11 項）也是現代成功領導人所需要的領導特質：

㈠情緒穩定度

　　失敗者控制壓力的能力差，情緒化、容易爆發生氣、行為先後不一致，傷害與部屬、同僚與長官之關係；相反的，成功者冷靜、自信以及危機時還能保持鎮定的行為。

㈡願冒風險

防禦性（defensiveness）失敗者對任務失敗較會作自我防禦，企圖掩蓋錯誤、歸罪他人；成功者承認錯誤、接受責任，立即以行動去解決問題，不會徬徨猶豫。最近的研究發現缺乏學習與適應變遷的能力，包括防衛性是失敗的重要預測變項。

㈢真誠

成功的領導者較專注於當前的任務和部屬的需求，而非與對手競爭或表現優越；相反的，失敗的領導者汲汲於晉升而犧牲他人，不遵守信用與承諾。

㈣人際關係技能

失敗的領導者缺乏人際關係技能，經常傷及他人而不自知，比較不敏感；相反的，成功的領導者較敏感、有技術的、關懷的，他能了解別人、與各種不同的人相處，建立合作的人際網路，縱使不同意他人也做得非常精緻。

㈤技術和認知技能

失敗的領導者在低層領導，或許其專門技術或解決問題能力遠高於部屬，但在高層所需的專門技能與解決問題的技能就更寬廣、更高深，如果過分自信或傲慢，不能獲得資深專業部屬的支持；或晉升過快，專業技術趕不上，就會導致失敗；成功的領導者反之（Yukl, 2002）。

㈥魅力

人們通常視領導者非同常人。魅力在這一方面起著十分的作用。具有魅力之領導能夠透過遠景規劃，使僱員團結一致，為之吸引，從而喚起僱員的強烈感情。領導者利用這一遠景規劃，將未來的目標與巨大的

個人利益與價值相結合在一起，調動僱員的積極性，努力實現這一未來的目標。

(七)成熟

作為一名優秀領導，個人之權力和認可與僱員之發展相比是第二位的。換句話說，成熟之基礎是應能認識到增強別人的能力要比統治別人能夠取得更大的成就。

(八)旺盛精力

工作時間長和有時候需要出差，這是進入領導職位的先決條件，尤其是在你的企業成長時。做為領導，你必須面對的兩個最大障礙就是處事謹慎和專心致志。

(九)直覺能力

當今世界變化迅速，加之資訊超載，從而使人們不可能「知道」一切。換言之，你無法透過分析和邏輯推理來應付所有情況。事實上，愈來愈多的領導者正在學習如何應用自己的直覺能力和憑藉自己的「膽色」來進行決策。

(十)團隊意識

今天的企業領導非常重視團隊作業。在自己與僱員之間不再推行長輩—小孩式關係；領導者要創造能促進團隊團結的成人對成人之關係。

第三節　領導者的領導技能

茲將領導者的領導技能的分類、及不同領導階層所需的技術需求分述於下：

一、領導技能分類

有關領導技能的分類法最有名的當屬Katz（1955）提出，後經Mann（1965）修定了三項技能分類（技術性技能、概念性技能、人際關係技能）以及其他相關技能（Yukl, 2002）。

㈠技術性技能（technical skills）

技術性技能包括解決方法的知識、過程及一個領導者在組織單位的特別活動中所表現的才能。技術性技能也包括了組織的真實知識（規則、結構、管理系統、僱員徵選）以及對於組織產品及服務（技術規格、強度和局限性）的知識。這種類型的知識是由正式的教育之結合、訓練和工作經驗所養成的。

㈡概念性技能（conceptual skills）

概念性技能包括分析的能力、邏輯思考、概念的形成和判斷的推理。一般概念性技能涉及判斷、遠見、直覺、有創造力和發覺深層意義的能力；以及在含糊不清、不確定事件的情境中找到重要的線索與關係。測量概念性能力可用的方法，包括才能測驗、情境測驗、面試和關鍵性的事件反應評量法。

㈢人際關係技能（interpersonal skills）

人際關係技能也稱「社會性技能」，包括人類行為及團體過程的知識，必須理解他人感情、態度和動機的能力，以及清楚、令人信服的溝通能力。具有人際關係技能可以肯定自我滿足社會需求外，它具有發展和維持與他人的關係的社會功能；借助此項技能能促進有效的資訊交換，影響與說服他人達成決策的功能（曾端真、曾玲珉，1996）。在Boyatzis（1982）的領導能力研究中發現，如果不考慮其他領導情境，人際間技

能可以用來區別有效及無效的領導。

㈣其他與領導情境相關的技能（situational relevance of skills）

其他相關技能包括情緒智能（emotional intelligence）、學習能力（ability to learn）、社會技能（social intelligence）、技術轉移的技能、變革之技能。這些技能主要是需要有符合所領導層級的技術需求、能夠隨組織需要，移轉必須的技術到組織的技能，並且在全球化的速度與技術中發展，社會變化持續增大，要有優質的能力，如認知、情緒和社會的智能、自知之明、文化敏感度、行為靈活度和從經驗學習適應改變的能力，能夠結合多種技術以適合環境需求的技能。

二、不同階層的技術需求

雖然領導者均需要具備上述之技能，但是不同層級需要具備的各項技能其重要性是不同的（參閱〔圖 2-1〕）。對低階層領導者而言，主要的職責是在現有組織內執行政策和維持工作流程，因此擁有技術能力通常比觀念性能力更重要；對中層領導者而言，主要的職責是補足現有的結構，並執行上級所訂定的目標與政策，因此技術、人際關係和觀念性能力均需具備；對高階主管而言，主要的職責是制訂策略性決策，因此擁有觀念性能力最為重要。雖然下決策仍需具有技術能力與人際關係能力，但是，策略性決策的品質，主要還是取決於決策者的觀念性能力。

高階主管所須具備的能力會因組織的種類、大小及權威集中程度而有不同，如在作業性決策相當分權的組織裡，技術能力對高階主管而言最不重要。若組織的決策高度集中，或高階主管除一般行政責任外，尚擔當專業機能角色（如向主要客戶推銷、設計產品），則需更多的技術能力。

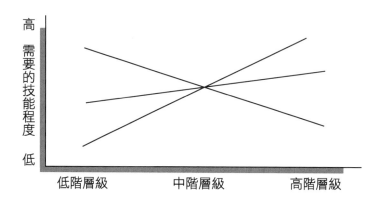

圖 2-1　不同技能對不同領導層級的相對重要性

資料來源：引自 Yukl（2002）。*Leadership in organization*（p. 199）. New Jersey: Prentice-Hall.

　　從學校的組織的層級也可分為策略層級、協調層級與操作層級。策略層級是要構思學校的願景，要將學校帶往的迦南樂土在哪裡？那裡有什麼？有哪些辦學理念策略，如何在複雜的環境中能有清晰的邏輯概念分析事理，高瞻遠矚，協調矛盾、衝突，統合所屬，而能群策群力，其概念性技能特別重要；學校協調層級就如組長、主任，他們要將校長的理念，考慮學校現有環境、人力、物資各種條件下，將其構思形成可行方案，並且帶領部屬將方案執行，所以這一層級技術、人際關係和觀念性能力均需具備；操作層級最重要的是執行的技術能力了。

第四節　領導者的動機

　　領導動機研究首推 McClelland（1965）用心理學投射法（projective technique）的「主題統覺測驗」（Thematic Apperception Test, TAT）做研究，檢驗成就需求、權力需求和親密需求對領導效能的重要性，發現這三種動機和領導者的效能有密切的關係；茲分述如下：

一、成就需求（Need for achievement, N/ach）

成就需求高的人喜歡挑戰、完成艱難任務，達到成功經驗；為自己設定達到優秀的標準，發展出更好的方法；或是克服困難、經歷成功，獲得滿意。這樣的人偏愛具有下列特性的工作：

㈠成果來自自己的努力和能力，而非來自自己所不能控制的機會因素。

㈡任務具有適度的困難，而非太容易或太難。任務表現如何有即時與具體的回饋。

㈢經常有機會主動做事，而非僅做被動因應即時的問題。

大凡藝術家及創作性的人士，都是屬於追求成就的人，在企業世界中，例如：中小型企業的創業人，擔任研究發展工作的科學人，以及負責銷售的推銷人員，這些成功的人士大抵以成就動機為其主要的動機。他們關切的是個人任務的完成；而對控制他人則比較缺乏興趣。

二、權力需求（Need for power, N/pow）

對於權力（power）有高需求的人從運用影響力獲得很大滿足。這種類型的人喜歡贏得爭論的勝利、擊敗對手、除去敵人，和指導團體的活動。這樣的人偏愛具有下列特性的工作：

㈠喜歡看強調暴力、性或競爭性運動之書籍或影片。

㈡蒐集象徵地位和影響力的東西。

㈢喜歡從事競爭性運動，特別是單打獨鬥的運動。

㈣喝酒、吸毒或參與神秘宗教儀式，以增強個人的力量和影響事務之經驗。

㈤喜歡予人忠告與幫助，以顯現個人的優越與他人的依賴與軟弱。

㈥加入組織並為成領袖角色。

通常一個強烈權力慾望的人需要尋求有權力的地位（如負責人、行政官員、警官、律師、軍官），在這當中進行指導其他人的活動。相對地對於權力低需求的人，是不可能如此地肯定自己，而且可能會謙卑的認為告訴別人怎麼做是不適當的。但是，談到權力卻可能令人嗤之以鼻，McClelland 卻指出：對於組織中的許多主管人士，權力未嘗不是一項適當的行為動力。問題是在於人將個人權利（personal power）與社會化權力（socialized power）混淆了，有個人化的權力傾向的人，傾向於用自私方式滿足對權力的需求，藉著支配別人或使用權力滿足個人快樂的慾望；有社會性權力傾向的人就有強烈的自制力，且會以透過社會可接受的方式去滿足對於權力的需求，例如：影響別人去完成一個有價值的事情，或者幫助其他人發展他們的技術和自信。

三、親密需求（Need for affiliation, N/aff）

對於與人親密有強烈需求的人，特別關心是否被喜歡和被接納，且他對暗示性的拒絕、以及對他人具有敵意的線索很敏感。這種類型的人會尋求與人建立或維持親密的友誼、參加團體和愉快的社交活動；相反的，對於親密需求低的人傾向於孤單、避免社會活動，當他受邀參加聚會時會感到不舒服、不自在。良好的績效有時有助於同事的接納，但關心任務也會妨礙同事的接納，當面對工作程序或標準意見不同時，有強烈親密需求的人，通常不願讓工作干擾到和諧的關係，所以 McClelland 曾寫一篇題為「好人不是好主管」（Nice guys make bad bosses） 的論文，正是指出親密需求的人其處世風格（許是祥，1881）。

McClelland 認為人性具有可塑性，因此堅持主張可以培養適當的需求類型，順應生活的需要，但這種可塑性也有相當的限度。亦即，一個天生沒有成就需求的人，則無論怎樣訓練，也不可能成為一位高度成就需求的人；不過，適度激勵改變總是可能的，其主要原因是行為動機的

改變具有自我強化的作用。

第五節　領導特質與技術理論評述

領導特質論從二十世紀初即開始研究，至今人們仍在研究，雖有大量的研究成果，也有它一定的貢獻與啟示，但也有一些理論上的弱點值得考慮：

一、研究結果的不一致

Applbaum, Bodaken, Sereno & Anatol（1974）就指出：五十年來的研究，並沒有共同發現一種人格特質或一組特徵可以明顯且可肯定地區分領導者與非領導者，顯見這種理論有結果不一致的弱點，無法區分領導者與非領導者。進一步探討其原因，主要是特質論嘗試以領導者之特質來研究領導，事實上有效之領導是與情境和環境相關，不能單獨視之；同時也忽視了領導者的實際行為，因為有能力做一件事和實際做一件事之間有很大的不同。

二、特質與技巧間的相互關係未釐清

當特質與技巧一旦被提及，他們如何影響行為？中間是否有中介變項的影響，中介變項又是什麼？不同特質與技巧間是否有關，有否重疊？例如：Mumford 與 Connelly（1991）就指出情緒成熟度會影響領導者從經驗與回饋中學習的能力，以及調整行為以因應變遷的情境。這都是特質論將來有待釐清之處。

三、影響領導因素研究不夠周全

特質與技術理論僅從領導者的角度思考，其實影響領導效能的因素

除了領導等者特質外，尚包括部屬的特質、物理及心理環境、工作任務特性等。例如：在一個組織裡有一組領導人，他們的特質不同，面對的部屬不同、任務不同、情境也有異，領導者特質或技巧可否互補或互相抵制？如何知道哪些因素造成領導效能？Yukl（2002）建議關於領導者特質和技術模式的建立，需要使用叢集分析發展領導類型，區別特質剖析面。

第六節　領導特質與技術理論對學校行政領導的啓示

　　領導特質與技術理論對領導者所做的研究雖然不夠周全，但是所有研究領導者也不敢否認領導特質與技巧會對組織的成敗、效能有一定的影響，茲就綜合領導特質與技術之理論與研究，提出它對學校行政領導者的啟示：

一、領導者一定要有誠信，並建構誠信的組織環境

㈠領導者一定要有誠信

　　特質論的研究中均提到領導者須有誠信的特質，學校是教人求真、教人做人處事的場所，領導者不講真誠、不守信用，部屬如何敢追隨領導者而戮力向前，竭智盡忠呢？不輕易承諾，但是重然諾，一諾千金。《說文解字》這樣解釋：「誠，信也，從言成聲」；「信，誠也，從人言」，誠是道德主體的一種價值信念，信是與人交往的外顯行為，所以有所謂內誠於心，外信於人。誠信是領導者必須修養且具有的特質，他是一種「道」，即不會改變的且必須堅守的基本修持，其他的領導方法、技巧是一種「術」，可隨不同的情境而調整改變。堅守誠信或許會為人

所誤解，但終有澄清日；偽裝、欺騙或可成功一時，但終究會被識破，屆時在組織中就不再有所謂的承諾與忠誠了。

㈡建構誠信的組織環境

領導者本身力行誠信原則外，還要營造一個誠信的組織環境，因為在誠信的組織環境中，誠信延伸至每一組織成員，重要的訊息或指示就會迅速的被接受與執行，不會浪費時間去懷疑、去解釋、去求證，而懷著忐忑不安的心情嘗試著去執行。誠信的環境有幾項特質（Franzen & Hardaker, 1994）：

1.可預知性與正確性（predictability and being right）：我們會因他人的可預知性而信任他們，領導者能以高度的正確性預期未來成果，部屬能以高度的正確性預期各種狀況發生時，自己會受到如何的對待。可預知性須由清晰的溝通來決定，清晰的溝通又須對各層面的訊息掌握正確，經過縝密的分析、綜合判斷，作出的決策才能正確；有了正確性，組織內才能傳播信心，這種信心是自信、信任他人、相信能將事情做好，自然就會全力以赴。

2.清晰的溝通（clear communication）：組織中和他人溝通必須清晰，才能讓每個與你共事的同仁知道你對事務的優先次序與期望，部屬必先知悉上司的期望結果，才能衡量可預知性；如果不能清晰的知道事務的優先次序與期望，則只有自行揣測，因而增加錯誤機會。領導者人際與資訊網路拓展良好，保持資訊的新穎與正確，經由清晰的傳達，經過部屬一次次的檢驗，就會形成良性關懷的誠信環境，領導者所獲的回饋也愈是真誠開放。

3.中肯（relevance）：領導者所做的必須讓部屬感受到你所做的每件事對組織、對他們都很重要，用部屬所重視的價值層面來溝通、闡釋組織的願景、目標等，並且能讓他參與，從而了解組織的運作，進而樂

意的配合計畫執行。

　　4.言行一致（consistency）：言行一致指的是領導者的承諾與行為之間有清楚的連結，所言和所行是一致且持續的，不會有模稜晦澀與不清，或存有相當大的想像空間與解釋轉圜餘地，甚至可以詭辯。部屬眼睛也是雪亮的、心裡也是明白的，多次以後就學會一套應付、推諉的態度，常聽到部屬間流傳的「你看看，他又來了，先低頭讓他過去吧。」（Bent Over, Here It Comes Again, BOHICA），就是指領導者言行不一致、或是不持久，部屬所發展出的應付方法。

　　5.公正（fairness）：公正即不會有因任何理由而偏私、歧視存在，工作分配、任務調整可經得起討論與檢視，成果與貢獻的獎勵是正確且信守承諾的；但當過錯產生該嚴正以對時也不循私，讓部屬認定是合理且能接納的。

　　6.增加能見度（visibility）：領導者必須與部屬接近，彼此互動與了解，增進團隊精神，也能掌握周遭所發生的事情與訊息，使你能更貼近真實；另外很重要的是領導者具有楷模身分的角色，組織的價值觀與政策領導者是否以身作則來奉行，部屬能親眼目睹領導者身體力行、又感覺領導者是和他同一國，擁有隸屬感與親切感，組織氣氛自然不同。

二、領導者學習必要的管理技能

　　現代領導管理書籍常提到：領導者必須具備前瞻力、洞察力、敏感力、應變力、執行力、堅忍力，仔細予以分析，不外乎概念性技能、技術性技能、人際關係技能、情境相關技能。

㈠概念性技能

　　有了概念性技能就具有分析的能力、邏輯思考、概念形成和推斷的推理的能力，才會做出好的判斷、有前瞻性的願景、直覺與創新，同時

對事務具有整體觀照，條理清晰，前後一致。

(二)技術性技能

有了技術性技能亦即擁有所從事行業的專門知識技能，它必須透過正式的教育、訓練和工作經驗所養成。譬如我國在中小學推行九年一貫課程、學校本位管理，學校的校長、主任、組長如果不知其意義、內涵、方法，又如何能帶領學校老師實施呢，所以，在知識衰退期快速的時代，不斷的學習是絕對需要的。

(三)人際關係技能

人際關係技能也稱社會性技能，包括人類行為及團體過程的知識，理解他人感情、姿態和動機的能力，以及清楚和令人信服溝通的能力。學校是一開放組織，它必須與環境產生交互作用，必須從競爭的環境中爭取稀有而珍貴的資源（優秀的教師、職員、學生、社區人力、有力人士的支持、金錢、物資）輸入，同時有必須將這些資源轉化成優秀產品——優秀的學生，廣為外界人士認識了解、喜歡愛用。不管在輸入、轉化或輸出的階段，均牽涉到人，這是領導者所必須面對與處理的事務，如具有良好的人際關係技能，消極上可以解決一些障礙，積極上可以使事情做得更有效、更圓滿。

(四)情境相關技能

能夠隨組織需要，移轉必要的技術到組織，並且在全球化的速度與技術中發展，社會變化持續增大，要有優質的能力。學校領導者有對情境認知的技能，才能有靈活且適宜的彈性調整措施，使任務達成。

三、領導者必須具有旺盛的企圖心

有旺盛企圖心的人會設定自己的目標，主動積極的任事，遇到困難

會想盡各種辦法克服，不輕易被擊倒，甚至會愈挫愈勇，帶領部屬一起努力達成事功。所謂兵隨將轉，部屬的眼睛是雪亮的，心裡是清楚的，所以領導者必須有使命感的自我期許，追求卓越、虛心學習、追根究底，塑造敢做事與多做事的工作環境，建立專家楷模的風範，凡事全力以赴。

四、領導者必須能了解、關懷與體恤部屬

人心之不同各如其面，部屬的人格特質、動機需求、知識技術能力也有所不同，領導者是否知悉？能否將他安置在妥適的位置，符合他的需求、個性、發揮他的專長。學校工作的教職員在工作中會有不同意見，有時也會出錯、也會有情緒的困擾，學校領導者是否知道？能否以同理心來思考事情？展現尊重不同意見，以諮詢輔導給予機會和鼓勵？部屬在面對領導時會有三種不同程度的心態：承諾、接受與抗拒。若要使部屬能有承諾的心態，領導者就必須了解、關懷與體恤部屬。

五、領導者經常自我反省

領導者必須自我了解自己的優點與強項、自己的不足與弱點，從自我的反思、工作的經驗、內外的回饋系統中，能警覺地、敏銳地汲取訊息，分析判斷，作自我調適。自己所擁有的強處若時機不符，有可能會轉為弱點，甚至成為剛愎自用，而一事無成。所以領導者養成反省的功夫才能了解自我、發揮所長、補強缺失，成為優秀的領導人。

┌參考書目┐

林文律（民 86）。美國中小學初任校長適應困難及校長培育重點之探討。台北師院學報，**10**，53-110。

張春興（1985）。**心理學**。台北：東華。

黃昆輝（2002）。**教育行政學**。台北：東華。

蔡培村（1985）。**國民小學校長的領導特質、權力基礎、學校組織結構及組織氣候與教師工作滿足關係之比較研究**。台北：國立政治大學教育研究所博士論文（未出版）。

謝文全（2003）。**教育行政學**。台北：高等教育。

Applbaum, R. L., Bodaken, E. M., Sereno, K. K., & Anatol, K. W. (1974). *The process of group communication.* Chicago: Science Research Associates, Inc.

Bass, B. (1990)／林文津譯（1992）。領導特質研究：1904-47 &1948-70。**實踐季刊**，**18**，18-25。

Boyatzis, R. E. (1982). *The competent manager.* New York: John Wiley.

Clark, D. R. (1997). *Big dog's leadership page-motivation.* Retrieved February 13, 2004 from the World Wide Web: http://www.nwlink.com/~donclark/leader/leadmot.html#one

Day, C., Harris, A., and Hadfield, M. (2001). Challenging the orthodoxy of effective school leadership. *International Journal of Leadership in Education, 4*(1), 39-56.

Dowling, W. / 許是祥譯 （1881）。**麥克里蘭訪問記**。台北：漢苑。

Franzen, H. & Hardaker, M. (1994)／陳子仁譯。**如何管理經理人**（1997）。台北：麥格羅·希爾。

Gardner, J. W. (1989)／譚家瑜譯（1992）。**新領導力**。台北：天下文化。

Higgs, M. J. & Dulewicz, V. (2000). Emotional intelligence: A review and evaluation study. *Journal of Management Psychology, 15*(4), 342-368.

Hoy, W. K., & Miskel, C. G. (2001). *Educational administration: Theory, research, and practice* (6th ed.). New York: McGraw-Hill.

Kast, F. E., & Rosenzweig, J. E. (1974). Organization and management: *A system approach*(2nd ed.). New York: McGraw-Hill.

Lombardo, M. M., & McCauley, C. D. (1988). *The dynamics of management derailment*. Technical Report #34. Greensboro, NC: Center for Creative Leadership.

MacBeath, J. (1998). *Effective school leadership: Responding to change*. London: Paul Chapman.

McClelland, D. C. (1965). N-achievement and entrepreneurship: A longitudinal study. *Journal of Personality and Social Psychology,1,* 389-392.

Mumford, M. D., & Connelly, M. S. (1991). Leaders as creators: Leader performance and problem solving in ill-defined domains. *Leadersip Quarterly, 2,* 289-315.

Neff, T. J., & Citrin, J. M. (1999)／鄒應瑗譯（2001）。50 位頂尖 CEO 的領袖特質。台北：聯經。

Online Women's Business Center(1997). 成功領導者至關重要的品格特徵。http://www.onlinewbc.gov/docs/Chinese/KeyTraits.html 2004/6/25

Scholtes, P. R. (1998). *The lleader's handbook: Making things happen, getting things done*. New York: McGraw-Hill.

Shaw, M. E. (1955). A comparison of two types of leadership in various communication nets. *Journal of abnormal and social psychology, 50,* 127-134.

Stogdill, R. (1974). *Handbook of leadership*. New York: Free Press.

Smith and Piele (1990)／喬玉全、陳梓、錢華譯（1991）。學校行政領導原理。台北：五南。

Van Velsor, E., & Leslie, J. B. (1995). Why executives Derail: Perspective across time and cultures. *Academy of management executive, 9*(4), 62-72.

Verderber, R. F., & Verderber, K. S.(1995)／曾端真、曾玲珉譯（1996）。人際關係與溝通。台北：揚智。

Yukl, G. A. (1981). *Leadership in organization*. New Jersey: Prentice-Hall, Inc.

Yukl, G. A. (2002). *Leadership in organization* (5th ed.). New Jersey: Prentice-Hall, Inc.

第 3 章

權力與領導的行為理論

佛塔上的老鼠

一隻四處漂泊的老鼠在佛塔頂上安了家。

佛塔裡的生活實在是幸福極了，牠既可以在各層之間隨意穿越，又可以享受到豐富的供品。牠甚至還享有別人所無法想像的特權；那些不為人知的秘笈，牠可以隨意咀嚼；人們不敢正視的佛像，牠可以自由休閒，興起之時，甚至還可以在佛像頭上留些排泄物。

每當善男信女們燒香叩頭的時候，這隻老鼠總是看著那令人陶醉的煙氣，慢慢升起，牠猛抽著鼻子，心中暗笑：「可笑的人類，膝蓋竟然這樣柔軟，說跪就跪下了！」

有一天，一隻餓極了的野貓闖了進來，牠一把將老鼠抓住。

「你不能吃我！你應該向我跪拜！我代表著佛！」這位高貴的俘虜抗議道。

「人們向你跪拜，只是因為你所占的位置，不是因為你！」

野貓譏諷道，然後，牠像掰開一個漢堡包那樣把老鼠掰成了兩半。

— ICXO.COM (2004-05-12)

　　領導行為的研究是在 1950 年以後，因為特質論不能完整的解釋特質和績效的因果關係，故轉而研究權力和領導者的行為。研究權力主要是研究權力的種類、影響力，以及使用時機與注意事項；研究領導者的行為可大致分為兩大類型：一類是描述法，用直接觀察、日記、工作描述問卷、或訪問蒐集軼事的訪法，蒐集資料描述領導者如何使用時間、做什麼事、擔任何種責任、如何運作等。另一類是研究有效能的領導行為，大部分用行為描述問卷作問卷調查法，少部分用實驗法、田野實驗法、關鍵事件法做研究。以下分四節，第一節探討權利與影響力，第二節探討管理者工作的特質、角色扮演與影響因素，第三節領導行為理論的研究，第四節領導行為在教育上的研究與評述，第五節結論。

第一節　權利與影響力

　　領導研究者對特質論的研究不滿意，轉而研究權利與影響力。影響力是領導的精髓，有能力的領導者，他必須能夠影響別人去執行計畫。權力是指起動者（agent）如何去影響執行者（target）。權力是在組織中，某一方對另一方行為之影響能力，能使其行使某些事項或不進行某些事項；權力會隨著個人或情境而改變；個人在社會互動的情境中，以其職位所賦予及本身具備之能力與道德修養，促使他人服從其意志並完成其目標的力量（Yukl, 2002）。

一、權力影響的結果

　　領導者嘗試去影響部屬，部屬在此情境下會盱衡權力的大小、本身的價值觀與能力、以及承擔的後果，作出綜合的判斷，而產生三種行為反應：

(一)承諾

部屬全然接受領導的決定與要求，而且會盡一切的努力，執行領導者的要求，並非常有效率的執行；承諾是領導者的影響中最成功的一種。

(二)順從

部屬雖不認定領導者的特定要求，但仍願意去做，只是表現得較不熱切。此即所謂「口服心不服」，領導者只影響了部屬的表面行為而非態度。就一件困難的工作而言，部屬順從未必即能達成任務，但對簡單、例行的要求來說，則部屬可能只要順從就夠了。

(三)反抗

反抗是指執行者反對起動者的提議，執行者不只是漠不關心而且積極地避免去執行。反抗的方式有：

1. 直接拒絕執行該項要求。
2. 不理會領導者的建議或要求。
3. 逃避該項工作，可能表現出拖延、推諉。
4. 試圖說服領導者，甚至於更高層級改變要求。
5. 表面順從卻背地裡破壞。

二、權力影響的過程

Kelman（1958）在其態度改變的歷程文章中提到三種的權力影響是一種工具性順從（compliance）、內化（internalization）及認同（identification）的過程。

(一)工具性順從

部屬實行一項行動是為了獲得報酬或避免懲罰等目的；行為的動機是來自於利用，而不是情感因素。

㈡內化

部屬認定領導者的特定要求為理所當然,並進一步視為個人即使在沒有外力要求下仍應奉行的行為準則。

㈢認同

指部屬全然認定領導者的種種要求為理所當然。主要乃源於對領導者本身的認同,視領導者為典範,是個人景仰學習仿傚的對象。因此,只要是該領導者的要求,自然都是好的,理應聽從。

三、權力的種類與使用

權力的分類以 French & Raven(1959)之獎賞權(reward power)、強制權(coercive power)、合法權(legitimate power)、專家權(expert power)、參照權(referent power)為最多研究者所引用,茲以其分類為準,並以 Yukl(2002)所提權力使用要點的指導方針為主,引述於下:

㈠合法權或法職權

部屬順從,因為他相信領導者有做要求的權力且他有義務要去遵守。部屬因為相信「領導者有權對他提出要求、且他有義務聽從」而順從領導者。部屬可能因領導者在組織中職位、階級比他高,或只是因為期別、資歷、年齡比他長,即認為有必要聽從對方的要求,並接受對方領導。合法權是組織中最正式、最基本的一種權力。領導者據此發布命令,並指導部屬工作,部屬必須服從命令。合法權的使用指導方針如下:

1. 有禮貌且清楚的要求。
2. 解釋要求的理由。
3. 不要做超過職權的要求。
4. 證明要求是職責所需。

5.運用適當的管道。

6.適當的堅持承諾。

(二)獎賞權

部屬順從，可獲得管理者所控制的報酬；也就是管理者能提供給他人多少獎勵的能力稱之為獎賞的權力。部屬因為相信「他想得到的獎賞是由領導者控制著」而順從領導者。在組織中，領導者必須先了解部屬的期望，在個人權限內，公開公正地實施獎勵，才能有效發揮獎賞權的功能。獎賞權的使用指導方針如下：

1.提供別人想要的獎賞。

2.公平且合乎倫理的提供獎賞。

3.不要答應超過你能力可以給予的獎賞。

4.解釋獎賞給予的規定，並儘可能的簡化。

5.提供能滿足所答應的獎賞。

6.使用象徵性的獎賞。

(三)強制權

領導者藉由強硬高壓的態度與行為，驅使部屬服從的權力。部屬因為相信「他能藉此避開由領導者控制的懲罰」而聽從領導者。在組織中，如果部屬認為只要他聽從領導者的要求，即可避免受到領導者的懲罰，則部屬自然會對領導者言聽計從；反之，如果部屬認為即使他不聽從領導者的要求，領導者未必有懲罰他的權力、不一定會受到處罰，或根本不在乎所施行的懲罰，則強制權的影響力亦將大打折扣。強制權的使用指導方針如下：

1.講解規則和需求，且確保人們了解違反規定的影響。

2.迅速的處理違規，並顯示並沒有特別偏袒某個人。

3.在指責與懲罰之前，先調查真相，以避免直接下結論或草率的指

責部屬。

4.除非是最嚴重違規、有充分的口頭及紙筆警告，否則不要輕易訴諸懲罰。

5.應在私底下警告且避免做魯莽的脅迫。

6.保持鎮靜且避免顯出個人的敵意或鄙棄。

7.表現出誠摯的期望去幫助某人順從角色的期待並避免懲罰。

8.邀請某人對問題做正確的建議並尋求具體計畫的認同。

9.假如在脅迫與警告之後仍不順從，則實行懲罰以保持公信力。

10.合法、公正的使用懲罰與其他相同嚴重性的違規同一標準。

㈣參照權

參照權是因為影響者與被影響者彼此認同，故又稱認同權或歸屬權。領導者藉由個人崇高的人格情操、個人修養而贏得部屬認同。在參照權的影響之下，領導者和部屬之間很容易培養一種共同的情感，此時，部屬的服從是不計任何代價的，因此，領導者所具有的影響力也是無限的。參照權的使用指導方針如下：

1.表現出接受且最誠摯的尊敬。

2.用支持與有幫助的行動協助他人。

3.真誠的恭維他人。

4.適當的時機支持某人。

5.主動而不待乞求地給予他人恩惠。

6.自我犧牲以表示關心。

7.保持承諾。

㈤專家權

專家權力指特殊資訊的處理能力，專家權力的影響力相當大，特別是在科技導向的社會中，由於工作趨於精細分工，因此有賴各種專家達

成各項目標。專家權的使用指導方針如下：

  1. 對一個人做要求時，要解釋理由並告知其重要性。

  2. 提出證據顯示計畫將會成功。

  3. 不要做輕率的、不關心的、矛盾的陳述。

  4. 不要誇大或誤傳事實。

  5. 誠摯的傾聽某人所關心與建議的事情。

  6. 在危機時，行動自信且果斷。

四、部屬對上級的權力

權力的影響除了領導者對部屬施予外，部屬對領導者也有潛在的影響力，這種影響力稱為「對抗權」（counter power）。對抗權主要來自領導者需依賴部屬，如要靠部屬投票選舉才當選或罷免；靠部屬努力才能達成目標；部屬掌握重要情報；部屬擁有解決重要問題的特殊技巧與專業才能；部屬在官僚體制下玩弄規則與法條；以及表現忠誠與否等（Yukl, 1989）。通常對抗權的使用是較隱藏而具技巧，但有時衝突劇烈時也會公開表面化。

五、部屬與上司溝通的建議

權力是兩面刃，可以影響他人達成目的，也可能傷害到自己；雖然領導者有五種權力影響部屬，相對的，部屬也擁有對抗權，但是權力經常是不對等的，部屬要如何與上司溝通，是在權力影響情境中重要的技巧，茲參酌 Topping（2002）之見解與作者的經驗建議如下：

㈠爭取他人對你工作任務的認同

首先，你必須確定所屬單位對各項工作目標已有共識，同時也確定這目標合於組織的規劃。其次想辦法讓上司及相關人員知道你在做什麼，

此任務的目的，以及和整體組織的相關性，可以獲得的成果是什麼，它有多重要。雖不必吹牛，但是要讓他人知道與認同。

(二)溝通、溝通、再溝通

雖然溝通並不能解決所有的問題，但是解決問題一定要溝通，而且不要認為溝通一次就表示我已經做了，上司接不接受是他的事，記住，溝通一次並不成，永遠保留溝通的大門，不要關閉。再溝通時機也很重要，可先問秘書，今天天氣（上司的心情）如何？如果是陰陰的，簡單的公事處理處理完即走人；如果是風和日麗、陽光普照，此時就拿比較傷腦筋、困難且複雜的問題和上司討論；如果秘書說今天狂風暴雨、雷電交加，你就要遠離暴風圈、避不見面，免得被雷擊中，還不知道要怪誰。

(三)依照上司的風格來進行你的溝通工作

每個主管皆有他自己獨特的風格，你一定要知道他希望部屬用什麼態度和他溝通；什麼時間、地點和他討論；有人在場和無其他人在場的態度和方法有否不同；喜好什麼，不喜歡什麼；他的阿基里腳後跟（弱點）在哪？哪些痛點是不能碰的，在和上司溝通時要知道也要注意。

(四)協助主管獲得大老闆的賞識

你的主管位置是承上啟下，如同你需要老闆的器重與賞識，所以在關鍵時期，你要能打聽重要情報，提供重要情報；提供縝密的點子給自己主管參考；甚至協助解決與排除周遭雜草（閒雜人、事、物）；找尋武功秘笈（知識技巧）、寶劍暗器（各種器物）及結交武林同好（同盟），四面包抄，一點突破。

(五)要求對方給予非正式的回饋意見

愈高層級的上司愈孤寂，你可以在自強活動中看到，上司經常是踽踽獨行，好不容易趕上一群人，但是快的快，慢的慢，到頭來還是一個

人，了不起是一些不得不而要跟在一起的人；或是吃飯時大家都遠離或躲避主桌，所以高處不勝寒，但是主管又必須要獲得情報資訊才不致落空或心虛，所以凡事多予請示，要求指點；尤其是上司交代的事情，不管如何一定要回報，讓上司知道底下的你做了什麼事、進度如何，有否困難，如何因應，何時可完成。千萬不要假設上司會遺忘，如果不幸哪一天上司突然想起，你就會受到重傷，甚難痊癒。

㈥準備好問題的解決之道

要和上司討論案件時，自己一定要對案情作深入的了解與剖析，再提出一個以上的方案對策，並分析各方案的優缺點；有時主管突然對重要的事情或人事案件徵詢你的意見，如果一時沒有充分良好的意見，可以要求給予時間思考再回報，但提出意見時，絕不僅是好或不好、對或錯的回答，一定要說明理由、綜合理由而提出結論，才能顯出你的用心、縝密、沉穩與能力。

㈦不要說同事的壞話

來說是非者就是是非人，經常說他人缺點與不是的人，正可顯露此人不會欣賞與包容他人，得體的稱讚使人愉快，間接、迂迴的稱讚更是回味無窮。從前有位媳婦對婆婆不是很孝順，早晨一盆洗臉水和冷稀飯就打發婆婆，鄰居問老太婆，媳婦好嗎？老太婆說，我媳婦很孝順，每天都為我準備好洗臉水和早餐。左右鄰居將話傳到媳婦耳中，說婆婆稱讚自己很孝順，第二天媳婦不但將洗臉水溫熱，稀飯中再加入肉絲。但是有時上司要求你針對同事工作提出意見，則儘量對事不對人，一定要對人時，要特別謹慎。

㈧表現積極與忠誠的態度

聰明智慧是先天已定，但是任事主動積極是一個人做事的態度，是

可以學習與提升的。事情既已經與上司討論過,最後上司的決定和你不一樣,你要不接受,要不走人,萬不可心不甘、情不願的去執行。要把它當做單位任務,忠誠積極的執行,公告也不可用「奉校長命令,圖書館開放時間調整縮減兩小時」,讓人覺得你是好人、你是身不由己,校長是壞人、各位要怪去怪校長,把校長賣掉,不管是有心或無心,都是不好的,沒有積極承擔責任。

(九)保持謹慎與維持原則

記住,老闆永遠是老闆,不可忘記你是部屬,更不可不分場合,像哥兒們一樣,那是要吃虧的。部屬做人處事一定要有為有守,讓老闆知道你的原則,若超過底限,你是不可欺的,這樣上司也會知道哪些事不可找上你,或不會讓你知道,若是不公不義的事一直纏繞你,首先要檢討的是自己是否讓人覺得你是這種人,或是誤以為是這種人,畢竟「牛糞不發出味道,蒼蠅是不會去黏的」。自己的原則形象管理好,壞事遠離,好事接近,神清氣爽,好不逍遙。

(十)堅定自己的看法

有時為一些公事,而立場和老闆有所不同,老闆堅持己見,公文也批了,交代你立刻去做;但是以你主管業務單位的立場,發現這樣決定的後遺症很大,或是會失敗。此時千萬不可想「管你的,和你說你不聽,我就去做,後果讓你去嚐,看看誰對誰錯」;因為老闆也有情緒、也要面子,你可以退下來,把公事緩一緩,老闆事後也會反省,你想一想問題,再找時機和老闆討論,當然要表示這只是個人不成熟的淺見,放在老闆處讓他有時間再思考,不可要求立即改批示,顯得你比老闆強,這就犯下大忌。

第二節　管理者工作的特質、角色扮演與影響因素

一、管理者工作的特質

　　管理者重要工作角色就是領導，Yukl（2002）歸納描述法研究主要的發現，管理工作的典型行為模式有七項；在企管界管理工作的性質是如此，在教育界情形又如何呢？林明地（2002）針對國民中、小學校長作為期半年的觀察研究，發現國中、小學校長工作特質包括十來項，茲將其歸納比較如〔表 3-1〕。

　　根據 Pitner（1988）認為，美國校長工作的性質具有下列特點：(1)自發性的工作較少；(2)許多活動為時短暫；(3)工作經常受到打斷而無法連續；(4)事先擬妥的計畫經常被組織中其他人的需求所取代；(5)經常需與另一個人進行面對面的言語接觸；(6)工作多變化；(7)在學校或地方學區內部或外部有很廣泛的個人或團體的人際網路；(8)工作的進行，一項接一項，不易停下來，且很難預測；(9)經常有許多不重要的決定且瑣碎的事務有待處理；(10)很少以書面方式溝通；(11)所處理的事大部分都是在自己的辦公室或附近發生；(12)所接觸的對象大都是自己的部屬；(13)較喜歡非常明確（而非一般性）、具體可解決，而且急需現在處理的問題或資訊（林文律，民 86）。從企業界管理工作與學校校長工作特質歸納比較中，可以了解到管理工作其特質是時間分割、瑣碎不連續、充滿變數又要負責，反應快速且須口語溝通。

表 3-1　企業界管理工作與學校校長工作特質歸納比較表

	企業界管理工作特質（Yukl, 2002）	學校校長的工作特質（林明地，2002）
1	工作步調緊湊又消耗精力。	• 工作時間長。
2	工作內容繁雜且瑣碎。	• 特定時段工作相當瑣碎、快速，如第一節上課前。 • 工作內容與目的相當複雜。 • 工作經常被打斷，特別是每天的忙碌時段。
3	大多數工作是做被動的回應。	• 大多數的工作都是由別人的需要、要求與問題所引起的，但處理與否由校長決定。
4	經常需要與組織內同僚及組織外有關人員互動。	• 互動的對象大部分為學校成員。 • 與社區存在無法預測的關係。
5	多數互動適用口語溝通。	• 面對面、口頭的互動居多。
6	決策過程充滿不穩定以及有政治性的考量。	• 大部分的問題必須立即處理與活生生的行動。 • 細小的、瑣碎的決定相當多。 • 控制系統給校長相當自主，但幾乎要負全責。
7	多數計畫是非正式的且是適應性的。	• 工作與學校教育目標的連結不甚明顯，必須經常地、刻意地加以思索。 • 有關組織目標與學校運作很少獲得教育行政長官的明確回饋。

資料來源：整理自 Yukl（2002），林明地（2002）。

二、管理者的角色扮演

Mintzberg（1973）用觀察法研究領導者的活動，發展出十大管理角色的分類，分別為：

(一)頭臉人物角色（figure role）

在正式權威體系中，各單位都設有主管，他必須執行某些法律與社

會的象徵責任。如簽署文件、主持開幕儀式、剪綵、接見正式訪客等。

㈡**領袖角色**（leader role）

單位主管必須領導一個單位，使他們團結一致，竟事功，達成目標，做一個領導者的角色。例如：他要徵選人員、培訓人員、指導部屬、激勵部屬、表揚獎勵部屬、懲處部屬、針對事務做一系列的決定等，必為成敗負責。

㈢**聯絡者角色**（liaison role）

單位主管必須與單位外的人士或團體建立關係，並維持良好的關係，這些關係是維持情報訊息、以及各種協助的主要來源。聯絡者角色的本質是「結交新朋友」、「保持聯繫」、「經常有互惠的互動」，俾日後有所要求時，能達成目的。如參加專業研討會、獅子會、同學會、各種婚喪喜慶宴會等。

㈣**監督者角色**（monitor role）

主管必須隨時掌握最新最快的情資，才能對組織內外的事務做出正確與迅速的處置，所以他要不斷的從各種來源蒐集情報。這些蒐集情報的活動有：閱讀專業書報、報告、新聞、各種展覽、考察參觀、會議等。

㈤**傳播者角色**（disseminator role）

管理者能接近某些部屬所不能接觸的訊息來源，這些訊息有的來自上司的期望、命令或責備；有些是發生的一些事實真相。同時管理者也要將一些訊息轉達或傳遞給部屬，或是回答部屬的一些問題。

㈥**發言人角色**（spokesman role）

管理者必須主動或被動的對外發言做報告，組織內的單位主管要報告績效或問題；組織對外也要對大眾報告重要的訊息，如公司財報、重

大事件的記者會，向大眾或相關當事人說明。管理者對外代表組織說話，希望組織獲得大眾的了解、尊重與支持。

(七)企業家角色（entrepreneur role）

管理者需要了解整個環境的內外在所產生的變化，做組織內在優缺點的分析，外在環境的機會與威脅的評估，審時度勢，做整個組織的變革，發展核心能力，使組織能在競爭環境中脫穎而出，永續經營。例如：停止或關閉一些缺乏績效的產品，投資新興企業、或重大設備。

(八)解決問題專家角色（disturbance handler role）

管理者面對組織內外各種問題是無所逃避的，他必須面對預期或突發的事件，了解、分析、提出方案解決問題。例如：面對天災廠房毀損、組織內部的罷工、相關協力廠商倒閉、重要資源缺乏等重要問題，管理者須花很多時間做計畫或策略的訂定，以期有效的解決問題，化危機為轉機。

(九)資源分配者角色（resources allocator role）

組織的重要資材是人才、金錢、材料、設備、專利及服務聲譽等。對這些資材如何調配、比重多少、交予誰負責、授權到何程度、如何選購、如何儲備、合適使用等。這些資材的計畫、策略，影響整個組織的發展重點與未來發展方向。

(十)談判者角色（negotiator role）

當組織必須爭取稀有而珍貴的資源以解決衝突時，管理者對外代表組織，增加談判籌碼，使問題能迅速有利的解決。例如：勞資糾紛、公司搜購、師生抗爭等的談判。

其中前三項（頭臉人物角色、領袖角色、聯絡者角色）與人際行為有關，後四項（監督者角色、傳播者角色、發言人角色、企業家角色）

與決策行為有關，其餘的（解決問題專家角色、資源分配者角色、談判者角色）與資訊處理有關。

Deal 與 Peterson（1994）在分析校長角色時，將其分為技術性的領導角色（technical leadership roles）與象徵性的領導角色（symbolic leadership roles）（林明地，1998）。

㈠技術性的領導角色

技術性的領導角色偏重在行政管理的運作，使組織能朝目標有計畫、協調溝通、達成組織效能的工作，其重要功能角色包括：計畫者、資源分配者、協調者、視導者、資訊傳播者、法官（jurist）、把關者（gatekeeper）、分析家。

㈡象徵性的領導角色

象徵性的領導角色偏重在組織文化的塑造，從文化的淺層面儀式、故事、慶典、工具器物使用等，如何在日常活動中實踐，進一步依信念、價值、規範的體系中，完成文化的深層假設，其重要功能角色包括：歷史學家、人類學偵探家、願景專家、符號（symbol）、陶匠（potter）、詩人、演員、療傷者（healer）。

現代的學校組織是開放性組織，組織環境已隨民主化、自由化與多元化的趨勢下，愈趨複雜，從上述的探討，可以歸納出現代學校領導者所需扮演有：

　1.組織願景的樹立，文化塑造與傳承的角色。

　2.和諧圓融與良好的內外公關角色。

　3.倡導知識創新與獨斷學習的角色。

　4.兼顧效率與效能的行政角色。

三、影響領導管理者角色扮演的工作性質因素

組織特殊的條件和工作性質會影響領導管理者的角色扮演，領導者必須因應這些要求，因而也就扮演著不同的角色，這些因素有（Stewart, 1982; Kotter, 1982; Yokl, 2002）：

(一)組織的要求

職位、角色期望的要求是任何人接任此職務都必須如此做，否則，極可能受處分或喪失職位。如上級的要求、工作標準、目標、工作期限或科層程序等。

(二)組織的限制

組織特質和外在環境限制領導者能做的事。如政策法規、可用的資金、人員、設施裝備的資源、物理環境及市場、顧客考量等限制。

(三)決定的選擇

領導者有多少選擇、決定行動的機會。如設定工作程序、先做什麼、如何影響他人執行程序的決定權。

(四)情境上的因素

情境上的因素包括關係的形式、工作形式、工作的曝光性（exposure）等三項。

1. 關係的形式：領導者與所有上級長官、同事部屬，組織外相關的人其關係如何，會影響領導者的時間安排、技術需求，因而影響其角色扮演和工作性質。如與組織內部部屬是依賴性高、被動，抑或工作精熟、主動；重要資源須仰賴上級的關愛，就必須多花時間、精力；工作必須與組織外的人談判、續約、爭取資源，彼此的關係形式均會有所影響。

2. 工作形式：工作性質對領導者的要求也會影響其行為。如工作是

自主的或是被要求的；工作是例行的或是創新的；工作結構性的高低；工作需要維持專注的時間長短；工作截止時間的壓力等。

3.**工作的曝光性**：領導者所作工作決定哪些行為和技能是重要的、影響深遠的程度、決策後多久結果才呈現稱為曝光性。如對潛在性後果、嚴重的決策須負多少責任；錯誤多久才會浮現；假設所做的決策影響遠大，關係組織的興衰、重要資源的獲取、人員的生命與健康，其工作曝光性就高。

四、對從事領導管理者的啟示

從管理者工作的特質、角色扮演與影響因素說明，我們了解到領導管理者角色扮演是多重的，伴隨角色就有角色期望、權利義務的要求，甚至於產生角色的衝突矛盾；工作性質又是複雜多變、耗力傷神、充滿不確定性、限制多且雜，多方關心壓力大。所以給領導管理工作者的啟示是：

㈠**調整角色，謀定而後動**

領導者個人在組織之中的角色在什麼位置，有多少權力，可自行運用的資源有多少，都必須了解清楚。說一些不能兌現的大話，儘做一些徒勞無功的事，對領導者的威信是一大斲傷。領導者理解自己所處情境條件，經過縝密的慎思與計畫，逐步遂行，尚且不能急躁、急功與失控；畢竟領導是要帶動他人一起朝向目標努力，需要時間來努力才能有成。

㈡**做好時間管理**

管理大師 Druck 曾經說：「時間是這樣獨特而又貧乏，若不善加運用，則其他的事不易駕馭得好。」所以領導者必須做好時間管理，他必須先要了解自己的工作內容、工作的循環週期，再進行工作的組織化、

制度化與單純化。工作環境合適度與工作工具、資訊的效率化也是必要條件。工作時間表的合理化安排與執行是非常重要的，把工作、進修、休閒做妥適的分配，身心能獲得良好的調適。如此領導者才會有時間做必要的思考，而不會陷在例行而瑣碎的事務中，身心俱疲。俗話說「公事不回家，問題不上床。」妙哉。

㈢信任部屬，充分授權

沒有部屬即無領導可言，古諺云「疑人不用，用人不疑。」畢竟信任是彼此培養起來的關係，領導者對部屬不信任，又要他努力做事、又要處處防範部屬做事，如何能夠成事呢。慎選部屬，培養有能力、品德操守良好的部屬，授與權力與能力，所謂「士為知己者死。」，部屬即能竭盡所能，努力事功。

㈣建立深廣的人際網絡

領導者不是萬能，也不是至高無上，他會受到種種條件限制，他也要承上啟下，他也要面對組織內外各層面的人。如何調和這些條件，整合出有利的情境，使阻力成助力，他必須建立深廣的人際網絡，一但需要的時候，源源不斷的資源適時到達，使事情做得更好，困難問題圓滿解決。

㈤建構願景，涵養優質文化

「蓬生麻中，不扶自直」，環境可塑造成員的行事風格與思想態度，而且影響深遠。但是優質的組織環境是有意的安排且經長時間建構而成的，更需要領導者與成員經過誠摯的溝通，有見地的形成共識願景，行之於日常互動生活中，從典禮、儀式、器物的具體層面，到價值、規範、信念的共識，到最深層的共同假設的一致，才能形成優質的組織文化。

第三節　領導行為理論的研究

　　領導的行為研究試圖尋找成功有效能的領導者，其在實際領導時是否具有獨特的行為，這些行為包括哪些，如何測得此種行為，如何分類，這些行為和效能的關係如何，都是研究領導行為者所關注的。所以領導行為理論注重領導者的行為，而不像特質論著重於領導者的特質。

　　關於領導者的領導行為，可分為單構面的研究與雙構面的研究兩大類，單構面以愛渥華大學的研究為代表 Lewin, Lippit, & White,（1938, 1938）；雙構面的研究以任務取向構面和員工取向構面為主。任務取向構面是領導者偏重於分派組織工作、決策與評估績效等行為，使其達成組織目標與任務；員工取向構面是領導者偏重於體貼、關懷、關注員工之福利與需求。茲將幾項重要之研究分述於下。

一、愛渥華大學的領導研究

　　Lewin, Lippit, & White（1938, 1938, 1960）人在愛渥華大學的研究將領導者的行為分為專制型、民主型、放任型三種型態，分述於下並比較三種領導行為列於〔表 3-2〕：

㈠專制型（autocratic style）

　　領導者將職權集中、詳述指示部屬工作方法、自己片面的作決策、以及限制員工的參與。

㈡民主型（democratic style）

　　領導者會讓員工參與決策、授予職權、鼓勵共同參與設定目標和工作方法、透過有效的回饋發展員工的能力。民主型的行為可再進一步細分為民主諮商型與民主參與型：

表 3-2　專制型、民主型、放任型領導行為比較表

型式 變項	專制型	民主型	放任型
政策之決定	所有政策由領導者決定。	由團體討論和決定，領導者從旁激勵和協助。	完全由團體或個人自由決定，領導者甚少參與。
對部屬工作的指導與態度	領導者分段指示工作的技術與活動，成員對未來的步驟一無所知。	成員在工作之初即透過團體討論，了解全盤工作程序與目標，當成員須技術支援時，領導者會提供數種方法以供選擇。	領導者提供各種工作上所需的材料，當成員詢問時才給予回答，但不主動討論。
工作的分擔與同伴的選擇	通常由領導者決定工作任務，並分配成員的工作同伴。	成員可以自由決定工作同伴，並由團體決定工作的分擔。	領導者完全不參與。
工作參與與工作評估的態度	領導者除了示範之外，完全不參與團體作業，對成員工作的讚揚或批評，純依個人主觀的好惡決定。	領導者與成員共同參與工作，儘量避免干涉，並以客觀和就事論事的態度，讚揚或批評成員工作。	除非成員要求，否則領導者不主動提供意見，而且也不讚揚或過問成員的工作。

資料來源：White, R. & Lippitt, R. (1960). *Autocracy and democracy*. New York: Harper and Row.

　　1. 民主諮商型（democratic-consultative）的領導者：尋求員工的參與，傾聽徵詢他們對問題的意見，但是最後由領導者作決策。
　　2. 民主參與型（democratic-participative）的領導者：在決策時積極讓員工有說話表示意見的機會，決策是由全體所共同作成，領導者和其他員工的決定全是一樣的。

㈢放任型（laissez-faire）

　　領導者給予員工在做決策上完全的自由，讓員工自由地選擇他認為合適的工作，去執行完成工作，領導者的主要職責在於必要的資料與回

答相關問題。

　　Tannenbaum & Schmidt（1958）認為領導者既可以專制，也可以民主的、也可以是兩者的綜合，至於領導者採用哪一種方式，取決於組織環境，由此而提出領導的連續統一體理論。〔圖 3-1〕將此一理論以圖說明之，圖的左端代表高度控制的專制領導者，依循 X 理論領導方式；圖右端代表將決策權下放與部屬的民主型領導者，依循 Y 理論領導方式。有效能的領導者是依組織環境的不同，靈活應用不同的領導行為，有效的完成任務。

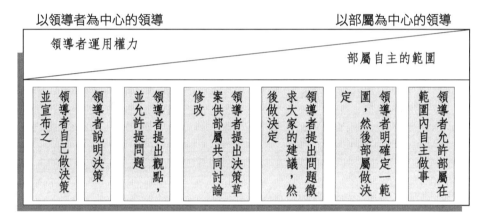

圖 3-1　連續統一體理論

資料來源：席酉民、井潤田（1998）。**領導的科學與藝術**（頁 38）。台北：華泰。

二、俄亥俄州立大學的領導研究

　　1940 年代晚期，俄亥俄州立大學的領導研究（The Ohio State Leadership Studies）的目的是要確認以有關領導行為的類別和發展描述領導行為的問卷，最初蒐集 1,800 項有關領導的行為，再刪除剩下 150 題，以軍人和一般市民為樣本，描述其領導人的行為，經過因素分析，領導行為

可分為兩大類，其研究工具也是後來研究者使用最多的問卷，茲分述於下：

第一類領導行為—關懷（consideration）：領導者表現友善與支持態度，關心部屬並爭取其福利的程度。如能保持開放的心胸，能用同理心的態度傾聽部屬的問題，協助與支持部屬，平等心對待部屬，且能接納其建議。

第二類領導行為—倡導（initiating structure）：領導者設定與建構自己及部屬角色，劃清彼此的職責與關係，確立明確的組織目標和型態、溝通管道與工作程序，以達成團體正式目標的程度。例如，工作職掌，工作標準與方法、獎賞與處罰均有清楚的規定，領導者要監督統合部屬的行為，所關心的是組織目標達成否。

領導者行為描述問卷（Leader Behavior Description Questionnaire, LBDQ）本問卷最先由 Hemphill & Coons（1950）所發展，後經 Halpin & Winer（1952）修定而成；後續又發展類似的問卷，如「督導行為描述問卷」（Supervisory Behavior Description Questionnaire, SBDQ）、「領導者意見問卷」（Leader Opinion Questionnaire, LOQ）、「領導行為描述問卷，第十二式」（Leader Behavior Description Questionnaire, Form XII, LBDQXII）（Yukl, 2002）。

領導行為描述問卷將項目分為兩個分測驗，分別測量出關懷取向的領導行為和倡導取向的領導行為等兩個構面（dimension），領導者有可能關懷取向的領導行為高，倡導取向領導行為低；或是關懷取向的領導行為低，倡導取向領導行為高；也有可能兩者皆高，或兩者皆低。兩個分測驗分數以平均數或中位數為切割點，組合成四種領導方式（圖3-2）：高關懷高倡導取向的領導行為、低關懷高倡導取向的領導行為、低關懷低倡導取向的領導行為、高關懷低倡導取向的領導行為。

圖 3-2　LBDQ 測量的四種領導行為

資料來源：Halpin, A.（1966）. *Theory and research in administration*（p. 88）. New York: Macmillan.

　　俄亥俄州立大學 LBDQ 領導研究的主要發現有以下數項（Halpin, 1966）：

　　1.領導行為經 LBDQ 測量，基本上分為關懷取向的領導行為和倡導取向的領導行為兩個構面。

　　2.有效的領導行為多數都是高關懷高倡導取向的領導行為。

　　3.領導者和部屬對有效能的領導行為的看法相反，領導者認為是倡導取向的領導行為，部屬認為是關懷取向的領導行為。

　　4.高關懷高倡導取向的領導行為下，團體所顯現的特質是和諧、親密、工作程序清楚、贊成組織變革。

　　5.領導者自認的領導行為和部屬描述其領導行為，只有些微的關係。

　　6.不同的組織情境會孕育出不同的領導風格。

　　Kunz 與 Hoy（1976）針對這四種領導行為研究到底哪一種領導行為影響最大，做了所謂「接受區域」（zone of acceptance）的研究。接受區域是指部屬對於上級所做的決定，能無條件的接受而無異議的範圍。用

Likert-type的五點量表，總共有三十題的問卷，問受試者在上級所做的決定中，他接受的程度範圍，從總是接受到從未接受等五種不同程度的選項中勾選，例如：校長自己決定改變了課外活動實施方式，或是校長決定學生學業成績的標準，問老師們是否接受等。發現高關懷高倡導取向的領導行為部屬的接受區域最大（平均分數 80.80）、低關懷高倡導取向的領導行為部屬的接受區域次之（平均分數 77.76）、低關懷低倡導取向的領導行為部屬的接受區域第三（平均分數 70.13）、高關懷低倡導取向的領導行為部屬的接受區域最小（平均分數 69.43）。進一步用「淨相關」研究，發現倡導取向的領導行為才是決定接受區域大小的主要變項。

綜合相關的研究，除了情境因素明顯影響關懷和倡導行為的關係，以及影響組織效能外，關懷取向的領導行為在工作壓力、挫折或不滿意的任務時，對部屬的工作滿意度影響非常大；相反的，倡導取向的領導行為在工作結構不清楚時，對團體表現影響最大。

三、密西根大學的領導研究

密西根大學（University of Michigan）的領導研究，其目的確認領導行為、團體歷程與團體表現的關係。藉由訪談及問卷調查蒐集領導行為的資料及團體效能，比較有效能或無效能領導者的行為，發現歸納於下（Likert, 1961, 1967）：

(一)任務取向領導行為（task-oriented behavior）
有效能的領導者不花時間與力量在相同的工作中，專注於工作取項功能，如計畫、協調、提供必要的設備與技術協助；設定高且符合實際的組織績效目標。

(二)關係取向領導行為（relations-oriented behavior）
有效能的領導者也會給予部屬較多的支持與協助，信賴、尊重與肯

定，關心部屬的生涯發展，隨時保持聯繫，肯定與欣賞部屬的建議與成就貢獻。

(三)**參與領導行為**（participative behavior）

有效能的領導者使用團體督導取代個別督導的方式，利用團體會議讓部屬參與決定，增進溝通、促進合作、解決衝突，領導者所要做的是支持與鼓勵討論，積極朝向正面溝通，使得問題獲得了解與解決。讓部屬建立自我的重要性與價值感。

Bower 與 Seashore（1966）針對密西根大學領導行為作後續的研究，發現很多領導的功能可以被非法定領導人完成，亦即有時部屬受命去執行領導的工作，有時部屬亦可主動作領導的工作，團體的效能依賴整個單位的領導品質要高於只依賴一位領導者。這種部屬也能擔負起領導的功能，就是所謂的同儕領導（peer leadership），研究也發現領導者與部屬領導一樣，對部屬的滿意度和團體歷程有關。

四、Black 與 Mouton 所提出的「管理方格理論」

Black 與 Mouton（1985）所提出的「管理方格」（managerial grid）中，將領導行為區分成關切績效（concern for production）與關切人員層面（concern for people）兩個構面。它與俄亥俄州立大學的「關懷取向」的領導行為和「倡導取向」的領導行為，以及密西根大學的「任務取向」領導行為、「關係取向」領導行為的構面頗為相似。

Black 與 Mouton 所提的管理方格如〔圖 3-3〕所示，將關切績效（橫座標）與關切人員（縱座標）構面各分九格，愈靠近橫座標的右邊，代表領導者關切績效的程度愈高；如果愈接近左邊，則代表關切績效的程度愈低。愈靠近縱座標的上方，代表領導者關切人員的程度愈高；如果愈靠近縱座標的下方，則代表領導者關切人員的程度愈低。這兩種行為層面並不是獨立存在的，它們在組織中交互作用，因此總共產生八十一

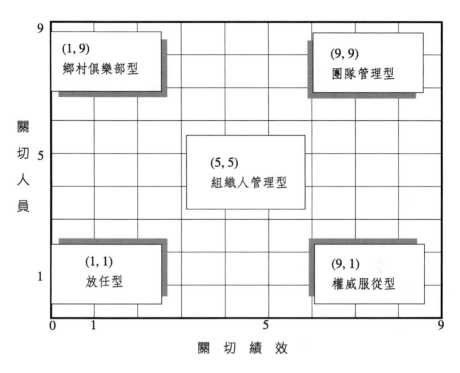

圖 3-3　管理方格

資料來源：Black, R. R. & Mouton, J. S. (1985). *The managerial grid* (P. 12). Houston: Gulf Publishing Company.

種領導方式，產生典型的五種不同的領導方式：權威服從型（9, 1 authority-obedience）、鄉村俱樂部型（1, 9 country club management）、放任型（1, 1 impoverished management）、團隊管理型（9, 9 team management）、組織人管理型（5, 5 organization man management）。

㈠權威服從型

此型完全地任務取向，高度關心任務完成而較不關心人，成就是此型的口號。互動是依據權威系統，堅定的用壓制處理衝突，採用正式、向下、單線溝通。簡言之，它是緊密的監督與控制，專注於組織的任務。

㈡鄉村俱樂部型

此型特徵是低度關心任務完成而高度關心人,圓滿的人際關係是此型的口號,安排工作依部屬的意願,目標是籠統、一般的,大家都支持他,衝突儘可能避免與忍讓使他消失,採用非正式、集中社交話題的溝通。簡言之,它是只關心友誼與影響他人。

㈢放任型

此型既不關心任務也不關心人,放棄領導或沒有領導是此型的寫照。基本上,分配工作給部屬以後,就任由他們自己去做,既不監督也不指導,最好不要來煩我;現成的法規、工作準則既不會嚴格執行也不會主動去要求。簡言之,它是凡事被動因應,轉頒上級的要求與指示即了事。

㈣團隊管理型

此型高度關心任務完成且高度關心人,基本上認為組織中衝突一定存在且不可避免,但領導者要用正面的態度去處理,部屬有參與決定的機會,才能了解事情的來龍去脈、前因後果,激發彼此的智慧,整合多方見解,獲得解決問題的創新方法,從而願意共同承擔責任,戮力執行。簡言之,團隊工作、參與、團體決定、互動積極支持是此型的特徵。

㈤組織人管理型

此型關心任務完成也關心人,基本上認為解決組織中衝突的方式就是折衷(compromise)。領導者認為人是有理性且講理的,當組織要求和個人需求有所衝突時,儘可能將相關的法規、命令、情況說清楚,透過正式與非正式的溝通,避免極端,沒有必要做到非贏即輸的境地,獲得充分了解,整合出雙方雖不滿意但能接受的方案。簡言之,使事情做完,變革創新不足是此型的特徵。

Black 與 Mouton 的管理方格理論整合了俄亥俄州立大學的研究與密

西根大學的研究，認為最理想的領導風格是團隊型。但雖然資料顯示有較好成就的領導風格是團隊型和權威服從型，成就較差的領導風格是組織人型和鄉村俱樂部型，至於放任型就談不上領導，本理論雖未做廣泛的研究，實證上，也還未找到足夠的證據支持：（9,9團隊型）領導風格在所有的情況下是最有效的（Robbins & De Cenzo, 2001）。但他在關係取向和任務取向領導風格中，提出了折衷型的領導風格給做研究領導者一些架構的啟發。

五、領導行為分類的整合架構

研究領導行為的方法有實驗法、關鍵事件法、問卷調查法等，加以工具的不同、分類目的不同、行為建構抽象層次不同、分類系統的方法不同，所以就相當分歧，例如：用因素分析法分類最多的「管理實務調查」（Managerial Practices Survey）問卷，就將領導行為分為十四類（Kim & Yukl, 1995）：(1)計畫與組織、(2)問題解決、(3)分派角色與目標、(4)資訊處理、(5)督導、(6)激勵、(7)諮商、(8)授權、(9)支持、(10)教育與發展、(11)衝突與團隊管理、(12)人際網絡、(13)認同與讚賞、(14)獎勵。雖然包括各領域領導者的行為，但較複雜。

最近一些研究提出比較簡潔又廣為使用的三構面領導行為分類：任務取向（task oriented）、關係取向（relations oriented）、變革取向（change oriented）（Ekvall & Arvonen, 1991; Yukl, 1999a）。

(一)任務取向

此型的領導行為主要是關心工作的完成；人員與資源的有效運用；維持有秩序且確實可靠的運作。

(二)關係取向

此型的領導行為主要是關心助人和關係的增進，增進團隊與合作，

增加部屬工作滿意度,建立對組織的認同感。

(三)變革取向

此型的領導行為主要是關心改善策略的決定;適應環境的改變;增加變通與革新;在過程、產品、服務上做主要的改變,並贏得對改變的承諾。

Yukl(2002)將任務取向、關係取向、變革取向三類領導行為的具體工作列於〔表3-2〕,並認為有效能的領導者會視任務的特性和工作環境決定哪一類領導行為較適合,或者整合出哪一些行為較好;總而言之,有效能的領導者其領導行為是隨情境的變遷而作有彈性與能適應的行為。

第四節 領導行為在教育上的研究與評述

一、領導行為在教育上的研究

領導行為在教育上的研究甚多,茲舉數項研究說明:

表 3-2 任務取向、關係取向、變革取向三類領導行為

任務取向領導行為:
- 組織工作活動以增加效能。
- 計畫短程操作。
- 分配工作給團體或個人。
- 釐清角色期望及工作目標。
- 說明規則、政策及標準作業程序。
- 指示和協調單位的活動。
- 監控操作和表現。
- 解決目前妨礙工作的問題。
- 強調效能、生產力和品質的重要性。
- 單位表現設定高標準。

關係取向領導行為：

- 提供支持與鼓勵。
- 對員工能獲得挑戰性的目標表達信任。
- 參加員工社交性活動建立關係。
- 賞識貢獻及成就。
- 提供教導與輔導。
- 對會影響部屬的決策，與他們交換意見。
- 對會影響部屬的活動，隨即告知他們。
- 幫助解決衝突。
- 利用表徵、儀式、典禮及故事來建立團體認同。
- 以身作則，樹立典範。

變革取向領導行為：

- 解釋事件，說明改變的急迫需要。
- 研究對手或局外人，以獲得改善的理念。
- 組織新的、有可能的願景。
- 鼓勵員工用不同的方法審視問題和尋找機會。
- 發展創新的策略與核心能力結合。
- 藉由他人，鼓勵、幫助創新、增進企業精神。
- 藉由個別或團隊，鼓勵及幫助學習。
- 實驗新的方法。
- 與關鍵員工建立聯盟，以獲得變革成功的保證。
- 形成任務壓力，引導變革措施的執行。
- 改變表徵，以符合新的願景或策略。
- 授能員工實施新策略。
- 宣布及慶祝措施變革的進展。

資料來源：Yukl,G.A (2002). *Leadership in organization* (5th ed. p. 66). New Jersey: Prentice-Hall,Inc.

㈠陳慶瑞（1986）以國民小學校長的領導行為研究發現

1.在八種情境類型下，領導型式與七種組織效能之間的關係中，高關懷高倡導出現 29 次占 52%，其次為低關懷高倡導 21 次占 37%，再次為高關懷低倡導 6 次占 11%，低關懷低倡導則全未出現。

2.再從個別效能的有效領導傾向分析，發現生產力傾向於低關懷高倡導的領導形式，而工作滿足感則傾向於高關懷高倡導的領導形式。顯示所欲達成的組織效能不同，其所應採用的領導形式未能完全一致。

㈡楊煥烘（1987）針對台灣地區的國民小學校長所做的領導行為研究，發現

1.在教師工作滿意上，高關懷高倡導的領導型式最好，其次依序為低關懷高倡導的領導型式、高關懷低倡導的領導型式、低關懷低倡導的領導型式。

2.在學校組織效能上，高關懷高倡導的領導型式最好，其次為低關懷高倡導的領導型式和高關懷低倡導的領導型式、最低的是低關懷低倡導的領導型式。

㈢吳勁甫（2003）做「競值架構應用在國民小學校長領導行為與學校組織效能關係之研究」。將校長領導行為分為注重結果、經營過程、領導變革與人際關係四個面向，發現

1.國民小學校長領導行為較著重「注重結果」及「經營過程」面向。

2.國民小學學校組織效能較著重「內部過程」模式，強調「內部焦點」及「控制」之價值。

3.校長在四個領導行為面向之表現愈佳，學校組織效能亦愈高。

4.校長領導行為與學校組織效能兩者之間具有正向的關聯。

5.「年齡」、「本校服務年資」及「現任職務」等教師背景變項在

學校組織效能上有顯著差異。然而,上述變項的效應量均屬低度。「性別」和「最高學歷」在學校組織效能上則無顯著差異。

6.「學校規模」和「校齡」等學校背景變項在學校組織效能上有顯著差異。然而,上述變項的效應量均屬低度。「學校所在地」在學校組織效能上則無顯著差異。

7.校長領導行為能預測學校組織效能。位於競值架構中某一象限的校長領導行為不限於只能預測對應象限的學校組織效能,亦能預測非對應象限的學校組織效能。

㈣武曉霞(2002)研究比較不同性別及個人背景的校長領導行為是否有所不同;並比較校長對自我領導行為的認知與教職員工對校長領導行為的認知是否有所差異,發現

1.台北縣國中小女性校長領導行為不遜於男性校長,且在主動與他人建立關係方面優於男性。

2.台北縣國中小校長對自己領導行為的評價高於部屬對校長的評價。

3.女性校長在領導上的行為特色:重視良好溝通、重視衝突管理、視權力為責任、講求人和及人際導向。

㈤錢幼蘭(2002)探究「學校組織再造」與「校長領導行為」兩者間的關係,發現

1.學校組織再造與校長領導行為有密切關係,就學校組織再造與校長領導行為各層面及整體呈正相關;組織再造程度愈高、校長領導行為愈好。

2.校長領導的瓶頸在於權責不相稱,校長領導的瓶頸與無力之處,隨著經營學校的生態與個人的人格特質雖有不同,但擁有相同的權責,也有相同難處與無奈。相同之處:其一,校長責任日益加重的當兒,並未賦予校長對等人事考核權。其二,校長遴選辦法,對資深優秀校長並

未取得相對的保障與尊重。

　　從上述兩個研究可以得知校長領導行為在教育界的研究，校長還是學校組織效能最重要的影響因素，無論在教師的滿意度、學校績效、學校組織再造都獲得驗證；另外在人口特質變項上，發現再領導行為上會有所差異，也會影響領導行為所造成的組織效能。

二、領導行為研究的評述

　　領導行為的研究最大的貢獻是發展工具，實際測量或描述領導者實際表現的外顯行為，並加以系統化的分類。這部分的成就在以後的權變領導理論中，研究領導者行為部分仍繼續使用，只不過是將領導行為和情境因素結合起來研究。但是領導行為理論的研究仍有一些可以商榷的地方（Yukl, 2002）：

　　㈠多數的研究是針對領導行為和一些效能指標的關係研究，它雖然也能做比較和預測的工作，但是在什麼情境下，哪些領導行為特別有效或無效，並未觸及也不能回答。

　　㈡領導行為理論的研究試圖用簡單的答案回答複雜的問題，因為領導行為是與部屬產生互動才能產生效果。同樣的部屬、同樣的領導行為、同樣的問題，只是時間、場合不一樣，它的結果可能不一樣；也可能不同的領導行為產生同樣的結果，所以領導行為會產生結果是一種複雜的互動歷程，並不能單拿行為作解釋。

　　㈢研究領導行為的影響時，大部分都以當時一個部門或一個階段的表現當作效能指標，但是這種研究有可能產生短時間有效的領導行為，對長期而言可能是有害的；也有可能短時間顯現不出效能，長時間才能顯現；更有可能不同效能指標上有的有效，有的無效，相互矛盾，這如同完形心理學所說的「部分之和不等於整體」，所以它必須作整體的考量。

㈣研究領導行為均偏重微觀的角度和與部屬對偶的關係和歷程，忽視了思想、信仰、理念價值對人的影響、從事任務的意義，在快速變遷的環境中要如何協助適應與變革，這是當時並未考慮到的。

㈤研究領導行為的資料蒐集上，大都以問卷由部屬填答或領導者填答，經常是部屬所認為領導者的行為，與領導者自己認為自己的領導行為不一致；或者用觀察領導者行為的方法，觀察到的和實際的行為意義是否一致也是問題，這些均牽涉到工具之信度與效度以及解釋，所以除了量化的方法外，須佐以質的研究方法進行研究。

第五節　結　論

領導行為的研究在 1950 到 1980 年中期，研究領導者的行為可大致分為兩大類型：一類是描述法，用直接觀察、日記、工作描述問卷、或訪問蒐集軼事的訪法，蒐集資料來描述領導者如何使用時間、做什麼事、擔任何種責任、如何運作等，著重於管理者工作的特質、角色扮演與影響因素；另一類是研究有效能的領導行為，大部分用行為描述問卷作問卷調查法，少部分以實驗法、田野實驗法、關鍵事件法做研究，著重於領導行為的類別、領導行為與效能的研究。

領導者角色是多重的，要扮演好是不容易的，同時工作特質是時間分割、瑣碎不連續、充滿變數又要負責，反應快速且須口語溝通；領導的行為大都分為任務取向與關係取向領導行為，後來再增加變革取向領導行為而成為三個構面。

領導行為研究的大致結果是高關懷高倡導的領導型式最好，其次依序為低關懷高倡導的領導型式和高關懷低倡導的領導型式，最低的是低關懷低倡導的領導型式；但在情境因素、互動的複雜性、文化因素上未加以考慮，進而促成了與情境因素配合的權變領導理論的興起。

┌參考書目┐

吳勁甫（2003）。**競值架構應用在國民小學校長領導行為與學校組織效能關係之研究**。國立高雄師範大學教育學系碩士論文（未出版）。

林文律（民 86）。美國中小學初任校長適應困難及校長培育重點之探討。**台北師院學報，10**，53-110。

林明地（2002）。**校長學─工作分析與角色研究取向**。台北：五南。

武曉霞（2002）。台北縣國中小女性校長領導行為及生涯發展之研究。國立中正大學教育研究所碩士論文（未出版）。

席酉民、井潤田（1998）。**領導的科學與藝術**（頁 38）。台北：華泰。

楊煥烘（1988）。國小校長領導型式與教師成熟度之配合對教師工作滿意及組織效能認知的影響。台北：國立政治大學教育研究所博士論文（未出版）。

陳慶瑞（1987）。**費德勒權變領導理論研究**。台北：五南。

錢幼蘭（2002）。**國民中學組織再造與校長領導行為關係之研究**。國立高雄師範大學教育學系碩士論文（未出版）。

Black, R & R. & Mouton, J. S. (1985). *The managerial grid III*. TX: Houston.

Bower, D. G. & Seashor, S. E. (1966). Predicting organizational effectiveness with a four-factor theory of leadership. *Administrative Science Quarterly, 11*, 238-263.

Deal, T. E. & Peterson, K. D. (1994)／林明地譯（1998）。**學校領導─平衡邏輯與藝術**。台北：五南。

Ekvall, G. & Arvonen, J. (1991). Change-centered leadership: An extension of the two dimensional model. *Scandinavian Journal of Management, 7,* 17-26.

French, J., & Raven, B. H. (1959). The bases of social power. In D. Cartwright (Ed.), *Studies of social power* (pp.150-167). Ann Arbor, MI: Institute for Social Research.

Halpin, A. W. (1966). *Theory and research in administration.* New York: Macmillan.

Kelman, H. C. (1958). Compliance, identification, and internalization: Three process of attitude change. *Journal of Conflict Resolution, 2*, 51-56.

Kotter, J. P. (1982). *The general managers*. New York: Free Press.

Mintzberg, H. (1973). *The nature of managerial work*. New York: Harper & Row.

Robbins, S. P. & Decenzo, D. A. (2001). *Foundamentals of management*, 3rd ed., NJ: Prentice-Hall.

Steward, R. (1982). *Choices for the manager: A guide to understanding managerial work*. NJ: Prentice Hall.

Topping, P. A. (2002)／黃家慧（2003）。領導統馭：發展完全領導技巧成為經理人中的經理人。台北：美商麥格羅‧希爾。

Yukl, G. A. (1981). *Leadership in organization*. New Jersey: Prentice-Hall, Inc.

Yukl, G. A.(1989). *Leadership in organization* (2nd ed.). Englewood Cliffs, New Jersey: Prertice-Hall, Inc.

Yukl, G. A.(1994). *Leadership in organization* (3rd ed.). Englewood Cliffs, New Jersey: Prertice-Hall, Inc.

Yukl, G. A. (1999). A evaluative essay on current conceptions of effective leadership. *European Journal of Work and Organizational Psychology, 8,* 33-48.

Yukl, G. A. (2002). *Leadership in organization* (5th ed.). New Jersey: Prentice-Hall, Inc.

第 **4** 章

權變領導理論

變！變！變！

一隻小鳥正在飛往南方過冬的途中。天氣太冷了，小鳥凍僵了，從天上掉下來，跌在一大片農田裡。

它躺在田裡的時候，一隻母牛走了過來，而且拉了一泡屎在它身上。

凍僵的小鳥躺在牛屎堆裡，發掘牛糞真是太溫暖了。

牛糞讓它慢慢緩過勁兒來了！牠躺在那兒，又暖和又開心，不久就開始高興地唱起歌來了。

一隻路過的貓聽到了小鳥的歌聲，走過來查個究竟。

順著聲音，貓發現了躲在牛糞中的小鳥，非常敏捷地將牠刨了出來，並將牠給吃了！

啟示：1. 不是每個在你身上拉屎的都是你的敵人。

2. 不是每個把你從屎堆中拉出來的都是你的朋友。

3. 當你陷入深深的屎堆當中（身陷困境）時，閉上你的鳥嘴！

—作者：不詳

http://www.law-walker.net/detail.asp

　　權變領導理論的產生背景是因為對領導者特質研究，希望找出成功領導者需具備的特質，但是，研究發現這些特質對效能的影響是取決於情境類型，而且有欠客觀。所以轉以研究領導者的外顯行為來衡量最佳領導的方式，這種方式希望以一套領導行為來概括所有不同情境，忽略了情境因素的影響力，而招致批評。這兩種研究取向各有其偏重之處，雖各有其特色。但也因其研究的偏向，在研究結果的應用上也就有所限制，因此以組織與個人兼具的權變研究取向乃應運而生，認為領導效能是領導者與情境因素交互作用的結果。研究領導者行為與情境因素配合的理論就是權變理論。Fiedler 在 1964 年所提出的權變領導理論（Contingency Leadership Theory）為該研究取向之先河，而其權變理論乃是整合了特質論與情境論；其他的權變理論則以行為論和情境論為研究取向，如情境領導理論（Situational Leadership Theory）、路徑－目標模式（Path-Goal Theory）、多元連結模式（The Multiple-Linkage Model）的領導模式等。

第一節　費德勒之權變理論

　　Fiedler（1964, 1967）所提出的權變領導理論（Contingency Leadership Theory）描述情境的中介變項對領導行為和效能之間的關係，其主要內涵，可從理論變項和理論架構兩方面來加以說明。

一、權變理論變項

　　權變領導理論的變項主要可分為領導型式、情境因素及領導效能三項，三者之間的關係見〔圖 4-1〕，並分別敘述如下：

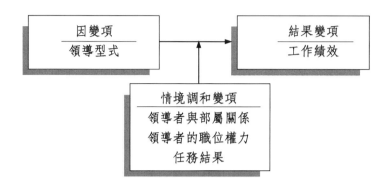

圖 4-1　權變領導理論變項間的關係圖

資料來源：Yukl, G. A. (2002). *Leadership in organization* (5th ed. p. 211). New Jersey: Prentice-Hall, Inc.

(一)領導型式

Fiedler 在 1967 年設計了一分問卷「最不受歡迎同事量表」（Least Preferred Co-worker Scale; LPC），用 LPC（表 4-1）區分領導者的領導型式。此量表採八點量尺，由 16 對或 18 對描述人格特質的形容詞所組成，用來測量領導者對績效較差同事尊重的程度。Fiedler 將 LPC 分為三種類型：

1. 高 LPC—關係導向型：對於最不受歡迎的同事，能從多方面去觀察個人的人格特質，甚少因工作之因素而影響其情緒。因此 LPC 分數愈高之領導者也愈傾向於人際關係導向。

2. 低 LPC—工作導向型：此類型的領導者把不受歡迎同事描述成非常消極和拒絕團體的人。其對工作的完成顯現出高度的需求，排斥阻礙其完成工作者。因此，LPC 得分低的領導者對不受其歡迎之同事的反應是情緒性的，而非理性的評估，傾向於高度工作反應導向的領導。

3. 中度 LPC—社會獨立型：此類型的領導者無論在任何情境中，都較少受到別人之態度與意見之影響，較具彈性，不受任何目標導向的過

度牽制，因而能專注於達成最大的績效。因為中度 LPC 之領導者，能堅持己見，且能在較少的社會支持下工作，因此稱之為社會獨立導向的領導。

表 4-1　最不受歡迎的同事量表（LPC）

快樂的 ———	8 7 6 5 4 3 2 1	——— 不快樂的
友善的 ———	8 7 6 5 4 3 2 1	——— 不友善的
拒絕的 ———	1 2 3 4 5 6 7 8	——— 接納的
緊張的 ———	1 2 3 4 5 6 7 8	——— 輕鬆的
疏遠的 ———	1 2 3 4 5 6 7 8	——— 親密的
冷漠的 ———	1 2 3 4 5 6 7 8	——— 熱心的
助人的 ———	8 7 6 5 4 3 2 1	——— 敵意的
無聊的 ———	1 2 3 4 5 6 7 8	——— 有趣的
好爭的 ———	1 2 3 4 5 6 7 8	——— 融洽的
悲觀的 ———	1 2 3 4 5 6 7 8	——— 樂觀的
開放的 ———	8 7 6 5 4 3 2 1	——— 保守的
背後傷人的 ———	1 2 3 4 5 6 7 8	——— 忠誠的
不可信的 ———	1 2 3 4 5 6 7 8	——— 可信任的
不體貼的 ———	1 2 3 4 5 6 7 8	——— 體貼的
陰險的 ———	1 2 3 4 5 6 7 8	——— 親切的
隨和的 ———	8 7 6 5 4 3 2 1	——— 彆扭的
自信的 ———	8 7 6 5 4 3 2 1	——— 猶豫的
虛偽的 ———	1 2 3 4 5 6 7 8	——— 真誠的
仁慈的 ———	8 7 6 5 4 3 2 1	——— 無情的

資料來源：Fiedler, F. E., & Garcia, J. E. (1987). *New approaches to effective leadership: Cognitive resources and organizational performance* (p. 71). New York: John Wiley and Sons.

㈡情境因素

權變領導理論的情境因素是調和變項，要區分團體情境的有利與否

因素，包括有領導者與部屬之關係（leader-member relations; LMR）、任務結構（task structure; TS）、以及領導者的職位權力（position power; PP）三種，分別說明如下：

1. 領導者與部屬之關係（leader-member relations; LMR）：

這是權變領導理論中影響領導效能最重要的情境因素，主要在測量領導者受部屬的喜愛、尊敬和信任的程度，是否能吸引並使部屬願意追隨他。若領導者與部屬的關係愈友善，則領導者獲得團體合作也愈容易。

2. 任務結構（task structure; TS）：

這是情境控制的第二重要因素，主要在測量對工作目標、方法和標準能說明的程度。情境理論中多數以任務（task）替代工作（job），任務指領導者當時要領導部屬所要完成的工作。如果這項任務是例行性工作、工作說明很清楚、程序方法也很具體、標準也具體能測量，例如：定時造薪水冊、舉辦運動會等任務，這些任務是結構性高；若是任務模糊性很高，是創新的任務、如何做、標準在哪兒、不容易看出具體成果，目標很抽象，例如：提高學生的愛國精神、推動誠實教育等任務，這些任務是結構性低。

3. 領導者的職位權力（position power; PP）：

領導者的職位權力是指組織賦予領導者的權威和控制力是否明確充分。但是領導者的實際權威仍有賴於部屬服從的意願、領導者的專業知識、及上級支持的程度是否有力，對雇傭、解雇、紀律、晉升和增加工資的影響程度大小。

Fiedler（1967, 1977）將此三種因素組成情境有利度，提出情境類型（situational pattern）與情境控制（situational control）兩種主張。情境類型是以三種因素的個別平均數來區分，後者則是採用總分作為劃分的基準。(1)情境類型：此種劃分的方式以個別量表的平均數，各自區分為高和低兩種，再以 2 × 2 × 2 的方式組成八種情境類型，Fiedler 再將這八

種情境類型,分成對領導者非常有利、中度有利及非常不利三種情境之有利度。⑵情境控制依照 4LMR + 2TS + PP 的比例,以三種量表的總分作為劃分高、中、低情境控制的依據。原則上 51 分為高度控制,30 分以下為低度控制,而 31～50 分則為中度控制。

二、理論架構

Fiedler 在 1967 年及 1984 年分別提出兩種理論模式,1967 年所提出的理論模式是根據其 1951 年到 1964 年間的研究結果所提出。其權變領導理論採用特質論和情境論的觀點,認為領導者的人格特質與情境因素交互作用,才能產生領導效能,Fiedler 主要以團體績效作為衡量領導效能的指標,也就是說領導效能是由團體成員完成其主要工作的程度來評斷。因此,領導型式與情境控制的相互搭配是此一理論的重點所在,如〔圖 4-2〕所示。

由〔圖 4-2〕中可看出:

㈠在非常有利情境(高度控制情境)下

由於領導者與部屬的關係已屬非常良好,因此,再強調增進彼此良好關係的關係導向領導型式,並不會有太大效用。但此時工作導向的領導者卻可有所表現。因為彼此的關係已屬相當良好,則工作的強調,也不會破壞這層關係。因此工作導向的領導者即能兼顧與部屬關係和工作的要求,而比關係導向的領導者更具效能。

㈡在中度有利情境(中度控制情境)下

情境控制屬中度程度。因此,要趨向高度控制或低度控制,則取決於領導者。但是,因為領導者與部屬的關係對提升情境控制力所占的比例最大,所以,強調增進彼此關係的關係導向領導,要比工作導向領導更占優勢,而其領導效能也較高。

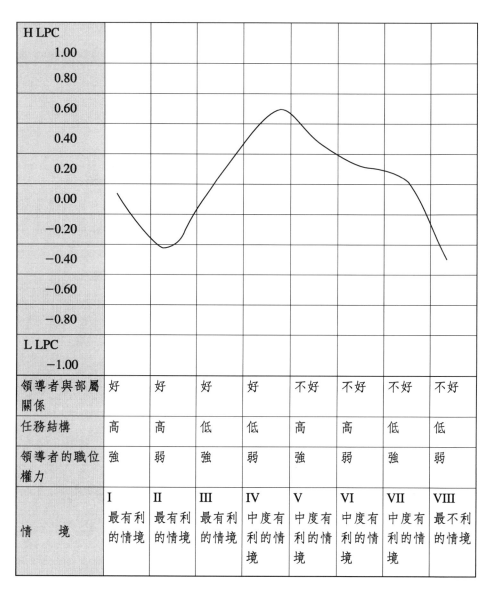

H LPC 1.00								
0.80								
0.60								
0.40								
0.20								
0.00								
−0.20								
−0.40								
−0.60								
−0.80								
L LPC −1.00								
領導者與部屬關係	好	好	好	好	不好	不好	不好	不好
任務結構	高	高	低	低	高	高	低	低
領導者的職位權力	強	弱	強	弱	強	弱	強	弱
情　　境	I 最有利的情境	II 最有利的情境	III 最有利的情境	IV 中度有利的情境	V 中度有利的情境	VI 中度有利的情境	VII 中度有利的情境	VIII 最不利的情境

圖 4-2　Fiedler 權變領導理論模式圖

資料來源：Fiedler, F. E. (1967). *A theory of leadership effectiveness* (p.146). New York: McGraw-Hill.

㈢在非常不利的情境（低度控制情境）下

由於領導者與部屬之關係、工作結構以及職權都較低，若想加強領導者與部屬的關係，倒不如強調工作的要求來得實際。雖然彼此的關係欠佳，但至少完成了工作。所以在此情境下，工作導向的領導者效能較佳。

所以，權變理論其領導型式與情境控制的最佳搭配是在高度控制情境中，以工作導向領導型式（低 LPC）；在中度控制情境中，以關係導向（高 LPC）的領導型式最好；在低度控制情境中，以工作導向（低 LPC）的領導型式最具效能。

三、變領導理論的實證研究

權變理論在學校方面的實證研究，Hoy 與 Miskel（1991）綜合三篇在小學做的研究（McNamara & Enns, 1966; Williams & Hoy, 1973; Martin, 1976），三篇的研究結果支持權變理論。在學校中，校長受到老師的支持（高度控制情境），以工作導向（低 LPC）的領導型式會有顯著的團體效能；校長受到老師較少的支持（中度控制情境），雖未達統計上的顯著差異水準，但趨向於以關係導向（高 LPC）的領導型式會有較好的學校效能。

在國內，陳慶瑞（1986, 1987, 1993, 1995）以 Fiedler 的權變理論為基礎，做了四項研究，三項是針對國小校長，一項是針對國中校長；效能指標是生產力、工作滿足、士氣、適應力，其研究主要發現有：

㈠對權變理論驗證其適合度（與權變模式完全相同）部分

在四種效能指標中除滿足感外，在八種情境組合中大部分符合理論。就情境之有利度而言，非常有利情境完全符合理論，其次為中度有利情境，再次為非常不利情境。

㈡逐項檢視研究結果

情境 I、IV、V 完全支持理論模式,情境 II 二項支持、二項未支持,情境 III、VII 三項支持、一項未支持,情境 VI 未支持,情境 VIII 一項支持、三項未支持。所謂支持是指情境 I、II、III 適用工作導向領導型式;情境 IV、V、VI 適用關係導向領導型式;情境 VII、VIII 適用工作導向領導型式。

㈢就整體而言

除情境六之外,大體符合權變理論模式的假設,即在情境非常有力或非常不利的條件下,領導者用工作導向領導型式其領導效能會較好;在情境中度有力的條件下,領導者用關係導向領導型式其領導效能會較好。

從以上結論國內外應用權變理論在學校實證的研究中,可以了解到,權變理論其建構的情境要素並非相當具體,大部分是投射、描述或概括,由受試者自我陳述,不夠精確,而且建構的情境有八類之多,每一類情境都要符合理論模式的假設非常不容易。但整體而言,所做的研究大致符合和支持理論模式。

四、權變領導理論的限制

雖然權變領導理論因應時勢的發展,而作了必要的調整,但仍有其可商榷之處,以下分別從理論架構的限制加以說明(陳慶瑞,1989, 1995; 秦夢群,1999; Hoy & Mikel, 1991, 2001; Yokl, 2002)。

㈠ LPC 效度受質疑

從 LPC 量表的發展歷史來看,並未有任何的理論基礎,而 Fiedler 也沒有對 LPC 量表的效度提出解釋。而其描述方式,是採用間接投射以導

引出領導者的領導型式,因此,無法非常的明確清晰。

㈡情境變項太狹隘

Fiedler 以領導者與部屬之關係、工作結構、以及職權作為情境因素的變項,但此三項因素都是以領導者的立場為著眼點,反而顯得太過狹隘,這也是所有權變理論的通病,因為情境要包括的因素實在太多,任何理論都很難做到。

㈢情境因素比重待商榷

在情境比重方面,Fiedler 以 4LMR,2TS 以及 1PP 的比例,作為其情境控制的架構。但是這種 4:2:1 的比率是否能適用於所有的情境,仍有待進一步的研究。

㈣領導效能變項限制太過狹窄

目前組織效能的研究趨勢,大多採用多元標準的衡量方式。一般研究中較常採用的指標則有適應力及彈性、生產力、以及滿足感等。但Fiedler 則僅以團體績效或生產力作為量度的依據,明顯的偏重於組織層面而忽略了個人層面。此作法頗有可議之處,因為這將使得此理論無法應用於互動團體以外的組織架構。

㈤領導、情境與效能間之關係未釐清

Fiedler 的權變領導理論並未說明領導型式與情境的交互作用,如何導引出領導效能,因而被學者將此一歷程批評為「黑箱」。

㈥單層面領導型式待商榷

權變領導理論以 LPC 量表將領導型式劃分成關係導向(高 LPC)、工作導向(低 LPC)、以及社會獨立導向(中度 LPC)三類,是屬於單層面領導的劃分方式。此種劃分方法和行為論的雙層面領導理論相較起

來，似乎較不實際。而林邦傑在分析Fiedler的16項LPC量表後也指出，LPC 量表是由關係、工作、情境三種不同因素所組成，若只用一個總分來表示，各因素的功能可能會相互抵銷，使得領導型式與領導效能間的關係混淆不清。

總而言之，LPC 權變模式是最早的理論之一，它主要的貢獻在於鼓舞了更多對情境因素的關注。權變領導雖有其獨到之處，但缺失亦在所難免，未來的研究取向，或許可進一步整合探索人與情境的動態交互歷程、組織成員的心態需求，以及組織的生態發展方面來進行。

第二節　赫塞和布蘭洽的情境領導理論

Hersey 與 Blanchard（1977, 1982, 1983）提出「生命週期領導理論」（Life Cycle Theory of Leadership），後來更名為「情境領導理論」（Situational Leadership Theory）。它是綜合了「管理方格」、「三層面領導理論」以及 Argyris（1964）的「成熟與不成熟理論」等擴充而成。茲將本理論的基本概念、情境要素與基本模式敘述於下：

一、基本概念

Hersey 與 Blanchard 在「工作導向」和「關係導向」兩個領導行為構面外，加上跟隨者的「成熟水準」，而形成三個構面的情境領導理論。他們認為團體成員的成熟水準是決定某一領導型式是否有效的重要因素，而所指的成熟水準並非指個人或團體一般性或全面性的成熟特徵，而是指團體或個人為達成任務所須具有的成熟水準。同時領導者不僅要評估個人的成熟水準，也要評估任務團體的成熟水準。例如：一位領導者可能發現他的團體在某一任務已達到某一成熟水準，同時又發現團體中某一成員在這項任務達到的是另一個不同的成熟水準，那麼，這位領導者

在面對全體一起工作，或與這位成員一起工作時，所採取的領導方法應該有所不同；若與成熟度較差的團體一起工作，領導者交待任務必須有明顯的結構，且做好仔細、具體的指示與嚴密的監督；又若與一具有能力但害羞、缺乏自信、安全感的成員一起工作，領導者就必須採取較偏向於關係導向的領導行為，亦即重視與成員進行良好的交互作用，支持和協助他和團體培養良好的人際關係、關心照顧他個人的需求。如此，領導者的領導型式（關係導向、工作導向）與所屬的跟隨者成熟水準作恰當的配合，才能達成最好的組織效能，反之則不能達到良好的效能。

　　情境領導理論沿用俄亥俄州立大學之研究，將領導行為分成「工作導向」和「關係導向」兩個領導行為構面，將這兩個構面以中數或平均數為截點，組合成四種領導型式：

　　第一種告知式（Telling, S1）：高工作導向行為、低關係導向行為。

　　第二種推銷式（Selling, S2）：高工作導向行為、高關係導向行為。

　　第三種參與式（Participating, S3）：低工作導向行為、高關係導向行為。

　　第四種授權式（Delegating, S4）：低工作導向行為、低關係導向行為。

　　茲將四種領導型式圖示如下（圖4-3）：

高　關係導向行為　低	低工作導向行為、高關係導向行為（參與式，S3）	高工作導向行為、高關係導向行為（推銷式，S2）
	低工作導向行為、低關係導向行為（授權式，S4）	高工作導向行為、低關係導向行為（告知式，S1）
	低　　　　工作導向行為　　　　高	

圖4-3　四種領導型式圖

資料來源：Hersey, P. & Blandchard, K. H. (1982a). Leadership style: Attitudes and behaviors. *Training and Development Journal, 36*(5), 50-52.

二、成熟度及其要素

Argyris（1964）研究人類自幼年到成年人格特質成長，認為個人人格發展的一般特性，不外乎七個特性：

㈠從童年時期的被動狀態，漸趨成年時期的主動狀態。

㈡從童年時期的依賴狀態，漸趨成年時期的獨立自主狀態。

㈢從童年時期的僅能以少數行為方式從事行為，漸趨成年時期以多數行為方式從事行為；換言之，童年的行為缺乏變化，而成年人的行為則富有多變性。

㈣從童年時期的反覆無常、膚淺而且易於消失的興趣，漸趨成年時期的深刻、永久而穩固的興趣。

㈤從童年時期的眼光狹窄，漸趨成年時期的眼光遠大。

㈥從童年時期在家庭及社會內附屬的地位，漸趨成年時期期望與他人取得平等的地位。

㈦從童年時期缺乏對自己客觀與理性的了解，因而不能自我控制，漸趨成年時期不但能充分自我了解，並能控制自我。

上述七種個人人格發展的特性，從不成熟到成熟的發展，不但是連續性，而且是健康的，同時，因受個人文化規範及個人的抑制（inhibit）和限制，成人的發展及表現很難發展到完全成熟，縱使有也是很少的。茲將其概念要點表列於下（表 4-2）：

Hersey & Blanchard 從 Argyris 的成熟—不成熟理論中，導引出情境領導理論的成熟概念，將成熟界定為有另設定高水準且能達成之目標（成就動機），願意和有能力去負責，以及個人或團體所受的教育和經驗。但是這些影響成熟的變項必須僅限於在從事某項工作上而言。對於這些成熟的變項元素，二氏也做說明：

表 4-2　Argyris 不成熟──成熟發展表

成　　　　熟	不　　　　成　　　　熟
1　主動────────────被動	
2　獨立────────────依賴	
3　行為用多數方式────────行為用少數方式	
4　永久、深刻的興趣──────不定項、膚淺的興趣	
5　眼光遠大──────────眼光狹窄	
6　平等或高於他人的地位─────隸屬於人的地位	
7　自我了解、控制自我──────缺乏自我了解	

資料來源：Argyris, C. (1964). *Personality and organization*. New York: Harper.

㈠根據 McClelland（1953）的研究，成就動機的一般特質包括有能力去設定高且能達成的目標，個人較關心的是完成工作，而非完成後的報酬；較期待的是工作上的回饋，而非態度上的回饋，這種成就動機的高低，會影響個人是否願意從事中等程度的挑戰性工作。

㈡有關擔負責任（responsibility）是指個人或任務團體之意願（willing）和能力兩個因素，各以高低分組，可以組合成四種程度的工作相關成熟度（task relative maturity）：

第一種（M1）：個體既不願意也無能力擔負責任；

第二種（M2）：個體願意而無能力擔負責任；

第三種（M3）：個體不願意但有能力擔負責任；

第二種（M4）：個體既願意又有能力擔負責任。

㈢教育和經驗

在情境理論中，教育和經驗並無概念上的差異，個人獲得工作相關成熟可經由教育而來，也可透過經驗而來，亦可同時經由教育和經驗而來，其中有的差異只是將教育視作所受正式的學校教育，而將經驗視作個人從工作中所習得的。

㈣工作相關成熟它包括兩個因素

工作成熟（job maturity）——個人從事任務的技術、知識和能力；心理成熟（psychological maturity）——個人的自信和自尊感。所以，當一個人有高的工作相關成熟度，亦即有高的工作成熟度和高的心理成熟度；另一方面，當指一個人有低的工作相關成熟度，即意指此人是工作成熟度低、心理成熟度亦低。

三、情境領導理論的基本模式

情境理論模式是用四種不同的工作相關成熟度，和四種基本的領導型式發生關聯，如此不但可以評估跟隨者的情況，而且可以選擇最有績效可能的領導型式。例如：跟隨者在完成某項工作的成熟度處於兩端，亦即是有一些跟隨者具有必須的知識、技能、信心與專心致志的意願，他們是處於 M4 的成熟度；另一些跟隨者不具有必須的知識、技能、信心與專心致志的意願，他們是處於 M1 的成熟度。領導者面對 M4 的跟隨者時，既然部屬對於執行某項工作的能力與意願均高，領導者不須給予任何的指示與支持性行為，因為它的能力已足夠完成工作，知道如何做且願意去完成，領導者大可放手讓他們發揮，只須定期檢視以確知工作都按部就班地進行；部屬需要從領導者那裡獲得一些回饋，以便知道本身的貢獻受到注意和賞識。這種情境下，可能成功的領導型式是少量的工作導向行為和少量的關係導向行為，亦即採用 S4 的領導型式。反之，部屬不具有必須的知識、技能、信心與專心致志的意願，他們是處於 M1 的成熟度，可能成功的領導型式是大量的工作導向行為和少量的關係導向行為，亦即採用 S1 的領導型式。

情境理論的領導型式和成熟度之間是一種曲線關係，下頁圖（圖4-4）就是情境領導理論的模式，貫穿四種領導型式的曲線，代表最可能成功的

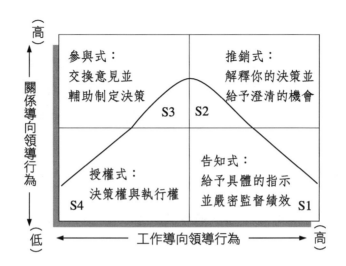

跟隨者的成熟度

高　度	中　度	中　度	低　度
M4	M3	M2	M1
有能力並 有意願或 受到激勵	有能力但 無意願或 沒把握	無能力但 有意願或 受到激勵	無能力並 無意願或 沒把握

圖 4-4　情境領導理論完整模式圖

資料來源：楊煥烘（1988）。**國小校長領導型式與教師成熟度之配合對教師工作滿意及組織效能認知的影響**（頁 62）。台北：國立政治大學教育研究所博士論文（未出版）。

關係導向行為和工作導向行為的組合，這些組合與部屬的成熟度相呼應。為了運用此一模式，可在部屬成熟度連續線上選擇一點，代表部屬在此擔負一任務時的成熟度，然後從此點畫垂直線到曲線上代表領導行為的某一點，這個交叉點就代表在該特定情境中，最適合提供的關係導向行為和工作導向行為的多寡。

　　情境理論認為領導者的領導型式只要能配合部屬的任務相關成熟度，即能產生最好的績效，否則就不可能產生高的績效；其配合的方式即：

　　　第一種一告知式：高工作導向行為、低關係導向行為配低成熟度：
　　　　　　部屬既不願意也無能力擔負責任（S1：M1）。

　　　第二種一推銷式：高工作導向行為、高關係導向行為配中低成熟度：
　　　　　　部屬願意但無能力擔負責任（S2：M2）。

　　　第三種一參與式：低工作導向行為、高關係導向行為配中高成熟度：
　　　　　　部屬不願意但有能力擔負責任（S3：M3）。

　　　第四種一授權式：低工作導向行為、低關係導向行為配高成熟度：
　　　　　　部屬既有願意又有能力擔負責任（S4：M4）。

　　屬於情境的工作成熟度它會隨時改變的，領導者要經常去評估它的情境，隨時調整領導型式予以因應。譬如，工作任務經過多次練習，技能會變熟練；一再的重複相同的工作也可能產生厭倦；工作任務更新，原先的知識能力不足以應付，部屬的成熟度也就下降；工作一段時間發覺工作成就感，產生樂趣與意願，或者部屬接受一些在職訓練或進修，工作成熟度也會提升。

四、情境領導理論在教育上的研究與應用

㈠在教育上的研究

　　情境理論在教育上的研究，對象有高等教育機構、學校校長或中小學老師；研究方法上大部分以問卷調查法，少部分用實驗法研究領導行為和成熟度，也有以觀察法或晤談了解部屬的成熟度。至於研究的效標有：教師或學生工作滿意、學校或班級整體效能和生產力、學業成就、組織或班級氣氛、學生學習動機、出席率與曠課率等。

　　檢視情境論的研究文獻，可歸為三大類：完全支持、部分支持、或

完全不支持之情境領導理論。

第一、完全支持情境領導理論：例如，Goldenberg（1980）在 Ontario's College 選取醫學院中參與護理課程的領導者 35 人，及 106 位教師作情境領導理論的研究，發現：(1)領導型式與教育行政年資、教學年資、實際護理工作年資、現職年資、教育水準等無相關存在；(2)較占優勢的領導型式是高關係低工作導向的領導型式；(3)領導型式二（S2）與領導型式三（S3）較適合於成熟程度中等水準之教師；(4)領導型式一（S1）較適合於成熟程度低之教師。Goldenberg 的研究支持了情境領導理論，而且還認為領導行為和部屬的成熟度之間可能有因果關係存在。

第二、部分支持情境領導理論：Brown（1982）以 University of Oklahoma 的學生為研究對象，選取 56 個團體，共 277 位學生為樣本，研究驗證情境領導理論，結果發現：(1)在工作滿意上，領導型式配合團體的成熟度時，團體的工作滿意較高，支持情境領導理論；(2)在工作效能上：（S4：M4）比（S1：M1）的團體效能高；（S4：M4）比（S2：M2）的團體效能高；（S2：M2）比（S3：M3）的團體效能高，所以 Brown 的研究在工作滿意上，支持情境領導理論；在組織效能上，結果並不一致，未能支持情境領導理論。

第三、完全不支持情境領導理論：楊煥烘（1988）以台北市國民小學為研究對象，選取 930 位教師為樣本，研究驗證情境領導理論，結果發現：校長之領導型式與教師工作成熟度配合或未配合，在教師工作滿意、組織效能上均無差異存在，未能支持情境領導理論；但是，校長領導型式為高工作高關係導向時，教師工作滿意、組織效能最高；成熟度高的教師工作滿意、組織效能也最高。

㈡在教育上的應用

情境領導理論雖然在研究上的結果並不一致，但對於領導理論中加

入情境因素—工作成熟度，且成熟度會隨時變動，領導者的領導行為也可以因應隨時改變，達到最好的效能，所以在教育領導上可以獲得啟示與應用的有：

1. 提高教師的工作成熟度：在知識經濟時代變動快速，新的知識、科技不斷的推陳出新，教師必須面臨新的挑戰，例如學校本位教學、九年一貫課程、小班教學、電腦科技的應用等，均會影響到教師的工作成熟度。領導者可以做的有：

(1)激發教師的成就動機，使他願意挑戰難度高且可達成的目標；

(2)給予教師擔負責任的機會，從工作的歷練中獲得知識、能力與經驗；

(3)鼓勵教師在職進修，或參加各種長、短期的工作研習、使個人能取得工作新知、擴大視野，在工作中找出問題，從進修、研習中尋找解決方法，以期教學相長；

(4)領導者對部屬要有積極的信心，因為對部屬的期望愈高且切合實際，會導致部屬的成長與發展；

(5)善用獎懲之利器，以誘導、勉勵、讚許部屬成長。

2. 領導工作有一定的步驟和程序：依情境領導理論，領導的步驟依序為設定領導任務、診斷領導情境、選用領導型式、掌握情境發展、調整領導型式。所以領導者在：

(1)設定領導任務時，應依組織與情境需求，合乎明確的（specific）、可衡量的（measurable）、可達到的（attainable）、切要的（relevant）、可追蹤的（traceable）條件，亦即 SMART 的要求。

(2)情境的掌握應立即且正確：能力會隨任務的不同而改變，意願會隨周遭情境因素、個人心境、情緒的起伏，或思考判斷而隨時波動，這些均會影響團體或個人的能力和意願，領導者是否

夠敏銳而即時的掌握因應,是領導有效能的關鍵因素。

(3)注意團體間、或個人間的個別差異,給予適當的協助與指導,作及時性的措施,維持每個人的尊嚴與成就感。

3.採取發展性的領導(developmental leadership):領導者既要診斷掌握情境的變化,又要調整領導型式以因應,所以領導者必須:

(1)接受診斷環境與對部屬敏感度的訓練,以配合環境調整領導型式,或改變環境。

(2)培養領導者各種領導型式的知識和能力,以期能面對各種不同情境而採取不同之領導型式。

(3)透過敏感性訓練、角色扮演、轉型分析及理論課程,使能加強領導者之人際關係技巧,增進人際和諧、促進組織效能。

4.完整的情境領導理論實際運作可參考〔圖4-5〕情境理論流程圖。

第三節 豪斯的「途徑—目標理論」

House(1971, 1974)的「途徑—目標理論」(Path-Goal Theory)主要是受期望動機理論(Atkinson, 1957; Porter and Lawler, 1968; Vroom, 1964)的啟發進而形成的理論。期望動機理論的主要概念是:一個人是否會努力工作與否,事先會理性的思考工作任務的性質與難度,自己是否有能力完成任務,完成後得到的報酬是否重要,工作成果和工作報酬有否關聯,經過一連串的思考計算後,才會決定自己該努力去做或者放棄努力。亦即,一個人可以選擇在給予的時間內要付出多少的努力在工作上。努力程度,會考慮達到任務圓滿完成的可能性和任務的完成可得到一個滿意的結果,且避免不滿意結果的可能性。部屬若相信達到有價值的結果只有靠不斷的努力而且這些努力都將會成功,那他們就會努力工作。領導者行為的影響主要就是在改變部屬的這些觀念和信念。

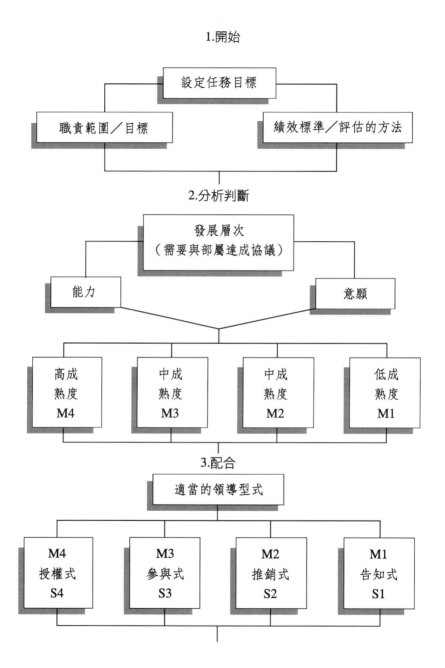

1.開始

設定任務目標

職責範圍／目標　　　　績效標準／評估的方法

2.分析判斷

發展層次
（需要與部屬達成協議）

能力　　　　意願

| 高成熟度 M4 | 中成熟度 M3 | 中成熟度 M2 | 低成熟度 M1 |

3.配合

適當的領導型式

| M4 授權式 S4 | M3 參與式 S3 | M2 推銷式 S2 | M1 告知式 S1 |

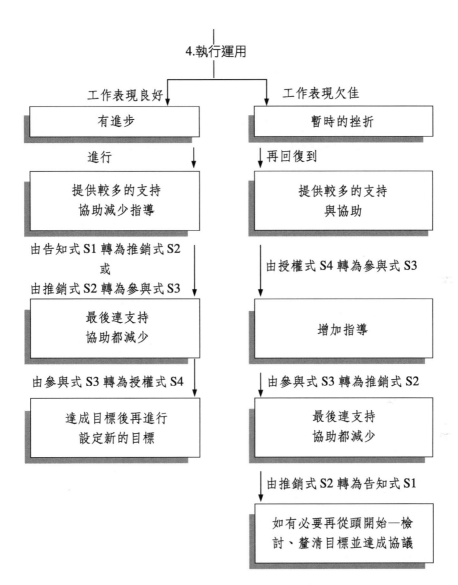

圖 4-5　情境領導理論流程圖

資料來源：*作者改繪製自* Blanchard, k. Zigigarmi, P. & Zigarmi, D. (1985)／張國蓉譯
（1985）。**一分鐘領導秘訣**（頁 116-117）。台北：天下。

如果要知道一個人的努力動機，可經公式：FM = EΣ（IV）算出。期望（Expectancy, E）是個人對努力能完成交付任務的可能性；工具價值（Instrumentality, I）即個人對於達成任務（直接結果）與獲得報酬（間接結果）之間的關係知覺。如老闆說達到業績標準就免費舉辦北海道六日遊，員工就會評估一旦業績達到，老闆兌現承諾的可能性，當然這種評估會受到個人特質、過去經驗、老闆過去的誠信等等因素影響，會有不同的評估結果；誘力（Valence, V）是對報酬（間接結果）的主觀評價所產生的正負價值或吸引力，可分內在誘力與外在誘力。如個人對北海道六日遊覺得好不好、值不值得、喜不喜歡的評價。所以個人最後的努力動機（Force of Motivation, FM）是期望、誘力、工具價值的整體影響所生的結果，領導者要影響部屬的行為，就必須從這些因素著手。

一、途徑─目標理論的基本概念

House 應用期望動機理論觀念，認為有效的領導者運用適當的領導行為幫助部屬達到目標，因此它的職責是提供部屬必須的指導與支持，減少達成任務的阻礙，界定工作任務，提供達成目標的途徑方法以及部屬認為有價值的報酬，使部屬產生努力動機，達成組織的目的與個人需求的滿足，其理論之主要變項與因果關係如〔圖 4-6〕。

二、領導者行為

途徑─目標理論中用以影響部屬的領導行為，領導者可以因情境因素的不同而採用不同的領導行為。其領導行為的分類，基本上是沿用 LBDQ 關懷和倡導兩個構面的領導行為加以擴充。倡導構面擴充為指示式領導（Directive leadership）與成就取向式領導（Achievement-oriented leadership）；關懷構面擴充為支持式領導 （Supportive leadership）與參與式領導 （Participative leadership）等四種基本的型式（House & Mitchell,1974; Hoy & Miskel,1991） ：

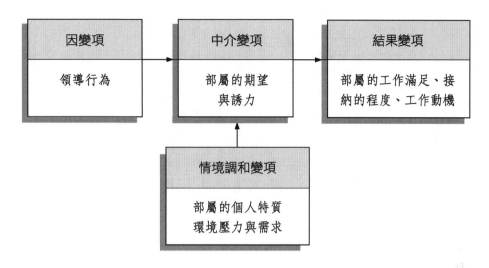

圖4-6　途徑—目標理論主要變項與因果關係圖

資料來源：Yukl, G. A. (1981). *Leadership in organization* (p. 141). New Jersey: Prentice-Hall, Inc.

(一)指示式領導

　　領導者對部屬的期望會清楚的告知，指導部屬應該做什麼、如何做，在團體中扮演的角色、工作進度、工作評量標準等具體的指示，同時要求部屬遵循規則和工作程序。此種領導行為可以澄清達成目標的途徑和方法，減少部屬工作上的不確定性。有效的指示式領導行為的因果關係如〔圖4-7〕。

(二)成就取向式領導

　　領導者設定挑戰性的目標、不斷尋求改善，強調卓越的表現，同時也對部屬將獲得高水準成就表現信心。此種領導行為依部屬過去的成就經驗，澄清不斷變化的目標和途徑，設定挑戰性目標可增進工作完成的內在滿足。有效的成就取向式領導行為的因果關係如〔圖4-8〕。

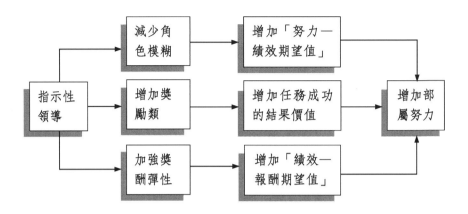

圖 4-7　指示性領導與員工努力之因果關係圖

資料來源：Yukl, G. A. (1981). *Leadership in organization* (p. 148). New Jersey: Pren-
　　　　　tice-Hall, Inc.

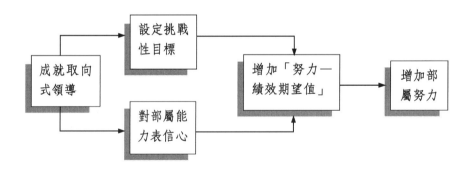

圖 4-8　成就取向式領導與員工努力之因果關係圖

㈢**支持式領導**

　　領導者是體貼的，他關心部屬的處境待遇與福利，營造友善溫馨的
團體工作氣氛。此種領導行為能澄清任務完成和報酬之間的關聯，增加
部屬達成目標的內在誘力，並平衡來自工作環境的各種不滿。有效的支
持式領導行為的因果關係如〔圖 4-9〕。

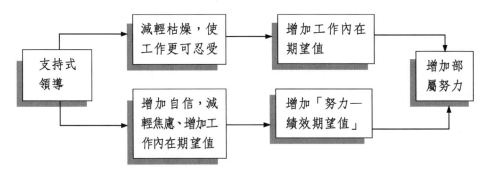

圖 4-9　支持式領導與員工努力之因果關係圖

資料來源：Yukl, G. A. (1981). *Leadership in organization* (p. 150). New Jersey: Pren-
　　　　　tice-Hall, Inc.

㈣參與式領導

　　領導者會諮詢部屬的意見，並於作成決定前，會仔細斟酌部屬的理
念與建議。此種領導行為能增加部屬完成任務的內在誘力，也可澄清途
徑方法和目標的關係。有效的參與式領導行為的因果關係如〔圖 4-10〕。

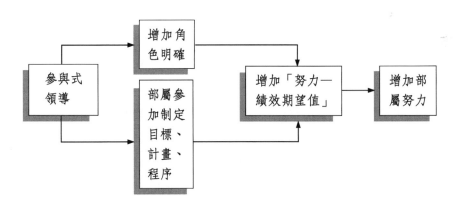

圖 4-10　參與式領導與員工努力之因果關係圖

三、情境因素

途徑—目標理論的情境因素即調和變項（moderated variable），包含兩大類部屬的人格特質、環境的壓力與需求。

㈠部屬的個人特質

部屬的人格特質是途徑—目標理論重要的情境權變因素，包括了部屬個人需求（如成就需求、了解需求、自主需求與變革需求等），部屬個人能力（如知識、技術、態度等），部屬個人格特質（如內控取向、外控取向等）。這些部屬的個人特質形成潛在的動機，相對的需要領導者適當的領導行為配合。例如，內控取向的人會認為一切事情的結果大部分是屬於個人的努力；相對的，外控取向的人就認為一切事情的結果大部分是屬於外在因素造成，並非個人的努力，會成功是歸於外在因素或運氣好。所以屬於外控取向的部屬就喜歡指示性領導行為，內控取向的部屬就喜歡參與式領導行為。

㈡環境壓力與需求

環境壓力與需求變數是決定情境好壞的重要決定因素，包括任務結構性、組織的正式權威系統（如有法規、辦法、指導部屬行為）、主要工作團體的規範等三種權變因素。每一因素有三種方式影響部屬的行為：⑴激勵或指示部屬完成任務；⑵幫助部屬釐清領導者的期望和強化努力達到報酬的觀念；也可能限制部屬自發性的行為和減少工作努力；⑶環境和任務壓力可以釐清和提供獲得績效的報酬，如工作團體本身提供所需的指導和部屬的酬賞。如〔圖 4-11〕，當結構性高的任務，領導者指示性領導行為愈多，部屬滿足感愈低；領導者指示性領導行為愈少，部屬滿足感愈高。相反地，結構性低的任務，領導者指示性領導行為愈少，部屬滿足感愈低；領導者指示性領導行為愈多，部屬滿足感愈高。

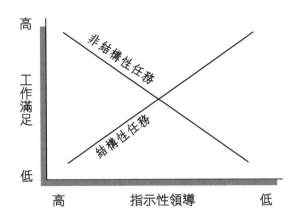

圖 4-11　領導行為、任務結構、部屬工作滿足關係圖

資料來源：Hoy, W. K. & Miskel, C. G. (1991). *Educational administration: Theory, research, and practice* (3rd ed. p. 295). New York: McGraw-Hill.

四、領導效能

　　途徑—目標理論對效能的界定是以部屬的心理狀態為依變項，而非以工作表現為依變項，所以領導者的效能界定為「部屬的工作滿足」、「領導者被部屬接納的程度」、「部屬的工作動機」；即領導者愈能增進部屬的工作滿足、提升領導者被部屬接納的程度、及強化部屬的工作動機，則是一位有效能的領導者。

五、基本命題

　　途徑—目標理論包含兩項基本命題（House & Mitchell,1974）：

　　㈠領導者的行為是否為部屬接受，或讓部屬感到滿足，要依部屬對領導者的行為與立即滿足、或未來滿足是否具有工具價值而定。領導者有完全控制部屬表現所能獲得的報酬，影響部屬行為或任務完成的工具價值，領導者愈能提供此種工具價值行為，部屬就愈能接受領導者的行

為並感到滿足；反之，部屬抗拒領導者行為，認為無法獲得滿足，則組織目標就不可能達成。

㈡領導者的行為是否有激勵力量，取決於領導者的行為是否「有助於部屬有效能的表現，滿足部屬的需求」；或者領導者提供「訓練、指示、支持、報酬提供，補充部屬或環境所缺乏之條件」的程度。當部屬的能力或工作環境足可排除障礙、不確定狀況而達成目標，此時領導者的澄清行為反而徒增強制力，而被視為嚴密監控，減低滿足感。但當部屬從環境中無法獲得必須的資源、或遭遇挫折與壓力時，領導者適時提供必要的協助與資源，就形成激勵的動力。

六、途徑—目標理論的實證研究

途徑—目標理論的實證研究方面，House（1974）綜合相關研究發現：

㈠模糊的工作中，領導者指示性行為與部屬滿足及期望間具正相關；而在工作明確時，領導者指示性行為與部屬滿足及期望間的關係，受工作結構的負向調節。實證研究結果部分支持，部分未支持。成就取向的領導行為能使部屬致力於較高標準的表現，並對達成挑戰性目標具信心。

㈡成就取向的領導行為與部屬期望的關係，受工作結構的負向調節。實證研究結果發現在模糊、非重複性的工作中，成就取向的領導行為與部屬期望有正相關；在明確、重複性的工作中，成就取向的領導行為與部屬期望無顯著相關存在。

1.支持式領導行為對於從事具壓力、挫折與內在滿足低之工作，對部屬的滿足最具有正面的影響。即支持式領導行為與部屬的滿足，受工作壓力的正向調節。實證研究結果獲得支持。

2.參與式領導行為之效能，須依部屬與情境特質對該行為視作滿足、或有效表現之工具價值而定。即參與式領導行為若被視為具工具價值，

就會使部屬努力而有效能。實證研究結果部分支持，部分未支持。

　　陳慧芬（1990）以台灣地區的國民小學教師為研究對象，作「途徑─目標理論在國民小學行政之應用」的研究，研究結果：

　　㈠工作結構、教師控制取向對校長領導行為（倡導行為、關懷行為）與教師的滿足（一般滿足、內在滿足、外在滿足）無交互作用存在。亦即，兩種情境因素對校長領導行為與教師工作滿足的關係，並不具交互調節的效果。

　　㈡教師性別對校長領導行為（倡導行為、關懷行為）與教師的滿足（一般滿足、內在滿足、外在滿足）無交互作用存在，亦即，校長領導行為與教師工作滿足的影響，並不因教師性別而有差異。

　　㈢教師職務層級對校長倡導行為與教師的滿足（一般滿足、內在滿足、外在滿足）不具顯著的調節作用。亦即，校長倡導行為對教師工作滿足的影響，並不因主任、組長、教師等不同職務而有差異。

　　㈣教師職務層級對校長關懷行為與教師的滿足（一般滿足、內在滿足）具顯著的調節作用；對其餘關係的影響則不顯著。亦即，校長關懷行為對教師工作滿足（一般滿足、內在滿足）具有正向的影響，會因主任、組長、教師等不同職務而有差異，主任與組長的滿足高於教師。

　　㈤學校規模對校長領導行為（倡導行為、關懷行為）與教師的滿足（一般滿足、內在滿足、外在滿足）不具顯著的調節作用。亦即，校長領導行為與教師工作滿足的關係，並不因學校班級數的多寡而有顯著差異。

　　綜合上述實證研究，途徑─目標理論的命題雖然並未完全受到支持，但是它以動機理論為理論基礎，再加上情境調和變項，採用機動、適當的領導行為，改變部屬內在動機，因而讓部屬有高的工作動機產生、接納領導者、讓部屬有好的工作滿足，進而達成組織目標，是一新的見解。

第四節　克爾和澤米爾的領導替代理論

　　一般探討領導理論大都以在某種情境下，領導者運用適當的領導行為，就可以達到組織效能或個人需求的滿足，並未考慮到在某些情境特質下，領導行為是否有效？顯現的效能是領導行為造成的嗎？沒有領導者的領導也會有效能嗎？或者在某些情境特質下，某些領導行為會被替代或抵銷嗎？Kerr 與 Jermier（1978）就針對此一問題提出他的觀點，認為在某些情境下，領導對部屬的動機、滿足和績效，沒有多大作用。認為某些個體、任務以及組織的特徵會抵銷領導行為的效果，顯示正式領導的重要性減少，甚至於有些情境變數不但抵銷領導行為，更進一步替代領導行為，直接影響部屬工作結果，以這個觀點提出了領導替代理論（Substitutes Theory for Leadership）。

一、領導替代理論主要觀點

　　Kerr 與 Jermier（1978）發展並證明情境因素會減低管理者或正式領導人領導的重要性的模式。這些情境因素可分為兩類：替代品（substitutes）與中和物（neutralizers）：

㈠替代品

　　部屬、任務或組織的特質，讓領導者的行為變成不需要和多餘的。例如：因部屬特性、任務性、組織特性，使部屬對本身任務角色清楚、工作目標、工作步驟具體清晰，知道如何辦事，受到高度激勵而能有效地做事，而且對所從事的工作感到滿足，使領導者的行為變成不需要和多餘的。

㈡中和物

任務或組織特性限制領導者某些具體的行為，因而使領導行為無效；例如：部屬表現好的效能，但是領導者沒有權力給予獎勵，這種情境限制就是一種中和物；另一方面，如果部屬對領導者所提供的獎酬不感興趣，也是使領導行為變成無意義的情境。

領導替代理論和大部分的領導理論不同，通常我們都把領導者提供任務指導和獎酬使部屬表現效能視為當然，並未考慮到良好的部屬特性、任務特性、組織特性，可以替代領導行為，使領導者的行為變成不需要和多餘的。中和物使領導者無法提供該有的作為使組織提升效能，限制領導者行為，使領導行為無意義（Yukl, 2002）。

二、替代品和中和物

Kerr 與 Jermier（1978）針對部屬特性、任務性、組織特性對支持性領導行為和指導性領導行為的具體替代品和中和物做了詳細的列表（表4-3）與說明：

㈠部屬的特性

1. 當領導的部屬知識與技術是經驗豐富、能力強、訓練充分，或者部屬有好的專業取向（價值、需求、道德），不需要領導者的指導行為就可完成任務。例如：一個學校裡，教務、訓導、總務三處主任對所主持的業務，有多年的經驗訓練，能力也強，更難能可貴的是他們的專業精神，使他們的知識與技術保持與時俱進的水準，保持旺盛良好的服務精神，有此種部屬的學校，學校校長再去指導主任要做什麼、如何做、何時作，會變成是多餘的，還可能形成反效果，從全自動變成半自動，半自動變成手操動，最後變成不叫不動。

表 4-3　支持性領導和指導性領導的具體替代品和中和物

替代品或中和物	支持性領導	指導性領導
部屬特性：		
(1)經驗、能力、訓練		替代品
(2)專業取向	替代品	替代品
(3)對獎酬不關心	中和物	中和物
任務特性：		
(1)明確、例行、結構化的任務		替代品
(2)任務所提供的回饋		替代品
(3)可提供內在滿足的任務	替代品	
組織特性：		
(1)工作團體的凝聚力	替代品	替代品
(2)領導者職位權低	中和物	中和物
(3)正式化（角色、程序化）		替代品
(4)無彈性（法規、政策）		中和物
(5)部屬工作場所分散、少溝通	中和物	中和物

資料來源：Yukl, G. A. (2002). *Leadership in organization* (5th ed. p. 217). New Jersey: Prentice-Hall, Inc.

2.另外，組織所提供的獎酬是要依部屬的人格和需求，若領導者所提供的誘因，部屬不感興趣或需要，使領導者的領導行為不產生作用。例如，學校老師所關心的是自主、尊重與尊嚴，學校領導者是高壓、強制一致的作為的要求，達到績效給予獎勵，這種獎勵是不會有激勵的作用，它中和了領導的行為。

㈡任務的特性

1.部屬所要從事的任務目標具體明確、有標準的作業程序、週而復始的例行性業務；或結構性高的任務，部屬可很容易、很快速的熟練所需的技能，所做的成果能快速、具體的回饋，不須領導者過多的指導、

訓練和告知。例如，學校學生的註冊、考試、學生體檢等業務，是經常且例行性業務，且已經行政自動化的趨勢下，不須領導者的指導行為。

2.另外，部屬所從事的任務工作，和部屬的內在價值、規範、信念一致，與本身興趣相合，或者任務本身充滿趣味、挑戰，工作本身就會激勵並保持部屬的工作精神和態度，所以領導者的支持性領導行為變成可有可無。

(三)組織的特性

1. 組織中共同工作的任務團體凝聚力大，形成所謂的霍桑效應（Hawthorne Effect），成員之間產生助長或抑制的作用，這種團體氣氛替代領導者的支持性行為、或指導性行為，使領導者的行為變成不需要和多餘的。

2.組織的制度完善，有明確的計畫作為，目標具體，每個人的角色、責任範圍，這些均有工作說明或手冊的書面資料，哪些可做、誰要做、權責之有無，具體明確有所依循，可以替代領導者的指導性行為。

3.領導者所擁有的職位權力低，領導者所能有的作為受到限制，既不能獎賞部屬也不能處罰部屬，中和了領導者的支持性行為、或指導性行為。例如：學校校長的法職權，看似有實則很少，對老師們有好的表現，沒有多大的籌碼可資運用，最多的是秀才人情口一張或紙一張；對一些大過不犯、小過不斷的老師，又能如何，頂多道德勸說，領導者如何運用支持性行為、或指導性行為。

4.另外，組織的規則、政策與工作程序具體詳細、缺乏彈性，形式運作的僵化，沒有讓部屬可因應情境條件的不同而做適度調整的彈性，領導者可做指導性行為的空間很小。

5.部屬工作場所分散，領導者與部屬的接觸較少，彼此互動不易，溝通管道不暢通，因而中和了領導者的支持性行為、或指導性行為。

三、領導替代理論的研究與評述

具體的用替代品和中和物驗證領導替代理論中的命題仍很少（Yukl, 2002）；實證研究部分是部分支持理論，部分未獲支持或未驗證（Podsakoff et al., 1995）；也很少證據顯示情境變項調和領導者的行為和部屬的動機與滿足感。但是有充分的證據顯示情境變項直接影響領導者的行為和部屬的動機與滿足感（Yukl, 2002）。

鍾安宜（2001）以共享的價值觀、自我管理的工作團隊、犬儒主義（個人自私、不信任他人，在組織與職業中用自私與負面的態度）三個變項，結合部屬、任務或組織的特質的潛在替代領導因素，以保險公司和半導體公司為對象，做三項假設的研究。發現「共享價值愈高，對領導的需求愈低」、「自我管理的工作團隊愈高，對領導的需求愈低」的假設不成立；「犬儒主義愈高，對領導的需求愈低」的假設成立；另外發現共享價值愈高，工作結果愈高；自我管理的工作團隊愈高，工作結果愈高；犬儒主義愈高，工作結果愈低，獲得支持，此結果與 McIntosh, 1988）的看法相同，認為情境因素應做獨立變項而非調和變項，直接影響效標變項。

雖然理論的驗證並未完全支持，甚或認為情境因素並非調和變項，而是直接變項，但是領導替代理論也有其優點（Podsakoff & MacKenzie, 1997）：

㈠領導替代理論中的調節效果說明了部分領導行為，在某些情況下是有效，但在一些情況下是無效甚或反效果，並非任何情境下均需要領導，或領導一定有效果。

㈡領導替代理論盡最大的努力找尋領導者以外，影響部屬態度、行為以及知覺的變數，找出這些變數來解釋為何領導有效或無效。

㈢領導替代理論注意到可能影響效能的組織因素，包括工作團體的

凝聚力、領導者職位權低、正式化（角色、程序化）、無彈性（法規、政策）、部屬工作場所分散、少溝通等因素。

㈣領導替代理論提供經理人，建立替代領導以強化組織效能的具體方法。

㈤正當學者厭倦以心理學方法建構研究理論時，Kerr 與 Jermier 將組織社會學的觀點帶入領導的領域。

領導替代理論減低正式領導人的重要性，呈現出他們的影響力可以被工作設計、獎勵系統、非正式的同儕領導和自我管理所取代。因此，此理論不否認領導的重要性，但也特別提出在情境因素中部屬的特質、任務特質與組織特質，會使領導行為失去作用，被替代或中和，領導者必須注意與了解，並予以妥善因應，才能達成組織目的。

［第五節　余克的多元連結模式］

Yukl（1981, 1989）提出多元連結模式（The Multiple-Linkage Model）的領導模式，最主要的特色是將領導中許多中介變數納入討論，而且探索更廣泛的領導行為，除檢討領導者對中介變數的短期影響外，也重視領導者長期調整情境變數以增進團體績效的能力。此一模式包含四種變數，即中介變數（intervening variables）、情境變數（situational variables）、領導行為和效標變數（criterion variables），前三種變數均會影響效標變數（績效），茲以〔圖 4-12〕表示其因果關係，並加以說明：

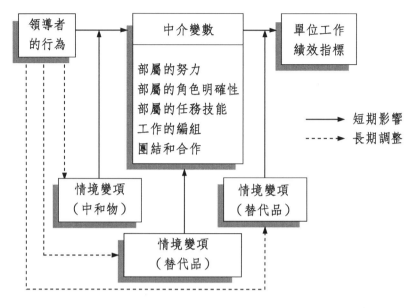

圖 4-12   多元連結模式因果關係

資料來源：Yukl, G. A. (2002). *Leadership in organization* (5th ed. p. 221) . New Jersey: Prentice-Hall, Inc.

一、中介變數

中介變數是影響團體績效的特性與部屬特性，領導者的行為乃是透過這些中介變數對團體績效的短期作用，這些中介變數包括（Yukl, 2002）：

㈠任務的努力

指部屬為達成高績效所做的努力程度，以及對組織目標表現高度的個人承諾。

㈡部屬的角色明確性

組織成員自己所擔負工作責任、及領導者對他的期望的了解程度。

㈢部屬的任務技能

指部屬欲有效執行任務所需的經驗、教育訓練和技能。

㈣工作的編組

指運用有效能的策略獲取任務目標的程度，以及工作單位是否有效編組，確保能充分運用人力、裝備與設施。

㈤團結和合作

指團體成員彼此信任、分享情報和觀念、互助合作、認同自己團體的程度。

㈥資源與支援服務

指工作團體獲得達成任務所需的預算、工具、設備、材料、人員、設施，以及必要的資訊和與其他單位支援的程度。

㈦外界的協調配合

指工作團體所作所為與其他相關團體（供應商、客戶、合資企業合夥人）能否協調一致的程度。

部屬的承諾、角色的明確性、工作的能力是決定個別部屬的績效，如果缺乏必須的材料、設備和支援服務，就算他深受激勵、工作能力再強、也了解角色要求，巧婦難為無米之炊，也無法達成績效目標。

團隊與合作是成員間的人際關係和團體氣氛，若是良好則團體凝聚力高，成員彼此較易支援合作，則團體績效自然較好。另外，工作任務經常是上下、左右、內外相存相依的關係，必須彼此協調溝通、相互支援才能遂行任務達成目標。

中介變數彼此交互作用決定組織績效；若一種中介變數嚴重的缺失，雖然其他中介變數沒有失效，也可能導致低的績效；特殊中介變數相對的重要性愈大，其影響團體表現愈大；中介變數相對的重要性依賴工作

組織和其他情境方面而定，情境方面使中介變項特別重要如〔表4-3〕。

表4-3　多元連結模式的情境影響中介變數表

中介變數	良好的條件	重要的任務情境
部屬努力和承諾	・興趣、挑戰性、任務的內在激勵 ・部屬有高的工作倫理價值 ・失敗會對部屬造成損失的危機	・複雜、勞力密集的工作需要部屬有高的自發和堅持 ・錯誤所付代價能立刻顯示的任務
部屬能力和角色清楚	・部屬已有職前訓練和經驗 ・組織提供詳盡的工作程序和規則 ・工作性質是高度自動化的	・工作單位獨自面對困難與複雜的任務 ・工作需要部屬有高的技術能力 ・因應顧客要求經常需要調整工作計畫 ・工作屬於無法預測何時會爆發或產生危機
合作和團隊精神	・成員穩定、同質性和相容性高 ・成員的目標與任務目標一致 ・團體有強的傳統，能喚起成員的榮譽	・任務角色是高度的相依互動 ・部屬共用少數設備和有限的設施 ・部屬長期在相近的空間工作
工作編組和執行策略	・組織有具體合適的方式安排工作 ・成員已有職前訓練和經驗	・工作單位面對困難與複雜的任務 ・工作單位須同時面對多項不同性質的任務 ・工作屬高度的互動相關需要合作 ・錯誤所付代價能立刻顯示的任務
任務所需資源	・組織提供所需的適當資源 ・組織有好的物料控存系統	・任務需要大量的稀有資源 ・工作單位高度依賴供應不穩定的資源
外部協調	・組織有建構平行單位協調的機制 ・外部的協調由高階管理或指定的人負責	・組織內工作單位面彼此平行相依 ・因應顧客要求，經常需要調整工作計畫 ・工作單位高度依賴供應不穩定的資源

資料來源：Yukl, G. A. (2002). *Leadership in organization* (5th ed. p. 222). New Jersey: Prentice-Hall, Inc.

二、情境影響中介變數

　　情境影響領導者行為對中介變數所產生的作用程度，這和替代 Kerr 與 Jermier 的「領導的替代理論」類似，如果在良好的情境，中介變數已達短期所需的最好條件，就會使領導格外容易。

㈠第一類的情境調和變數

　　直接影響中介變數，因而間接影響團體績效。

　　1. 影響部屬努力的情境變數包括：正式的獎勵制度與工作本身的內在激勵特質。如果組織的獎勵制度能提供吸引部屬的獎勵，部屬就會更加努力；如果工作本身需要不同的技能、有趣、充滿挑戰性、以及自動提供工作表現的回饋系統等就具有內在激勵作用。影響部屬能力的情境變數包括：

　　　　(1)組織招募和徵選新成員制度，部屬的職前訓練與經驗。一個組織能提供高薪，又能有效的招募徵選人才的程序，自然能甄聘到高素質的人才。

　　　　(2)能有完整的職前訓練與經驗，就會擁有良好技能的部屬投入職場。

　　2. 影響角色釐清的情境變數是：任務架構、部屬先前經驗和外部的依賴關係。當任務簡單、已有相關的經驗、成員熟悉組織提供的詳盡工作程序和規則，會有較好的角色釐清。

　　　　(1)增加角色混淆的情境有：

　　　　　　①任務的績效標準多且不能相容，先後次序不清；

　　　　　　②任務需在不同部屬間多方不斷的協調與調整；

　　　　　　③工作的本質或技術已改變，須用新技術和程序；

　　　　　　④造成混亂的緊急和危機情境；

　　　　　　⑤工作受到高層或顧客要求的干擾，經常變更政策、計畫和工作次序。

(2)影響工作編組的情境變數包括：

①任務所需的技術類型和組織的競爭策略。

②單純與例行的工作比複雜與多變的工作，較會受到高階領導的影響，組織設計的標準作業程序並非多是最有效的，有時部屬所發現的工作方法比專家所提供更好。

(3)影響小組合作團隊精神的情境變數包括：

①團隊大小、成員間的穩定性、價值觀與背景的相似性、獎勵制度和工作編組。

②成員穩定、同質性高的小團體凝聚力和合作性較高；成員任務不同、獎勵制度又助長彼此競爭，就很難合作。

(4)影響任務所需資源的情境變包括：組織預算制度、採購系統、財務控制系統和當時的經濟狀況。當組織興盛時，資源經常是供應適當無缺，但組織艱困時，經常資源短缺。在今日充滿競爭的環境中，組織很少會有大量額外的資源，所以爭取稀有而珍貴的資源是領導者重要的工作。

(5)影響與外界協調的情境變數：組織的正式架構；當組織擁有相當多的平行且工作相依的單位，需要有整合的機制，如跨功能的委員會、或專設職位；有時也須特殊的人協助，但仍須領導者來擔負責任。

(二)第二類的情境調和變數

乃是影響中介變數在決定團體績效時的相對重要變數。有些中介變數對團體的績效作用大，有些則小，而作用大小又因情境不同而可能改變。

1. 如在技術密集、機械及自動控制，取代勞力和人員控制的情境中，部屬的努力就比較不重要。

2. 當工作的技術和設計使工作趨於簡化，所須技術減少，員工偶爾

疏忽也無不良後果時,部屬工作能力的相對重要性也就降低。

3.自動回饋系統良好,則角色明確性的重要性也會降低。

4.當技術進步到能自動達成協調與有效利用資源,或部屬能以類似之技術能扮演類似角色時,任務編組的相對重要性也就降低。

5.部屬工作彼此相當獨立,無須依賴團隊或合作時,團結與否就不重要。

6.工作無須多材料、設備或支援服務,或毋虞匱乏,則資源的相對重要性也降低了。

(三)第三類的情境調和變數

即是組織對於領導者想要直接改變中介變數的一些限制。領導者能否在短期內改善某一中介變數,受限於領導者的職權和權威的大小。有些領導者掌握獎懲部屬的大權,以提升部屬的努力,有些則否;在某些情況下,領導者有權分派工作或調整工作程序:

1.有些領導者就受限於嚴格的工會契約,或僵化的組織政策及規範,而無法運用此種權力來改善任務和角色的編組。

2.有些領導者對於取得材料、設備和支援服務很有辦法,有些則僅能請求幫忙,卻不能保證請求有效。

三、領導者的行為

領導者的行為是指它可以直接影響中介變數。領導者可以針對不同的中介變數運用各種行動,可分短期因應中介變數的行為和長期因應中介變數的行為(Yukl, 2002):

(一)短期因應中介變數的領導行為

1.提高部屬的努力程度:

(1)設定挑戰性目標,並對部屬達成目標具信心。

(2)建構團體現在或未來可達成的願景。

(3)用理性說服或鼓舞的方式達到部屬承諾。

(4)用範例領導。

(5)用諮詢和授權。

(6)用工作豐富化。

(7)表彰貢獻。

(8)酬賞績效行為。

2.增加部屬工作能力和角色明確性：

(1)指定清楚的任務。

(2)設定具體目標，提供表現的回饋。

(3)提供更多的指導。

(4)提供需要的教育與教導。

(5)能力不足者，安排需要的技術訓練。

(6)招募聘僱具有技能的成員。

3.影響任務編組的策略：

(1)發展完成目標的計畫。

(2)了解和修正協調的問題。

(3)重組工作活動以便充分運用人力、資源與設備。

(4)和部屬商討以增進工作程序。

(5)找出和消除無效和多餘的活動。

(6)在危機情境中提供當前活動的方向指示。

4.促進團結和團隊精神的策略：

(1)減少衝突的根源。

(2)強調共同利益和鼓勵合作。

(3)鼓勵建設性地解決衝突。

(4)調停衝突。

(5)增加團體誘因減少競爭。

(6)運用符號和儀式建立團隊認同。

(7)建立團隊。

5.獲得資源與服務的策略：

(1)徵調或租借工作立即所需的資源。

(2)立即找出裝備問題的解決方法。

(3)如何必要合理的分配使用資源。

(4)倡導精進計畫，提升設備與設施。

(5)找出更可靠的或可替代的供應資源。

(6)遊說爭取較多的預算。

6.增進外部協調的策略：

(1)建構同儕或工作團體外的人際關係網。

(2)做計畫時與同儕、單位間或工作團體外的人諮詢。

(3)如有變革隨時告知同儕、單位間或工作團體外的人。

(4)隨時嚴謹的偵測協調問題。

(5)與同儕、單位間或工作團體外的人開會討論解決協調的問題。

(6)與同儕、單位間或工作團體外的人協商彼此可接受的團體產量。

此模式並非指任何情況中只有一個最理想的領導行為模式，領導人在中介變數中通常有許多的選擇來做改進，不同行為模式通常只可能改正一些特定的缺點罷了。

㈡長期因應中介變數的領導行為

從長期而言，領導者可以藉由改善情境來增進績效，如減少限制、增加替代物、減少中介變數的重要性等，但這並不容易；領導者可直接影響中介變數，也可經由間接的方式影響中介變數，雖然緩慢，但對組織的增進，長期而言是非常重要的，所以對長期因應中介變數的領導行

為，Yukl（2002）也提出一些建議：

1.培養與供應商良好的關係，使得必要的資源無虞匱乏；尋找替代資源，減少對不可靠資源的依賴。

2.開發新客戶、拓展新市場、加強促銷，以及提升產品與服務使顧客滿意，因而不受單一的產品與服務限制。

3.為工作團隊倡導新的、有利潤的活動，使人員、裝備、材料做較有效的運用。

4.提出長期改善計畫，提升人員、裝備、設施，如汰換新機器、建立訓練計畫、增建設施等。

5.工作組織的再造，解決長期的問題，以及降低領導人對短期疑難排解的要求。如減少權威層級關係、決策的集中或分散、資訊系統、法規與工作程序等。

6.改變組織文化，強調組織的價值、信念與規範，使其轉化成為卓越、學習、合作的內化動機。

四、多元連結模式的評價

Yukl（2002）對多元連結模式的評價認為：它包括了較多相關的中介變數、較廣泛的領導行為和較多的情境變數，所以比早期的理論較複雜也較完整；它也是將領導與部屬個別對偶的關係（dyadic relationship），提升到團體的領導過程。因而導致此模式不容易使用，也不容易做實證性的研究。

此模式仍存在著許多概念上的弱點：不能具體的說明不同的領導行為如何影響中介變數；領導者長期的因應行為，指示一般性而無具體的假設說明；情境變數間的交互作用也欠缺清楚的說明與描述，所以此模式仍是一種概念性的領導理論。同時，驗證此模式的研究非常少，很少有此模式的實用性與有效性的證據。

第六節 權變領導理論對學校行政的啓示與應用

權變領導理論雖然有許多缺點，不夠完備，驗證工作也未完全獲得支持，但是它已用不同的特質去建構各種不同的領導情境，再進一步考慮領導行為要如何因應配合，來達到高的效能。這些權變理論對學校行政的啟示與應用有：

(一)領導者要學習各種不同的領導行為

雖然有些理論認為領導者的行為只有一種，不會隨情境改變而改變，但多數還是認為領導行為可以學習、可以改變，可以因應不同的情境以不同的領導行為領導。不管將領導行為分為兩大類，或是分為四種類型，每一種領導行為均需要學習知識與技能，並且要與時俱進的學習。例如：要用高工作高關係取向領導行為，領導者就要知道此項任務的知識、技能與經驗，才能給予指導；也要了解部屬的心理動機與需求、參與決定的技巧、人際關係技能等，才能知行合一，恰如其分的表現高工作高關係取向領導行為。

(二)了解與確認情境變數

不同的權變理論，其所著重的情境特質不同。如 Fiedler 的權變理論著重與部屬的關係、任務結構性與領導者的職位權；Hersey 與 Blanchard 的情境領導理論著重部屬的工作成熟度；House 的途徑—目標理論的情境因素即調和變項包含部屬的人格特質、環境的壓力與需求；Kerr 與 Jermier 領導替代理論著重個體特質、任務特質以及組織特質會抵銷領導行為的效果；Yukl 的多元連結模式著重的中介變數包括部屬的努力、部屬的角色明確性、部屬的任務技能、工作的編組、團結和合作、資源與支

援服務、外界的協調配合等。所以領導者必須對所領導情境先能確認變數有哪些，它的狀況如何，其強弱如何，何者較為重要，比重為何，先後次序如何安排，進而建構情境的全景圖像，才知如何因應。

㈢有不斷改善提升的計畫

情境因素會隨著時間的改變而改變，本來有利的、新穎的，變成不利的、過時的；處在競爭且快速變遷的時代，不但要轉移改變現有不利情境變數，還要提升情境變數使其更有利。例如：九年一貫課程的實施，情境特質如何，課程內容是否予以整合，教師是否具備能力與知識，所有相關人士是否均已了解與支持，如否，就需要一套教育訓練計畫改善情境的不利性。對現有的人員素質、工作流程、設施裝備等必須有計畫的去提升，進步是有計畫且永無止境的。

㈣制度化的建立與創新的提倡

例行性的工作予以標準作業程序化，法規與角色明確化，可使部屬從事任務時，有清晰的方法與權責，不會有所顧忌，事事請示，使領導者陷在雞毛蒜皮、例行公事上打轉，而身心俱疲，無法構思真正影響深遠的事務。組織內外部均不斷的改變，組織的作為也需要變革予以因應，鼓勵創新、不怕失敗，甚至獎勵創新失敗，從而獲得新知識與技能。創新需要全員參與，領導者須建立鼓勵創新的激勵計畫，保障創新的風險，並予以充分的支持與協助，才能有成。

㈤團隊願景的建構

領導者在帶領團隊時，到底要將這個團體帶向何方？哪裡是迦南樂土，哪裡是充滿牛奶與蜂蜜？領導者必須高瞻遠矚，建構組織的長短期目標。更重要的是這些長短期目標或願景，不僅僅是領導者自己的，它必須經過辯證、溝通、協調、對話而產生共識，變成團體成員的共同目

標與願景。組織成員了解共同目標與願景，進而認同共同目標與願景，內化成自己的價值、信念與規範，才能形成承諾、產生共力。有了方向目標，領導者也要和部屬共同尋覓達成目標的方法手段，讓部屬有能力、有意願與信心，激起內在動機達成目標。

　　總而言之，領導的工作是複雜且無法用一套標準的事件回應來預測。有效率的領導人要會持續了解情境，和評估如何調整行為去做適應。他們彈性且創新的使自己適應於易變的情境和迅速改變的結果；尋求了解任務的需求、情境的限制和人際的歷程來決定什麼行為最可能成功。

參考書目

余朝權（1990）。**領導綱領──有效的領導觀念與法則**。台北：遠流。

楊煥烘（1988）。**國小校長領導型式與教師成熟度之配合對教師工作滿意及組織效能認知的影響**。台北：國立政治大學教育研究所博士論文（未出版）。

陳慶瑞（1987）。**費德勒權變領導理論研究**。台北：五南。

陳慶瑞（1989）。最不受歡迎量表（LPC）之內涵及其分析。**省立屏東師院學報**，**2**，197-231。

陳慶瑞（1991）。權變領導整合理念之探討。**屏東師院學報**，**3**，95-140。

陳慶瑞（1994）。費德勒認知資源理論適用性之研究。**屏東師院學報**，**7**，1-44。

陳慶瑞（1995）。**費德勒權變領導理論之分析與擴展**。台北：師大書苑。

陳慧芬（1989）。豪斯「途徑─目標理論」析論。**台中師範學院學報**，**3**，253-288。

陳慧芬（1990）。豪斯「途徑─目標理論」在國民小學行政之應用。**台灣師範大教育研究所期刊**，**32**，293-307。

鍾安宜（2001）。**替代領導影響員工對領導的需求以及工作結果的情形**。高雄：國立中山大學人力資源管理研究所碩士論文（未出版）。

羅虞村（1995）。**領導理論研究**。台北：文景。

Argyris, C. (1964). *Personality and organization.* New York: Harper Express.

Atkinson, J. W. (1957). Motivation determinant of risk-taking behavior. *Psychological Review, 64,* 359-372.

Blanchard, k., Zigigarmi, P., & Zigarmi, D. (1985)／張國蓉譯（1985）。**一分鐘領導秘訣**（頁 116-117）。台北：天下。

Blanchard, K., Carlos, J. P., & Randolph, A. (1996)／陳育美譯（1996）。**七個天才團隊的故事**。台北：哈佛企管。

Bower, D. G. & Seashor, S. E. (1966). Predicting organizational effectiveness with a four-factor theory of leadership. *Administrative Science Quarterly, 11*, 238-263.

Brown, S. H. (1982). Differential effects of leader style and group maturity upon subordinates satisfaction, task effectiveness, and task efficiency, *Dissertation Abstract International*, 8225495. (University of Microfilm MI48106).

Fiedler, F. E. (1964). *A contingency model of leadership effectiveness*. Urbana: University of Illinois Press.

Fiedler, F. E. (1967). *A theory of leadership effectiveness*. New York: McGraw-Hill.

Fiedler, F. E., & Leister, A. F. (1977). Leader intelligence and task performance: A test of a multiple screen model. *Organizational Behavior and Human Performance, 20*, 1-14.

Fiedler, F. E., & Garcia, J. E. (1987). *New approaches to effective leadership: Cognitive resources and organizational performance*. New York: John Wiley and Sons.

Goldenberg, D. (1980). Relation of constraint and situational theory to diploma nursing program leadership. *Dissertation Abstract International* (Order No: 8022755).

Halpin, A. W. (1966). *Theory and research in administration*. New York: Macmillan.

Hersey P. & Blanchard, K. H. (1970). Leadership theory for educational administrators. *Education, 90*(4), 303-310.

Hersey P. & Blanchard, K. H. (1977). *Management of organizational behavior: Utilizing human resources*. N. J.: Prentice-Hall.

Hersey P. & Blanchard, K. H. (1982). *Management of organizational behavior: Utilizing human resources* (4th ed.). California: Prentice Hall.

Hersey P. & Blanchard, K. H. (1982) ／王瓊玲譯（1984）。行為管理學。台北：大中國圖書。

Hersey P. & Blanchard, K. H. (1983). *Situational leadership resource guide*. California: University Associates.

Hersey, P.／尉騰蛟譯（1985）。情境領導法。台北：長河出版。

House, B. J. (1971). A path-Goal theory of leadership effectiveness. *Administrative Science Quarterly, 16*, 321-338.

House, B. J., & Mitchell, T. B. (1974). Path-goal theory and leadership. *Journal of Contemporary Business, 3*, 81-97.

Hoy, W. K., & Miskel, C. G. (1991). *Educational administration: Theory, research, and practice* (3rd ed.). New York: McGraw-Hill.

Hoy, W. K., & Miskel, C. G. (2001). *Educational administration: Theory, research, and practice* (6th ed.). New York: McGraw-Hill.

Kast, F. E., & Rosenzweig, J. E. (1974). *Organization and management: A system approach*(2nd ed.). New York: McGraw-Hill.

Kerr, S., & Jermier, J. M. (1978). Substitutes for leadership: Their meaning and measurement. *Organizational Behavior and Human Performance, 22*, 375-403.

Klimoski, R. J. & Hayes, N. J. (1980). Leader behavior and subordinate motivation. *Personal Psychology, 65,* 459-466.

McIntosh, N. J. (1988, August). *Substitutes for leadership: Review, critique, and suggestions*. Paper presented at the Academy of Management Meeting.

Podsakoff, P. M., Todor, W. D., & Schuler, R. S. (1983). Leader expertise as a moderator of the effects of instrumental and supportive leader behaviors. *Journal of Management, 8,* 173-185.

Podsakoff, P. M., MacKenzie, S. B., Ahearne,M., & Bommer, W. H. (1995). Searching for a needle in a haystack: Trying to identify the illusive moderators of leadership behaviors. *Journal of Management, 21*, 423-470.

Podsakoff, P. M., & MacKenzie, S. B. (1997). Kerr and Jermier's substitutes for leadership model: Background, empirical assessment, and suggestions for future research. *Leadership Quarterly, 8*(2):117-125.

Porter, L. W., & Lawler, E. E. (1968). *Managerial attitudes and performance*. IL: Dorsey.

Robbins, S. P., & Decenzo, D. A. (2001). *Foundamentals of management* (3rd ed.). NJ: Prentice-Hall.

Scholtes, P. R. (1998). *The Leader's handbook: Making things happen, getting things done*. New York: McGraw-Hill.

Shaw, M. E. (1955). A comparison of two types of leadership in various communication nets. *Journal of abnormal and social psychology, 50*, 127-134.

Sims, H. P. (1977). The leader as manager of reinforcement contingencies: An empirical example and a model. In J. G. Hunt and L. L. Larson. (Eds.), *Leadership: The cutting edge* (pp. 121-137). Carbondale: Southern Illinois University Press.

Vroom, V. H. (1964). *Work and motivation*. New York: Wiley.

Yukl, G. A. (1981). *Leadership in organization*. New Jersey: Prentice-Hall, Inc.

Yukl, G.A.(1989). *Leadership in organization* (2nd ed.). Englewood Cliffs, New Jersey: Prertice-Hall, Inc.

Yukl, G.A.(1994). *Leadership in organization* (3nd ed.). Englewood Cliffs, New Jersey: Prertice-Hall, Inc.

Yukl, G. (1999a). A evaluative essay on current conceptions of effective leadership. *European Journal of work and Organizational Psychology, 8,* 33-48.

Yukl, G. A. (2002). *Leadership in organization* (5th ed.). New Jersey: Prentice-Hall, Inc.

第 **5** 章

轉型領導與互易領導理論

洞穴寓言

柏拉圖在其《理想國》中所敘說的〈洞穴寓言〉：

你與一群陌生人深陷洞穴裡。你歷經折磨，全身布滿血跡和傷口，最後總算逃出洞穴，爬進陽光底下。

好消息是：你終於自由了。

壞消息是：你必須再次爬回那個陰暗的洞穴，強迫那些意氣消沈的洞穴俘虜離開他們所熟悉的世界。

啟示：「轉型領袖」所面臨的處境。

　　　　他不僅要有睿智的洞識力，能夠看清其組織的癥結所在，而且要有強烈的使命感，能夠提供追隨者心智的刺激，讓他們反思自己的價值觀，並激起他們的熱情，願意跟他們一起「走出洞穴」。

　　　　　　　　　　　　　　　—摘自 John K.Clemens & Steve Albrecht

　　　　　　　　　　　　　不朽的領袖——企業領導力的啟示

Brayman（1992）將領導理論研究的發展分為四個階段，1940 年代晚期以前，研究取向是特質論，以研究領導者的特質為主題；1940 年代晚期至 1960 年代晚期，研究取向是領導型式，以領導效能與領導者行為的關係為研究主題；1960 年代晚期至 1980 年代早期，研究取向是權變領導，以領導有賴情境因素的結合，有效的領導受情境因素的影響為研究主題；1980 年代早期以後，研究取向是新型領導，以研究領導者的願景與轉型能力為主題。

新型領導包括轉型領導（transformational leadership）、魅力領導（charismatic leadership）、願景領導（visionary leadership）、激勵領導（inspirational leadership）、文化領導（cultural leadership）等，主要重點是強調領導者要有遠見、重視變革、運用符號、協助成員共同參與、鼓勵部屬提升工作動機到更高層次，表現比組織期望的好，不但共同完成既定目標，且使組織在競爭的環境中能充滿競爭力且永續發展。

第一節　轉型領導與互易領導的意涵

互易領導與轉型領導一詞源自於 Burns（1978）的名著《領導》一書，在書中將行政人員的領導風革劃分為兩種類型，一種稱為轉型領導（transformational leadership），另一種稱為互易領導（transactional leadership）。轉型領導則以部屬的內在需求與動機作為其影響的機制，互易領導以部屬外在需求與動機作為其影響的機制。

一、轉型領導

㈠轉型領導的意義

是領導者運用領導策略，激發部屬提升工作動機，提升部屬高層次

的工作滿足，並對組織付出超出組織期望外的努力。Bass（1985）認為轉型領導是領導者充當教練、教師和指導者來改變部屬，藉著引起部屬強烈的動機，並與領導者視同一體，透過改變成員對組織任務的承諾，以影響部屬使其對組織付出超出期望外的努力。從此定義可以了解，組織是依部屬的信心水準給予期望，轉型領導者去激勵部屬，使其付出超出期望，Bass 認為可經由下列三種方法之任何一種獲得：(1)提升成員對工作成果的重要性、達成的手段方法的知覺水準和道德意識水準。(2)使成員為了團隊、組織或國家的目的，提升超越個人的利益。(3)改變部屬Maslow 的需求層級或擴張成員的需求。

　　Bass（1985）提出的轉型領導和Burns（1978）有些差異，他認為除了改變部屬Maslow的需求層級外，還可以擴張成員的需求。其次，Burns認為轉型領導必須要提升或促進好的方面，不是為個人或國家的罪惡目的；但是 Bass 認為轉型領導不必然是有益的，它也可能造成很大的犧牲。最後，Bass 認為轉型領導和互異領導並非在單一連續軸的兩端，在概念上和實證上，領導者會表現出各種不同的轉型領導和互易領導的行為。

(二)轉型領導的特質

　　Bass & Avolio（1994）在《改進組織效能》一書中便明確指出當領導者表現出下列幾種行為時，即是轉型領導的行為：(1)領導者能刺激成員以新的觀點來檢視他們的工作。(2)使成員意識到工作結果的重要性。領導者能協助成員發展本身的能力和潛能，以達到更高一層的需求層次。(3)領導者能引發團隊工作的意識與組織的願景。(4)引導成員以組織或團隊合作為前提，並超越本身的利益需求，以利於組織的發展。Bryman（1992）在探討有關轉型領導的研究文獻後，指出轉型領導有五個共同要點：分別是願景（vision）、傳達願景、賦予自主力、組織文化和信

任。對於轉型領導強調與較不強調之要點，Bryman以表列方式說明（如〔表 5-1〕）。

表 5-1　轉型領導理論所強調的主題

較不強調	較強調
計畫………………………………………	願景／使命
分配責任………………………………	傳達願景
控制和問題解決……………………	引起動機和激發鼓舞
創造例行事項和均衡……………	創造變革和革新
權力維持………………………………	賦予成員自主力
創造順從………………………………	創造承諾
強調契約性責任……………………	刺激額外的努力
重視理性、減少領導者對成員的依附……	對成員感興趣並靠直覺
對環境的回應………………………	對環境有前瞻作法

資料來源：　Bryman, A. (1992). *Charisma and leadership in organization* (p. 111). London: Sage Publication.

從以上轉型領導的意涵中，可以了解其有以下八點特質（蘇永富，2000）：

　　1.轉型領導強調領導者激發成員的工作動機，與提高成員需求層次。

　　2.轉型領導重視成員個別化關懷與成員自我實現的需求。

　　3.強調引導成員願意付出額外的努力，讓成員表現超越期望水準。

　　4.強調改變或引導優質的組織文化。

　　5.領導者展現其領導哲學與價值時，會以個人魅力來吸引成員的認同感。

　　6.領導者透過對成員的啟發，促成成員與組織的共同成長與良性互動，同時。

　　7.在組織成長的過程中，亦能帶動領導者與成員的成長。

8.就目的而言，在促成組織效能之提升，以及領導者與成員之自我
實現。

(三)領導者與組織成員在轉型領導中的關係

Bass將領導者與部屬在轉型領導中的關係以〔圖5-1〕表示之。領導
者擴張成員需求的內涵、導引成員超越自我的利益、提升成員達到Mas-

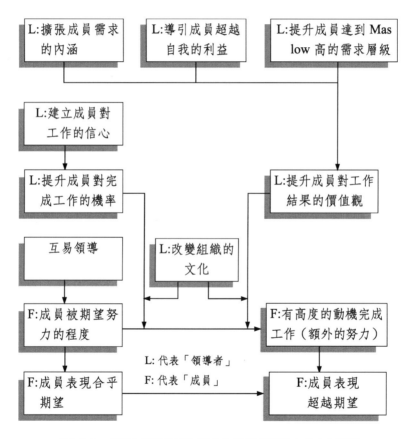

圖5-1　領導者與組織成員在轉型領導中的關係圖

資料來源：Bass, B. M. (1985). *Leadership and performance beyond expectations* (p.
23). New York: The Free Press.

low高的需求等領導行為，進一步再提升成員對工作結果的價值觀；同時建立成員對工作的信心，提升成員對完成工作的機率。當領導者能提升成員對工作結果的價值觀，以及提升成員對完成工作的機率，就會改變組織的文化；在優質的組織文化中，成員被期望要求努力，成員就會有高度的動機完成工作（額外的努力），轉型領導於焉完成。

二、互易領導

(一)互易領導的意義

互易領導是領導者以提供組織成員本身利益的需求為交換，提升其工作動機，並達成領導者所要求的目標。領導者與部屬的關係是（Burns, 1978; Bass, 1985）：了解從工作中彼此所需要的是什麼，也試圖了解如果達到認可的表現，可獲得所想要的東西；對部屬的努力承諾報酬和交換報酬；如果部屬工作結果能符合要求，立刻獲得相對的自我利益。

(二)互易領導的特質

從以上互易領導的意涵中，可以了解其有以下三點特質（蘇永富，2000）：

1.領導者和組織成員以互惠的交換關係存在。
2.領導者運用磋商、妥協、討價還價的策略，滿足成員的需求。
3.其目的是使組織成員投入組織活動，以達成組織效能。

(三)領導者與組織成員在互易領導中的交換關係

Bass（1985）將領導者與組織成員在互易領導中的交換關係以〔圖5-2〕表示之。此圖是描述影響部屬被期望努力的結果和表現中重要的變數，領導者讓成員了解必須獲得的成果是什麼，亦即工作需要達成的目標是什麼；進一步將部屬需要擔負的角色、責任、工作規定、程序與標準，

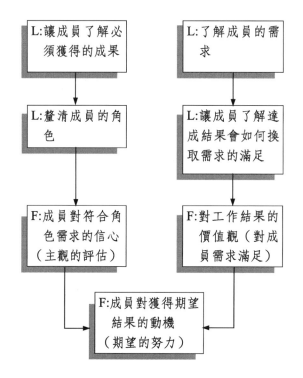

圖 5-2 領導者與組織成員在互易領導中的關係圖

資料來源：Bass, B. M. (1985). *Leadership and performance beyond expectations* (p. 12). New York: The Free Press.

都予以釐清，使部屬知道自己扮演的角色與需要擔負的工作；成員會依據工作目標、自己的角色任務，以及自己對此工作的經驗、知識、訓練做主觀的評量，因而可以增加對符合角色需求的信心，也可能降低對符合角色需求的信心，這是領導者所需要努力的。另一方面，領導者要了解部屬的自我概念及需求，並提出符合部屬需求滿足的報酬，並讓成員了解達成結果會如何換取需求的滿足；部屬依此對領導者所提出的報酬，和所要付出的努力作主觀的價值衡量，價值衡量結果有可能高，也可能認為沒有價值。在互易領導中，領導者就是要讓部屬增加對符合角色需

求的信心，並且使部屬提高對領導者所提出的報酬，和所要付出的努力作主觀的價值衡量，這兩股因素造成成員對獲得期望結果的動機，而付出努力達成目標，也使自己的需求滿足。

第二節　轉型領導的行為層面

轉型領導與互易領導的行為層面，國內外有甚多學者研究（Bass, 1985; Bass & Avolio, 1994; Bennis & Nanus, 1985; Jantzi & Leithwood, 1996; 林合懋，1995；林珈夙，1997 ；張慶勳，1997a），本文採多數學者的研究共同性予以歸納說明：轉型領導包括魅力或理想化影響力（charisma or idealized influence）、激發鼓舞（inspirational motivation）、個別關懷（individualized consideration）、智能啟發（intellectual stimulation）等四個構面。

一、魅力或理想化影響力層面

Charisma 一詞是希臘字，可翻譯成「魅力」或者是「神才」，指天賦有神召影響能力，例如：有表現奇蹟或預知未來的能力。社會學者韋伯則認「魅力」來自於屬員認為領導者擁有特殊性質的影響力形式，非來自職位或傳統的權威。究竟「魅力」主要是領導者屬性、情境條件抑或領導者與其部屬間互動的歷程造成的，仍頗多爭議。不過，學者們咸信「神才魅力」是來自於屬員對領導者性質與行為的知覺，這些知覺受到領導情境及屬員個人集體需求等整個關係的影響（Yukl, 1998）。

「魅力」的影響結果含有光明與陰暗兩面，有關史上偉大領導者的研究，披露了「魅力」的正面與負面性。例如：富蘭克林、羅斯福將美國從大蕭條中提升出來，推行主要的社會政策，諸如社會安全，並且動員美國參加二次世界大戰。在同時期，希特勒也將德國轉變成偏執攻擊、

迫害、毀滅，及百萬人民喪生的國家領袖（Bass, 1985）。

如何解釋正面與負面性魅力領導者間的差異，一直是領導理論的難題。方法之一是檢視其從屬人員的後果；他們受魅力領導者影響結果是得或失？對後果的評估乃看他進行判斷所依據的價值與假設而定。有時，對後果得失的看法並不一致。有時，某些結果可能對某些人有利而有害於其他人。例如：有些人可能認為毛澤東與伊朗的宗教領袖柯梅尼是正面魅力領導者，而其他人則認為他們是禍害。

Musser（1987）提出另一種完全不同的分類標準，將魅力領導者加以分類。他認為所有魅力領導者意圖慢慢灌輸成員認同意識型態目標，而且不管有意或潛意識，他們也試著灌輸成員為這些目標賣命。負面魅力領導者強調成員為他們本身賣命而非為理想。事實上，他們時常只是運用意識型態做為贏得權力的手段，然後，將該意識束之高閣，或任意修改成合乎領導者個人目標。這些領導者的決策反映了他們較關切自我榮耀及保有權力，而不關心部屬權益。負面魅力領導已有臨床心理學及心理分析背景的學者進行研究。發現以下是一些負面領導的結果（Yukl, 2002）：

1. 因為敬畏領導者，所以減少部屬提出好的建議。
2. 為期望領導者的接納，不敢批評。
3. 因被部屬崇拜，導致領導者產生絕對正確、不會錯誤的錯覺。
4. 過分的自信與樂觀，使領導者忽視真實的危機。
5. 否認問題存在，減少組織學習的機會。
6. 冒險、浮誇不實的計畫，經常導致失敗。
7. 所有的成功歸於自己，導致一些重要的部屬疏離。
8. 衝動與標新立異的行為，創造新的敵人。
9. 完全仰賴領導者一人，無法培育有能力的接班人。
10. 無法培育有能力的接班人，最後導致組織領導的危機。

　　正面魅力領導者灌輸成員為意識型態而非為他們自己獻身，他們領導結果，較可能對部屬有利，雖然，有時領導者所鼓勵的策略並不適當時，也不盡然如此。Musser 認為有些領導者介於二極端間。如果他們有某些足以使部屬盲從、崇拜的人格缺陷時，這些「中性」魅力領導者可能變成負面者。正面性魅力領導者的部屬，其際遇較可能比負面性魅力領導者之部屬來得好，他們較可能有心理成長的經驗及發展他們的能力，而且其組織更可能適應一個多變、具敵意與競爭性的環境。正面魅力領導者的影響，在於創造一個「成就取向」的文化（Harrison, 1987），有「高度行動體系」（Vaill, 1978）或「現在價值促動」（hands-on, value-driven）的組織（Peters & Waterman, 1982）。這樣的組織不僅是追求利益或成長，而且隱含有社會價值、為成員所明白了解的任務；各階層的成員均有參與重大決策的活力，以決定如何完成任務和行使策略；組織內的溝通是公開，訊息由大家分享；同時組織的結構與體制是支持該任務的。

　　這樣的組織有其優點，不過 Harrison 認為，還是有一些潛在的浪費通常被擁護者所忽視。如果一個組織常規運作長期不變，只追求成就的文化，即會產生強大的壓力，一些不能容忍此壓力的成員，即會經歷到心理失常。一個大型組織中的單一部門內，若形成了追求成就文化，有可能發展出只尊重人才的菁英主義，而與其他部門缺乏聯繫與做必要的協調，以致變得十分孤立。Harrison 認為領導部屬去執行任務的需求，必須在嚴重危機時才有必要。但是在較沒壓力的情況下，組織文化應該在關心工作與關心人們的二者間取得更佳的平衡。

㈠魅力領導的影響歷程

　　魅力領導者有高度的權力、自信心、堅信自己的信念，他透過部屬對領導者的個人認同，對任務、願景的價值內化，社會認同與社會風氣感染，自我效能的提升歷程，來達成理想與目標，其過程與部屬努力的關係見〔圖 5-3〕。

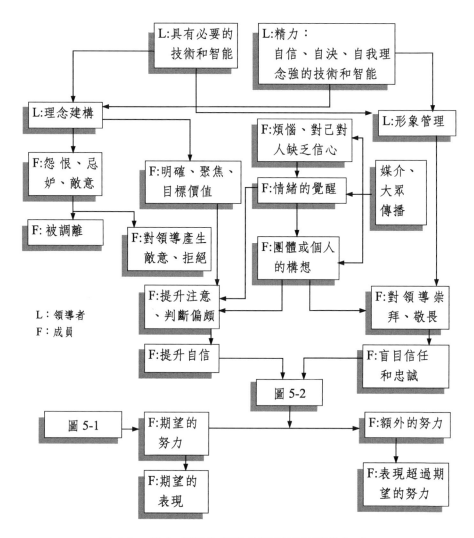

圖 5-3　魅力或理念領導的過程和部屬的努力

資料來源：Bass, B. M. (1985). *Leadership and performance beyond expectations* (p. 60). New York: The Free Press.

(二)魅力領導者其重要的特質和行為

包括以下九項（Yukl, 2002）：

1. 建構明確願景。

2. 使用堅強、富情感的溝通方式表達願景。

3. 願意冒險和做自我犧牲,以達成願景。

4. 對部屬表達高的期望。

5. 對部屬表達信心。

6. 塑造與願景一致楷模角色的行為。

7. 做領導者的形象管理。

8. 建立對團體或組織的認同

9. 對追隨者授權賦能。

二、激發鼓舞層面

激發鼓舞是領導者讓部屬有共同的見解,喚起與提升部屬追求成功的動機,產生領導的影響力。Yukl(1981)認為鼓舞是領導者激起部屬工作的熱誠,並建立部屬成功地完成任務即達成目標的信心。諸如領導者會對部屬說:「我的領導者開會說明新合約對公司的重要性,並深信只要我們盡力,就能完成任務。」;「我的老闆告訴我們,說我們是他所見過的最佳設計群,他深信此一新產品將打破公司的銷售紀錄」。所以,激發鼓舞領導是喚起部屬的情感和直覺,有別於智能啟發領導。

(一)激勵鼓舞的領導行為

在美國預備軍官訓練團中,被認為有效能領導的 1,511 件關鍵事件,以及韓戰中,美國空軍被認為有效能的 129 件關鍵事件中,最常被提及的是激勵鼓舞行為,是灌輸榮譽、用鼓舞性的演說建立士氣、對部屬的鼓勵來建立部屬的信心、稱讚部屬表現良好的成果來建立團體的榮譽感等。領導者用激勵鼓舞的領導行為有(Bass, 1985):

1. 行動取向:領導者不用科層體制的習性,諸如限制、特權、先例、

形式化等行為對待部屬，而以行動取向激起部屬額外的努力。

2. **建立信心**：信心建立是激勵鼓舞領導最主要的關鍵因素，領導者能激起部屬工作的熱誠，並建立部屬成功地完成任務，即達成目標的信心，激勵鼓舞的領導即產生。

3. **不斷激勵與灌輸因果的信念**：激勵與灌輸對組織為何要如此做的原因，以及做了以後的結果，要不斷的讓部屬了解其原因與結果的正當性與崇高性。因而，相信沒有不能忍受的目標，也願意冒生命的危險犧牲奉獻。如承平時經常激勵與宣導士兵為何而戰？為誰而戰？到真正戰事發生時，才能犧牲奉獻，勇往直前，執干戈以衛社稷。

4. **運用畢馬龍效應**（Pygmalion effect）：畢馬龍是一王子，雕刻一位心愛的女子，朝朝暮暮與之相處，一心想如果能成為有血肉的活人，成為恩愛的伉儷，上帝為其誠心打動，因而達成其心願。在激勵鼓舞領導上，領導者對部屬不斷的表示相信其能力，也定能達成目標；部屬也能依領導者的期望來達成目標。研究也顯示，部屬的表現受領導者期望所影響，期望高的表現比期望低的表現好。

5. **運用新的計畫、鼓勵志願、嘗試實驗與奉行漸進主義**：在有高度彈性的組織中，領導者不斷提出新的方案計畫、新的挑戰，可以激勵部屬額外的努力；有效能的領導者可以鼓勵適當的人、提供適當的位置、在適當的時間，自願參與計畫，使參與者將任務視為新的挑戰與自我的選擇，因而激發行動。領導者願意不斷的嘗試與學習，也願意做有些風險的實驗，逐步的、漸進的累積知識、經驗，也是激勵鼓舞的有效領導行為（Peters & Waterman, 1982）。

6. **建立有利的組織溝通與文化**：領導者創造開放、信任的組織氣氛與文化，激勵部屬有好的表現與額外的努力。如走動式管哩，使領導者能與部屬接近，隨時反應工作與建議，免去繁雜耗時的書面報告，可以使領導者立即調整工作或做法，能真正的了解部屬，建立領導者與部屬

親近與信任（Peters & Waterman, 1982）。

㈡激勵鼓舞領導的適用時機

1. 當部屬對任務的目標不清，其理想性也不清楚，到底為什麼也茫然不知，就無法達到激勵額外努力的效果，也可能僅為了具體的獎酬做交換而已，所以此時領導者要建立部屬的信念與信心；

2. 當組織需要部屬的承諾才能成就良好績效時；

3. 部屬因暫時的小失敗沒有進展，因而導致挫折和失去信心時；

4. 任務富有危險性，部屬害怕焦慮時；

5. 部屬的理想及價值觀與團體的活動有關，可作為鼓舞的基礎時；

6. 領導的組織與其他單位或組織產生競爭時（Yukl, 1981; Bass, 1985）。

㈢激勵鼓舞領導的影響歷程

領導者為部屬提供楷模以之仿傚，並訴諸競爭、權力、合作、利他主義等情緒，運用說服的語言、符號、意象，具體呈現於組織成員內外；透過部屬對領導者的個人認同，對任務、願景價值的內化，社會認同與社會風氣感染，自我效能的提升歷程，來達成理想與目標。其影響歷程與部屬努力的關係見〔圖 5-4〕。

三、個別關懷層面

個別關懷領導是領導者會個別考量成員的需求，以友善的、非正式的、接近的、平等的方式對待部屬，創造支持的氣氛和不同的學習機會，並提供其相關的訓練以協助成員成長，達到個人更高的潛能層次（Bass & Avolio, 1994）。個別關懷領導可用的方式很多，如對部屬表達讚賞其所完成的任務是最重要的；但是也能用建設性的方式指出部屬的缺點；分派特殊的計畫提升部屬的信心；運用部屬特殊的才能，以及提供學習

的機會。

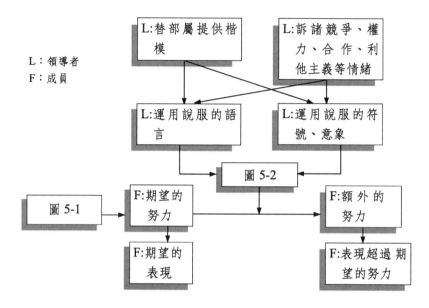

圖 5-4　激勵鼓舞領導的過程和部屬的努力

資料來源：Bass, B. M. (1985). *Leadership and performance beyond expectations* (p. 76). New York: The Free Press.

㈠個別關懷的領導行為

領導者用個別關懷的領導行為可分為三類（Bass, 1985）：

第一類是針對部屬發展取向的領導行為：領導者針對部屬目前的表現行為，以及未來可能擔負更重責任的潛能予以評估，領導者依據部屬的特質安排任務或示範讓部屬學習，改變其能力和動機，以符合組織未來立即的需要。其具體領導行為有：

　　⑴給予部屬生涯諮商，對部屬表現的進步予以詳細的觀察和紀錄，鼓勵部屬參加相關的技術課程。

　　⑵授權讓部屬擔任挑戰性的工作和增加責任，使其有機會學習成

長。

　第二類是針對個別部屬發展取向的領導行為：領導者與部屬接觸與了解，建立彼此間的關係，針對個別不同的特質與需求發展予以領導。其具體領導行為有：

   (1)增加與部屬接觸的機會，增進彼此的了解：藉著各種正式與非正式的聚會，參與部屬的活動，彼此接觸拉近距離，產生互動與了解。

   (2)兼用正式與非正式的溝通：正式的溝通是領導者經常做決定所依據的資訊來源，但是經常被過濾或不全，如能輔以面對面的非正式溝通，能接近部屬、也能獲得寶貴的第一手資料。

   (3)提供個別部屬所需的資訊：個別關懷的領導者需要針對個別部屬，用雙向溝通的方式，隨時提供資訊給部屬，讓他知道發生什麼事，以及為什麼，部屬也可提出疑惑或建議，有機會了解與澄清、增加參與感，領導者也可獲得所需的第一手資料。

   (4)關注部屬間的差異：例如：能叫得出部屬的名字，知其嗜好，個人及家庭狀況等，這些都需要領導者有心去了解與記住的。

   (5)給予部屬個別的諮商：當部屬面臨調適的問題，角色衝突不知如何因應，或工作失敗恐懼時，領導者應給予適時的關心與必要的協助。

　第三類是針對個別部屬給予教導學習的領導行為：教導學習的領導行為是以資深的或專業人員作為導師（mentor），給予新進人員或較低階的部屬諮商指導。導師是被信任的輔導角色，擔任輔導組織中年輕或資淺成員的發展，運用較豐富的經驗、知識與地位協助被輔導者。被輔導的成員因而減少徬徨，感覺溫暖，增加信心，同時有模仿與請教的對象，能更迅速、正確的學習技術能力與融入組織文化中。具體領導行為是安排合適的導師指導及完備的學習計畫與目標。

㈡**個別關懷領導的適用時機**

　1. 當部屬有強烈親密需求、覺得任務無聊、沒有信心、感到不安時；

　2. 當任務需要領導者與部屬經常互動時；

　3. 部屬對領袖有相當大的對抗權時；

　4. 工作複雜、技術性高，部屬須學習新經驗、知能時；

　5. 部屬剛進入組織或資淺需要導師指導時　（Yukl, 1981; Bass, 1985）。

㈢**個別關懷領導的影響歷程**

　　領導者為部屬提供導師指導，使部屬提升自我意象、滿足安全、完整的需求與能見度，提供充分部屬所渴望的訊息、使預期的結果控制能實現；領導者重視部屬的發展取向、與成員的個別化、與部屬個別接觸的培養關係與雙向溝通，並注意個別需求的不同，賦予部屬責任與獨特需求的實現，使其產生隸屬自我感、個人責任、結果的控制，透過部屬對領導者的個人認同，對任務、願景價值的內化，社會認同與社會風氣感染，自我效能的提升歷程，來達成理想與目標，其過程與部屬努力的關係見〔圖 5-5〕。

四、智能啟發層面

　　智能啟發的領導行為是領導者喚起部屬新的思維，面對問題的假設、問題的結構重新評估和處理，允許不同意見、鼓勵創新、靈感和實驗的精神，且能夠巧妙的指正成員的缺失，協助成員成長（林合懋，1995；Bass & Avolio, 1994）。基本上，領導者不喜歡接受只解決部分問題、維持現狀，或保持不變的方式來取悅部屬；在思考上，領導者喜歡積極思考而不喜歡被動思考；喜歡新奇、創新和革新的理念點子；意識型態上，較傾向徹底的、顛覆的而非改進或保守的做法；不限制部屬解決問題的思考。

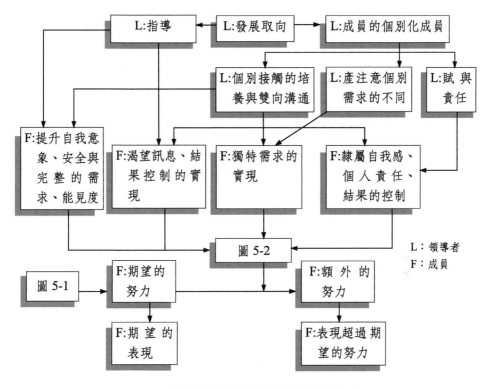

圖 5-5　個別關懷領導的過程和部屬的努力

資料來源：Bass, B. M. (1985). *Leadership and performance beyond expectations* (p. 115). New York: The Free Press.

(一)領導者用智能啟發的領導行為

領導者個人的價值會影響領導者運用智能啟發的方式，領導者用智能啟發的領導行為可分為（Bass, 1985）：

1. 理性主義取向的智能刺激：領導者有強的成就動機，強調能力、獨立和努力。依據正式組織結構和邏輯先後次序，只須一些資訊即能產生具體的最後決定，在智能啟發上，領導者講究速度與效率，領導者是指示的、目標取向的、以及結構倡導的。

2.存在主義取向的智能刺激：存在主義取向的領導者較關心安全與信任的提升，和建立團隊。他們認為要用非正式的方式，經由成員和環境互動的歷程才能產生智能的了解，領導者整合很多資訊和解決方法去實施，喜歡創造性的綜合思考，用他的智能去支持成員的觀念。

3.經驗主義取向的智能刺激：經驗主義的專家傾向改進部屬的安心、安全、保護和持續組織運作，運用大量外在的資訊，仔細的思考產生最好的決定，擬定出縝密、精確的計畫供成員執行。領導者用保守和謹慎的態度對部屬做智能刺激。

4.觀念主義取向的智能刺激：觀念主義取向的領導者傾向成長、適應、學習、認知目標、變異和創新。他們依靠內在的、直覺的資訊，所做的決策是富彈性的；重視速度、適應力、直覺和折衷，對組織願景的變革和資源的獲取特別有效，所以領導者經常鼓勵創新和冒險。

㈡智能啟發領導的適用時機

1.當部屬對當前問題產生困惑時；
2.環境複雜、變動大或混亂時；
3.組織需要新的產品、變革、願景和資源時；
4.工作複雜、技術性高，部屬須學習新經驗、知能時。

㈢智能啟發領導的的影響歷程

領導者具有理性主義、經驗主義、存在主義、觀念主義的取向，同時具有普通智力、認知的創造力及相關的重要經驗；在領導者與上級無衝突、願意授權且有時間思考、部屬在結構性低的問題獲得所需要協助的情境條件下，領導者對威脅、挑戰、機會保持警覺，運用對話技巧，產生解決問題方法；運用明確、簡單的語言使成員容易了解，提升角色的明確性；同時，運用符號、意象的形成使成員獲得提高注意，進而提升角色的接受，透過部屬對領導者的個人認同，對任務、願景價值的內

化,社會認同與社會風氣感染,自我效能的提升歷程,來達成理想與目標,其過程與部屬努力的關係見〔圖 5-6〕。

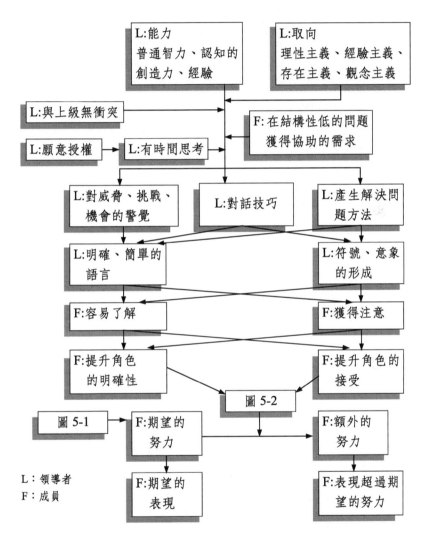

圖 5-6 智能啟發領導的過程和部屬的努力

資料來源:Bass, B. M. (1985). *Leadership and performance beyond expectations* (p. 115). New York: The Free Press.

┌ 第三節　互易領導的行為層面 ┐

　　互易領導的行為層面包括權變獎賞（contingent reward）、介入管理
（或稱負向回饋，或令人憎惡的增強）（Management-by-Exception；
Negative Feed-back；Contingent Aversive Reinforcement）（亦有譯為「例
外的管理」）等二個構面。

一、權變獎賞層面

　　權變獎賞是領導者和成員之間是一種正向增強的交互作用關係，當
成員的表現達到領導者所期望的目標時，領導者即提供適切的獎賞，強
調目標是由領導者設定，而所提供的獎賞必須符合成員的需求。權變獎
賞又可分為：(1)承諾的權變獎賞：領導者事先和成員保證，答應在達成
目標後依照其表現給予獎賞；(2)實質的權變獎賞：領導者在成員完成工
作後，依據其實際表現所給予的獎賞（Bass,1985; Bass & Avolio,
1990）。

㈠權變獎賞的領導行為

　　領導者用權變獎賞的領導行為以因素分析可分為兩類（Sims, 1977）：

　　第一類是正向的獎賞行為：如領導者會表示如果成員能提出新的且
較好的工作方法、工作表現特別得好、或是有傑出的表現，可以獲得優
厚的利益、特殊讚賞、或個人對其表示特殊的敬意和恭維。

　　第二類是與促使成員晉升的行為：如領導者會表示如果成員能持續
表現在水準之上、比其他成員做得好，可以拔擢或協助成員晉升或調整
職位。這兩種行為均是領導者與成員間互動的協商，彼此提出所要交換
的部分，領導者強調針對部屬工作的重要部分，分別設定績效目標、衡

量進度的方法、以及提供的實質獎賞；部屬提出自己所要的需求，雙方覺得適當與公平，權變獎賞的領導行為即產生，也就是 Yukl（1981）所說的建立獎賞措施與目標設定。

(二)權變獎賞的影響歷程行為

領導者運用權變獎賞的影響歷程行為有六種（Klimoski & Hayes, 1980）：

*1.*明確的：領導者明確的指示；

*2.*溝通的：經常溝通有關工作事項；

*3.*參與的：允許部屬參與決定績效標準；

*4.*支持的：支持部屬有效的努力；

*5.*評量的：經常評量檢視部屬的表現；

*6.*一致的：對待部屬是一致的。

(三)權變獎賞領導的適用時機

權變領導的適用時機（ Yukl,1981; Dossett et al, 1983; Podsakoff, et al., 1983）如下：

*1.*領導者有能力與部屬做良好的協商與溝通；

*2.*領導有權給部屬具體的獎酬時；

*3.*部屬重視領導所控制的獎賞，且依賴領導來獲得它們時；

*4.*績效主要是因部屬的努力和技能所致，而非部屬所不能控制的事件所致時；

*5.*可正確衡量部屬績效時；

*6.*工作係重複性、相當無聊、單調、無趣與無意義。

*7.*部屬有某種程度的成就動機，可被具挑戰性的目標或完成期限所激發。

二、介入管理層面

　　介入管理是領導者與部屬間負增強的互動關係，強調領導者對部屬錯誤行為給予負增強的歷程。

㈠介入管理之分類

　　1.積極介入管理：領導者一直以主動監控的管理方式，介入與指導成員的行為表現，避免錯誤的發生。

　　2.消極介入管理：領導者一直保持消極的管理方式，只有成員的行為發生錯誤或工作出現問題後，才予以糾正與處罰。

㈡介入管理的領導行為

　　*1.*可從交付任務就緊密的監督，看部屬有無錯誤或未按照規定的程序作業，隨時發現並予以導正；也可以從交付任務後就放任部屬去做，一旦發生錯誤後就予以處罰，程度上有很大的差別。

　　*2.*當部屬未能符合標準時，領導者所使用的處理方式可從非常溫和的到非常嚴厲的方式，如領導者用口頭警告、申斥、嚴厲譴責，或處罰記點、罰款，喪失工作、安全、自由、甚或喪失生命的方式。

㈢介入管理領導的適用時機

　　介入管理的適用時機有以下幾項（Yukl, 1981）：

　　*1.*工作充滿危機，或出錯將危害人們的健康和性命時；

　　*2.*為了單位的生存和獲得良好績效，部屬必須服從規定和命令時；

　　*3.*除非紀律嚴明，否則某些部屬會忽視規定和命令時；

　　*4.*領袖有權採取維持行動時。

第四節　轉型領導與互易領導的比較

　　轉型領導與互易領導之差異，主要是轉型領導屬於高層次的動機需求，如自尊、自我實現、責任、道德等。而互易領導則重視外在動機和需求，在酬賞中建立互惠過程。以下分從轉型領導與互易領導之差異模式、道德／倫理成分、綜合比較予以分述：

一、模式差異

　　有關轉型領導與互易領導二者的差異模式，Bass 與 Avolio（1990）將二者的差異模式以〔圖 5-7〕表示之。由該圖顯示，轉型領導（含魅力／

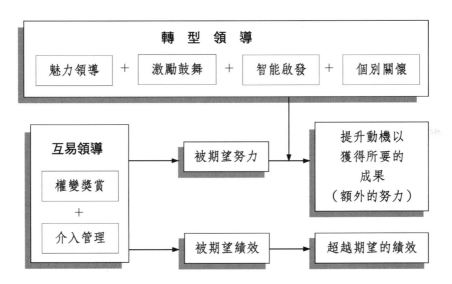

圖 5-7 轉型領導與互易領導的差異模式

資料來源：Bass, B. M. & Avolio, B, J. (1990). *Transformational leadership development: manual for the multifactor leadership questionnaire* (p. 12). California: Consulting Psychologists Press, Inc.

理想化的影響、激勵鼓舞、智能激發、個別關懷等層面）者旨在提升部屬動機，付出額外的努力，以獲得所要的成果，組織的績效超過原來的期望。在互易領導（含介入管理與權變獎賞）中，部屬的努力僅是在預期範圍之內，且組織的績效也僅是與部屬的努力相等而已。假如轉型領導與互易領導的策略共同運用，會達到超越原來所期望的績效。

二、道德／倫理成分區分

Bass（1999）認為大部分的領導包含了互易領導與轉型領導。只是在作分類時，被稱為轉型領導者展現較多的轉型領導行為，而互易領導則是展現了較多的互易行為。而任何轉型、互易領導的成分都有其倫理範圍，如〔表 5-2〕，包括了道德特質、價值觀與程序。

表 5-2　轉型領導與互易領導的道德／倫理成分區分表

轉　型　領　導	
理想化影響	是否極力稱讚且居於領導地位時有自我本位意識，是否是操控的
激發鼓舞	是否準備真實授權且使部屬自我實現
智能啟發	是否領導者的表現可引發強而有力的超越與激勵，或者是封閉且宣傳單一的遵從路線
個別關懷	是否將追隨者視為目標與手段，或是他們獨有的尊嚴與利益受到重視
互　易　領　導	
任務（Task）	是否所做（所得）與使用的手段均具道德的合法性
獎賞系統（Reward system）	是否鼓勵與刺激會損害實質的自由且顧及良知
意圖（Intentions）	事實陳述
信賴（Trust）	遵守承諾
結果（Consequences）	自我本位與利他主義是否有合法的道德支持，且受影響者的利益受到重視
支付的過程（Due process）	澄清矛盾與要求的公正過程

資料來源：Bass, B. M. & Paul, S. (1999). Ethics, character, and authentic transformational leadership behavior (p. 185). *Leadership Quarterly, 10*, 2, p.182-185.

Donaldson & Dunfee （1994）以道德倫理成分上比較轉型與互易領導，有下列幾點發現：(1)二者都有其堅強的哲學基礎與倫理成分。(2)就個人主義而言，領導與部屬各自理性地追求自我的利益，而認為領導者會進行互易的。(3)彼此定的契約通常被假設為領導者與部屬間的互易模式，此契約必有其道德的合法性（Bass, 1999）。

轉型領導所追求的理想典範並非欺騙的，其行為也非強迫的，對事實的尋找也非抑止的。倫理規範與行為典範並非欺騙而是自由的擁抱；激勵不會變成壓迫，反因真實的內在承諾產生力量。疑問與創造是被鼓勵的；部屬不僅僅是領導者滿足自我目的的工具，而是將目的視為他們自己所有。

三、綜合比較

在轉型領導與互易領導的差異綜合比較方面，張慶勳（1992）綜合文獻分領導者與部屬之間的關係、特徵兩類，做了完整的比較：（如〔表5-3〕）

┌ 第五節　轉型領導與互易領導在教育上的研究 ┐

一、理念上

雖然轉型領導與互易領導在理論上係分屬二類，但是一般學校領導者皆兼採轉型領導和互易領導，且轉型領導者兼具互易領導的特徵，但互易領導者卻未必具有轉型領導的特徵。

張慶勳（1996）的研究將轉化領導與互易領導區分為偏向轉化領導者、偏向互易領導者、及轉化、互易領導平衡運用者等三種領導型態，可見轉化領導與互易領導關係是相當複雜的。Yukl（1989）就指出，將

表 5-3　轉型領導與互易領導比較摘要表

	轉 型 領 導	互 易 領 導
領導者與部屬之間的關係	• 經由提升部屬對工作預定結果之重要性與價值的了解和知覺，而激發部屬去做比他們原先期望更多的事。 • 鼓勵部屬為組織而超越其自身的利益。 • 改變部屬在 Maslow 的需求層次，或擴充他們需求的範圍。	• 認識並了解部屬的需求是什麼。 • 對部屬的努力所要求的獎賞予以承諾和互易。 • 部屬從工作中獲得立即的自我利益。
特　　　　　徵	• 提升並超越部屬的需求與期望。 • 由領導者主導與部屬關係，強調道德與心理層面。 • 改變組織文化。 • 做對的事。 • 強調領導的層面。 • 附加價值的領導。 • 文化與符號的領導。 • 道德的領導。 • 魅力領導。 • 鼓舞部屬的領導。 • 智能的激發。	• 滿足部屬的需求與期望。 • 與部屬之間強調互惠及相互影響的關係，並以磋商、討價還價的過程，達到意見的某種一致性。 • 維持組織文化。 • 把事情做對。 • 強調管理層面。 • 以物易物的領導。 • 互惠獎賞。 • 介入管理。

資料來源：修改自張慶勳（2000）。**國小校長轉化、互易領導影響學校組織文化特性**（頁 39）。高雄：復文。

轉型和互易領導二者區分出來，有助於學者注意到向來被忽略之領導歷程。但此種分法，也成為領導的二因理論，而將複雜現象過度簡化了。

　　其次，有關轉型領導和魅力領導方面，學者（如 Avolio 與 Gibbons，1988）認為魅力與轉化領導有混淆重疊之處，而稱為「魅力／轉型領導」（Charismatic/Transformational Leadership）（張慶勳，民 86）。然而依 Bass（1985）的研究，魅力與願景都是構成轉化領導的要素之一，歸為

是轉型領導中的理念化領導層面。張慶勳（民85）將魅力視為轉化領導者的特徵之一。因此，轉化領導與魅力領導的概念有重疊之處，有的學者將二者交替使用，也有的學者認為二者有所不同。

二、方法上

由於轉型領導具有文化導引及符號的象徵性涵義，因此，將轉型領導與組織文化的相關變項併同研究，也由於如此，轉型領導宜兼採質與量的研究，以互補不足，並較其他採用單一的研究方法較能達成研究目的（張慶勳，民86）。

三、工具上

有關校長轉型領導與互易領導量化的研究方面，大多係根據 Bass（1985），Bass 與 Avolio（1990）所發展的「多元因素領導問卷」而來。但是此一問卷並非以學校情境為研究對象，雖然其後亦有根據此一問卷而發展的研究，然而，誠如 Yukl（1989）所說的，時至今日，有關魅力與轉型領導的研究仍相當有限。且其問卷內容大部分都由 Bass 及其同事所進行的，尚且這些問卷題目的內容偏重領導者行為的結果，而不是導致領導者行為結果的行動。因此 Yukl（1989）認為輔以訪談與觀察以研究轉型領導似較可行。

四、研究結果上

有關校長轉型領導與互易領導均有領導的影響力，可影響教師工作動機、組織承諾、學校氣氛、學校效能等有正面的影響力（張慶勳，1996；何淑妃，1996；曾榮祥，1999；蔡進雄，2000, 2004）。然而也有部分研究顯示互易領導中的被動介入管理會產生負面的影響（何淑妃，1996；黃庭邦，1996；Kirby, Paradise, & King, 1992）。轉型領導與互易

領導兩者成正相關,領導者可以兼具轉型領導與互易領導的領導風格(彭雅珍,1998;廖裕月,1998)。

　　蔡進雄(2004)建構學校新轉型領導的行為層面(圖5-8),其內容為:(1)共創願景層面:願景是來自學校所有成員的;所有成員表達心中的期望,也希望校長能統合大家的理想(包括校長在內的),很有智慧的提出「將大家緊密聯繫在一起」的共同願景(林明地,2002)。(2)激發潛能層面:激發潛能就是把部屬的既有能力引爆出來,使能力低的人,變得能力高;能力高的人,願意盡其所能(Blanchard, et al., 1996);而加強學校人力資源管理是引爆教職員能力,使弱者變強,強者更強的有效途徑。(3)建立團隊層面:學校引進團隊概念,革除科層體制各自為政的本位主義,使學校讓組織變得更加靈活與彈性,學校整體組織效能亦可發揮一加一大於二的綜合效能。

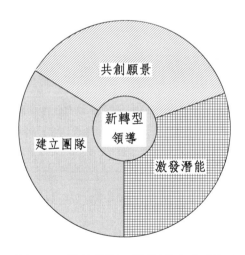

圖 5-8　學校新轉型領導的行為層面

資料來源:自蔡進雄(2004)。學校轉型領導的理論與實際。**教育研究月刊**(頁61),**3**,53-65。

第六節 轉型領導與互易領導在 學校行政領導的應用

　　轉型領導與互易領導在學校的領域其研究甚多，結果也多顯現轉型
領導對教師工作動機、組織承諾、學校氣氛、學校效能等均有其正面的
影響力，成功的校長運用轉型領導有關（Burns, 1978; Bennis & Nanus,
1985; Sergiovanni, 1987; Leithwood & Jantzi, 1990），Leithwood & Jantzi
（1990）的研究，也發現這些校長協助學校成員建立有意義的目的，以
及創造為此目的的高承諾水準。Leithwood, Jantzi, & Fernandez（1994）
研究證實轉型領導對教師承諾變革有積極正向的影響；蔡進雄（2004）
甚至歸結出：「轉型領導適合應用在台灣地區的學校教育組織。」雖然
互易領導的研究有正面影響也有負面影響，顯示在運用時要格外小心。
關於轉型領導與互易領導在學校行政領導的應用方面，筆者綜合學者與
個人見解綜述於下：

一、發展明確且受成員認同的學校願景

　　願景可以提供追隨者連接過去以及現在的政策，營造對組織未來的
生動想像。願景提供希望以及終將實現願望的信念，在執行改革的混亂
過程中，一個清楚的願景能幫助引導整合決定，以及影響著許多人的行
動（Yukl, 2002）。所以學校領導者對現存的組織願景要加以強化，或者
建立部屬對新願景的承諾。因此學校組織有清楚明確的願景，可以使相
關的人了解組織的目的、目標、優先順序，也知道目前所從事工作的意
義，維持與培養同仁的自尊，也凝聚共識、發揮共力。

㈠良好的願景特質

　　目前很多學校也多寫有學校的願景，但是這些願景的品質如何，我

們以 Yukl（2002）所提良好的願景須具備的特質做檢視，他認為好的願景必須是：

　　1.簡單而有理念、能勾勒出未來的藍圖。並非包含大量目標，或詳細步驟的複雜計畫。

　　2.能反應組織中其他成員的價值、希望和理想。

　　3.能強調長期的理想目標而不是立即性具體的利益。

　　4.具有挑戰性而且是實際的。

　　5.有意義且可信的。

　　6.強調組織對環境、對人的基本假設。

　　7.能夠引導決定和行動。

　　8.成功的願景需能透過溝通，在五分鐘之內被清楚的了解。

　　並且學校領導者發展願景時，必須了解本身的組織環境、組織文化、組織成員與相關人員的心態與需求，經過多方的溝通商量與辯論，形成植基於本土，連結核心能力，具有激勵鼓舞作用，成員願意承諾的願景。否則願景只是校長或少數幾個人的願景，或者是宣傳口號而已，教職員工生、家長均不清楚，哪來的領導力。

(二)建構願景與達成願景的原則

　　Yukl（1994）針對如何在組織中有效建構願景與達成願景，提出了十一項可行的原則，分述如下（吳明雄，民90）：

　　1.發展明確且受成員認同的願景：在成員對劇烈的改變產生認同之前，領導者先提出組織發展的願景。這願景代表了成員的自尊和共同的目的，為成員提供工作的意義及自我認同。此外，一個清晰明確的願景，可以成為個人或團體工作的重要指引。

　　2.發展達成願景的策略：領導者提出達成願景的策略，讓成員清楚知道如何去達成願景。此策略擁有幾個與組織成員價值一致的主題，所

涉及的範圍不應太廣，否則會造成成員的混淆。

3.說明與提升願景：成功的願景所強調的不僅是內容，和成員溝通願景也是重要的工作。領導者應該使用豐富、具感情的語言、隱喻、軼事、傳記、口號等與成員溝通，使所提出的願景更具說服力。

4.表現出自信與積極：領導者要表現出自信和說服力，成員才會對願景有信心，領導者要以積極的態度，在言語、行動中充分表現出自信。

5.表達出對成員的信心：當工作發生困難時，領導者最重要的工作，就是對成員的能力表現出高度的信任，並建立成員的自信，以成員曾經克服困難的實務為例，激勵成員繼續努力。

6.從階段性的成功來建立信心：願景的達成必須一步一步慢慢來，先設立短期的目標，使成員能夠順利完成每一階段的工作，體會到成功的經驗，因而獲得更多的自信。

7.慶祝成功：以正式或非正式的儀式來慶祝任務的達成，有助於建立成員樂觀的態度及對團體的認同感。在儀式進行的活動中，也可以傳達出重要的價值觀及組織所重視的革新思想。

8.使用符號象徵的行為來強調核心價值：建立成員對願景產生共識的方式，就是使用清晰可見的動作來強調願景的核心價值，領導者重複表現代表核心價值的象徵動作，讓成員能夠知道組織所重視和強調的事件。

9.建立領導楷模：領導者所持有的價值，必須於每日的行為中實踐，唯有建立適當的角色楷模，才能引起角色共鳴。

10.創造、塑立文化形式：組織從事改變時，領導者要謹慎考慮創造哪些文化形式、儀式、典禮等，要保留哪些已存在的文化形式，以及有哪些組織原有的價值應該被消除，才能協助組織順利重建。

11.使用轉移的儀式協助成員改變：劇烈的改變往往會帶給成員失落感與不安，領導者可以舉行一些轉移的儀式，讓成員在儀式中表達不滿、

焦慮、生氣等,以幫助成員渡過難關。

二、建立優質的學校組織文化

組織文化是一種基本假定的模式,是團體在學習如何解決外部適應與內部整合問題時,經由創造、發現或發展而成。這套假定模式一旦奏效,就會傳給新進的組織成員,以利他們能夠正確地認知內外整合適應的相關問題,並予以確切地思考及感覺(Schein, 1985)。

(一)組織文化型塑成員行為的方式

組織文化會透過下列方式,型塑成員的行為:

1.傳遞認同感給組織成員;

2.幫助成員對組織投入忠誠與心力,而非拘謹保守、明哲保身而已;

3.提供組織所認可、接受的決策給成員。進而培養成員「同質效果」(homogenizing effect)和「心理次級系統」(psychological subsystem),提高在多元價值的組織中趨向同一目標的可能性(江岷欽、林鍾沂,1995)。

創造、塑立文化形式時,領導者要謹慎考慮創造哪些文化形式、儀式、典禮等,要保留哪些已存在的文化形式,以及有哪些組織原有的價值應該被消除,才能協助組織順利重建。劇烈的改變往往會帶給成員失落感與不安,領導者可以舉行一些轉移的儀式,讓成員在儀式中表達不滿、焦慮、生氣等,以幫助成員渡過難關。

(二)建立優質的學校組織文化努力層面

至於如何建立優質的學校組織文化,林清江(1984)認為可以由物質、制度與心理─行為三方面加以努力:

1. *物質層次*:校園、環境、景觀、建築、圖書、儀器設備,都可反映出學校精神與價值。

2. *制度層次*：儀式、教學方式、行政運作型態等，都是學校制度文化的內容。

3. *心理—行為層次*：教師、學生、行政人員的價值觀念、行為互動型態是構成學校的第三類文化。

學校領導者必須先了解與建立組織文化的深層假設，進而建構學校的價值、信念與規範，表現在日常生活的具體器物、儀式、故事、語言中。才不會在變革的環境中，為變革而變革，迷失組織的本質、目標與方向；清楚知道什麼是不變的、什麼是要變的，使組織能去蕪存菁，創造優質的學校文化。

三、對成員表達激勵鼓舞與信心

㈠學校領導者激勵鼓舞與信心的方式

1.學校組織願景的達成需要激勵組織成員去努力，當工作發生困難、遭受挫折、失去信心時，領導者用行動取向，不斷激勵與灌輸因果的信念，讓部屬了解其原因與結果的正當性與崇高性。

2.運用畢馬龍效應的原理，對部屬提出期望與信心；運用新的計畫、鼓勵志願、嘗試實驗與奉行漸進主義最重要的工作。

3.使參與者將任務視為新的挑戰與自我的選擇，因而激發行動。

4.領導者願意不斷的嘗試與學習，也願意做有些風險的實驗，逐步的、漸進的累積知識、經驗，對成員的能力表現出高度的信任，並建立成員的自信，以成員曾經克服困難的實務為例，激勵成員繼續努力。

㈡可作為激勵的事物對象

另外，根據Cameron & Ulrich（1986）的研究指出，領導者也可以用下列事物拿來作為激勵的對象：

1.競爭者：我們能比競爭者做得更好。

2.理想：我們能達到最好的表現。

3.目標：我們能達成我們想要做的。

4.特質：這是我們應該擁有的特色。

5.所有人：我們能使成員得到最大的支持。

四、衷心表現個別化關懷

㈠領導者表現個別關懷的時機

教職員處於以下狀況時，是領導者表現，也是成員最需要個別關懷的時機。

1.有強烈親密需求、覺得任務無聊、沒有信心、感到不安時；

2.當任務需要領導者需要與部屬經常互動時；

3.部屬對領袖有相當大的對抗權時；

4.工作複雜、技術性高，部屬須學習新經驗、知能時，如推動九年一貫課程；

5.新進入學校或資淺教職員需要導師指導時 （Yukl, 1981; Bass, 1985）。

㈡校長展現個別化關懷行為

大致上，校長可以展現個別化關懷的行為有三類：第一類是針對部屬發展取向的領導行為，如給予生涯發展諮商，授權與提供進修制度；第二類是重視教職員個人的發展，如接近、了解、溝通、諮商、協助等；第三類是提供專人指導，如新進教職員對環境、文化、制度陌生與不了解，安排合適的資深人員給予協助與指導。

㈢做教練的行為態度

做部屬的好教練在行為態度上需要：

1. 堅定信念（conviction-driven）：不可毫無信念且不堅定；

2. 精益求精（over-learning）：不得馬馬虎虎；

3. 隨機應變（audible-ready）：保持彈性，不可死守計畫；

4. 保持一致性（consistency）：避免喜怒無常；

5. 誠實為上策（honesty-based）：奸詐狡猾終會被識破（Blanchard, et al., 1985）。

㈣校長表現個別化關懷的具體行為

公平對待教職員工，增進其對組織的向心力及隸屬感，考量同仁的個別需求，並支持同仁的專業成長。校長表現個別化關懷的具體行為可用下列方式（林明地，2002）：

1. 採行一種「敞開大門（隨時接近）」的策略；

2. 表現親近與平易近人；

3. 保護教師使教師或教學免於過度被干擾；

4. 對於被忽略的同仁，給予個別的關心；

5. 考慮成員個別的需求；

6. 鼓勵成員基於興趣嘗試新的教學試驗；

7. 儘量回應成員對於變革的要求；

8. 儘可能提供教職員專業成長機會所需要的經費支持；

9. 當教職員有需要時給予教導；

10. 深入了解教師、學校最新動態，即時做適當的因應；

11. 明確地稱讚成員的好表現，也對個別成就予以讚賞；

12. 對成員的能力與努力工作表示信心；

13. 考量成員個人的意見，且遵守共同的決定；

14. 注意維護成員的隸屬感。

五、重視智性啟發，倡導團隊合作

㈠校長的智能啟發領導時機

目前處於知識週期縮短，且變動快速的知識管理時代，學校教職員均會面對下列的一些狀況：

1. 對當前教育問題產生困惑；

2. 單純的教育環境已不復存在，教育環境複雜且變動大，或制度規則經常改變顯得混亂不知所措；

3. 學校組織被要求需要新的產品、變革、願景和資源；

4. 教學、行政工作繁雜、需要電腦操作、應運新的教學軟體，技術性要求高，需學習新的教學課程、經驗與知能。此時最需要校長的智能啟發領導。

㈡校長的智能啟發領導思維

校長在智能啟發領導的思維上：

1. 要意識到教育訓練是協助員工的最佳工具，透過不斷的舉辦教育訓練，給予教職員更新的知識、新的技術、新的思維，創造能解決問題且有價值的知識。

2. 將教職員工視為學校的重要資產，慎重甄選新人、縝密的培育、積極的運用人才，做好人力資源管理。

3. 建構資訊科技的設備與善用資訊科技的環境，使學校與教職員能將人員、資訊及相關解決問題所必須的事實與推理，加以有系統的分類、保存與運用。

4. 校長要塑造勇於嘗試、鼓勵創新、支持智性的組織氣氛和環境（李弘暉，2003）。

㈢校長智能啟發領導的具體行為

校長的智能啟發領導的具體行為（張慶勳，2000；游光昭、張明輝，2002；林明地，2002）如下述：

1. 校長鼓勵成員專業學習目標；

2. 協助成員了解改變的意義；

3. 激勵成員追求新的觀念與資訊；

4. 訪問其他學校、參與研討會、分享新資訊給成員，鼓勵提供新觀念；

5. 邀請教師與同僚分享專業知識，並鼓勵同仁改變心智模式；

6. 在校內積極推動有益的活動；

7. 為追求專業與學校革新，排除因錯誤而行使處罰；

8. 做引進衝突管理，使方案更具體可行；

9. 鼓勵挑戰與嘗試新的作為與實驗；

10. 校長以身作則，不斷進修，做楷模身分，使教師學習模仿。

彈性、願景、強調成員與個人的成長與正向互動，是領導重要且必要的領導內涵，這種領導就是合作、激勵與承諾的領導。

六、善用權變獎賞與介入管理

互易領導是領導者以提供組織成員本身利益的需求為交換，提升其工作動機，並達成領導者所要求的目標。校長能對表現良好、符合要求的同仁，適時給予個別化的權變獎賞。校長也可以使用介入管理指導成員的行為表現，避免錯誤的發生；如果成員的行為發生錯誤或工作出現問題，就予以糾正與處罰。

領導者使用權變獎賞和介入管理對組織績效有正面的效果，也有負面效應，所以校長應善用此項領導策略，以下將分權變獎賞與介入管理

使用應注意方式與時機分述於下（余朝權，1990；Yukl, 1981）：

㈠使用權變獎賞應注意方式與時機

1. 服從能被證實。

2. 要求不過分。

3. 獎賞有吸引力。

4. 獎賞有信。

5. 要求合情合理。

6. 要注意獎賞的限制：

　　⑴許多任務無法明顯觀察行為。

　　⑵個別與團體獎勵之兩難。

　　⑶難使部屬真正承諾。

　　⑷只求目的，忽視手段。

　　⑸使額外努力與主動負責成不可能。

　　⑹運用不當遭致抗拒。

　　⑺形成經濟利益之上下結合。

㈡使用介入管理應注意方式與時機

1. 面對強迫部屬可能：生理退卻、心理退卻、敵視攻擊。

2. 施之少數，多數認同才有效。

3. 使用要點：

　　⑴告知規定與罰則。

　　⑵紀律之行使迅速而一致。

　　⑶處罰前有足夠之警告。

　　⑷懲罰前先了解事實。

　　⑸鎮靜避免敵視。

　　⑹維持威信。

(7)適當之懲罰。

(8)私下為之。

第七節 結 論

　　轉型領導從微觀層面是領導者經由人際互動，而影響組織成員對其信任、效忠和尊敬；從鉅觀層面是領導者用權力以改變組織結構及組織文化（Yukl, 1994）；互易領導是組織與成員以互惠的方式維持組織的運作與目標的達成。轉型領導已成為組織領導中研究的新焦點，雖然實證研究上它是有效的領導理論，但理論仍處於修正發展中，如Leithwood & Jantzi（1999）研究轉型領導與學校組織文化、學生參與與認同的關係，發現轉型領導會對學校組織文化產生重要的影響，學校組織文化對學生的參與和認同也會產生重要的影響。但是，學校轉型領導對學生參與和認同影響非常少，反而是家庭的教育文化是影響學生參與和認同的重要因素，什麼原因、如何解釋均需要進一步的研究釐清。所以在應用學校領導時，需要加以精緻的建構與運用，使學校能因應時代的變化與要求，校長能帶動所有成員建立願景，塑造優質校園文化，積極承諾與努力，發揮最大潛能，達成共同的願景。

參考書目

江岷欽、林鍾沂（1995）。公共組織理論。台北：空大。

余朝權（1990）。**領導綱領—有效的領導觀念與法則**。台北：遠流。

何淑妃（民 1996）。**國小校長轉型領導行為與學校氣氛關係之研究**。國立新竹師院碩士論文（未出版）。

吳明雄（2001）。**國民小學校長轉型領導行為與學校效能之研究**。國立台中師範學院（未出版）。

林明地（2002）。**校長學—工作分析與角色研究取向**。台北：五南。

林清江（1984）。**教育社會學心論**。台北：五南。

林合懋（1995）。**學校主管與企業主管轉型領導之比較研究**。台北：國立政治大學教育研究所碩士論文（未出版）。

林珈夙（1997）。**校長領導風格、教師創意生活經驗與教學創新行為與學校效能之研究**。台北：國立政治大學教育研究所碩士論文（未出版）。

曾榮祥（2000）。**國民小學教師轉化、互易領導與教學效能之關係及其應用研究**。嘉義：國立嘉義大學國民教育研究所碩士論文（未出版）。

彭雅珍（1998）。**國小校長領導風格、教師工作價值觀與教師組織承諾關係之研究**。台北：國立政治大學教育研究所碩士論文（未出版）。

游光昭、張明輝（2002）。**學校轉型領導與學習型學校理念的實踐**。線上檢索日期：2004 年 4 月 17 日。網址：http://web.ed.ntnu.edu.tw/~minfei/artical/artical（schooladmin）-18.htm

黃庭邦（1996）。探索台灣地區的領導特質及其效能。**行政院國家科學委員會專題研究計畫成果報告**—編號 NSC 85-2416-H -031- 002 。

廖裕月（1998）。**國小校長轉化領導型式與領導效能之研究**。台北：國立台北師範學院國民教育研究所碩士論文（未出版）。

蔡進雄（2000）。**轉型領導與學校效能**。台北：師大書苑。

蔡進雄（2001）。**學校行政領導**。台北：師大書苑。

蔡進雄（2004）。學校轉型領導的理論與實際。**教育研究月刊**，**3**，53-65。

張慶勳（1997）。**學校組織轉化領導研究**。高雄：復文。

張慶勳（2000）。**國小校長轉化、互易領導影響學校組織文化特性**。高雄：復文。

蘇永富（2000）。**轉換型領導、組織承諾與組織公民行為關係之研究－以派外人員為例**。國立中山大學人力資源管理研究所（未出版）。

Bass, B. M. (1985). *Leadership and performance beyond expectations*. New York: The Free Press.

Bass, B. M. (1990)／林文津譯（1992）。領導特質研究：1904-47 &1948-70。**實踐季刊**，**18**，18-25。

Bass, B. M. & Avolio, B, J. (1990). *Transformational leadership development: manual for the multifactor leadership questionnaire*. California: Consulting Psychologists Press, Inc.

Bass, B. M. & Avolio, B, J. (1994). *Improvement organizational effectiveness through transformational leadership*. California: Publications, Inc.

Bennis, W. & Nauns, B. (1985). *Leaders: The strategies for taking charge*. New York: Harper & Row.

Bennis, W. & Nanus, B. (1985)／楊振富譯（1997）。**領導者—領導，如何成功**。台北：實學社。

Blanchard, K., Zigigarmi, P., & Zigarmi, D. (1985)／張國蓉譯（1985）。**一分鐘領導秘訣**（頁116-117）。台北：天下。

Bryman, A. (1992). *Charisma and leadership in organizations*. London: Sage.

Burns, J. M. (1978). *Leadership*. New York: Harper & Row.

Cameron, K.S., & Ulrich, D. O.(1986). Transformational leadership in colleges and universities. In Smart(Eds.) *Higher education: Handbook of theory and research, Vol.2*, N.Y.:Agathon Press.

Donaldson T., & Dunfee T.W. (1994). Toward a unified conception of business ethics: Integrative social contracts theory. *The Academic of Management Review,*

19(2), 252-284.

Dossett, D. L., Cella, A., & Adrian, N. (1983). *Goal setting, participation and leader supportivenesseffect on performance*. Paper presented at the American Psychological Association, CA: Anaheim.

Jantzi, D. & Leithwood, K. (1995). *Toward an explanation of how teacher's perceptions of transformation*. (ERIC Document Reproduction Service No. ED 386785)

Kirby, P. C., Paradise, L. V., & King, M. I. (1992). Extraordinary leaders in education: Understanding transformational leadership. *Journal of Educational Research, 85*, 303-311.

Klimoski, R. J., & Hayes, N. J. (1980). Leader behavior and subordinate motivation. *Personal Psychology, 65*, 459-466.

Leithwood, K. & Jantzi, D. (1990). *Transformational leadership: How principals can help reform school cultures*. Paper presented at the Annual Meeting of the Canadian Association for Curriculum Studies, Victoria.

Leithwood, K., Jantzi, D., and Fernandez, A. (1994). Transformational leadership and teacher teachers'commitment to change. In J. Murphy & K. S. Louis(Ed.), *Reshaping the principalship: Insight from transformational reform efforts*. California: Corwin Press.

Leithwood, K. & Jantzi, D. (1999). Transformational school leadership effect: A replication. *School Effectiveness and School Improvement, 10*, 4, 451-479.

Musser, S. J. (1987). *The determination of positive and negative charismatic leadership*. Working paper. PA: Messiah College.

Peters, T. J. & Waterman, R. H. (1982). *In search of excellence*. New York: Harper & Row.

Podsakoff, P. M., Todor, W. D., & Schuler, R. S. (1983). Leader expertise as a moderator of the effects of instrumental and supportive leader behaviors. *Journal of Management, 8*, 173-185.

Podsakoff, P. M., MacKenzie, S. B., Ahearne,M., & Bommer, W. H. (1995). Searching for a needle in a haystack: Trying to identify the illusive moderators of leadership behaviors. *Journal of Management, 21*, 423-470.

Podsakoff, P. M., & MacKenzie, S. B. (1997). Kerr and Jermier's substitutes for leadership model: Background, empirical assessment, and suggestions for future research. *Leadership Quarterly, 8*(2), 117-125.

Schein, E. H. (1985). Organization culture and leadership. San Francisco: Jossey-Bass.

Sergiovanni, T. J. (1987). *The principalship*. Newton: Allyn and Bacon.

Sims, H. P. (1977). The leader as manager of reinforcement contingencies: An empirical example and a model. In J. G. Hunt and L. L. Larson. (Eds.), *Leadership: The cutting edge* (pp. 121-137). Carbondale: Southern Illinois University Press.

Vaill, P. B. (1978). Toward a behavior description of high-performing systems. In M. W. McCall, Jr., & M. M. Lombardo. (Eds.), *Leadership: Where else can we go?* (pp. 103-125) NC: Duke University Press.

Yukl, G. A. (1981). *Leadership in organization*. New Jersey: Prentice-Hall, Inc.

Yukl, G.A.(1989). *Leadership in organization* (2nd ed.). Englewood Cliffs, New Jersey: Prertice-Hall, Inc.

Yukl, G.A.(1994). *Leadership in organization* (3rd ed.). Englewood Cliffs, New Jersey: Prertice-Hall, Inc.

Yukl, G. (1999a). An evaluative essay on current conceptions of effective leadership. *European Journal of work and Organizational Psychology, 8*, 33-48.

Yukl, G. A. (2002). *Leadership in organization* (5th ed.). New Jersey: Prentice-Hall, Inc.

第 **6** 章

全面品質管理在學校行政領導的應用

什麼叫管理

有個人坐熱氣球在天空中飄浮，不覺間迷了路，
他把熱氣球下降少許，向地面上的一位路人問路。
「對不起！你能否告訴我，我現在身處何方嗎？」
「你現在正坐在熱氣球上，離地面約三米。」路人說。
「先生，我猜你一定是從事資訊科技行業的。」熱氣球
上的人說。
「對啊！你為什麼會知道的？」
「因為你給我的答覆很技術性，但完全沒有用。」
「先生，我也猜猜你的職業吧！你一定是做管理的。」
路人說。
「對呀！你為什麼會知道？」
「Well！因為你不知自己在哪？也不知自己應往哪方
走，但你卻希望我幫你解決問題，你現在的處境和先前
沒有兩樣，但責任已歸咎在我身上。」

—摘自 http://www.geocities.com/alexcfp/JOKE/joke19.html

在今日各種組織管理理論暢行之際，對教育與學校經營的不同觀點亦隨之風起雲湧，同時，有關學校領導的理論與方法，也隨管理理論的改變而有新的見解與運用。領導是在團體情境裡，藉著影響力來引導成員的努力方向，使其同心協力齊赴共同目標的歷程，所以，領導絕對跳脫不出領導者及其成員，在某一特定團體情境中，所進行的交互影響。

1980 年美國國家廣播公司（NBC）做了「如果日本能，為什麼美國不能」的專輯報導，掀起了全面品質管理理論的風潮，在國內、外企業界中，大大地盛行之際，其對企業與學校經營的影響仍持續進行，本文將對全面品質管理理論做介紹，並進一步探討其對我們目前的學校情境運用時，在領導行為方面，所能發揮之影響力及具體的作法。

第一節　全面品質管理的意義

全面品質管理（Total Quality Management, TQM），係屬一種廣博的經營哲學觀，以及一組具有「典範完整性」（paradigm wholeness）的理念。此組理念開始於 1950 年代，由眾多的管理學者結合文化的相關概念、理論架構，和工作實務，歷經了大約三十五年的時間凝聚而成。全面品質管理可以說是美國人到日本發展出來的管理理論，1990 年代 TQM 開始廣泛為全球大企業所重視，並加以引用；2000 年代亦將是個 TQM 的年代（王國明，1998）。這個典範，是植基於「在單一組織內部，或在不同組織之間，改善產品及其服務的品質（Morgan & Murgatroyd, 1994）」的前提上。

雖然全面品質管理近來成為組織管理的重要主題，但其定義卻仍隱晦難明，迄今而無共識。同時，全面品質管理的實施方法，更是人言人殊，莫衷一是。惟多數全面品質管理學說均強調：顧客為主（customer focus）、不斷改善（continue improvement）與團隊工作（team work）。

此三項全面品質管理的共同原則，並非獨立存在而是彼此環環相扣：欲達到「顧客滿意」，必須「不斷改善」；欲有效地「不斷改善」，必須以「顧客需求」為中心。「不斷改善」的對象，是組織的整體程序，超越了層級節制部門的劃分和組織界限，而使「團隊工作」不可或缺。由此可知，全面品質管理絕非管理術語及技術的拼湊而已，而是由相輔相成的原則所構成的整套經營哲學思想（Ciampa, 1992; Sallis, 1993；江岷欽、林鍾沂，1995）。

美國國防部曾對實施多年的全面品質管理，作了如下的定義：「全面品質管理是一種哲學，亦是一套以不斷改善組織為基礎的指導原則。長久以來，全面品質管理運用計量方法與人力資源管理方法，改善產品與服務，以滿足組織需求；並改善組織內的一切過程，使顧客的需求得到相當程度的滿足。全面品質管理基於持續改進的規範，彙整了基本的管理技術、改進現狀之努力、以及各項技術性的工具」（Hyde, 1992）。Kano 認為（1993），完整的全面品質管理，係在組織內部技術的基礎上，先建立提升品質的意圖及動機，再經由觀念變革、技術改進、工具應用等三項中介過程，將意圖與動機緊密連結，形成完整的全面品質管理內涵。

從上述分析，全面品質管理具有下列的基本意涵（林俊成，1999）：

一、全面品質管理是一門經營管理哲學，其目的在於改變組織的品質文化，提升成員的品質意識。

二、組織品質的改善，是組織內每一個成員的責任，需要所有成員的共同參與及投入，並透過團隊合作以達成目標。

三、重視成員的教育訓練，強調人力資源的發展與持續的學習。

四、藉由系統的管理策略、科學化的方法與技術，持續不斷的改進系統、生產或服務過程，進而提升產品及服務的品質。

五、持續改善的最終目的在於滿足目前與未來顧客的需求與期望。

綜合各家對全方位品質的定義如下：**全面品質管理是一門以顧客為導向的經營管理哲學，它強調組織必須藉由持續不斷的改善，及透過成員的全員參與及團隊合作，並採用系統化的管理策略與科學化的方法與技術來改善組織營運，以提升組織產品與服務的品質，並滿足目前與未來顧客的需求與期望。**

第二節　全面品質管理的理論

全面品質管理理念開始於 1950 年代，由眾多的管理學者結合文化的相關概念、理論架構，和工作實務，歷經了大約三十五年的時間凝聚而成，期間最重要的理論建有三：(1) Deming 的品質管理理論、(2) Juran 的品質管理理論、(3) Crosby 的品質管理理論。在此予以介紹，並將 Deming, Juran, Crosby 的品質管理理論的共同點陳述於下。

一、Deming 的品質管理理論

Deming（1986）認為品質是有意地製造出來的，而非偶然或事後檢驗出來的，且產品與服務必須滿足顧客的需求。Deming 將其管理理念歸納成十四點原則，並提出重要知識的系統（system of profound knowledge）觀念，分述如下：

㈠ Deming 的品質管理十四點原則

1. 企業組織必須擁有一個堅定不移的品質目標：這個目標應建立在品質管制與產品開發的長期計畫上，並能藉以確保所有成員的目標意識。

2. 企業組織應重新建立新經營哲學：企業正處於一個嶄新的經營年代，管理者必須認清時代的挑戰，確知自己的責任何在，挺身領導全體

員工應變。

3.停止依賴最末端的品檢人員檢驗品質：品質的改善和品質的保證是全體員工都要參與，每一階段、每一個人都要做好品質把關的工作，最後才有高品質的產品和服務。

4.廢除最低價者得標的採購方法：採購部門習慣於尋找最低的供應商下單，結果往往導致所採購的材料品質無法控制，所以，公司一定要與供應商建立長遠良好的關係，並減少供應商的數目。採購部門必須採用統計工具來判斷供應商及其產品的品質。

5.持續不斷的改善生產與服務系統：在每一活動中均必須不斷的減少浪費及提高品質，無論是採購、運輸、工程、方法、維修、銷售、分銷、會計、人事、顧客服務及生產製造，均必須持續向上改善。

6.建立在職進修的新制度：員工在職訓練必須很清楚的界定訓練什麼，運用統計方法，確定誰要接受訓練、訓練什麼、何時完成訓練，使員工有能力因應現在和未來的工作需求。

7.建立現代的視導方法：必須授權視導人員告訴高層領導哪些需要改進的地方，一旦被告知，管理人員就要採取行動。

8.排除恐懼：員工因恐懼會造成龐大的經濟損失；必須要讓員工不會害怕問問題、報告問題或表示意見，才能發現問題，匯聚智慧，解決問題，提升品質。

9.破除部門間各自為政的藩籬：每一部門都不應該只顧獨善其身，須代之以整個組織為一體的團隊工作，跨部門的品質圈有助於改善設計、服務、品質及成本。

10.取消給員工計量式的生產目標：激勵員工達到計量式的生產指標、口號、圖像、海報都必須廢除。組織大多數需要改變的地方都不是操作人員所能控制，用計量式的目標只會造成倦怠與反感。雖無須給員工定下計量式的目標，但組織本身卻有目標，那就是「永不停止的改進」。

*11.*取消標準量或數量配額制：配額只考慮數字，而不考慮品質和方法。按件計酬制更造成次品增加，實施配額制的結果，常會導致效率降低、成本增加。

*12.*排除阻礙員工工作的障礙：會影響員工工作表現的因素，如主管指導錯誤、設備有問題、空間運用問題等障礙，均應設法予以排除。

*13.*制定一套嚴謹的教育與訓練計畫：因為品質與產品的改善，相對需要員工技能知識的提升，所以員工需要持續的訓練再訓練，所有的訓練必須包括統計技術。

*14.*設立高層機構：每天都在推動以上十三項工作。

(二) Deming 的品質管理重要知識的系統觀念

Deming（1993）認為過去的管理強調競爭，導致破壞與怨恨的氣氛；要轉型成合作、努力向上、提升產品與服務，必須有一套重要的知識系統來指導，這套重要知識的系統包括：系統的體認（appreciation of system）、變異的知識（knowledge of variation）、知識的理論（theory of knowledge）、心理學知識（knowledge of psychology）。

1. 系統的體認：Deming（1993）認為系統是一組相互依賴的組成部分，透過共同運作以達成系統的目標。任何系統均有其所屬的超級系統（super system）和次級系統（subsystem），並與之相輔相成，任何一個部分改變均會影響其他部分，平時每一個部門運作都有自己的目標，每一部門達成目標匯聚成整體總目標的達成。Scholtes（1998）將系統的分解成由各種步驟（steps）組成方法（methods），由方法組成工作程序（processes），由工作程序組成系統。如果各工作團體只為自己的方便與目的，不管其他工作團體的運作，將造成整個組織運作的困難，進而造成嚴重的危險與損失。

2. 變異的知識：所謂變異就是組織運作結果所產生的波動，如完成

時間、瑕疵品產生的機率、錯誤次數等。變異可分為一般性原因變異
（common cause variation）和特殊原因變異（special cause variation）。

　　⑴一般性原因變異：是指系統或制度上所設計發生的變異，是可以
　　　預測的，如果要改善一般性原因變異只有從系統或制度上著手；

　　⑵特殊原因變異是造成變異的來源不可預測，而且也不是制度或
　　　系統所造成的一般變異，如工作人員未按照工作手冊操作，或
　　　疲倦、情緒不好等所造成。

　　Deming（1993）認為要嘗試改善結果前，必須先透過統計管制狀態
分析，認清造成結果的變異是屬於一般性原因變異，或是特殊原因變異，
再針對變異原因加以改進。

　　3.知識的理論：知識理論有助於我們了解事務，進而預測未來可能
產生的結果，且進行理性的預測必須依賴理論；再依照實際操作結果的
數據來檢視理論的正確性，藉以對理論做有系統的修正與擴充，進而建
構新的知識。但由於知識源自於理論，而理論則必須根據許多事實的資
料才能建立，所以形成知識需要很長的時間累積（Deming, 1993）。

　　4.心理學知識：心理學知識有助於了解人、人與環境、顧客與供應
商、教師與學生、管理者與部屬，及任何管理系統的互動關係。領導者
必須了解每個人的不同個性、需求與能力、性向，才能維持與培養彼此
良好的關係與工作氣氛，進而能讓每個人的性向、才能發揮極致。

　　Deming 把組織視為一個整體的系統，有賴各部門的合作相輔相成；
借助統計的資料蒐集與分析，了解整個組織運作是否依系統制度設計運
作，其變異情形如何，若要改善也知道是何種變異造成，從何處著手；
有豐富的相關知識做系統制度的設計理論，以及對未來結果的預測，並
以實際結果驗證與修正理論，進而建立新知識；領導者借助心理學知識
了解成員需求與能力、人與環境的關係，以及團體互動的關係，培養正
向工作氛圍，這是 Deming 管理哲學的信念與基礎。

二、Juran 的品質管理理論

Juran 對於品質與品質管制有獨特的看法，以及帶領企業界進入品質管理的領域，所以被稱為「品管泰斗」（Deming, 1993）。他將品質定義為適用性，認為企業不應只是將產品銷售出去，而是要使產品能滿足使用者的需要。Juran（1986）的重要品質管理的理念有：品質進步的螺旋成長圖（quality progressive spiral）、品質三部曲（quality trilogy）、突破精進的程序（breakthrough sequences）、策略性品質管理（strategic quality management）。

(一)品質進步的螺旋成長圖

Juran 認為組織為了持續進步成長，要依下列步驟確實執行才能達到持續改善的目標：不斷的從事研究→產品開發→產品設計→訂定規格→製造規劃→採購→生產→製程管制→檢驗測試→銷售→售後服務→研究。透過各種技術與管理方法的交互運作，即形成品質進步的螺旋成長圖（江瑞清，1996；林公孚，1997）。

(二)品質三部曲

Juran（1986）認為組織若是能找到一種通用的思考品質過程，並且適用所有部門、各階層及各種產品類別，就能克服本位主義的阻力。他提出了品質三部曲：品質規劃、品質管制與品質改善。

1.品質規劃：規劃產品與作業程序以符合顧客的需求。即事先準備以滿足品質目標的程序。其執行步驟為：確認內部與外部顧客，決定顧客的需求、發展產品特色以符合顧客需求、以最低成本建立品質目標、研擬一套流程製造所需產品、將規劃成果交給作業人員。

2.品質管制：使產品開發與作業程序保持在規劃設定的狀態之下，以期達成營運目標。即作業過程中使之滿足品質目標的程序。其執行步

驟為：評估實際上品質績效表現、比較實際表現與品質目標之差異、採取行動彌補。

3.品質改善：提升品質表現，使其超越以前的水準，即達到新的績效水準程度：其執行步驟為：建立一套標準，使每年都能有所改善；找出需要改善的地方，提出改善專案；每一改善專案成立一改善小組，並提供必要資源，責其負責成敗。

(三)突破精進的程序

有效解決品質問題應採用「柏拉圖原理」（Pareto principle），依照品質問題的重要性，決定優先處理順序，然後採取專案解決的方式予以處理。為有效解決組織長期損失的問題，Juran 主張採用突破精進的方式，其程序可分為三階段：診斷歷程、對策歷程與保持成果，具體步驟如〔表 6-1〕。

(四)策略性品質管理

為了協助領導者從事品質計畫，Juran 發展一套管理方法，稱之為策略性品質管理，該套品質理以不同層級對品質改善所做的獨特貢獻為基礎，共可分為三層：

第一層—為上層領導者具有組織策略觀；

第二層—為中間領導者具有品質操作觀；

第三層—為基層人員具有品質控制觀（Sallis, 1993）。

每一層級的人均要為品質做出其獨特的貢獻，全部的人均參與品質改善的工作。

三、Crosby 的品質管理理論

Crosby（1984）對品質的看法就是要合乎標準，即是產品因符合組

表 6-1　Juran 的突破精進程序

階段	實施步驟
診斷歷程	步驟一：態度上的突破。發現問題，確定有實施改進計畫的必要。 步驟二：利用柏拉圖原理分析問題，列出計畫的優先次序。 步驟三：擬定計畫後，爭取管理階層的核准。 步驟四：成立編組—指導小組及診斷小組，或指派專人負責。 步驟五：診斷—蒐集分析相關資料，發覺根本原因，提出所需改善行動。
對策歷程	步驟六：突破文化的型態—決定所建議的改變計畫對相關人員的影響，並尋求克服處理的方法。 步驟七：突破舊有的績效—獲得全員採取行動的協議。
保持成果	步驟八：轉變到新的水準—執行變革。 步驟九：保持改進成果。

資料來源：Deming, W. E. (1993)／戴永久譯（1997）。**戴明的新經濟觀**（頁 79）。
　　　　　台北：天下文化。

織所訂定的標準，而此標準就是「零缺點」（zero defect）。零缺點的觀念是可以做到的，而且事先的預防勝於事後的檢查，也沒有任何理由可用來解釋產品和服務的缺失。它也提出品質免費的觀念，認為提高品質不會提高成本，降低競爭力，重要的是第一次就把它做好（do it right the first time）。Crosby 重要的管理理念有：品質管理的四大定理（absolutes of quality management）、品管癥結的五大疫苗、品質改善的十四個步驟。

(一)品質管理的四大定理

Crosby 為達到零缺點的品質管理，提出了品質管理的四大定理：

　1.品質就是合乎標準，而標準一定要清晰明確，且嚴格要求第一次就做對。

　2.提升品質要做好良好的預防，而非檢驗，而事先預防就是事先了

解做事的程序，且知道怎麼做才對。

　　3.工作的唯一標準就是零缺點，不是差不多。每個員工都要徹底的反省覺悟，嚴格要求自己的工作完美無疵。

　　4.以「產品不符合標準的代價」衡量品質，而不是用比率或指數來衡量。

㈡品管癥結的五大疫苗

　　Crosby（1984）為了解決企業界常見的品質癥結，提出所謂的克氏五大疫苗的解決策略：

　　1.共識：從上到下都應具備對品質的追求，有義無反顧的決心與認知。

　　2.系統：要建立能迅速反映任何不合標準產品之品質控制系統，並能將品質意識深植員工的教育系統。教育的目的是讓成員了解公司的要求（comprehension），培養承諾的決心（commitment），教導正確的方法（competence），溝通彼此的想法（communication），遇到問題立即改正（correct），以及持續毫不懈怠（continuance），這是它所謂的6C。

　　3.溝通：所有員工要了解事實發展現況，以及自己的成果，各級主管均要認清品質管理是份內正常的工作，排除上下間各種溝通障礙，回饋應迅速。

　　4.執行：組織的任何制度、研究設計自實際執行前均要經過測試，證明其可行。執行後要經常保持改進的機會，並訂定計畫經常施予訓練。

　　5.確定政策：組織的品質政策要清晰、銷售的產品與服務須完全符合對外界的宣傳標準。

㈢品質改善的十四個步驟

　　Crosby（1984）極力主張「品質免費」與「不流淚的品管」，認為

品質應不斷的改善，提出了品質改善的十四個步驟（陳耀茂，1995；Crosby, 1984）：

1. 管理階層對品質的承諾。

2. 運用團隊的行動，來達成品質的目標。

3. 設定清晰明確的特定標準與測量。

4. 審慎、客觀地衡量品質成本。

5. 灌輸員工對品質的警覺意識，使成為組織文化之內容。

6. 找出問題，立即付之行動與以改善。

7. 以審慎的態度規劃零缺點的活動。

8. 所有的管理層級，均需接受該部門品質改善的教育訓練。

9. 莊嚴隆重的舉辦「零缺點日」，分享彼此的承諾與決心。

10. 經由團隊討論設定部門瑣碎的短期目標，逐步達成最後總目標而零缺點。

11. 消除引起錯誤的因素，鼓勵提出工作所遭遇的問題以便解決。

12. 選出品質改善的榜樣，給予具有象徵意義的表揚與獎勵。

13. 組成品質委員會，集合品管專家，互相切磋，改善品質。

14. 強調品質提升決不間斷，步驟 1 到步驟 13 不斷的重複，但每一重複均是注入新的承諾與新的開始。

四、Deming, Juran, Crosby 的品質管理理論的共同點

經由上述的介紹，Deming, Juran, Crosby 的品質管理理論其共同點，具體而言有：

㈠高層管理的決心及參與；

㈡群策群力的團隊精神；

㈢透過教育提高品質意識；

㈣制定衡量品質的尺度標準；

㈤對品質成本的分析認識；

㈥不斷改進活動；

㈦全體成員的參與。

第三節 全面品質管理的重要基本理念

學校要實施對全面品質管理之前，必須對全面品質管理的重要基本理念要有深刻的了解，以下分全面品質管理的思考模式、顧客滿意的服務品質概念模式、全面品質施行的階段敘述：

一、全面品質管理的思考模式

傳統的管理觀念是從生產者或供應者的角度考慮，先是生產者想要的產品，然後生產或提供產品，再設法說服顧客購買；但是全面品質管理的思考模式完全相反，茲以 Scholtes（1998）的 SIPOC（Suppliers, Input, Process, Output, Customers, SIPOC）模式（圖 6-1）做介紹與說明。

生產程序是從圖左向右進行，但全面品質管理的思考模式是從右到左進行，即從目的、顧客、產出、生產、輸入，最後是供應者。全面品質管理首先要考慮的是企業要的目的要利他的，而非企業財富的增加而已，Chappell（1993）認為如果企業只顧賺錢，就是開始喪失其靈魂（Scholtes, 1998）。所以企業組織的目的是顧客因得到產品和服務的提供，而獲得利益與能力提升；顧客因而可以完成好品質的作品；或顧客需求獲得滿足。

顧客是接受組織所提共的產品和服務，如果因而得到他所要的就會滿意，否則就會生氣抱怨。傳統生產的理念是產品導向（product-out mentality）的思考，產品和服務的設計是滿足與符合生產者的需求，因為他們知道什麼是對顧客最好的，所以所有優點都已經為顧客設想周到；生

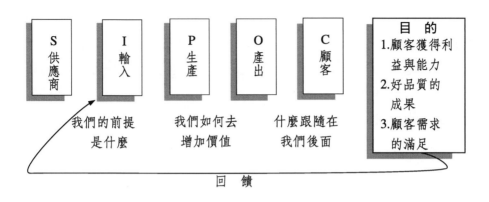

圖6-1　SIPOC 模式

資料來源：Scholtes, P. R. (1998). *The leader's handbook: A guide to inspiring your people and managing the daily workflow* (p. 59). New York: McGraw-Hill.

產者所想的和顧客的需求是否一致呢？就如同日本 Konica 公司曾經生產一型非常複雜，功能相當多的照相機，預期會大賣，結果滯銷，研究結果發現，顧客要的是一張好的相片，而不是要一個好的照相機，所以生產者所想的和顧客的需求有落差。全面品質管理是顧客導向（customer-in mentality）的思考方式，先要做顧客的調查研究，了解顧客的需求、經驗、和所謂好的產品的定義。產品和服務的提供是否達到顧客的目的和需求，隨時透過有效的回饋系統傳遞訊息，立即調整改進。

　　產品是組織製造的成品或提供的服務，產品和服務的提供其好壞，從組織和從顧客的角度會有不同的看法。例如：學校服務人員經常會說，我們上班時間已盡心盡力，提供的服務已經是最好的了，不要不知足。但是學生說，我們不是抱怨這種服務，我們所需要的是額外在中午時間提供服務。所以產品和服務好壞，一是要從顧客的角度設想，二是要從組織的生產系統思考。

　　生產系統是所有程序、方法、步驟的組合，每一活動均是價值的增加，如果因有錯誤或瑕疵重做，就無價值的增加，所以靠不斷的運用理

論知識和實作資料做檢驗與修正,才會有好的生產程序,輸入的資源若能是及時且可靠的,還要與供應商維持良好且長遠的關係。如同學校有好的轉化能力,要靠好老師、好學生、好設備與資源的輸入;這些輸入要靠學校與各界供應者—政府、民意代表、家長、學校、媒體等維持良好且長遠的關係。

二、顧客滿意的服務品質概念模式

全面品質管理在強調產品與服務要讓顧客滿意,是否在提供者和顧客之間會有落差?好的服務又是什麼?Parasuraman, Zeithaml, & Berry(1985)提出(圖 6-2)P.Z.B.服務品質概念性模式圖(缺口模式圖),

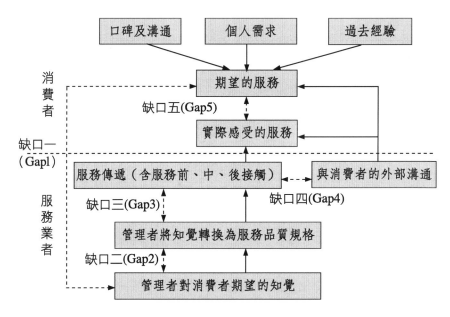

圖 6-2　P.Z.B.服務品質概念性模式圖(缺口模式圖)

資料來源:Parasuraman, A., Zeithaml, V. A. & Berry, L. L. (1985). A conceptual model of service quality and its implications for future research (p. 43). *Journal of Marketing, 49*, 41-50.

茲分述於下：

顧客對品質的定義，是由顧客對該服務的期望水準和實際所感受到的服務水準，在顧客心目中所產生認知間的差距（缺口）而來。顧客的期望主要受到過去經驗、個人需求、產品口碑和外部傳播的影響；至於顧客對實際所感受到的服務所產生的知覺，則是透過服務提供者的設計、傳送及行銷所影響。

(一) P.Z.B.服務品質概念性模式

根據 P.Z.B.服務品質概念性模式，顧客心目中所產生認知間的差距（缺口）有五項：

1. **缺口一**：「顧客所期望的服務」與「管理者對消費者期望的知覺」，兩者之間的差距。其原因是：管理者不了解顧客的期望。解決之道是：改進市場研究、管理者與第一線員工保持最佳溝通，並得到顧客需求的資訊、管理各階層要與顧客聯繫。

2. **缺口二**：「管理者對消費者期望的知覺」與「管理者將知覺轉換為服務品質規格」，兩者之間的差距。其原因是：由於環境限制，使得管理者缺乏承諾，或根本沒有能力制定目標水準。解決之道是：設定目標、將提供服務過程標準化、加強企業承諾與可行性的認知。

3. **缺口三**：「管理者將知覺轉換為服務品質規格」與「服務傳遞（含服務前、中、後接觸）」，兩者之間的差距。其原因是：員工服務績效未能達到所定服務品質標準，或因不同人員的參與而使服務不能一致化。解決之道是：檢討標準、人員訓練、團隊合作。

4. **缺口四**：「服務傳遞（含服務前、中、後接觸）」與「與消費者的外部溝通」，兩者之間的差距。其原因是：不實廣告、過多承諾、平行溝通差。解決之道是：宣傳單位取得第一線服務人員提供真實的訊息、誠實的廣告。

5. **缺口五**：「顧客期望的服務」與「顧客實際感受的服務」，兩者

之間的差距。其原因是：消費者期望太高不易達成，或受到消費者本身需求、過去經驗、口碑和溝通的影響。解決之道是：縮短或消弭缺口一至缺口四。

㈡品質的決定因素

至於顧客對服務品質好壞的決定因素，Parasuraman et al.（1985）研究顯示有十項決定品質的因素：

1.有形性（tangibility）：服務的實體證據。如實體設施、員工的穿著等。

2.可靠性（reliability）：可信賴度和效能的一致性。如帳單正確、依時履行服務。

3.反應性（responsiveness）：服務人員提供服務的意願和敏捷度。如立刻回答顧客的問題、積極地協助顧客解決問題。

4.勝任性（competence）：服務人員具有執行服務所需的知識和技能。如接待人員的專業知識和技能。

5.禮貌性（courtesy）：服務人員的禮儀、友善、體貼和尊重。如汽車維護場的員工對顧客的車表現愛惜，並擦拭乾淨。

6.信用性（credibility）：誠實、信任、值得信賴，並以顧客的權益為優先考量。如公司的信譽、保證事項忠實履行。

7.安全性（security）：讓顧客免於危險、風險、不確定性和懷疑。如車輛發生爆衝、電視機爆炸，都是屬不安全性。

8.接近性（access）：顧客容易聯繫服務人員。如用電話聯繫，很容易聯絡上，而非接線生轉來轉去，浪費時間，甚至斷線。

9.溝通性（communication）：善用顧客語言以及樂意傾聽顧客意見。有耐心的傾聽顧客抱怨，並予以解釋說明，或提供建議。

10.了解或熟知顧客（understanding/knowing）：全體服務人員努力的去了解顧客真正的需求。如很快了解顧客特殊需求、能與經常往來的客

戶認識和交談。

三、全面品質施行的階段

全面品質管理的推行，除了必須對品質建立一致的共識與承諾外，尚須一套完整的施行程序。依據 Ciampa（1992）之觀點，全面品質管理的施行可分為以下五個階段：

㈠培養視野（vision）

視野係指高層領導者或領導團體建構組織未來發展之「內心圖像」（mental picture），即廣泛的組織目標，或組織未來的期許。領導者除了視野的培養外，亦將維持此一視野的延續，最後形成組織全體的共識。

㈡整體分析（analysis）

分析在於了解組織的現況，其範圍包括組織運作程序、與外在環境互動的情形及組織氣候等；經由分析階段，將協助領導者了解現況與目標之間的差距。

㈢訓練與問題解決（training & problem solving）

在此階段中，組織可先成立「先導小組」（pilot teams），針對部分簡易的問題，採用全面品質管理之方式予以克服。此一作法，除增強組織推行全面品質管理的信心外，亦可藉由先導小組的努力，找出適合組織特定情境之運作程序，作為日後全面施行的指南。

㈣教育（education）

先導小組的試驗有所成就後，即可將全面品質管理推廣至整個組織中。在本教育階段，員工開始採用新的工作技術與組織程序，並從實際工作中吸取經驗。另外，組織共同的視野，亦經由此階段逐漸為所有成員接受。

㈤制度化（institutionalization）

在本階段中，組織應建立符合全面品質管理之制度，包括正確的資訊蒐集、評估、酬賞、內部的諮詢、指導及訓練方式，以構成組織整體的全面品質管理策略與會計預算制度。如此，將使組織整體施行全面品質管理的努力得以整合，並形成回饋體系，對於組織整體視野的修正與強化，能產生積極的助益。

全面品質管理原為製造業的「行業文化」，亦是日本的「國家文化」，但現今已為美國、英國、加拿大等競相採用且成效良好。同時，全面品質管理的倡導者認為，全面品質管理的理論，徹底否證了傳統管理理論中「文化藩籬」（culture-bound）的觀點。因此，全面品質管理最重要之目的，在於培植為顧客追求卓越服務的「公共組織文化」，進而衍生出冒險犯難、勇敢向前，以及成員全面參與的策略（江岷欽、林鍾沂，1995）。將全面品質管理視為新興的管理潮流或策略，不但凸顯出傳統品質管制的不足，同時全面品質管理蘊含一套以「提升品質」為中心的完整思考與指導原則，使組織在有限財政及人力資源下，達成績效的提升。全面品質管理對現行的公共組織最大的意義，不在於新技術的引進，而是藉此刺激傳統行政管理觀念的改變，以及官僚體制的重新檢討；唯有「品質觀點」真正成為公務員的共同視野，全面品質管理才能成為行政革新的助力（江岷欽、林鍾沂，1995）。

第四節　全面品質管理與傳統式管理的差異

一、全面品質管理與傳統管理的比較

全面品質管理與傳統管理主要的不同，有以下六點（江岷欽、林鍾

沂，1995； Morgan & Murgatroyd, 1994）：

㈠傳統的管理信念主張，高階主管負責制定品質標準，作為檢驗產品的依據；全面品質管理則以全員參與的方法，代替少數高階主管的參與，強調全體責任，追求全程品質。

㈡傳統的管理信念主張，規劃與執行應予分離；全面品質管理要求全員參加「降低成本、改善品質」的討論及執行。

㈢傳統的管理信念主張改善品質的討論與決策，是由管理階層憑其經驗與直覺而產生；但是全面品質管理重視資料的蒐集，以事實作為品質改善的決策依據。

㈣傳統的管理信念主張，品質的良窳與偏好，取決於管理階層，顧客毫無置喙餘地；全面品質管理強調「使用者導向」，以消費者及顧客的滿意度，作為績效的指標。

㈤傳統的管理信念主張，組織績效的衡量是在規劃、執行後進行；全面品質管理強調「慎始」，並且全程監測品質。

㈥傳統的管理信念主張，品質是管理階層的主觀標準；全面品質管理則以生產、製造與顧客等多元觀點來詮釋品質。

二、實施全面品質管理的抗拒

全面品質管理在管理觀念上與傳統的重大差別，可能會使慣於依法行事的行政官員難以適應，甚至產生抵制；而制度上的衝擊，也可能影響機關改革的成效。有研究指出，機關人員對全面品質管理的抗拒，約可分成以下八種（Morgan & Murgatroyd, 1994）：

*1.*害怕推行全面品質管理，導致職位縮減及升遷機會的減少。

*2.*害怕個人的控制力與影響力，因著「授能」（empowerment） 等策略而降低。

*3.*害怕本身工作內容可能變為複雜。

4.害怕施行全面品質管理所承擔的風險，不能從組織現有獎懲制度與認知結構得到補償。

5.害怕本身能力不足。

6.對團隊的疑慮。

7.完全以資料為基礎的決策方式，有礙人際關係的運作。

8.不願承擔所有行動的責任。

第五節　全面品質管理的特性及其對學校之影響

本節先就傳統學校領導上常見的特質切入，再從文化、承諾、溝通的全面品質管理的特性來探討對學校所帶來的影響。

一、傳統式的學校領導的特質

在談全面品質管理方式的學校領導之前，應先介紹與說明傳統式的學校領導。根據相關研究指出，傳統式的學校領導具有以下五項特質（Hall et al., 1986; Morgan & Morris, 1989）：

㈠儘快去解除問題

認為校內日常的運作已行之多年，應不可能有問題的產生；並視問題的發生會對平日教學流程，產生潛在性地騷擾。把問題發生視作負面的，沒有問題最好，不認為問題的產生是一種組織變革的轉機；誰挑出問題，哪個單位有問題，代表事情沒有做好。

㈡只做溫和改變

只可做適度而溫和的改變，絕不影響學校日常的基本運作。也就是做我們平日所做的，接受我們平日所接受的。學校處在穩定而單純的環境中，固然可以如此處理，但是一旦社會變遷快速，學校處在變動快速

與複雜的環境，就顯得慌亂而無章法，無法有效的因應環境需求而迅速有效的調適。

(三)事發之後再作打算

在全然了解問題與採取必要的反應之前，只能等待事情的發展，沒有做前瞻性的預測，預為籌謀，經常等到事情演化嚴重，不得不處理時再面對，則已耗費更多的人力物力，成效也不好。

(四)順從多數人的意見

只重視多數人所關心的部分，將焦點完全都放置於其上，雖然民主與自由是現今政治的走向，要符合社會大眾的需求，行事合乎民主的正當程序，用代議制度表達民意，但是組織要達成目標，也要顧及專業、能力、效率等問題，否則組織無法在競爭中生存與發展。

(五)標榜極端的理性

在經營管理中，只重視問題解決與理性邏輯的技巧，而全然排除個人情緒及創造力。在變遷的社會中，已無法以不變應萬變，亦無法以一法用到老，隨時有新的狀況需要新的因應方法，需要成員用腦力激盪去創新，組織才能生機盎然。

二、全面品質管理的特性及其對學校之影響

全面品質管理（亦稱之為 3Cs of TQM）對學校具有影響之三項特性，分別說明如下（Murgatroyd & Morgan, 1992）：

(一)文化（culture）

一個成功地採用全面品質管理的組織，必能創造其符合於以下標準的特有文化：

　1. 導向正向的革新；

2.領導可真正帶出行動的功能，而非僅止於一個較高的地位；

3.獎賞為整個工作的團隊所共享；

4.重視對組織成員的發展、學習與訓練工作；

5.能提供成員有自我挑戰動機的組織氣氛。

就學校實際情形而言，針對老師們進行有關學校發展與經營方面的調查，結果發現：約有三分之一的老師反應出，他們根本沒有表達這方面意見的機會，同時也從未被諮詢過這類的看法。可見學校想朝向校園民主與教師治校的方向前進，則學校針對全面品質管理之引進確有其必要性。

(二)承諾（commitment）

一個成功地採用全面品質管理的組織，能引發員工與顧客都以組織為榮；對組織的承諾，會促使全體成員共同努力，朝向組織目標前進。

就學校實際情形而言，通常老師對其所教的班級或學科，都能十分投入而有承諾感；但對於能否專注而投入學校整體發展的目標，可能就大有疑問了。解決的方法就是讓學校能採行全面品質管理的方式，讓老師們都能承諾於其中。

(三)溝通（communication）

一個成功地採用全面品質管理的組織，在其各單位之間或單位內部，都能發揮簡捷有力的溝通效果。此類溝通的進行係植基於事實和真誠地了解，而非謠言或不實地臆測；溝通得以在組織內各部門間，自由地進行著。任何建議的提出都能被重視，並加以討論或實驗，以達到整體產出品質的提升。

就學校實際情形而言，學校內能否進行有效的溝通，是頗富挑戰性的工作。學校可採行全面品質管理方式，藉由以下的措施來促進老師與老師，或老師與學校主管之間的良好溝通：每天早上由校長主持十分鐘

的朝會；在週末時發給每位老師一封信函，說明下週學校計畫進行的重點事項；以錄製錄影帶的方式，來詳細說明學校正實施的重大方案。

第六節　全面品質管理在學校領導的具體作法

全面品質管理對學校效能、學校行政績效、班級經營效能、教師教學效能的研究均發現有顯著的高正相關（陳師榕，1997；黃智坤，1998；林俊成，1999；陳玫君，2001；徐長安，2002）。所以全面品質管理是值得學校採行的經營方式，學校可配合以下的六點具體作法，以發揮其更佳的學校領導效能：

一、尊重專業自主

全面品質管理的領導，並不強調地位上的差異；只是藉著校內成員職務的不同，分別賦予其思想、創作及授權的空間，達到專業自主的精神，來把每個人的知能貢獻於學校中。當然承認教師專業自主權時，需要注意下列事項：

㈠強調自主權的意義乃在於有權去作什麼，確定教師了解他們被授與決定課程與教學的自由，而自主權不是任何形式的教導與管理。

㈡自主權是延伸於專業和信任的，而不是放棄權威。

㈢使用其他連同自主權的影響方法。

㈣評估個人對自主權的影響力。

二、關懷支持與激勵

學校中全面品質管理領導者的角色，係以主動、積極與輔助的態度，來協助或支持他的同仁，使其都能集中心力於學校發展的整體視野、策略及其結果。所以作法上應：

㈠以高關懷高倡導的領導型式領導部屬。

㈡多用支持的行為，少用監督、控制的態度對待教職員。

㈢激發老師認同感。

㈣與教師的溝通。

㈤激勵教職員，設立品質服務獎等。（參閱附件一、二）

三、授權與賦能

學校中全面品質管理的領導者，能了解到適當授權與參與的重要性。將學校事務分別授權交由最相關的成員來參與管理或負責，其效果必定最佳。至於如何讓教職員在校長的領導下有效的參與，其方法有：

㈠運用校長本身職位上的影響

校長可以利用成員的天性，多多地稱讚及關心他人，如此可營造一個開朗有活力的參與氣氛，而且每個人都願貢獻所學，賦予組織一股改革創新的衝勁。

㈡利用每一個非正式形式的影響

平常的生活當中，時時給予部屬關懷，並且在嚴肅的會議當中，偶爾穿插一些有趣的話語，使得嚴肅的氣氛得到紓解，而且會時時鼓勵教職員投入討論之中。

㈢支持正式結構的影響

結構都有其固定職務，當要委任教職員參與時，要注意到教職員的能力是否能夠勝任這方面的職務，以求組織的每一個正式機構都有專才負責，如此會增進部屬和組織間的聚合力，更增進組織的活力。

㈣必須知道何時是教員參與行政事務的時機

學校的行政事務千變萬化，有些事務必須透過團體同意解決，但有

些事務必須由校長獨自下決定。校長必須由事務的性質加以判斷，因為判斷的結果，有可能會影響到學校行政效率的好壞。

(五)校長要尊重團體的決定

經由團體所通過的決議，一個開明的校長無論是否合他的意見，均需要同意，除非有特殊狀況，亦需要說明、溝通清楚，如此一來，部屬將因自己的意見被肯定而獲得鼓舞，對於參與行政事務會更熱衷。

四、關心整體發展

學校中全面品質管理的領導者，會將他個人注意的焦點放在學校整體性的事務和發展上，同時也較學校其他成員更有前瞻性的考量。此乃趨向一個良性正常發展的一個重要條件之一。因此，現代的領導者必須注意：

(一)學校內部與外部環境的變化。

(二)回應社區人士、家長、上級機關的要求。

(三)兼顧組織目標的達成與全校教職員工生的需求。

(四)行政人員辦學、教師教學、學生學習等學校內部的運作。

五、因應變革

學校中全面品質管理的領導者，有時針對校內某些小事也會加以關心，若是這些變革對學校會足以產生關鍵性的改進，在作法上應：

(一)經常做前瞻性的計畫

近年來，由於我國經濟成長、國民對教育的要求水準提升，社會環境水準也隨著增加；為此，學校如何經由有系統地了解學校教育趨勢發展，分析各方面的需求、有用的資源及學校發展利基，評估學校最適的發展項目與規模，前瞻性的規劃學校未來發展計畫，這就成為學校發展

的主要課題。

(二)建立暢通的內、外回饋管道

如引進360度評量回饋,所謂360度評量指的是多角度(Multi-source Assessment)或全方位的評量系統,此乃比較於舊有的單向評量(Single-source)而來,後者指的是由主管或自己單方面來評量表現,前者則除了主管及被評估人外,還多加了同儕、部屬及其他人(包括跨部門的同事、小組隊員及外部客戶等)。360度評量的意義在於只要是與被評估人(Target)有互動的人,都有機會觀察到被評估人的表現,給予評量回饋,因此在自己影響範圍內(Circle of Influence)的人,都可以算是360度評量中的評估者(Rator)。

(三)**對各種徵候仔細探究**

後現代之來臨,通訊科技起,人類面臨了巨大之轉變——從齊一到差異、從主流到多元,以致整體社會價值觀多產生變革,不管是微變或劇變,一定事先會有徵候,對各種徵候仔細探究以及其所帶來之衝擊,萬不可漠視。

(四)**積極回應**

所謂學校行政人員要做積極的回應是,首先行政領導者不等他人要求,就能事先構思與做必要的作為替顧客服務,其次要能傾聽顧客的聲音與要求,心態上是健康積極的,把這些聲音與建議視做健康檢查報告,或是學校身體健康狀態的徵候,仔細分析與評估,從辦教育的角度,分成必要而急要的先做,必要而不及要的次之,不必要而急要或不必要不急要,到底做不做要清楚的解釋說明。能做的立即做,現在沒有辦法做,何時可以做;不可以總是說「你的聲音我聽到了」,「我們會錄案參考」,就如石沉大海,沒有任何回音。

六、運用團隊合作

學校中全面品質管理的領導者相信，挑戰與樂趣是互相伴隨而來。面對校內發生的各種難題與挑戰，認為只要能全體師生同心面對，個人貢獻其一己之能，必能排除困難，開創新局，作法如下述：

(一)鼓勵提案

在組織願景下設計提案制度，可激發眾人的腦力、結合集體的智慧，會有創新、優良的點子、觀念或實務計畫，是學校組織改善和向上提升的重要作為。例如：台北市立療養院的「員工提案制度」，在院長的領導之下，積極塑造具競爭力與為民服務的組織氣象，引領全院員工塑造「專業、創新、效率、愛心」的組織文化。提升服務品質相關活動由「服務品質推動委員會」積極推動「員工提案制度」，提案內容以服務措施提案為主，包括各項全院性為民服務創新措施、跨科室之業務流程簡化措施等。自 89 年 8 月公布實施起至 91 年 5 月底止，全院總提案數計 106 件，經「服務品質推動委員會」審查後，通過提案數計有 55 件，總提案通過率為 57.3%，獲得豐碩的成果。

(二)善用集體智慧

俗諺說：「三個臭皮匠，勝過一個諸葛亮。」這是在推崇集思廣益的功效，讚美集體智慧的好處，團隊合作的知識型學校就是開發、利用、共用知識，提高對資源的利用效率，或者創新開發為顧客提供更好更高價值的服務。知識和知識管理變得愈來愈重要，而智慧，特別是集體智慧成了真正的決定性因素。知識是有價值的，但不是真正的競爭力，只有有效的對知識加以管理，並分享、利用知識激發集體的智慧，且運用這些智慧去服務顧客，學校才會有真正的競爭力。

㈢設立優厚誘因

雖然學校組織是公務機構，要提供優厚誘因有其限制，但是仍有一些方法可以實施，例如：對學校各項服務創新、績效卓越的人或單位，予以考核，給予公開的表揚、稱讚、進修或其他具有尊崇榮譽的象徵性獎牌獎盃。

㈣共享成果

學校團隊植基於協同合作原則之下互動、互惠，彼此共同努力、共享成果，才會激發出榮辱與共的隸屬感，奠定未來持續合作努力的基礎，以及匯聚源源不絕的能量。

七、培養領袖氣質

學校中全面品質管理的領導者須有樂觀、誠實與體貼的特質。人格長久以來就被認為是有效率領導者所需的重要特質。具有一些特殊人格特質的人常脫穎而出為領導者。參照權常常是被用於「一個人影響他人的能力是來自於他所擁有的人格」的一個專有名詞。在特別的形式下，我們稱他為「領袖氣質」，韋伯說領袖氣質是一種：

㈠樂觀

成功的校長給人的感覺即是他在享受工作，也能適當的解決問題，且因其樂觀的態度，教師也受其影響而變得較為積極，令教師更能夠全心投入學校的工作和其負責的班級；處逆境時，會將之視為這只是暫時的，並非永久的、特殊的、常有的、外來性的，而非內部所引起的。

㈡誠實

此人格特質與學校校風的開放、保守有重大的關係，而其中又以是否能敞開心胸、相互合作更為重要，如果校長其有此特質，則教師會將

之視為彼此在互相合作以達成目標，而非是受了校長的命令為他工作。如此教師必會貢獻心力而與校長在一起享受工作，且還能更上層樓。

(三)體貼

教師認為體貼是「以誠待人」，藉此教師更重視自己。因而提高自尊，爭取表現機會。如此，上下一團和氣，校長體諒教師，教師也能適時回應。有效能的校長會以自我標準來預設教師的表現，並期望教師能養成相似的價值觀（樂觀、誠信、體恤等）。

因此，在彼此互動中，校長們透過適切的行為管理（要求教師適當打扮、守時、有效教學、訓練有素、讚美學生及突出表現之類），與親身示範，讓教師在模仿中，不知不覺地契合校長的潛在期望。

八、結論

全面品質管理是爾近組織管理的重要主題，尤其它強調以顧客為主、不斷改善、團隊工作的觀念，對學校經營管理有很大的衝擊，所以本文首先對其做理論的介紹，次論全面品質管理的重要基本理念，進而做全面品質管理與傳統式管理的差異、全面品質管理的特性及其對學校之影響、傳統管理方式的學校領導，最後提出全面品質管理對學校領導的具體作法與建議，希望藉此具體作法能對學校經營有所貢獻。

附件一　國立嘉義大學服務品質獎

願景：光耀嘉義、揚名全國、躋身國際
目標：深耕品質、創新經營、追求卓越
方法：標竿學習、全面品保

第一屆工作計畫書（中華民國九十二年六月）

一、緣起

　　國立嘉義大學自民國 89 年 2 月 1 日整併以來，楊校長國賜揭櫫了「光耀嘉義、揚名全國、躋身國際」的辦學願景，為了實踐宏遠的願景，楊校長曾於 89 年 5 月 24 日校務會議中提出七大校務發展目標及四大治校方向，並期勉行政人員提升素質，俾充分發揮協助教學、研究與推廣等功能，為高等教育的核心「提升品質，追求卓越」奠定發展基石。

　　在前三年的融合階段中，校務行政的主軸為「統合典章，健全制度」，具體的發展方向包括校務法制化、評鑑制度化及發展國際化。為了統合整併前兩校不同的行政措施，建立標準化的行政流程，以提升行政效率，精進服務品質，遂於 90 年 10 月起推動導入 ISO 9001／2000 管理系統，並在 91 年 5 月取得國際品質認證。然而，各種管理制度的實施僅是提升行政效率及品質的手段而非目標，在進入本校整併後第二階段－起飛階段之起始，校長特別於 91 學年度第五次行政主管座談（91.12.31）指示推動「嘉大品質獎」，藉由選拔最優秀行政單位及職員，透過標竿建立和觀摩學習，期盼能激發各行政單位推動品質管理的信心及行動。

　　「品質」代表著領導者的決心與承諾，品質的追求是永無止境的，當前我們所面臨的高等教育環境正是一個不改變就會被淘汰的競爭時代。

舉辦提升行政品質競賽是推動全面品質管理的重要過程，最終目的在於
對施政品質理念與所作承諾的實踐。唯有落實品質政策，讓全面品質管
理（TQM）成為行政管理的核心能力，才能展現更大的組織活力、創新
價值，提升團隊總體生產力與競爭力，實現願景目標。

為辦理「國立嘉義大學服務品質獎」，遂依據「國立嘉義大學服務
品質獎實施要點」第五條之規定，制定本工作計畫書。

二、設獎目的

「國立嘉義大學服務品質獎」的設置所追求之主要目的是「品質、
創新、卓越」，以迎向 e 世代之挑戰。具體的內涵為：

(一)深耕品質

以「全員滿意經營」為核心價值，展現對於師生服務品質至善的承
諾，建構服務、環境、工作、管理及決策全方位的品質觀。品質的精髓
在於處事從細微處著眼，存誠務實，一步一腳印，並透過教育訓練徹底
革新觀念、增進知能，才能型塑注重品質提升的優質行政文化。

(二)創新經營

處在所謂十倍數的 e 化網路科技時代，必須要能夠隨時掌握關鍵時
刻與時間競賽，以最低成本，在最短的時間，創造最高的價值。善用品
質管理方法、結合資訊科技、推動組織變革，進而以全面品質管理為本，
知識管理為用，組織學習為體，整合知識成為組織創新的動力，才能活
化學校經營的生命力。

(三)追求卓越

在全球高等教育的激烈競爭下，必須充實自己的實力，放眼世界，
重視標竿學習，預應未來趨勢、掌握發展方向，才能提升競爭力，立足

於國際舞台。

三、獎別、獎勵對象及獎勵方式

「國立嘉義大學服務品質獎」共設置團體獎及個人獎兩大類獎項，各獎項之報名資格、報名方式、獎勵獎項與對象、及獎勵方式如下：

(一)團體獎

1.報名資格：本校一級行政單位。

2.報名方式：以部門為單位，自行報名。

3.獎勵對象：推動行政品質活動各領域行政工作（例如：顧客滿意經營、專案管理、流程改造等），具突破性創新或具體改善作為，顯著增進師生滿意度，或提升服務品質或降低成本而促進工作效能者之行政單位。

4.獎勵方式：頒獎名額每年以一個單位為原則，由參加評選入圍複選之行政單位中，依總成績高低選出，頒發獎牌乙座，獎金六萬元。

(二)個人獎

1.報名資格：除一級行政主管外（含專兼任），凡服務於各行政單位、教學單位、或附屬單位之職員或兼職教師，具以下條件之一者，得報名參賽，惟得獎後三年內不得再申請。

　　(1)連續服務本校滿兩年以上之編制內職員；

　　(2)連續服務本校滿一年以上之專案計畫人員、研究人員暨工作人員、臨時組員；

　　(3)非一級行政主管之兼職教師，連續兼職滿一年以上者。

2.報名方式：凡具報名資格者，可「自行報名」或由部門主管「推薦報名」參賽，每位職員僅能擇一獎項報名。

3.獎別與獎勵對象：個人獎類分別增設「深耕品質獎」、「創新經

營獎」及「追求卓越獎」三個獎項；各獎項之獎勵對象為：

(1)深耕品質獎：兢兢業業地推動例行性業務或專案工作，並力求品質之精進、工作效率之提升，而具顯著成效者。

(2) 創新經營獎：對行政流程進行改造，具突破性創新或具體改善作為，顯著增進師生滿意度，或提升服務品質、降低成本促進工作效能者。

(3)追求卓越獎：不斷追求新知，重視標竿學習，預應未來趨勢，顯著提升工作績效而足以為同仁之表率者。

4.**獎勵方式**：頒獎名額每一獎項以二名為原則，由參加評選入圍複選之參賽職員中，依總成績高低選出，頒發獎牌乙座，獎金四萬元。各獎項得依實際報名者之特殊表現，斟酌流用。

四、工作任務編組

為辦理各獎項之評審及行政支援工作，成立「國立嘉義大學服務品質獎評審委員會」（以下簡稱委員會），其成員及組成方式如下：

㈠委員會置主任委員一人，由行政副校長擔任，依本要點之精神與條文，統籌負責本獎項所有業務；並置執行秘書一人，由主任秘書擔任，承主任委員之命辦理相關行政工作。

㈡委員會成員包括本校一級主管及校外專家學者若干名，委員名單由主任委員報請校長核聘。

㈢委員會下設「評審小組」及「工作小組」。評審小組職司初審及之評審工作，成員由主任委員自委員中聘任，並提報委員會通過；評審小組置召集人一人，由小組委員互選產生。工作小組置召集人一人，由執行秘書兼任，小組成員由召集人自相關單位職員中遴選擔任之。

㈣組織圖（略）。

五、申請辦法

凡符合本獎項報名資格之行政單位或個人得於報名期間，備齊報名表、規定之資料內容、及其他有利審查資料，向「國立嘉義大學服務品質獎評審委員會」完成報名及書面資料繳交程序。

六、評審辦法

本獎項之評審分為初審、複審及決審三個階段，程序如下：

㈠初審

1. 由評審小組委員針對所提送之申請書（由工作小組研訂）及相關資料，依評審標準項目進行書面評審，滿分為 100 分。

2. 初審成績在 70 分以上且團體獎名次為前五名者，個人獎名次為前十名者，得入圍複審。

㈡複審

1. 由評審小組委員進行實地評審，其步驟包括現場簡報（口頭說明受評單位或個人之整體概況、全面品質管理、專案管理或行政流程改造之推動說明）、實地審查及答詢（至作業現場實地了解全面品質管理、專案管理或行政流程改造之實施情形）、受服務師生之滿意度調查（必要時執行）等等。

2. 複審成績滿分為 100 分，成績在 85 分以上且團體獎名次為前三名者，個人獎名次為前五名者，得被推薦入圍決審。

㈢決審

由「國立嘉義大學服務品質獎評審委員會」之全體委員進行決審，經審核通過後報請校長核定。

七、作業時程（略）。

附件二 台北市政府「第三屆市政品質獎」競賽辦法

一、依據

台北市政府推動全面品質管理活動獎勵實施計畫。

二、目的

㈠獎勵推行品質管理活動成效優良之機關學校，樹立學習標竿；型塑具創新、富彈性、重品質的行政文化，全面提升公共服務品質，強化市政競爭力。

㈡獎勵參與市政建設之民間機構或團體，期以發揮市府推動公私協力策略之擴散作用，提升市政經營管理之績效。

三、主辦單位

台北市政府

四、承辦單位

台北市政府公務人員訓練中心（以下簡稱公訓中心）

五、參加對象

㈠市政品質標竿獎

台北市政府各機關學校

㈡市政品質精進獎

1. 台北市政府各機關學校。

2.參與市政推動之民間機構或團體。

六、獎項及獎勵方式

(一)

獎項	獎勵對象	獎勵方式
市政品質標竿獎	推行全面品質管理有顯著績效之機關學校	頒獎名額每年以二名為原則,由參加評選入圍複選之機關學校中,依總成績高低選出,頒予獎牌乙座,十萬元等值獎品乙份。得獎者之主辦有功人員,各機關得依權責自行酌予敘獎。
市政品質精進獎	市府機關組　推動市政品質活動各領域單項(顧客滿意經營、5S、品管圈、工作圈、專案管理、流程改造等),具突破性創新或具體改善作為,顯著增進市民滿意度,或提升業務品質、降低成本、促進工作效能者之單位。	頒獎名額每年以八名為原則,由參加評選入圍複選之單位中,依總成績高低選出,頒予獎牌乙座,五萬元等值獎品乙份。得獎者之主辦有功人員,各機關得依權責自行酌予敘獎。
	合作夥伴組　1.依「台北市市有財產委託經營管理辦法」,接受市府委託經營達一年以上並持續進行,且具卓著績效之民間機構或團體。　2.工程標案,接受市府委託之顧問公司或承攬廠商,於規劃、設計、施工階段,具創新作為或對遭遇問題之解決方法成效優良者。	頒獎名額每年以三名為原則,由參加評選入圍複選之單位中,依總成績高低選出,頒予獎牌乙座。

(二)市政品質標竿獎及市政品質精進獎(市府機關組)初審入圍單位,頒予入圍獎狀乙張;其主辦有功人員,各機關得依權責自行酌予敘獎。

(三)報名參賽單位之主辦人員,各機關得依權責自行酌予敘獎。

七、評審標準

市政品質標竿獎		市政品質精進獎	
指　　標	權重	指　　標	權重
(一)領導與策略 ・經營理念與組織願景 ・公共責任 ・組織創新、速度、活力 ・策略規劃過程參與性、全面性 ・策略執行機制民主性、周延性	15%	(一)周延性 ・活動（委託案）規劃設計完整性及可行性程度 ・資料蒐集分析研究及運用科學手法的程度	20%
(二)人力資源 ・人力計畫 ・人力培訓及發展 ・員工滿意及激勵	10%	(二)創新性 活動（委託案）具創意、特色的程度	20%
(三)資訊與分析 ・資訊管理系統 ・資訊蒐集、分析及運用 ・資訊系統之支援	10%	(三)參與性 團隊成員參與程度	10%
(四)顧客服務 ・顧客服務系統 ・顧客滿意度衡量	15%	(四)應用性 活動（委託案）具有之構想及對策的應用層面活動（委託案）之延續性	15%
(五)流程管理 ・服務設計及流程 ・支援流程 ・標準化 ・品質稽核 ・跨組織關係管理	10%	(五)效益性 活動（委託案）產生之實質效益（含有形、無形效益及其他特殊成果或附加價值）	35%

程　序	時　間	地　點

六、全面品質績效
- 品質改進成果
- 達成所規劃的組織績效目標程度
- 對社會民眾努力與貢獻程度
- 品質榮譽形象之建立
- 跨組織績效
- 年度施政計畫績效

| | 40% | |

八、作業時程

程　序	時　間	地　點
報名表提出截止日	4 月 20 日	
申請說明書提出截止日	5 月 20 日	
評審（初審-書面審查）	5 月 20 日後	
評審（初審-實地評審）	6～7 月	各參賽單位
評審（複審）	8 月	
頒獎觀摩發表	10 月	市政府大禮堂

九、報名

㈠報名方式

1. 4 月 20 日前先將報名表遞送或傳真（2932-5849）至公訓中心（綜企組）。

2. 並於 5 月 20 日前提出書面說明書一式六份及電子檔（存磁片或光碟）遞送公訓中心（綜企組）。

3.注意事項：

(1)報名「市政品質精進獎—市府機關組」者，每一機關學校不限報名一項，題目需在 92 年 4 月 1 日以後完成者。

(2)報名「市政品質精進獎—合作夥伴組」者，由委託單位推薦報名，委託單位應於公告報名期間內，備妥相關文件向公訓中心提出。

(二)申請說明書格式及內容

1.市政品質標竿獎：

(1)申請說明書以 WORD 格式，A4 直式橫打，14 級字，頁數以不超過 30 頁為原則，加封面裝訂。

(2)申請說明書主要係為讓評審委員有效地進行評審作業，其內容必須清楚說明組織整體或大部分部門推行全面品質管理之作法，其內容應包含近三年相關資料，內容架構宜包括下列部分：

①組織簡介：包含組織設置的目的、各部門之規模、服務項目及現況等，俾便了解組織的整體概況。

②推行全面品質管理之過程：綜合性敘述組織各項品質管理活動為重點，含推行體系、推行政策及目標等。

③推行全面品質管理之現況：依據評審標準說明執行情形、實際成果，並應特別強調推行全面品質之特色及優點。

④未來展望：重點說明未來全面品質經營之提升計畫或發展方向。

2.市政品質精進獎：

(1)申請說明書以 WORD 格式，A4 直式橫打，14 級字，頁數以不超過 15 頁為原則，加封面裝訂。

(2)申請說明書內容必須能讓評審委員清楚組織如何推動創新、改

善活動（組織如何執行委託案），內容架構宜包含下列部分：

①主題名稱及目標。

②現況分析。

③推行活動（委託案）歷程（參考評審標準，說明執行情形、特色）。

④實質成效：目標達成度（儘量以統計圖表作比較）、有形、無形效益、其他特殊成果或附加價值（例如：節省的人力、時間、成本，法規的鬆綁、修訂，團隊士氣、專業技術、顧客滿意度、機關形象等）。

⑤未來努力方向：重點說明未來改善計畫或創新發展作為。

十、評審方式

評審分為初審與複審二階段進行，由公訓中心遴聘學者專家擔任評審委員辦理，審查結果由公訓中心簽報市長核定，並舉行頒獎及觀摩發表。

㈠初審

採書面及實地進行評審（評定總分，其中書面占 40%，實地占 60%）。

1.書面評審：時間訂於 5 月，由三名以上評審委員事先對資料加以書面審查評分。

2.實地評審：由二名以上原書面評審委員赴實地審查評分，時間訂於 6 月～7 月間（書面審查後），確切時間將於實地評審 10 天前通知各報名單位。

3.初審結果：由初審委員推薦至少得獎名額二倍之件數入圍複審為原則。

㈡**複審**

採審議方式進行,並由入圍複審單位簡報說明。入圍複審單位應於複審前將簡報資料燒錄於光碟中,送至公訓中心彙整。複審結果,將於簽報市長核可後公布。

十一、附註

㈠凡報名參加本競賽者,其成果報告書,公訓中心可印製成相關專輯書刊,作為推廣之用。

㈡凡得獎者,應積極參與本府提升市政品質活動的相關活動,並將實務推展經驗,提供其他機關學校觀摩學習。

㈢有關競賽最新消息,將隨時公布於市政品質獎網站。

（http://www.pstc.taipei.gov.tw/quality/index.asp）

┌參考書目┐

王俊貴（2001）。**國民小學服務品質內涵建構與實徵調查研究**。台南：國立
　　台南師範學院碩士論文（未出版）。

王國明（1998）。品質—提升國家競爭力。**專題演講及重要致詞輯錄**（頁
　　97-104）。桃園：元智大學。

江瑞清（1996）。卓蘭學說與品質三部曲。**管理雜誌，261**，36-38。

江岷欽、林鍾沂（1995）：**公共組織理論**。台北：國立空中大學。

吳煥烘（1996）。全方位品質管理與學校領導。**教師之友，37**(2)，15-21。

林公孚（1997）。**追求卓越品質—邁向 TQM 之道**。台北：中華民國品質學
　　會。

林俊成（1999）。**國民小學實施全面品質管理方法之研究—可行作法、實施
　　現況與改善途徑**。嘉義：國立嘉義師範學院國民教育研究所碩士論文（未
　　出版）。

徐長安（2002）。**國民小學全面品質管理與學校行政績效關係之研究**。台北：
　　台北市立師範學院國民教育研究所碩士論文（未出版）。

陳師榕（1997）。**國民小學教師全面品質管理特質與班級經營效能之相關研
　　究**。台北：國立政治大學教育系碩士論文（未出版）。

陳玫君（2001）。**國民小學全面品質文化、組織型態、策略規劃與學校效能
　　之研究**。台北：台北市立師範學院國民教育研究所碩士論文（未出版）。

陳耀茂（1994）。**品質管理**。台北：五南。

黃智坤（1998）。**全面品質管理在國民小學班級經營適用性之研究**。屏東：
　　國立屏東師範學院國民教育研究所碩士論文（未出版）。

謝家駒（1996）。**全面優質管理**。台北：淑馨出版社。

Ciampa, D. (1992). *Total quality: A user's guide for implementation*. New York: Ad-
　　dison-Wesley Publishing Co.

Crosby, P. B. (1984). *Quality without tears*. New York: McGraw-Hill.

Deming, W. E. (1993)／戴永久譯（1997）。戴明的新經濟觀。台北：天下文化。

Hall, V., Mackay, H., & Morgan, C. (1986). *Head teachers at work*. Milton Keynes: Open University Press.

Hyde, A. C. (1992). The proverbs of total quality management: Recharging the path to quality improvement in the public sector. *Public Productivity & Management Review, 15*(1), 25-33.

Kano, N. (1993). A perspective on quality activities in American firms. California *Management Review, 35*(3), 31-37.

Juran, J. M. (1986). The quality of trilogy. *Quality Progress, 19*(8), 19-24.

Morgan, C. & Morris, G. (1989). What the teachers say? in C. Riches and C. Morgan (eds). *Human resource management in education*. Milton Keynes: Open University Press.

Morgan, C. & Murgatroyd, S. (1994). *Total quality management in the public sector: An internationalperspective*. Philadelphia: Open University Press.

Murgatroyd, S. & Morgan, C. (1992). *Total quality management and the school*. Philadelphia: Open Universuty Press.

Sallis, E. (1993). *Total quality management in education*. London: Kogan Page.

Scholtes, P. R. (1998). *The leader's handbook: A guide to inspiring your people and managing the daily workflow*. New York: McGraw-Hill.

第 7 章

學習型組織理論在學校行政領導的應用

在 1900 年時將醫師、律師、飛行員與教師各一位予
以冰凍,到了 1990 年被發現並解凍,唯一能夠繼續進入
職場工作者,只剩下教師,其他三人均已失業。

~Dale, 1997

第一節　學習型組織興起的時代背景

學習型組織（learning organization）概念的產生，原先是來自企業界對因應變革、提高效率，俾能獲得生存發展的關注。亦即企業界在變動不居的時代中，因應各種挑戰，必須有所調整和轉型，才能求存與發展。分析學習型組織產生的背景因素有：一、全球化的經濟競爭方面、二、管理思潮的發展方面、三、管理典範與組織的轉移方面、四、劇烈的社會變遷方面（黃富順，1999；李祈龍，2000）。

一、全球化的經濟競爭方面

學習型組織產生背景因素是經濟競爭愈來愈激烈。企業界組織存活壽命縮短，美國和日本的調查研究指出：組織蓬勃發展的時期通常不超過三十到四十年；美國《財經雜誌》每年所評鑑全球五百大企業名單，約有百分之二十的更換率；國內研究更指出，本土企業組織的壽命期平均約僅十年左右，已明確指出組織長期生存和持續繁榮的不易（楊國德，1999）。面對全球經濟競爭的挑戰，短期的競爭為價格與生產績效，長期的競爭則是不斷創新以適應快速變遷的環境，組織必須擁有勝任這些挑戰的能力，才能得以生存。組織因應激烈競爭的挑戰，除了加強組織的學習外，已別無選擇，因此，組織蛻變為具有高度學習力的學習型組織亦將是最佳的選擇途徑。Senge（1990）認為，人類目前的組織並不具有良好的學習能力，因為組織有基本上的學習障礙，此一學習障礙主要來自兩方面，一是不當的組織設計方式，另一是由於人類對於動態的複雜性問題的思考能力有限。正如管理大師 P. Drucker 在他的〈新組織的來臨〉（*The Coming of the New Organization*）文中指出，在競爭激烈而快速變遷的世界裡，只有學習型組織才能得到生存與發展（教育部，1996）。

二、管理思潮的發展方面

Drucker（1992）指出：「資訊代表一種新的管理型式，舊有的工作類型會逐漸被知識工作所取代，不管從人口結構、工作變遷或科技發展來看，知識社會將是學習掛帥的社會」。在九〇年代使組織維持持久競爭優勢的來源是資訊、科技不斷推陳出新，知識工作者的崛起，將挑戰所有現存的管理模式，Marquardt & Reynolds（1994）認為這些影響乃是資訊科技：(1)能夠整合組織的各項功能；(2)能夠消弭許多不當競爭的組織氣候；(3)提供組織許多新的任務與轉機；(4)使得組織結構及管理上須要做根本上的改變；(5)是推動組織必要的變革。

未來的新社會，知識是最重要的資源，具有決定性及支配性的生產要素，已不再如過去的社會中重視資本、土地及勞動力。社會的新興主導階級是具有專業知識的「知識工作者」與「服務工作者」，有鑑於此，Perelman（1984）指出：「當美國在邁入下一個世紀時，有四分之三的工作是以運用及創造知識為主要的依據，而知識工作者將發現持續學習不僅是雇用的先決條件，同時也是未來最主要的工作型態」。從管理思潮的演化來說，學習型組織的概念源自不同的管理思潮，過去五十年來的管理概念的演化：從科學管理思潮，人群關係管理思潮、開放系統思潮，到學習型組織、知識管理思潮，即是整合並建立在過去數十年的管理思潮上，學習型組織並非激進、革命的，而是漸進演化的（高淑慧，1995）。

Senge（1990）和麻省理工學院的同事，致力於將系統動力學與組織學習、創造原理、認知科學、群體對話與模擬演練遊戲融合，發展出一種理想組織，在其中人們得以由工作中活出生命的意義，實現共同願望的學習型組織。學習型組織的探討愈來愈受到重視，已被視為二十一世紀組織與管理的新典範。

三、管理典範與組織的轉移方面

傳統的組織理論向來深受物理學典範的影響,如傳統理論時期(如科學管理學派、行政管理學派、韋伯的理念型官僚組織等)以及強調維持既存的均衡狀態系統的組織理論時期(如霍桑研究、系統學派、權變理論等)均有牛頓物理學典範的世界觀(鍾燕宜,1996a),是以靜態的觀點來分析組織管理的相關議題。Stacey(1992)提出隨著組織變遷的趨勢,傳統的組織與管理理論觀點存在嚴重的侷限,舊有的信念與心智模式將無法幫助管理者。在現實環境如「混沌理論」(Chaos Theory)的基本理念:不確定、不完美、不明確以及不可預測,學習型組織乃是基於混沌理論觀點下的組織新典範。隨著典範的轉移,組織理論因而邁入「動態不穩定狀態下的開放系統」之非均衡時期(鍾燕宜,1996b)。

今日的組織理論已進入非均衡時期,混沌和不可預期之行為都是這階段演化過程的基本特徵。新的組織與管理典範在其主導下特別強調人與自然、自我與環境、環境與組織各部分的整全思考(holism thinking),認為組織實體是思維的主體和客體共同營造出來的,每個系統不但相互依存而且必須透過思維將其聯繫在一塊,而得到某種超越事物表象的完整理解(盧偉斯,2001)。

因此,組織理論用複雜性、不確定性、全像圖(hologram)、多元主義觀點(perspectives)、多變性的研究取向面對無序、混亂、不穩定及多變性的新世界觀,打破以往機械式與實證觀點的限制(鍾燕宜,1996a)。因此,使得強調系統性思考、自我超越、學習把內在想法攤出來,藉由共同願景改變成員與組織間的關係,建立共同核心價值,產生一體感,以克服組織疏離(楊國德,1999)。消除習慣性防衛,建立視彼此為工作夥伴關係的學習型組織乃應運而生,透過此種組織機制達到與他人真正的互動,相互學習,充分展現人類生命的潛能。

四、劇烈的社會變遷方面

學習型組織產生背景因素之四為社會變遷劇烈。未來學家 A. Toffler 在《第三波》一書中，即勾勒出二十一世紀未來社會的面貌，將是一個資訊化、科技化、國際化、多元化與終身學習的社會（黃明堅譯，1994）。值此科技發展一日千里，使得知識與技能快速過時，社會大眾唯有繼續學習，才具有適應社會的能力。是以終身學習已是個人與社會經濟求生存進步不可或缺的活動。學習型組織的發展是邁向學習社會的重要關鍵，不僅個人的潛能必須加以開發，學習型組織的潛能也要有效的加以激發（楊國德，1999）。因應學習社會的這種發展趨勢，必須鼓勵社會各種團體組織一起邁向學習型組織，保障學習型組織的成員均能多元多樣的學習機會，並促進組織內成員的團隊合作與組織學習，帶動組織積極創新，追求卓越，進而實現共同所建立之組織新願景。

新世紀的來臨，社會急速變化，知識的擴充、資訊科技的進步、知識經濟的發展與職業智能需求的變遷，傳統的管理系統運作與封閉的組織生態，已不能滿足時代的需求，取而代之的是一種隨時隨地終身學習的開放系統（張簡天瑞，2001），它帶來變動不定的挑戰，同時也創造組織競爭的新契機，在此高度競爭的環境中，鼓勵團隊合作、避免僵化的思考模式、激勵個人不斷追求卓越及創造學習環境，將有助於組織變革、迎接挑戰，學習型組織正是在這種情況下，所誕生的產物。但是，學習型組織最終的目的不只是在建立學習的組織，同時，它更應營造學習的環境、鼓勵發揮創意、教導大家與他人溝通合作，使組織成員在工作中活出生命的意義。

第二節 學習型組織的基本概念

一、學習型組織的意義與假設

(一)學習型組織的意義

學習型組織是逐漸發展而來的，所以有關學習型組織的定義猶如瞎子摸象，眾說紛紜（Calvert, Mobley & Marshall,1994），沒有明確的定論，茲就國內外學者對學習型組織的主要定義敘述如下，並予以歸納：

1. Graham, Heijden & Kees（1992）：學習型組織是一個能促其所屬的個別成員學習，並運用其學習成果，而能經由時間的推展來增進自我的知識，以及對自我與所屬環境作進一步理解的組織。

2. Bennett & O'Brien（1994）：將學習型組織界定為：能將學習調適及變遷能力轉化為組織文化的組織，而其所屬之價值、政策、實踐、體制及結構等均能有助於所屬員工去進行學習。

3. Garvin（1993）：學習型組織是一個精通於知識的創造、獲取以及轉換知識，並藉此以修正組織行為或反應新知識與新視野的組織。

4. 孫本初（1995a）：把學習型組織定義為一種不斷在學習與轉化的組織，其學習的起始點在成員個人、工作團隊、整體組織及其他與組織互動的社群中，學習與工作結合並且是一種持續的過程，學習的結果將導致知識、信念及行為的改變，並且可以強化組織創新與成長的能力。

5. 朱愛群（1997）：學習型組織是一個團體，此一團體善於創新、學習並且轉化知識，經由組織成員與菁英的學習及其知能的改變，促成一個團隊做必要的調整，以便能創造知識、運用知識、轉化知識，因而能持續其整體的生命力與適應力，如此的團體即是學習型組織。

6.吳清山（1997）：則認為學習型組織是指一個組織能夠持續不斷的學習，以及運用系統思考從事各種不同的實驗與問題解決，進而增強個人知識與經驗和改變整個組織行為，以強化組織變革和創新的能力。

綜合上述學者對學習型組織的不同觀點，所謂**學習型組織「是一個組織，它著重知識不斷的啟迪與創新，以及心靈轉化，形成團隊學習與合作的意識，促使成員與組織成長，強化組織變革與創新的能力。」**，此定義包含有以下幾個意涵（蔡秀韶，2003）：

1.學習型組織兼顧成員與組織的成長：學習型組織是一個能夠持續不斷學習的組織，能將學習轉化為組織文化，藉由成員間的相互學習，不斷進行個人以及組織的自我更新，以強化組織變革和創新能力。

2.學習型組織的核心概念是心靈的轉變：學習型組織是藉由心靈的轉換及不斷的學習，以團隊學習的方式來關照整體，由個人、團隊到組織的整體學習，創造組織永續的學習。

3.學習型組織重視知識的運用與創新：學習型組織重視知識的創造、運用與轉化，而不只是資訊或知識的累積而已。

4.學習型組織追求新知，以因應變革：學習型組織是促進組織發展的動力，在不斷追求新知中，更新組織的傳統，以因應變革和轉換的能力。

㈡學習型組織的基本假定

學習型組織是一種精通學習能力的組織，歸納 Senge 的論著，可以了解其理論的建構是由以下的各項假設而來的（盧偉斯，民 85）：1.組織系統是一種心物聯合構成的相對實體，存於急速變遷的環境中；2.組織的目的為共同的願景；3.個人能不斷的學習、自我精進；4.人群關係建立在團隊學習；5.組織係從變革中尋求出路。

從上可知，學習型組織是一種不斷在學習和轉化的組織，其核心議

題是學習能力。學習是一種持續性、策略性運用的過程,並與組織成員的工作相結合。學習經由個人和團隊的學習,將學得的新知識不斷注入組織系統及文化中,導致組織成員知識、信念及行為的改變,並可強化組織創新和成長的動力。

二、學習型組織的特徵

學習型組織所需具備一些特徵,學者有不同的探討,茲將較有代表性的見解予以綜合歸納學習型組織的具體特徵如下(Watkins & Marsick, 1993; Calvert, Mobley, & Marshall , 1994; O'Neil, 1995; Marquardt, 1999; 李祈龍, 2000;莊淑琴,2001;陳俊生,2001)。

(一)組織呈現積極的學習特徵

如領導者能採行風險承擔及實驗性的模式;從日常生活中提供員工學習的機會;是一種集體性、開放性的以及跨越組織疆界的學習;員工能感受到工作經驗是提供學習的機會;組織成員體認到持續學習是目前及未來成功的重要因素。

(二)支持、開放的組織氣氛

分權式的決策,並對員工進行授能充電、培養出回饋與坦誠的組織文化、具有持續適應、更新及自我復興的能力以因應變動的環境、組織不斷能勇於嘗試,吸取經驗,改進缺失,激起組織以新的方式處理事務,使組織具有更大的適應力和創新力。

(三)團隊合作的精神與行為

如有系統的分享資訊,並將其運用到實務上、經常運用跨功能性的工作團隊、組織成員重內部及外部的網路關係,以利創新及溝通、組織氣候鼓勵、獎勵及加速個人與群體的學習、組織成員必須能彼此接納、

相互信任，開誠佈公，分工合作產生共力的效果。

四積極正向的獎勵制度

如對員工的創見予以獎賞，並形成一套制度、視錯誤為學習的機會、只要仔細評量過，鼓勵嘗試及實驗、變革、非預期之突發事件及失敗被視為學習機會、能從錯誤中獲得獎勵與學習，所以成功固然值得獎勵，嘗試創新實驗，雖然失敗亦有價值，值得嘉許。

五組織結構扁平化、民主與授權賦能

學習型組織的結構儘量減少科層體制的層層節制，層級儘量減少，有利於組織的協調溝通與效能，所以組織形成扁平化的傾向；主管也不再扮演控制者的角色，而是觀念的傳播者、教練、輔導者，其主要職責是經由教導與學習，使成員具備現在及未來所需的能力，進而賦權與受能的民主制度。

六凝聚共識、有共同願景的團體

如活動具有方向抱負、思考及概念化的特徵、每個成員被所要達到的品質及持續改善所驅動、全體成員對組織現在或未來的方向目標，經常是先獲得充分的溝通形成共識，產生願意去努力奮鬥的願景。

三、學習型組織的修練策略

Senge 認為「學習型組織」的核心概念是成員心靈的轉換，透過學習，活出生命的意義，而不只是科層體制中機械運轉的小螺絲。為了要達成上述目標，他提出了五項修練：㈠系統思考（systems thinking）、㈡自我超越（personal mastery）、㈢改善心智模式（improving mental models）、㈣建立共同願景（building shared visions）、㈤團隊學習（team learning）。茲說明如下：

(一)系統思考

「系統思考」係指組織能以擴展性思考取代狹隘的思考推論，擴大思考網路視野，觀察事件發生的環狀因果的互動關係，避免片段的思考，因求快速解而忽略問題的整體性，讓思考系統見樹又見林，為組織開創新局。

一般人在思考問題時，常依賴舊有的經驗解決問題，而不深入探究問題的因果關係，以致錯過解決問題的關鍵期。系統思考捨棄片段式的思考，深入了解組織的系統，找出槓桿點並尋求最佳根本解，以處理動態複雜的外在事物。其具體的修練方法有：1.故事描述法（Story telling）、2.五個為什麼透視法（Five Why's Perspective）、3.因果回饋圖（Cause-Loop Diagrams）、4.系統基模（Archetypes）、5.行為基模比對圖（Behavior and Archetypes Comparison Chart）、6.組織鎖格突破法（Breaking Through Organizational Gridlock）、7.庫存流量（Stock and Flow Diagram）等，茲將每一種學習修練方法的目的、參與者與方法內容逐一列表如〔表7-1〕。

(二)自我超越

「自我超越」係指藉由成員自我實現、自我精進的過程，視失敗為成功之母，透過反思和修正，學習不斷釐清，激發挫折容忍力，為個人發展創造性的張力，增進組織的活力與創造力，是一種真正的終身學習。

根據Maslow的層次需求論可知，人有自我實現、追求成長的動機，因此在組織成長的過程中，提供員工一個自我導向學習的環境，是提升組織效能得以永續經營發展的良策。

表 7-1　系統思考學習之修練方法

方　式	方　法　簡　介
故事描述法	目　　的：透析了解組織之間問題根源。 參與者：遇到問題的組織或團隊。 概　　述：藉由事件、行動模式、系統架構及心智模式等四個層式，對組織內問題發生之原因作一逐漸深入之描述，以期尋求到問題的根本解，並找到最佳的解決途徑。
五個為什麼透視法	目　　的：尋求問題根本的影響因素。 參與者：欲解決實際問題的組織或團隊。 概　　述：先挑出欲解決的症狀，再藉由連續問五次「為什麼對問題作追根究底的探詢，不以問題表面的症狀解為滿足」，而深入尋求問題的影響因素。
因果回饋圖	目　　的：用來表示環狀的因果關係以及一連串的變化過程，並協助了解許多複雜現象之關聯性。 參與者：欲以系統觀點進行思考的團隊。 概　　述：為系統思考的重要工具與語言，所有因果回饋圖皆由增強環路、調節環路以及時間遲滯等三個基本元件所組成的環鏈，以顯現彼此之間的關聯。
系統基模	目　　的：可以更有效率、更可靠的建構出因果回饋圖。 參與者：欲以系統觀點進行思考團隊。 概　　述：為因果回饋圖之基本組合，可用其迅速架構出與系統主導力量有關之各種可靠以及有效的假設，協助系統分析者認清系統行為。
行為基模比對圖	目　　的：找出在某種特定的行為模式下，其所對應的系統基模。 參與者：欲以系統觀點進行思考者。 概　　述：利用此一行為基模比對圖配合系統基模來繪製因果回饋圖，是一用以找出行為背後結構之簡易方法。
組織鎖格突破法	目　　的：用來打破組織部門間高聳的圍牆，克服部門間延滯藩籬。 參與者：無法逃離組織糾結的團隊。 概　　述：根據「捨本逐末」基模所發展出來的七步驟系統修練，用來發覺及破解組織間鎖格糾結的問題，其步驟為：

	(1)指出問題最初的問題症狀。 (2)找出解症狀。 (3)找出負面影響。 (4)找出根本解。 (5)描繪症狀解的副作用。 (6)找出根本解環路之間的關聯。 (7)找到高槓桿解。
庫存流量	目　　的：利用電腦軟體模擬系統動態的結構，以期在最短的時間內發現系統行為與問題。 參與者：欲找尋系統問題原因。 概　　述：於最短時間中，利用電腦軟體如高效能系統公司軟體ithink等，實際在螢幕上顯示系統產生的行為，並提供了行動前測試假設的新方式。

資料來源：Senge, P. M.（1990）／齊若蘭譯（1995）。**第五項修練—學習型組織的藝術與實務**（pp. 151-312）。台北：天下文化公司。

Senge（1990）認為要達到自我超越，其具體方法有：

1.建立個人願景：係指發自個人內心真正想要追求的目標。

2.保持創造性的張力：當個人願景與現實產生差異時，所產生的正面力量，使人更有耐心與毅力為達成願景而努力。

3.認清結構性張力：改變深層信念，亦即指限制自己創造力及阻礙自己發展的矛盾。

4.誠實面對真相：釐清真實狀況的障礙，對於自己心中隱含的假設能不斷地予以挑戰。

5.運用潛意識：讓潛意識與內心真正想要的結果契合，進而釐清自己生命的終極目標。

(三)改善心智模式

「改善心智模式」係指每個人對事務的認知，都會有先入為主的刻

板觀念，「改善心智模式」這項修練，鼓勵成員多樣化思考，運用反思與探詢技巧，培養觀察事務的態度，去除習慣性防衛，藉由合作與討論，重新省思我們對於周遭事務的看法。

心智模式是根深蒂固於心中的思維方式，決定我們如何認知周遭世界，以及影響我們如何採取行動背後的假設、成見、圖象和印象（Senge, 1990）。所以組織或個人要予以改善時，就需進行深度匯談，去除習慣性防衛，才能增進合作性的學習。

Senge認為改善心智模式具體的修練方法有 1.推論的階梯、 2.左手欄（Left-hand Column）、 3.兼顧主張與探詢（Balancing Advocacy and In-quiry）、 4.忠誠度（Loyalties List）、 5.多重觀點（Multiple Respect-ive）、 6.企劃未來情境（Creating Scenarios）、 7.內部顧問（Internal Consultancy）、 8.雙環路會計（Double-loop Accounting）等，其詳細內容如〔表 7-2〕所示。

表 7-2　改善心智模式學習修練方法

方　法	方　法　簡　介
推論的階梯	目　　的：用來破除誤會與敵對，以協助團隊溝通，並可藉此了解本身心智模式。 參與者：欲進行溝通之團隊。 概　　述：是利用階梯式反思及探詢技巧來分析藏於心中最後結論之形成原因。
左手欄	目　　的：發現自己心智模式運作過程。 參與者：欲檢視自己心智模式。 概　　述：根據 Argyris 及 Schon 發明出的兩欄研究方法所發展出來四步驟式心智模式方法，其四步驟如下： (1)選擇所碰到的問題（於右手欄）。 (2)寫出你們的談話記錄（於左手欄）。

	(3)寫出你自己內心的想法。 (4)藉由左手欄所記錄內心想法進行反思。
兼顧主張與 探詢	目　　的：融合團體內不同的觀點，產生集思廣益的創意與洞解。 參與者：欲進行集體思考之團隊。 概　　述：在大力提倡自我主張與探詢他人意見間，取得平衡的技巧 　　　　　與準則。
忠誠表	目　　的：協助參與者看清自己對組織中重要人物的心智模式，以及 　　　　　以多重觀點看困難的問題。 參與者：欲釐清自己對組織中重要人物的心智模式者。 概　　述：先選出現在面臨的問題或困境，並準備寫一份備忘錄，藉 　　　　　由下列七步驟方法進行： 　　　　　(1)列出效忠對象者的名單。 　　　　　(2)選出兩個最重要的人物。 　　　　　(3)寫出一份忠於真相的備忘錄。 　　　　　(4)為最重要的兩人各寫一份備忘錄。 　　　　　(5)針對(3)與(4)這三份備忘錄進行忠誠度分析。 　　　　　(6)由這三份報告組合成最終的備忘錄報告。 　　　　　(7)檢驗自己的假設。
多重觀點	目　　的：擴展團隊看問題的觀點，使團隊成員以不同的角度去了解 　　　　　所要探討的問題。 參與者：致力解決實際問題的團隊。 概　　述：藉由類似「角色扮演」的方式，使團隊成員在檢視問題時， 　　　　　以他人的角度和立場進行思考，其步驟如下： 　　　　　(1)設計輪盤：在輪盤上寫下參與者姓名，輪盤外圍放置參 　　　　　　　與者姓名卡片。 　　　　　(2)轉輪盤：參與者以輪盤轉至角色之觀點探討問題。 　　　　　(3)探討觀點：拉廣團隊看問題之觀點後，共同探討問題。
企劃未來 情境	目　　的：整理未來可能發生或變化的情境，藉此更清楚的意識到目 　　　　　前影響組織的各種力量。 參與者：組織內利益相同、背景懸殊的人（8-20人）。 概　　述：將未來可能轉變之情況擬定成數種狀況，再將此狀況讓管理

	人員了解，使其考慮到未來營運所可能面臨的所有問題，進行的步驟如下： (1)選擇眾人關切的問題。 (2)了解趨勢後的驅動力。 (3)企劃出未來的情境。 (4)應對策略、情境預演與彼此對話。
內部顧問	目　的：提升經理人的能力。 參與者：具決策能力的經理人。 概　述：由最初訪談、回饋、以及四個策略盒子來了解並提升經理人的企劃能力。四個策略盒子如下所示： (1)策略遠景。 (2)未來企劃遠景。 (3)策略定位。 (4)選擇方案管理。
雙環路會計	目　的：利用會計數字綜合出整個情勢的意義。 參與者：欲利用財務會計釐清心智模式之團隊。 概　述：Fred Kofman 所描述的「雙環路會計」將財務看成心智模式的反應，把傳統管理會計的數字和觀察、問題與模型結合起來，呈現隱藏在數字背後的可能意義與故事，藉以提升集體探究、說明和了解現況的能力。

資料來源：Senge, P. M. (1990)／齊若蘭譯（1995）。**第五項修練─學習型組織的藝術與實務**（pp. 385-483）。台北：天下文化公司。

㈣建立共同願景

「建立共同願景」係指一種長遠的規劃，培養組織成員能真誠的關懷和主動投入的精神，並發自內心的遵從，藉由持續的、深入的進行探詢與檢驗，鼓勵發展個人願景，並將彼此願景結為一體，是一種由下而上的組織溝通過程。

共同願景的建立，在於整合所有員工的方向感，共同創造大家都嚮往的未來，鼓勵大家休戚與共，並且容忍歧異、彼此尊重。Senge 提出建

立共同願景的具體修練方法有：*1.* 願景階梯（Vision Hierarchical）、*2.* 退入法（Backing into Vision）、*3.*尋求偉大團隊及*4.*命運因素法（Destiny Factor）等四項修練方法，茲列表如〔表 7-3〕。

表 7-3　建立共同願景修練方法

方　式	方　法　簡　介
願景階層	目　　的：建立組織共同的願景。 參與者：所有組織。 概　　述：為一組織有五階段，再利用其所提供的策略大綱，發展出進階的計畫，此五階段如下所示： (1)告示：組織直接遵循高階領導之遠景發展。 (2)推銷：高階領導人提出的願景需向組織成員推銷。 (3)測試：領導人必須先了解組織對願景的反應後，才提出願景。 (4)諮詢：先由組織成員提出願景創見，領導再整合出組織願景。 (5)共同創造：為最佳階段，此時領導者與組織成員共同建立願景。
退入法	目　　的：在團隊的層次，為共同願景與目的下定義。 參與者：正在共同創造願景的團隊。 概　　述：藉著一連串的問題，逐步引導參與成員建立共同願景。主要分成兩個步驟： (1)描繪未來的願景：鉅細靡遺的描繪出組織的共同願景（十一個問題）。 (2)回到現況：檢視目前組織的現況（七個問題）。
尋找偉大團隊	目　　的：敘述自己願意奉獻與遵從的團隊，藉此了解團隊共同願景。 參與者：正在共同創造願景的團隊。 概　　述：藉著個人經驗開始的一連串問題來探究，問題如下： (1)曾經參加過任何偉大的團隊。

	(2)這團隊有何特殊之處？（記錄在海報紙並張貼於牆上）。 (3)如何使我們團隊創造那樣的感覺來？ (4)我們應該對什麼奉獻自我？
命運因素法	目　的：發展組織的共同願景。 參與者：任何朝向共同創造願景邁進的團隊。 概　述：藉由回顧組織最初的願景及願景改變過程，來發展目前組 　　　　織願景的方法。其進行步驟有三： 　　　　(1)回顧組織過去的願景。 　　　　(2)追蹤過去願景建立到現在所發生的改變。 　　　　(3)思考過程中發生改變的原因。

資料來源：Senge, P. M. (1990)／齊若蘭譯（1995）。**第五項修練—學習型組織的藝
　　　　術與實務**（pp. 487-571）。台北：天下文化公司。

㈤**團隊學習**

「團隊學習」乃是重視團隊中每個成員所扮演的角色，運用深度匯
談，仔細聆聽，避開習慣性防衛，開放對話（dialogue）和討論（discus-
sion），激發團隊智慧，凝聚共識。

當一個組織員工知覺到團隊學習重於個人學習時，往往需花費相當
長的時間，團隊成員才能學會一起學習，就好像我們要花費相當長的時
間，才能學會科技和語言一樣。團隊學習的主要目的，在於建立自我導
引的文化和團隊，強調創造、互動的共生社群。組織成員藉由交互運用
「深度匯談」與「討論」，增進對話能力，發掘不同的意見，以同中求
異的原則來探索真理。在現代組織中，學習的基本單位是團隊而非個人，
因此，團隊學習更顯得重要，組織要學習，一定要靠團隊學習，才能持
續。

綜而言之，學習型組織是構成組織永續經營的不二法門，五項修練
的策略可以厚植組織競爭力，提升組織績效，系統思考讓員工具備有變
革的認知能力，「自我超越」、「改善心智模式」注重組織員工的成長，

「建立共同願景」建構支持變革的系統或制度，「團隊學習」讓員工凝聚共識，接受變革的挑戰，使組織日新又新、不斷創造未來。

四、學習型組織的障礙與限制

Senge（1990）指出，要建構「學習型組織」必須先能辨識組織的學習障礙，其列舉了下列七項的學習障礙：

㈠侷限性思考方式的本位主義

現代組織由於受到組織專業分工的影響，組織成員只專注於自己的職務，對於組織內所有職務與工作內容，沒有整體思考與互動的能力，所有思考均站在本單位最有利，但對整體不見得有利的侷限思考模式，所產生的本位主義。

㈡歸罪於外的心態

當組織的成員僅關注於自己的職務時，會無法察覺應如何將其行動延伸出職位的界限之外，而當此行動造成問題或傷害時，組織成員思考方式並非先檢討自己是否有疏失，而誤認為這些問題或傷害是外在因素所造成的。

㈢領導者自己負責的幻想

組織的領導者常認為自己能洞燭機先，認為應該在問題發展成危機前，能預防並提出解決方案、當機立斷，所以所有責任應由領導者負責；殊不知，當處理極為複雜的問題時，需要組織其他成員的共同思考，這種當機立斷的做法反將適得其反。

㈣專注於個別的事件缺乏創意

當組織發生問題時，由於專注於個別事件的態度，使我們無法對周遭環境能深入的了解，今日對組織和整體生存的主要威脅，並非出自於

突發事件，而是出自於緩慢且漸進不易察覺的過程，同時面對問題、事件缺乏以更有創意的方式來解決問題。

(五)煮青蛙的效應

青蛙在面臨緩慢的環境改變時，無法即時察覺，而招致煮熟的命運。此種情況也可以在許多組織之中發現，因組織對漸進的環境所產生的致命威脅而不察，終至面臨失敗的困境；所以組織若無法保持高度的警覺能力，就會形成煮青蛙效應。

(六)從經驗中學習的錯覺

從自身經驗學習固然是有效的學習方式，但自身經驗有其侷限性，組織中的許多重要決定的結果，往往延續許多年或數十年後才會出現，因此，組織成員難以純從工作經驗中學習，所以成員不能單從經驗中學習。

(七)管理團隊的迷思

組織團隊係由不同的部門及具有專業經驗能力的成員所組成，當面對具威脅性的複雜議題時，由於自我保護的心態、或本位主義作祟，不能開誠佈公且絕不承認自己的無能，甚至團體成員會抨擊不同意見的成員；有時為維持團隊凝聚力的表象，使得團隊的主要精神與目標遭到毀壞，久之，團隊成員即喪失學習的能力。

除了 Senge 所提的學習型組織的障礙與限制外，也會受文化背景不同的影響，導致因信念、價值、規範的不同，具體成為體制、法令限制，阻礙學習型組織的成立與運作。

第三節　學習型組織理論應用在學校的研究

欲將學習型組織理論應用在學校，必須先了解理論的轉用領域是否有效，所以本節先探討學習型組織理論應用在學校的研究。學習型組織理論在國內學校的研究可大致可分為：一、學校組織學習與學校效能的研究；二、學習型組織知覺的相關研究；三、學習型組織理論在學校應用與可行性分析；四、學校建立學習型組織的策略研究等四類。茲分述於下：

一、學校組織學習與學校效能的研究

在學習型組織與學校效能的研究發現：就整體而言，營造學習型組織與學校效能間呈顯著正相關，亦即營造學習型組織得分較高的國小教師，其學校效能的得分也較高；換言之，其學校效能的實施情形也較好。此部分李幸（2001）研究也證實國中教師知覺到學習型組織、教師自我效能與學校效能彼此間皆有顯著的正相關。低、中、高三組教師在整體營造學習型組織及其各向度與整體學校效能、及其各向度上的差異皆達顯著水準。在「營造學習型組織」至「學校效能」的主要徑路上，徑路係數達顯著水準。亦即「營造學習型組織」上游潛在變項對「學校效能」下游潛在變項有顯著的影響效果（楊進成，2001）。

由學校學習型組織的向度也證實可預測學校效能，林建富（2003）用逐步回歸統計結果顯示，在「學習型組織」中有四個向度可預測高職「學校效能」，按解釋變異量由多至少為「建立共同願景」、「團隊學習」、「改善心智模式」及「系統思考」等向度。李幸（2001）的研究也發現國中教師知覺到學習型組織與教師自我效對整體學校效能的聯合預測中，以「掌握學校特性」最具預測力；對學校效能各層面的聯合預

測則以對「行政績效」層面的總預測力 54% 最高。

　　知識管理、組織機制與學校學習型組織學習能力三個架構彼此間具有良好的正相關。「知識管理」的確會經由「組織機制」的中介作用對「總學習能力」產生影響（劉耕安，2003）。

二、學習型組織知覺的相關研究

　　探討學校學習型組織指標的研究有廖錦文（2002）採取文獻分析、問卷調查、德懷術（Delphi）問卷調查及內容分析等研究方法。現況調查以「類群隨機」抽樣八十六所職業學校，每校十位教職員，有效回收問卷為六百八十四份；本研究以建立「行政管理」之職業學校學習型組織指標為主，「教師教學」為輔，並以校長、教師及教師兼任行政工作者為研究範圍。具體結果發現職業學校學習型組織之指標包含：學校特性、學習文化、校長領導、行政配合、個人學習、組織學習、共同願景、科技應用、學習情境及考核獎勵等十項。

　　有關學習型組織與學校組織氣氛的關係上，謝鳴鳳（2001）研究發現：學習型組織與學校組織氣氛關係密切，即學習型組織愈好，學校氣氛愈積極、正向。在校長與教師的不同背景變項中，以「擔任職務」最能解釋並預測學習型組織；「服務年資」最能解釋並預測學校組織氣氛。桃竹苗四縣市校長與教師普遍認為發展學習型組織可以促進教師專業成長，提升教學品質；在「組織氣氛」方面，可增進凝聚力及互動，促使組織成員團結合作，增進學習氣氛。另外也發現國民小學教師在學習型組織運作程度之認知，與教師工作壓力之間呈現顯著負相關；國民小學教師在學習型組織運作程度之認知、與九年一貫課程之接受度呈現顯著正相關，亦即教師的學習型組織運作認知愈高，教師工作壓力愈低，九年一貫課程之接受度愈高（蔡琇韶，2003）。

　　另外有關教師學習型組織認知的程度、以及受相關變項影響的研究

發現：國小教師對學校學習型組織特性知覺的程度多為中等，以「管理者的支持」層面得分最高，「團隊學習的觀念」層面得分最低。不同的「年齡」、「最高學歷」、「服務年資」、「學校規模」、「現任職務」與「學校地點」，在學習型組織特性知覺上會產生顯著差異。不同的「年齡」、「最高學歷」、「服務年資」、「現任職務」與「學校地點」等變項，在教學型態上會產生顯著差異。國小教師對學校學習型組織特性的知覺情形與其教學型態間具有正相關（蔡琇韶，2003；吳嘉賢，2003）。

三、學習型組織理論在學校應用與可行性分析

陳內思（2001）發現我國高職進修學校實施學習型組織可行性高。且實施學習型組織可行性會因不同個人背景變項而有差異。男性、46 歲以上、研究所四十學分與處室主任、組長科主任者均認為我國高職進修學校實施學習型組織是較可行。實施學習型組織可行性會因不同環境變項而有差異。公立、九班（含）以下者認為高職進修學校實施學習型組織是較可行的，而學校位置則無差異。

李容容（1998）研究發現公立文教機構在朝向發展成學習型組織，會因機構員工背景變項之不同而有差異；公立文教機構在發展成學習型組織的情況良好。兩項研究均支持學習型組織理論在學校應用是可行的。

李麗玉（2000）探討個案推動組織學習的情形，採質的研究輔以問卷分析法，探討和觀察法，發現學校進行組織學習過程中所遭遇的阻力有：1.教師欠缺自我挑戰、自我超越的能力，遭遇挫折時，選擇逃避，並表現極度的無奈感；2.教師的心智模式，普遍存在「抗拒變革，無意願學習」；3.教師對學校的未來，不抱持樂觀態度，故無法凝聚共識，阻礙學校共同願景的建立；4.校園內教師文化，瀰漫著渙散氣氛，阻礙團隊學習的發展；5.校園中存在「個人主義」、「處室本位」以及「處

室內不和諧」的現象，影響學校系統化的運作；*6.*校園中存在棘手的老大和不適任教師，影響學校系統性的運作等。

陳文彥（2001）研究發現學習型學校推動背景脈絡方面：學習型組織可適用於不同類型的學校，但是在推動學習型學校具有先天條件的差異，而且校長的信念與能力為學習型學校推動的關鍵因素。整體社會及教育環境因素，足以影響學習型學校的推動。另外，學習型學校推動障礙方面：組織變革所引發的抗拒力量是推動學習型學校的共同現象；中小學缺乏外在機制刺激教師學習成長也是重要因素。

Senge基本上對學校在轉型為學習型組織，係持肯定的意見。他也指出在建立共同願景、分享願景及學習如何改變既定的心智模式方面，教育組織比企業組織還可以做得更好；而且未來學習型組織的改革，應該可以和教育改革共同結合，以提升教育品質、培養優秀人才。

四、學校建立學習型組織的策略研究

資訊平台的建立對學校建立學習型組織是一項重要的策略，藍建文（2003）研究學習型組織的建立就是讓員工不斷自我學習，並且提出自己專屬的知識和經驗與他人分享，以解決企業所面臨的問題與提升工作績效。資訊科技的應用，讓知識管理變得更為可行，讓知識的蒐集、儲存、搜尋、傳播等更加快速與有效率。而企業原來的資訊系統也應轉型為學習型的資訊系統，進而建立一個以知識管理系統為基礎的知識型組織。但不論資訊科技如何發展，學習型組織的建立仍然充滿著許多人為與組織上的阻礙，於是企業開始將企業資訊入口網站（Enterprise Information Portal, EIP）視為建立學習型組織一項重要的資訊科技工具。

學校建立學習型組織也受組織結構與環境的影響，楊承謙（2003）發現學校內學習型組織的活動直接受學校外部環境的影響不大明顯；反之，受學校內部組織結構的影響較為明顯。學校內學習型組織的活動與

學校內部組織結構有顯著相關，由問卷調查結果分析，可以得知在學校內部組織結構中，以校長的領導風格影響最具有影響力。以學校外部環境整體來說，對學校學習型組織的影響並不明顯，但若透過其對學校內部組織結構因素的影響，發現「教育改革」及「教育監管」兩變項對學習型組織具有直接的影響。

黃清海（1999）用文獻分析法及訪問法，對國民小學建立學習型組織策略的研究結果發現：

㈠學習型組織理論對國民小學而言有許多的幫助和啟示，且目前國民小學建立學習型組織有其適用性與必要性。

㈡當前國民小學建立學習型組織的有利條件可分為環境方面、人的方面、事的方面等三項條件。

㈢目前國民小學建立學習型組織的困境，可分為學校內部的問題與學校外部的問題。

㈣目前國民小學建立學習型組織的困境因應可從學校領導者、時間與設備、建立公共關係爭取資源、建議產學合作、同儕視導增進教師合作學習等方面著手。

㈤建立教師水平與垂直思考模式、落實校園民主擴大校務參與、舉辦系統思考訓練研習、建立學校經營藍圖等是培養教師系統思考的可行策略；學校行政主管建立永續經營的理念、建立合作學習的共識與習慣、發揮教評會功能、提供後設認知的成就喜悅等，是激勵教師自我超越的可行策略。

㈥制度上設計給予鼓勵、引進外在資訊鼓勵在職進修、透過小組會議討論實現行動研究等，是改善教師心智模式的可行策略；釐清教育的本質、調合專業與管理的角色功能、結合學校與個人願景、學校領導者引導等，是建立學校共同願景的可行策略。

㈦學校中的團隊有研究性的、休閒性的及管理性的三種團隊；協助

團隊學習可以從物質層面及心理層面兩方面來設計。

(八)組織階層扁平化、重整行政組織結構、教評會聘用共同願景教師、檢討現行課程結構、實施教師分級制度等，是組織制度結構方面可行的策略；行政上營造有利的氣氛、教師會凝聚教師的向心力、家長會發揮組織的功能等，是在組織環境文化方面可行的策略。

(九)教育行政機關的配合措施有重新調整角色回歸教育的目標、倡導學習型組織觀念選擇試辦學校、制定教師分級制度及獎勵與監督制度、規劃時間與資源提供專家協助、人事與會計法令適度鬆綁等。

第四節　學習型學校應該表現的具體特徵或行為

學習型學校應該表現的具體特徵或行為為何？英國教育學家 Southworth（1994）於一篇名為〈學習型學校〉（*The Learning School*）的論文，指出「學習型學校」應具備下列各項相互關聯的特徵（張明輝，2000）：

一、重視學生的學習活動。

二、個別教師應是不斷的學習者。

三、鼓勵教師和其他同仁共同合作或相互學習。

四、學校為一學習系統的組織。

五、學校領導者應為學習的領導者。

O'Banion（1999）認為學習組織的核心為「學」，學校的任何設施、計畫作為、任何時間、地點都是提供學習者學習的組織，因他是研究學習型社區學院，所以提出學習型社區學院的特色有：

一、致力於創造個別學習者的行為改變。

二、在學習的過程中，每一個學習者是充分參與的夥伴，也為自己的目標與選擇負起主要的責任。

三、學院應儘可能創造並提供學習機會與選擇。

四、應協助學習者組織並參與合作學習的活動。

五、應清楚界定學習促進者的角色，來回應學習者的需求。

六、學習教育組織得以成功發展，必須展現於學習者學習的紀錄上。

黃月純（2001）依據Marquardt（1999）學習型組織新典範的焦點，將學習型學校從組織的類別、以及學習型學校的組織典範—重要特徵與行為，分別析述如下：

一、組織表現上：教育績效（成果）能夠接受教育行政人員、教師、家長、學生、以及社區人事等的檢驗。

二、學習環境上：學校應該轉換以教學為主的型態，改以設計學習為主的環境。

三、組織系統與型態上：學校系統的發展應以學生為主體，包括建立資訊網路、社區網路、以及獲取學習資源網路。

四、自我導向學習上：學校組織的設計應是自我導向學習取代指導式的傳統教學方式，從教學典範轉變成學習典範。

五、 組織成員學習上：學校組織成員，包括領導者、行政支援者、教師及學生必須是持續的學習者。

六、導師與學習者關係上：學校領導者與教師的角色是導師（mentor）、學習促進者，同時也是學習者。

七、學習機會上：學校能夠提供、規劃與整合學習機會，並且不受時間、空間的限制。

從以上學者的論述中，可以了解：第一、學習型學校，無論是行政人員在辦學、老師在教學、以及學生到學校學習，雖各有其身分角色，但都同時是學習者，都為「學」而努力。第二、學校組織環境、制度、章則辦法、行政運作、各項資源設施的安排，均要以有利於學習的角度做最優先的考慮，形成學習的文化氣氛。第三、學習的發現是多樣的，

學習的時間是不間斷且持續的，學習的時間與空間也無限制，形成處處可學習、時時可學習、人人在學習的校園景象。

第五節　學校組織轉化成「學習型學校」的困境

　　學習型之理論應用於學校的研究顯示其可行性，也發現學習型學校與學校效能、組織氣氛有正相關存在，當學校要將學校轉型成學習型組織——即學習型學校，因現存的文化背景、典章制度、行政運作與資源設備等因素產生困境。檢視學校組織轉化成「學習型組織」的具體困境有（張明輝，1998；張素貞，1999；陳俊生，2001；廖錦文，2002）：

一、文化背景面

㈠學校願景空泛與口號化

　　雖然目前各學校均有所謂的學校願景，但是在形成學校願景的過程中，經常是領導者個人的想法，並未針對學校背景、傳承、資源、潛力，經過所有成員透過 SWOT 縝密的分析，不斷的辯證形成共識，產生共力的承諾。加上學校組織相對的比較封閉，新的文化趨勢與衝擊壓力較少，所以對組織未來的發展感覺與自己無關，也較不重視，總認為不是自己的事，所以學校所呈現的願景大部分是領導者的願景，或流於空泛與口號化的願景。

㈡團隊與合作互動意識缺乏

　　要形成學習型組織，組織成員須具有追求自我成長與自我實現的熱望，成員之間能夠彼此密切交流互動、相互支持，建立出組織成員間良好的人際網路，結合整個社會環境，成為整體社會環境的一個實體（吳明烈，1997）。優良的教學文化，包括教師的相互合作、教師間的密切

溝通、積極的學校氣氛等，但是學校所形成的傳統心態是個人教個人的書、做個人的事，學校行政人員與教師只專注其自身的行政事務及教學工作，彼此缺乏溝通，造成行政無法支援教學，教師不願配合行政工作的現象，學校成員缺乏整體思考的能力，鮮少有團隊合作與積極互動的意識，無法凝聚共識，願景無法形成，更妨礙團隊學習，不利於學習型學校的形成。

㈢不利的解決問題的習慣與態度

　　學習型組織強調在工作中的問題裡學習，是一個問題導向的學習：行動（Doing）→反省（Reflecting）→思考（Thinking）→決定（Deciding），構成一個完整的循環。但是學校面對問題解決的文化是妥協、粉飾、症狀解，不敢面對問題做根本解的態度，處理事務之態度過於保守。學校教育人員面對問題時，總是小心翼翼，依照傳統、保守的方式處理問題，總認為平安順利就好，而無法去分析問題的成因，尋找更快速、有效及有創意的處理方式。當然這也不能歸過於學校領導人，因為整個環境因素都不利於學校領導人對正式問題，做一勞永逸的根本解決。

二、制度方面

㈠服從命令的科層體制

　　學校的行事忙於應付由上而下的行政命令，學校少有時間思考真正的需求和辦學目標，致使教師多半封閉在教室裡趕教學進度、或配合行政業務；行政人員則忙於應付上級命令行事，也不知道和學校整體發展、或學校教育有何關聯，只求能無過，不求有功。組織成員少有時間能認真思考組織發展問題或學習的問題。

㈡缺乏系統化的教師專業成長機制

教育行政制度上缺乏使教師專業成長的機制，師資是否到學校才墮落？其原因必須深入探討：教學工作年復一年，視之為「志業」並以學生的成就為精神的慰藉以獲得持續工作的動力，而加薪、獎金和跳級主要是以年資來累積，行政制度上並沒有一套以專業績效來論定的教師分級和評鑑制度以供師資專業成長來認證和自我實現，致使師資的專業成長趨向原地踏步。

㈢教師進修制度未系統化

學習型組織核心工作就是學習，但目前教師進修的制度未能系統化設計且以學校為中心推動，目前進修規劃多半由教育主管單位各自為政，並散置在上課期間，影響學生的受教權，且所規劃的課程並未以教師教學需求並分程度來考量，致使成效不彰，倘若教育主管機關能制定相關法令以「教師進修」時數視同為教師上課時數，或以寒暑假整合相關進修來設計，授權以學校為本位，結合教師一起參與規劃，並視進修為績效考評的依據來誘發教育界同仁永續專業成長，深信必能有更大的效益。

㈣評鑑制度的缺失

學校評鑑和個人評鑑並未結合，且缺乏團隊的共識。學校在社區裡的評價極低，甚至校務評鑑結果也是不佳，然而學校的老師考績卻都是甲等（除了請假超過以外）。學校的教師同儕若太認真會受到排擠，最後只好他調形成劣幣驅逐良幣。整個教育環境過於安逸，缺乏競爭與落實的考評制度，學校教育人員，尤其是公立學校成員，長期受到政府的保護與照顧，生活穩定且安逸，且缺乏競爭者，沒有危機意識。因此，因為評鑑制度的缺失和執行的不落實，導致學校教育人員缺乏主動積極的學習動機。

三、行政運作方面

㈠教師專業自主有待提升

教師缺乏專業的共識，歸因於太多的「統一」削落了自主的心態，進而影響專業自主的能力，同時師資培育單位也未對師資規劃組織技巧、人際互動、團隊合作、方案評估等能力之培養，因而對學校建構為學習型組織欠缺積極運作的條件。

㈡校長領導角色與能力因素

高淑慧（1995）認為學校產生問題時，校長常過於獨斷處理問題，提出解決策略，卻忽略了與學校成員共同思考解決問題。校長扮演行政領導的角色多於專業領導，現行的學校規模大小不一，六班和上百班的學校同是一個校長，上百班的校長應付瑣碎的行政事務還來不及，何來有閒暇研修自我成長或以首席教師帶領同仁專業成長，甚且校長的甄選制度也要同步檢討，是否能真正甄選出專業的領導人才、有足夠的能力來帶動學校同仁的專業成長，值得深思！

㈢教學以外的行政事務繁雜

分散、難用的課餘時間不足以應付導護，午餐、合作社、政令宣導和各項經費處理，班級事務及配合上級行政命令占去大多數的時間，在學期中少有較完整的時間研商組織的目標和發展個人教學的省思，對唯一可用的寒暑假，向來被視為教師放假的權利，尤以在教師一直擴權的今天，寒暑假更是運用不得，此的確值得商榷。

四、資源設備方面

㈠經費的缺乏與分配的不當

對教師進修活動經費統籌以全校大班式的專題講座為補助單位，並非以提計畫方式適性的補助，致使許多學校仍是以集體和統一的方式辦理教師進行活動，影響學習型學校的建構。

㈡缺乏適當場所規劃

學校的設備有大型、小型辦公室、教師休閒室及學童圖書室，卻沒有專案或有利於討論問題的研究室規劃，似乎定位教師傾向於辦公、批作業的功能，也是建構學習型學校的障礙之一。

㈢人力支援的應用

學校、社區、大學人才庫的建立與交流並未普及，校際人才交流，教師彼此新觀念、好行動的分享都是學習型學校所必備的條件，有待普及和開拓。

以上所述建立學習型組織可能遭遇的困難問題，它包括不了解學習型組織而產生抗拒、配合意願不高、相關配套措施不夠完備、安排學習時間有困難、舊有的學習認知與習慣難以更改及未訂定推動學習型組織的具體辦法。教師們必須學會辨識這些障礙，才能克服這些障礙，這些障礙克服之後，學校才有可能成為學習型學校。

第六節　建構學習型學校的領導策略

參酌文獻的探討，針對學校組織一般特性與運作現況，先從校長領導風格，再就學校會如何學習的方法，最後就 Senge 的五項修練，提出

學校學習型組織發展行政領導的可行策略、實行的步驟以及評量的方法，分述如下：

一、校長領導新風格──「領而不導，統而不御」

Arggris（1991）在所著《教導聰明人如何學習》一書中提到，人類的共通性似乎就是不斷的以：保持單方面的控制權；擴大贏面，縮小輸面；壓抑負面的感覺；儘量維持理性等四大基本價值觀，做為行動的基礎，這些價值觀都是為了避免製造難堪或威脅，或是讓人感受傷害和產生無力感。

Senge（2000）將其轉描述為公立學校內盛行「校長永遠是對的」（principal do-right）的領導模式，這種領導模式就是提出主張、把問題釐清、選擇一個立場、不要退縮、要堅強、理性、有說服力、而且自認正確。這些傳統的領導思維，認為一個好的校長必須能獲得控制權並保有它；不管立場如何，好的校長一定會贏得所有的衝突與對立；校長若是傳達出負面的訊息，就表示他已無法控制局勢，承認自己的軟弱無能；校長永遠保持理性就是接受教育的象徵。這些領導風格不利於學習型學校的建構。

有利於建構學習型學校的校長領導風格是領導而不控制（lead without control），要做到如此就必須：

㈠校長是積極參與者

校長要面對問題困難，帶領成員去解決，首先必須辨識與體認調適性問題（adaptive problem），這些問題經常是定義不明、起因並不簡單，也沒有現成顯著答案或成例可循的狀況。它必須帶領成員共同思考是什麼原因造成問題？這些問題代表什麼意思和內部矛盾？矛盾產生的歷史背景和緣由為何？自己、成員、所有各層面衝突中，代表何種觀點

與利益？在工作團隊中要如何反應整體的問題？其次，積極參與就是校長要促成彼此成員對談和學習，校長不是站在問題之外的裁判，也不是只是監督者，他是共同參與者。

㈡校長是系統思考者

對問題的分析能了解他的複雜性與界限，能將問題的相關因素解析，分析和組織的願景相關責任歸屬、界限、原因、目前狀況、未來可能產生的結果，領導者也能超越本身的有限性，開放且坦誠的共同參與思考，產生共識、願意凝聚共力推動來解決方案。

㈢校長是領導學習者

在處理學校所有問題上，校長要做一位「以學習者為中心」的模範，而不是強調以「權威為中心」。經常會發現學校標語上寫者「我們以學生為中心」，學校所作所為是以兒童為中心，還是以課程、老師為中心，拼命灌輸、趕進度呢？或是開會討論時，校長總是先說「這個問題我想本校應該這樣辦理來獲得解決，有沒有其他意見？歡迎提出來，我們是很開放的。」主席都已經下結論了，還要討論嗎？這只是過水，取得合法程序罷了。校長是領導學習者，若面對問題時，也一樣會出現懷疑、困惑與猶豫，承認自己的知識或能力不足，抱著喜悅的心情跟隨大家一起學習，從彼此互動中得到解決問題的方法，增進彼此的理解與互動，亦可與大家共同學習成長。

㈣校長要有敏感性的自覺意識

在變動的環境中，校長有任期制，教育問題複雜性又高不易解決，教育功效須長期才能顯現，加以各方意見與壓力又大，經常形成短線操作，挑簡單且容易看到效果的來做；辦理有工具價值的活動，有助於自己的升遷調動、或有利於某些團體、個人利益；甚而做譁眾取寵，有新

聞價值而無教育價值，或反教育的活動。

校長必須有敏感的自覺意識，知道自己今日所做的一切作為，均會對其他系統產生衝擊與影響，諸如學生個人將來的學習與成長、甚至影響家庭、社會與國家；這種影響與衝擊有可能短期不顯著，但經長期的演變就會產生難以扭轉的重大問題。校長又要如何知覺自己所做是正確的呢？他必須經常的做自我反思，以及有一位亦師亦友的導師（mentor），經常能照出自己的為人處世、進德修業的優缺處，以及進步方向與空間，如此才能掌握學校教育的方向持續邁進，不致迷失於滾滾洪流中而不自覺。

二、先學會如何學習

要建構學習型學校，首先要學會如何學習，才能進一步的去學什麼。學校在學習如何學習之具體方法如下（楊智傑，2004）。

㈠高層次的思維

學校領導者終日忙碌，無法在行動中思考。因此，應該思考並了解「做對的事情而非把事情做對」；「如何學習而非學習什麼」；「為什麼做而非如何做」的意義。

㈡接受多元文化

培養尊重、欣賞與接納他人的觀念，進而發展汲取與接受新事物的能力。

㈢嘗試冒險與錯誤

運用過程與事後評估方法，從中找出障礙並克服困難、檢討失敗的原因，以期未來不再重蹈覆轍，增加任務成功的機會。

㈣吸收及運用資訊

個人應具備了獲得與選擇知識、資訊的能力，透過自我學習發現、選擇、運用、組織、整合，而成為個人的資訊與知識。

㈤利用新型與適合的工具

工欲善其事必先利其器，如網路或電子學習，具備聲光效果，一方面可減少資料的蒐集時間，一方面增加學習的效率。

㈥學習察覺的能力

運用生活即學習的觀念，凡生活上的一切事物均可視為學習的對象，由親身體驗的過程中，獲得自我覺醒、反省批判的能力。

㈦集中心智與潛在能力

個人在準備學習之前，應將其他雜事都拋開，讓自己紛亂的心思意念沈澱下來，其可透過深呼吸，將精神慢慢集中，如此可提升注意力，無形中腦力、思考力也能提升。

㈧健康的心理與身體

具備良好的精神和身體狀況，因此休閒與工作必須並重，如此可幫助我們提高學習力和思考力。

㈨見賢思齊，見不賢則內自省

借鏡他人的成功與失敗的經驗，從中選擇適合於個人狀況的內容學習，並將其內化成個人的知識；或檢討其失敗的原因，避免個人再發生。

㈩整合學習目標與生涯規劃

讓不滿足現狀的想法轉化成個人的夢想與抱負，並發展前瞻性的計畫，進而構築人生的願景。由此產生積極的人生觀，讓學習目標與個人

未來的理想藍圖緊密連結。

三、建構五項修練

在五項修練要項「建立學校共同願景」、「導引成員系統思考」、「改善成員心智模式」、「推動成員團隊學習」、「激勵成員自我超越」方面：

㈠建立學校共同願景

學校共同願景是學校組織成員所共同持有的意向或景象，亦是引導學校組織發展的藍圖，學校成員有共識才有共同努力的方向與目標，學校欲建立共同願景可採以下作法：

1. 匯聚與塑造學校整體圖像：藉由激發學校成員思考，融合學校價值、個人需求與組織目標，逐步匯聚成學校的共同願景。Yukl（1994）針對如何在組織中有效建構願景與達成願景，提出了十一項可行的原則，特別強調成員對願景的認同以及達成願景的策略；領導者不但要表現出自信和說服力，也要對成員有信心；領導者要以積極的態度，在言語、行動中充分表現出自信，使用豐富、具感情的語言、隱喻、軼事、傳記、口號等與成員溝通，使所提出的願景更具說服力；從階段性的成功即予以慶祝，表達出對成員的激勵與建立信心，同時也要注意失落感與不安的成員，予以適當的安撫於協助，讓他重燃信心；領導者以身作則建立楷模，落實於日常作息中，使用符號象徵的行為來強調核心價值，創造與塑立學校組織文化。

2. 穩定與具體化的校務發展計畫：學校願景最重要乃是有具體可行的計畫，並能逐步完成組織目標為核心。願景與導引組織向上提升的動力，具體可行的作法是將願景具現於學校近、中、長期的校務發展計畫中，逐步施行過程中必須堅持方向、努力向前，不可人亡政息，舊校長

一走，新校長推翻過去努力的方向，重新推出另一套做法，學校永遠處於變來變去，就無法發展出學校的特色，而學校願景僅是徒具形式的口號罷了。

㈡導引成員系統思考

在學習型組織的核心觀念中，系統思考能力的培養是最為關鍵的一項。組織中任何一部門的成員亦與其他部門的成員有關，由於組織問題與成員的相互關聯，因而構成組織的複雜性與整體性。因此，欲解決組織的某些問題，絕不能從單一層面著手，必須考慮相關的影響因素。學校如何提升成員系統思考的能力則可採取以下的作法：

1.舉辦系統思考訓練：

提升學校成員系思考的能力可利用週三進修或寒暑假教師進修時間，舉辦系統思考的訓練，以教育、學校、教學、學生等多數教職員工普遍關心的問題，聘請專家學者就 Senge（1990）所提之故事描述（storytelling）、五個為什麼法（five why's perspective）、因果回饋圈（cause-loop diagrams）、系統基模 （archetypes）、行為基模比對圖（behavior and archetypes comparison chart）、組織鎖格突破法（breaking through organizational gridlock）予以講解並進行實質的演練，擴展其思考的周延性與深度，亦即水平與垂直兼具的思考模式。

2.落實真正的校園民主與校務參與：

學校領導階層應採民主的行政運作模式，在一個開放的、互相尊重的氣氛中，教師才能積極充分的參與校務的運作，除了貢獻自己的才能智慧，還更能激盪出共識與創新，使學校成員能認同並關心學校，也覺得有貢獻、有價值，才能真正參與開擴思考層面。

3.落實學校本位管理、發揮委員會功能：

教育行政機關應重新定位自己的角色，授權學校本位管理，宣導學

習型組織理念，選擇學校試辦，提供經費協助學校，並訂定相關的制度（黃清海，1999），應尊重學校的自我管理，而不要處處指示、限制，甚至干預，學校應充分發揮會議機制或各種委員會的功能。目前學校有校務發展委員會、課程發展委員會、教評會等，針對學校面臨的各種問題，透過專業與專業、專業與行政、行政與行政之間充分的意見交流、激盪、論辯，尋求彼此立場的理解，從各種角度探討思索問題，進而獲得較合適的解決方案，不但解決問題，且能逐漸提升成員系統思考的能力。

(三)改善成員心智模式

學校要使所有成員改善心智模式的策略除了有良好的組織氣氛外，重要的是：成員見識的擴大與完善的設施，以及實際練習的機會。

1. 成員見識的擴大：為了增進成員見識的擴大，學校可用計畫的鼓勵成員透過正式或非正式的進修管道進修；利用標竿學習的方式參觀學習目標學校；引進與學習新的資訊與不同的做法，才不至於成為坎井之蛙，受限於所見，免於固著的心智模式。

2. 建構有利於學習的設施：資訊平台的建立對學校建構學習型組織是一項重要的策略，藍建文（2003）研究學習型組織的建立就是讓員工不斷自我學習，並且提出自己專屬的知識和經驗與他人分享，以解決企業所面臨的問題與提升工作績效。資訊科技的應用，讓知識管理變得更為可行，讓知識的蒐集、儲存、搜尋、傳播等更加快速與有效率。學校積極引進資訊活化教師反思外，亦應鼓舞學校教師不吝於將自身教學或研究的成果與他人分享，尤其現今資訊科技發達，幾乎校校皆能上網，透過學校、個人網站的設置，或是電子郵件的傳遞，建置一個專業分享的虛擬城市，不但可獲得教學或課程相關的資訊，以拓展視野，更可藉此自我省思成長。

3.實際練習的機會：學校成員透過工作輪調、會議或小組進行討論方式，學習運用推論階梯、左手欄（left-hand column），兼顧主張與探詢（balancing advocacy and inquiry）、多重觀點（multiple respective）、企劃未來情境（creating scenarios）等方法練習，改善成員心智模式。

㈣加強成員團隊學習

團隊表現優於個人表現是學習型組織另一項核心觀念，學校欲加強成員團隊學習，可採取的重要作法是協助組成各種功能性團隊與協助其積極運作。

1.協助組成各種功能性團隊：學校除依法必須成立的各種委員會外，可依功能的不同，協助教師組成各種教學與學習的團隊，或針對特定問題解決的團隊，設定成立與獎勵的辦法，讓其有規則可循，又獲得實質的協助與獎勵。

2.協助各團隊積極運作：學校雖然開始時成立了各種團隊，但經常是名存實亡，或是未積極運作、未能達成團隊目標，也未獲得團隊學習。Fisher（1996）提出解決團隊運作的問題時，提出了十二項秘訣：

‧用關心和耐心對待成員。

‧假定人性本善。

‧解決問題而非推諉塞責。

‧注意行為而非態度。

‧建立有效的例行團隊會議。

‧把注意力放在最後目標，而不是障礙上。

‧找對人來解決問題。

‧別陷入無法解決的問題中。

‧發展有效解決問題的技巧和原則。

‧了解自己的角色、目的、權限和資源。

- 把重點放在成果上，不偏離跑道。
- 切記團隊本身不是目的，是學習去解決問題，達成組織目標的工具。

正如 Senge（1999）所說的，團隊學習經過深度匯談和有技巧的討論，得以使集體思考的能力更上一層樓，學習如何啟動能量與行動，以達成共同目標。

㈤激勵成員自我超越

個人需培養堅強的意志力，才能持續完成自我超越。基此，若欲培養學校成員自我超越的能力，可採取以下的作法：

1.透過團隊學習釐清個人願景：經由團隊學習，實際進行描繪個人願景（drawing forth personal vision）、個人價值檢核表（personal values checklist）、迴轉法（cycling back）等技巧的練習，讓學校成員釐清個人所期望的願景，引導個人朝向未來邁進，並由此激發出超越現況的動力。

2.激勵成員不斷進行終身學習：學校中的行政主管，包括校長、各處室主任及組長等，在學校行政運作過程中，扮演著多重角色，他們是學校行政主要的決策者與執行者，同時也是合作教學主要的推動與協助者。在學校學習型組織發展的歷程中，他們應扮演學習者、探索者與溝通者等角色，以身作則不斷學習，上行下效，進而激發學校其他教職員工進行終身學習，尋求創新成長。

3.鼓勵嘗試並提出革新方案：創新的精神是組織日新又新、精益求精的必備條件，也是追求自我超越的動力，因此應鼓勵學校教職員工提出更新方案或建設性的提案，諸如教學改革方案、制度變革方案、行政革新方案等，透過正式程序，在各種會議中經由其他成員的討論檢驗後施行，讓組織不斷注入活力。而創新是一種冒險，難免會有失誤，因此也需接納可能產生的失敗。

四、實現學習型學校的步驟

學校必須具備五項的基本修練才能稱為學習型學校，至於建立具有此五項修練的學習型組織，其具體步驟學者（Watkins & Marsick, 1993; Kline & Saunders, 1993; Marquardt, 1996）也提出甚多建議，其中以 Marquardt（1996）所提出的建立學習型組織須遵行的十六個步驟最詳盡具體，足供建立學習型學校的步驟做為參考，茲分述於下：

㈠組織領導者及成員必須凝聚塑造學習型組織的共識。

㈡將組織目標與學習策略相結合。

㈢評析每個學習系統及其次級系統。

㈣溝通與建立學習型組織的願景。

㈤了解系統思考及行動對組織的重要性。

㈥領導者對於學習有明確的承諾並做示範。

㈦組織文化的轉型及持續的改造。

㈧建立全面性的學習策略。

㈨根除官僚體制，改善並建立分權、水平及合理化的組織結構。

㈩對成員授權與賦能。

(十一)將組織學習延伸至組織中各個利害關係者身上。

(十二)積極學習並提供經驗與知識分享。

(十三)應用最佳現代科技，達到學習的最好效果。

(十四)鼓勵與增強個人、團隊及組織學習的層面。

(十五)持續學習與學習型組織有關的知識與技術。

(十六)不斷地適應、改善與持續學習。

五、隨時檢討與調整實現學習型學校的過程與成果

任何一項活動的實施，除了事前有縝密的規劃外，均會有各種突發

狀況，或未事先考慮到的因素產生；也有可能產生執行偏差，或遭遇困難失去信心。所以學校在推行學習型學校的過程中，隨時都要保持警覺偵測環境、人員、方法、過程、資源等等因素的變動，能立即檢討調整才能達成目標。Udai Pareek 發展出十七項指標供學習型組織建立過程中做具體的檢查（Redding & Catalanello, 1994；朱楠賢，1997）：

㈠有無邀請專家及富實務經驗者傳授新觀念。

㈡有無鼓勵員工參與其他單位的計畫。

㈢有無將組織自身經驗及關切所在提供其他組織參考。

㈣有無鼓勵員工實驗創新。

㈤有無獎賞創新。

㈥有無定期開會檢討實施結果。

㈦有無定期開會分享正在進行的實驗。

㈧有無成立從事前瞻性業務發展的員工討論會。

㈨有無創立任務團隊，執行、追蹤及批判新計畫。

㈩有無反映權變途徑的細部計畫。

(十一)有無創立任務團隊，執行檢討組織內新舊措施共同的部分。

(十二)有無保存實驗作法的資料、紀錄、檔案。

(十三)首長或資深主管有無定期主持會議，評估創新措施。

(十四)變遷過程中有無運用現存相關技術來執行。

(十五)有無從事真實的評估，以利不斷創新。

(十六)當實驗顯示需要修正時，有無修正執行計畫。

(十七)有無鼓勵不同團體用不同方法執行計畫工作。

第七節 結 論

教育部在推動學習型組織方案計畫中,基本目標是:㈠鼓勵研究發展創新,不斷自我超越。㈡改善思考新制模式,提升決策品質。㈢由下而上凝聚共識,建立共同願景。㈣透過團隊相互學習,促進組織成長。㈤運用系統思考方式,解決實際問題。㈥塑造有利組織環境,帶動全員學習(教育部,1996)。學校欲達成上述的目標成為學習型學校,在組織發展的歷程中,需要了解學習型組織的相關議題,應扮演學習者、探索者與溝通者等角色,不斷學習,分析組織發展情境,決定策略,推動知識管理、建構知識社群,激發學校其他組織成員進行終身學習,尋求創新成長。

建構學校為學習型組織,不但需要高層領導者的了解、支持外,更要喚起全體的自覺性意識,願意建構有利的優質文化,透過系統思考、自我超越、改善心智模式、建立共同願景、團隊學習五項修練,有意願、有計畫、有步驟的持之以恆,就會建立出具領導力、來自四面八方,擁有善於應變與創新的學校組織。使組織成員透過持續不斷的學習,期能達成類似新加坡所重視的公務人員的 HAIR 特質:H 是指直昇機(Helicopter),意謂能像直昇機一樣看得遠、看得高,能掌握全局,了解未來趨勢;A 是指分析能力(Analysis);I 是指有豐富、創新的想像力(Imagination);R 是指洞悉事實能力(sense of Reality)(呂世壹,2000)。在變動不居的時代中,有良好的競爭力,才能應變而且能創新、引領風潮,獨占鰲頭。

參考書目

毛連塭（1998）。「營造學習型學校」研討會。國立教育資料館主辦 http://www.nioerar.edu.tw/new/no4/4-9.htm，2004/05/08。

白穗儀（1998）。**國民中學組織學習與教師專業成長關係之研究**。彰化師範大學教研所碩士論文（未出版）。

朱楠賢（1997）。人力資源管理的新利器─學習型組織。**空大學訊，208**，99-103。

朱愛群（1997）。論學習型組織中的策略學習─從人力資源發展的角度觀之。**警學叢刊，28** (1), 139-166。

李幸（2001）。**國民中學學習型組織、教師自我效能與學校效能關係之研究**。國立高雄師範大學教研所碩士論文（未出版）。

李容容（1998）。**公立文教機構發展成學習型組織可能性之研究**。國立高雄師範大學成人教育研究所碩士論文（未出版）。

李佳霓（1999）。**國民中學組織學習、教師個人學習與學校效能關係之研究**。國立高雄師範大學教研所碩士論文（未出版）。

李祈龍（2000）。**國民小學實施學習型組織可行性與符合程度之意見調查**。國立嘉義大學國民教育研究所碩士論文（未出版）。

李麗玉（2000）。**學校施行組織學習之研究：一個國中個案的探討**。中正大學成人及繼續教育研究所碩士論文（未出版）。

余錦漳（2000）。**國民小學組織學習與教師專業成長之相關因素研究**。國立高雄師範大學成教所碩士論文（未出版）。

吳明烈（1997）。學習社會的展望：意義、特質與功能之分析。**成人教育，35**，28-37。

吳清山（1997）。學習型組織理論及其對教育革新的啟示。**國教月刊，43** (56)，1-7。

吳嘉賢（2003）。**國小教師對學校學習型組織特性知覺與教學型態關係之研**

究。國立中正大學成人及繼續教育研究所碩士論文（未出版）。

吳曉青（2001）。**學習型學校建構策略之研究**。國立臺灣師範大學社教研所
　　碩士論文（未出版）。

呂世壹（2000）。學習組織應用在政府部門可行性之研究。載於行政院人事
　　行政局編著，**研究發展得獎作品選輯第二十九輯**（頁483-573）。台北：
　　行政院人事行政局。

林建富（2003）。**台北市高職教師感知學習型組織與學校效能之相關研究**。
　　國立臺灣師範大學工業教育學系在職進修碩士班碩士論文（未出版）。

林貝絲（2001）。**國民小學校長領導行為與學習型學校之研究**。國立臺北師
　　範學院教研所碩士論文（未出版）。

林新發（1998）。學習型組織與學習型學校。**國民教育，32**(2)，12-13。

高淑慧（1995）。**學習型組織理論之研究**。國立政治大學公共行政研究所碩
　　士論文（未出版）。

孫本初（1995a）。學習型組織的內涵與運用（上）。**人事月刊，21**(1)，
　　27-31。

孫本初（1995b）。學習型組織的內涵與運用（下）。**人事月刊，21**(2)，
　　21-29。

曾淑枝（2003）以學校為據點的學習型家庭教育推動之研究～以新竹市中小
　　學建立學習型組織活化推動計畫為例。國立嘉義大學家庭教育研究所碩
　　士論文（未出版）。

莊淑琴（2001）。論學習型組織及其對教育的啟示。**教師之友，42**(1)，8-14。

陳文彥（2001）。**中小學推動學習型學校之個案研究**。國立臺灣師範大學教
　　研所碩士論文（未出版）。

陳內思（2001）。**我國高級職業進修學校發展成學習型組織的可行性研究**。
　　彰化師範大學工業教育學系（未出版）。

陳俊生（2001）。**國民小學學習型組織發展之研究**。國立臺北師範學院教研
　　所碩士論文（未出版）。

陳美如（2001）。台北市立國民中學教師對營造學習型學校的態度及相關因

素之研究。國立臺灣師範大學社教研所碩士論文（未出版）。

郭耀隆（1998）。**國民小學親師合作之研究—個班級之個案研究**。國立嘉義
　　師範學院／國民教育研究所碩士論文（未出版）。

張明輝（1998）。營造學習型學校。載於**學校行政革新專輯**，15～31頁。台
　　北市：國立台北師範學院。

張明輝（2000）。**英國中小學校長的專業成長計畫及其啟示**。發表於國立政
　　治大學教育系主辦：「教育行政論壇」第六次研討會（民89.06.03）。台
　　北：政治大學。

張素貞（1999）。國民小學營造「學習型學校」—行不行？**教育資料與研究**，
　　27，22-26。

教育部（1996）。**教育部推動學習型組織方案執行計畫**。台北：教育部。

教育部（1998）。**邁向學習社會**。台北：教育部。

莊淑琴（2001）。論學習型組織及其對教育的啟示。**教師之友，42**，8-13。

黃月純（2001）。學習型學校之相關論點與實例探討。**教育政策論壇，4**，
　　1-24。線上檢索日期：2001年10月5日。網址：http://www.epa.ncnu.tw/
　　epfourm/vol4no2/8-5.html.

黃淑馨（1997）。學校成為學習型組織之發展策略與具體作為。**教育資料文
　　摘，231**，124-133。

黃富順（1999）。學習型組織緣起、意義、特性與實施。載於中華民國成人
　　教育學會，**學習型組織**（頁1-39）。台北：師苑。

黃清海（1999）。**國民小學建立學習型組織策略之研究**。國立台北師範學院
國民教育研究所碩士論文（未出版）。

彭淑珍（1997）。**學習型組織理論在國民中學行政應用之研究**。國立臺灣師
　　範大學教研所碩士論文（未出版）。

楊智傑（2004）。**學習如何學習之具體方法**。2004/5/25, http://www.ncsi.gov.
　　tw/e-paper/contents/study/1102.pdf

楊承謙（2003）。**學校外部環境與內部結構影響其學習型組織之研究**。臺東
　　師範學院教育研究所碩士論文（未出版）。

楊進成（2001）。**國民小學校長營造學習型組織與學校效能關係之研究－以台北縣為例**。國立台北師範學院國民教育研究所碩士論文（未出版）。

楊國德（1999）。學習型組織理論初探。載於中華民國成人教育學會，**學習型組織**（頁40-71）。台北：師苑。

蔡琇韶（2003）。**國民小學教師對學習型組織之認知、九年一貫課程之接受度與工作壓力之相關研究**。國立嘉義大學國民教育研究所碩士論文（未出版）。

藍建文（2003）。**學習型組織 EIP 架構之探討以高中職學校為例**。南華大學資訊管理學研究所碩士論文（未出版）。

劉耕安（2003）。**學習型組織的知識管理、組織機制與學習能力之研究－我國大學校院之實證**。義守大學管理科學研究所碩士論文（未出版）。

廖錦文（2002）。**職業學校學習型組織指標之研究**。國立臺灣師範大學工業教育研究所碩士論文（未出版）。

盧偉斯（1996）。**組織學習的理論性探究**。國立政治大學公共行政學研究所博士論文（未出版）。

盧偉斯（2001）。組織學習做為知識管理理論的初探。**人事月刊，32**(6)，39-46。

鍾燕宜（1996a）。學習型組織理論的意涵與批判（上）。**人事管理，23**(9)，頁4-19。

鍾燕宜（1996b）。學習型組織理論的意涵與批判（下）。**人事管理，23**(10)，頁26-44。

魏惠娟（1998）。學習型組織的基礎－系統思考及其應用。**中華民國終身學習年－國際終身學習學術研討會論文集**。

魏惠娟（1998）。邁向學習型組織的教育行政領導。**教育政策論壇，1**(1)，http://search.marsfind.com/ufts.html. 2004/05/08

蘇育琪、吳怡靜（1995）。專訪彼得‧聖吉：打造永續經營的鑰匙。**天下雜誌，168，**78-79。

謝鳴鳳（2001）。**國民小學學習型組織與學校組織氣氛關係之研究**。國立新

竹師範學院學校行政碩士班碩士論文（未出版）。

Bateman, T. S. & Snell, S. A.／張進德、楊雪蘭、朱正民譯（2002）。**管理學**。台北：美商麥格羅・希爾。

Bennett，J. K. & O'Brien, M.J.(1994) "The building blocks of the learning organization." *Training and Development Journal,31*(6), 41-48.

Calvert, G., Mobley, S., & Marshall, L. (1994). Grasping the learning organization. *Training and Development Journal,48*(4), 38-43.

Drucker, P. F. (1992). The new society of organization. *Harvard Business Review, 70* (5), 95-104.

Fisher, K. (1996). ／吳玫瑛、江麗美譯（2002）。**團隊** EQ。台北：美商麥格羅・希爾。

Garvin, D. A. (1993). Building a learning organization. *Harvard Business Review, 71*(4),78-92.

Graham,G., Heijden, V., & Kees, D. (1992). The learning organization: How planning create organizational learning" *Marketing Intelligence and Planning,10* (6), 5-12.

Kline, P., & Saunders, B. (1993). *The steps to learning organization.* Virginia: Great Ocean.

Marquardt, M. J. (1996). *Building the learning organization: Gaining competitive advantage through continuous learning.* Burr Ridge, IL: Irwin.

Marquardt, M. J. (1999). *Action learning in action. Palo Alto*: Davies-Black Publishing.

Marquardt, M. J., & Reynolds, A. (1994). *The global learning organization.* New York: Irwin.

O'Banion, T. (1999). *Launching a learning-centered college.* (ERIC Document Reproduction Service No. ED432315).

O'Neil, J. (1995). *Four lenses through which to view a learning organization.* ASTD.

Peddler, M., Boydell, T., & Burgoyne, J. (1989). Toward the learning company. *Management Education and Development, 20*(1), 1-8.

Perelman, L. (1984). The learning enterprise: Adult learning. *Human Capital and Economic Development*. Washington: Council of State Planning Agencies.

Redding, J. C., & Catalanello, R. F. (1994). *Strategic readiness: The making of the learning organization*. San Francisco: Jossey-Bass.

Senge, P. M. (1990)./郭進隆譯（1994）。**第五項修練──學習型組織的藝術與實務**。台北：天下文化。

Senge, P. M. & et al. (1994)./齊若蘭譯（1995）。**第五項修練 II，實踐篇（上、下）**。台北：天下文化。

Senge, P. M. & et al. (1999)./廖月娟、陳秀玲譯（2003）。**第五項修練 III，變革之舞（上、下篇）**。台北：天下文化。

Senge, P. M. & et al. (2000)./楊振富譯（2002）。**學習型學校（上、下）**。台北：天下文化。

Southworth, G. (1994). The learning school. In Ribbin, P., & Burridge, E. (Eds). *Improving education : Promoting quality in schools*. London: Cassell.

Toffler, A. (1980). ／黃明堅譯（1994）。**第三波**。台北：時報出版。

Watkins, K. E., & Marsick, V. J. (1993). *Sculpting The Learning organization: Lessons in the art and science of systemic change*. San Frncisco, California: Jossey-Bass.

第 **8** 章

知識管理之實證研究與在學校運用之內涵

只懂一種語言是不夠的

　　有一隻老鼠半夜到廚房掀開鍋蓋，正要吃一條香噴噴的魚，突然聽到喵喵聲，心知不妙，退到洞裡等待，經過好一會兒，聽到汪汪狗叫聲，心裡暗喜，就溜出來吃魚，不幸被貓一把抓住。

老鼠說：「我知必死，但有一事不明白要請教你，否則
　　　　死不瞑目。」

貓：「你問吧！」

老鼠說：「剛才不是狗哥哥汪汪的把你趕走了嗎？」

貓奸笑：「這年頭只懂一種語言是不夠的！」

管理學大師Drucker（1993）在「後資本主義社會」中，強調資本主義之後的知識社會中，資本不再是主導經濟發展的力量，而知識的運用與創造才是經濟成長的動力。1996年「經濟合作暨開發組織」（OECD）將知識經濟界定為與農業經濟、工業經濟並列的新經濟型態。亦即，世界經濟的發展已從農業社會的勞力密集，演進到工業社會的資本密集與科技技術密集，轉為追求知識經濟的知識社會時代（吳清山，2001）。

推動知識經濟發展趨勢的動力，楊國賜（2001）引用美國 MIT 國際知名經濟學家 Thurow, L. C.在其新書《知識經濟時代》（*Building Wealth*）提出當期人類面臨新一波的產業革命。並認為：

一、第一次工業革命：因蒸氣引擎的發明，提供了動力及獸力，開啟新紀元。

二、第二次工業革命：因電器的發明，產業開始有系統地研究發展新興產業，包括電話、電影及製鋁業，傳統產業開始轉型，國家經濟取代地區經濟。

三、第三次工業革命：因微電子、電腦、電信、特製材料、機器人及生物科技等六大新科技結合互動，創造一個嶄新的經濟世界。

所謂知識經濟是泛指以知識為基礎的一種新經濟運作模式。知識需要獲取、分享、累積、擴散、激盪、應用加值；新經濟是指跨越傳統的思維及運作，以創新、科技、資訊、全球化、競爭力為其成長的動力，而這些因素的運作也必須依賴知識的累積、應運及轉化。而且知識經濟包括十大核心理念：知識獨領風騷、管理運動變革、變革引發開放、科技主導創新、創新推向無限可能、速度決定成敗、企業家精神化不可能為可能、網際網路顛覆傳統、全球化同創商機與風險、競爭力決定長期興衰（高希均，2000）。

Drucker（2000）認為不管是任何組織，尤其是非營利組織、政府相關機構，都是需要有效管理的，而且很快就可以驗證體會到；世界各先

進國家均朝向「高成長、高所得、低物價、低失業」的知識經濟時代邁
進，而知識的獲取、分享、累積、擴散、激盪、應用加值，是扮演關鍵
的角色地位，所以對知識的管理遂成為現代管理最重要的課題。面對知
識經濟的來臨，在連串的教育改革政策中，教師身負成敗的重要關鍵角
色，學校教育需要有更多的創意和活力，對知識管理就必須有所了解與
應用。本章分四節敘述：第一節探討知識的意涵；第二節探討知識管理
的基本概念；第三節探討彙整知識管理相關實證研究，析論其中知識管
理運用於學校組織內之重要結論發現；第四節敘述說明知識管理運用於
學校組織之內涵。

第一節　知識的意涵

　　面對變遷快速的知識經濟時代，在全球化及數位化的衝擊下，「知
識」成為眾所矚目的議題，亦成為團隊、國家儲備競爭力的核心。誰能
「掌握知識，創新知識，轉化知識成為高效能的生產力」，才能具備永
續發展的競爭條件。本節將就知識意涵做探討。

一、知識的定義

　　「知識」（Knowledge）根據牛津、韋氏大辭典中，可歸納為下列之
定義：知識是一種已知的事實或狀態，乃是被人類從經驗中獲得的學習、
發現或理解的總合。Nonaka 與 Takeuchi（1995）將知識定義為：有充分
根據的信仰，強調個人以求真為目標，不斷自我調整個人信仰的動態人
文過程的產物。且知識與資訊之差異，乃在於具有個人信仰與承諾、行
為導向、以及含括意義與特定的情境相呼應等不同。

　　辜輝趂（2000）則認為知識它具有知道是什麼、知道為什麼、知道
怎麼做、知道由誰來做、知道什麼時間做、知道做多少及知道做的品質

等特質。亦是泛指可被交流共享的經驗與有系統結構的資訊，或是已經知道的不定型物。他亦指出不同知識的來源，是由它經過不同組合與整合後，衍生而出、生生不息。亦即知識乃是將資料、資訊化為行動的能力，利用形式轉換方式，作為吸收、累積、轉換與創造。

馬曉雲（2001）認為知識是取得資料、資訊，智慧則是行動並創造價值。葉連祺（2001）亦認為知識是具有複雜層級性質的概念。其中，資料乃是一些事實，在經過選擇、分析和詮釋之後，可產生出具意義性的看法，此即資訊。再經擇選、比較、組合的流程，資訊被轉換成行動依據的正確基礎，即為知識。智慧則是知識經由應用和驗證後，形成主導行動。其中，包括對知識產生、運用和統整的指引，而且知識和智慧是做決策時的主要依據。其中關係可如〔圖 8-1〕所示。

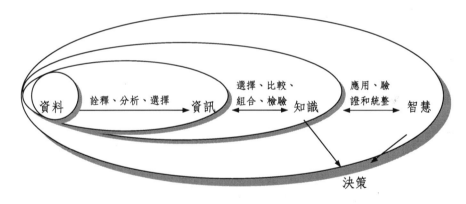

圖 8-1　資料、資訊、知識、智慧之關係

資料來源：葉連祺（2001）。知識管理應用於教育之課題與因應策略。**教育研究月刊，89**，32-42。

總結上述學者對於知識之論述，可以了解知識是包含資料、資訊、知識與智慧。未經處理過的文字、數字可以說是資料。資訊乃是具有脈絡可循的彙整資料，並且能夠用來傳遞訊息。能以資訊為基礎，再加上

經驗作為分析的結果則是知識。而智慧是一種直覺式的知識，它是對於知識的有效運用。

二、知識的特性

實證論者認為知識是人為的、靜態的、形式的與永恆的物品，是為一項產品（object），其價值不會隨時間而改變，因此知識是經驗或資訊的傳遞與共享。另一方面，建構論者視知識是有機的、流動的、動態的，為一改變與演化的持續狀態過程（process），認為知識的創造包含社會的流動或參與問題解決（吳清山、林天祐，2000）。

Davenport 與 Prusak（1998）認為知識包括結構性的經驗、價值，以及經過文字化的資訊，是一種流動性質的綜合體；此外，知識起源於智者的思想，包含專家獨特的見解，為新經驗的評估、整合與資訊等提供架構。

Dixon（2000）把知識看成是恆常改變與變遷的，亦是持知識動態論的觀點。此一觀點，就如同協助會議結束，外來成員返回原服務單位時，他們帶回去和帶來的是兩批不同的知識。即使在人們利用和再利用它的時候，其特性依然如此。

Davis 與 Botkin（1994）提出資料、資訊、知識、智慧四部曲，認為知識是人類賴以生存與發展的基礎，企業也是如此。組織知識的發展可用「資料、資訊、知識、智慧」四部曲來說明，其中資料是指表達事物的方法，而將資料加以整理，轉換成有意義的模式則為資訊。知識則是有系統地大量應用資訊，而仔細分辨知識的內容才能產生智慧。而企業組織必須藉助新的資訊技術，透過一種學習的過程，才能從一個層次進入到另一個層次。

馬曉雲（2001）認為知識是世界唯一而無限的資源，而且會隨著使用而成長。劉淑娟（2000）亦認為知識可以永續運作與反覆地複製，甚

至透過知識互動的過程擴增知識。

　　Morita 與 Takanashi（1999）認為資產一經使用會折舊，可是知識再怎麼用也不會折舊，反而會增值，這是知識的一大特性。組織的員工需要知識來增進他們的專業能力以改善產品品質，並提供優良和完善的服務給顧客，而且知識對於創新產品和服務、改變系統和結構及溝通解決問題是必須要的。即使個人在組織裡可能來來去去，但有價值的知識不會喪失（Marquardt, 1996）。Drucker（1998）認為知識會快速地自行創造知識或淘汰知識，知識在互動與競爭的過程，原有的價值會呈倍數擴展。

　　辜輝趂（2000）則認為知識無所不在，並以各種形式存在。Thomas（1997）亦認為知識的特性是無形無相的。知識對個人而言，屬於個人直覺與認知。對組織而言，它是一組工作人力的知識總和。

　　吳思華（1996）認為，知識成為企業的策略核心資源，乃是具有「獨特性」、「專屬性」與「模糊性」三種特性。「獨特性」是指資源在企業執行策略上必須具備有增進效能與效率的價值；「專屬性」為資源本身必須與企業人員、物資等等有形或文化、制度等等無形設施之間的關係緊密結合，不易移轉或分割。而「模糊性」則包括內隱性及複雜性。若組織知識同時具備上述三種特性，即是組織的策略核心資源，就是策略性的知識。

　　知識具有下列幾點特性：

㈠知識的可變異性

　　知識的形成，與組織的核心能力有著互為因果之關係。依照組織的使命目標，無論是在資料的獲取，或是資訊的儲存分類，皆是依循組織的需求與任務進行。不同的組織，對於相同的資料與訊息，會產生不同的捨取與應用深度，換句話說，組織的特性與需求，乃是決定了資訊與

資料被歸結與附加上價值，產生不同的知識類型。

(二)知識的無耗損性

知識並不像機器或用具，經過使用後，逐漸被耗損與產生折舊現象。知識的運用，無論其被重複的次數多寡，皆不致產生上述情況。

(三)知識的增值性

以往的資產，常隨著時間而遞減其價值性。但是，知識不但未隨著時間因素而貶抑其價值。相反的，知識在時間的增長醞釀中，亦同時將累積更多資源能量，同時間其衍生而成的智慧本質亦更將圓融與成熟。

(四)知識的不可複製性

各種組織的特色，容易被模仿與複製。但是組織特有的知識，縱然因為其外在顯露的資訊與資料容易被重製模仿，但是其內在核心之知識價值，卻是極難被觀察與學習。

(五)知識的創新性

組織硬體資產的更新，唯有購置新品一途。但是知識卻是在吸納新的資料與資訊中，不斷的被產出與創新。知識的創新性，正是知識被運用於組織中，極具意義價值的一項動能。

三、知識的分類

不同學者對知識內涵與分類，各有其看法與見解。

(一)知識層次分類

Quinn（1996）依專業智慧在組織內運作的重要程度，將知識分為四個層次：

1. *實證知識*：在歷經深入訓練與獲得實際經驗後，專業人員在特定

領域上所得到的基本知識。

2.高級技能：在特定領域所得之專業知識，專業人員必須能夠應用到複雜的現實問題中，並且創造出實用價值。

3.系統認知：其意義乃是在特定專業領域上有了深入了解，並能夠結合執行任務中所習得的知識經驗，用以解決更龐雜的問題，建立解決問題之直覺，此為系統認知的知識。

4.自我創造的激勵：此乃知識的最後一個層次，在快速變遷的環境中，專業人員面臨壓力與困境，可以發展出更高的適應力。

(二)以內隱、外顯知識分類

Polany（1967）首先提出知識的內隱性（tacit），其將知識分為外顯知識與內隱知識兩大類。他認為內隱知識是屬於個人的，與特別情境有關，難以形式化與溝通；外顯知識則是可以用形式化與制度化的言語加以傳達的知識。Nonaka 與 Takeuchi（1995）根據 Polany（1967）提出的概念，將「內隱知識」與「外顯知識」進行更清楚的定義。他們認為：

1.內隱知識（implicit knowledge or tacit knowledge）：是一種特殊情境下的產物，包括認知與技能兩種元素。在認知上，是由個體內在心智經由不斷的製造、處理、類比等過程，創造出真實世界的工作模式，其為實質的知識，無法用文字或句子表達的主觀知識。如內在的信仰、主觀的洞察力、直覺預感等，均往往幫助個人對自我的理解並建立起內心的世界。技能則因為難以用文字或語言來表達，因此透過見習與經驗傳授是學習技巧的最好方法。並且，他認為技能與經驗得以轉換成系統或資訊，成為可以教導與學習的事物。如學校發展現況與效能、各處室行政人員協調處理方式、教育法令、準則及公報之應用、教師自我專業成長之要求與現況、教學態度與素養、教師的組織承諾等。

2.**外顯知識**（explicit knowledge）：是為客觀的知識，可以用數字與文字來表達。外顯知識是有規則、系統可為依循，並且以具體的資料、科學化的公式、標準化的程序或原則進行溝通與分享。其與現實情境較無關聯，而是以非此時此地與過去的事件作為對象。如學校組織章程、組織運作方式、相關教育法令及辦法、教學環境設備使用、教師教學方法、教師法規與辦法（鍾欣男，2001）。

(三)知識三類分法

Bourdreau 與 Couillard（1999）認為知識應分為三大種類，前兩種知識較傾向於心理層面，分別為內隱知識、外顯知識，第三種為嵌入知識（Embedded Knowledge），與組織系統相關：

1.**內隱知識**：一方面是屬於個人的直覺與經驗，有關認知或信仰方面；另一方面則是引領人們日常生活行為的潛在意識。

2.**外顯知識**：乃是經由事實、言語、圖片與圖表所表述。

3.**嵌入知識**：嵌入組織的知識係指透過建立團隊、組織常規或專業知識所聯合的網路關係而形成的知識。如：工作團隊、企業文化、資訊流程……等。若以學校組織為例：則從教師素養、各科教學研討會、學校文化、學校行政決策程序、溝通系統、行政作業程序與外部機構關係等等，皆屬於嵌入組織知識的模式。

從知識的意涵、知識的特性和知識的分類，可以了解知識創造的本質是在於人們之間的互動，任何新觀念、新知識的產生，都必須靠內隱和外顯的知識不斷的激盪、整合，透過對話、分享而創新的過程（孫本初，2001）。

第二節 知識管理的基本概念

　　有關知識管理的基本概念分為知識管理的意義，與知識管理的內涵予以敘述。

一、知識管理的意義

　　有關知識管理的意義學者有不同的論述，Ouintas, Lefrere, 與 Jones（1997）提出知識管理是透過合宜管理流程以發掘、開發、利用、傳遞和吸收組織內外知識，以滿足當前及未來需求，為組織尋求新的發展機會。知識管理是管理概念的一種，主要針對潛藏在人腦中的知識，透過某種工具顯示出來，並做最有效的運用與管理，使之成為日常生活工作的一部分。知識管理是將知識視為可管理資產的管理科學，也就是知識能夠經過取得、儲存、應用、分享與創新的一種過程（鍾瑞國、鄭曜忠，2001）。

　　李華偉（2001）認為，知識管理是將有關聯和有用的知識，經過確定、組織、合併、綜合和創造性使用的過程，藉此以確保知識的累積（accumulated）、獲取（accessible）、導航（navigated）、開發（developed）、共享（shared）、創新（renewed and created）及保存（preserved）。歷經上述過程促進組織不斷創新及再生，以提高組織的生產力、增進組織的資產，並藉此提高組織因應外部環境變化的能力，及不斷自我改造的動力。

　　美國生產力中心（American Productive & Quality Center, APQC, 2000）亦指出，知識管理是一種策略，即是在恰當的時間，將正確的知識傳達給正確的人，並且幫助人們分享知識並將資訊付諸於改善組織成效的行動上。而知識管理的過程包含了知識的創造（create）、確認

（identify）、蒐集（collect）、組織（organize）、共享（share）、調適（adapt）、使用（use）。

Bertels（1996）亦以組織管理知識的能耐界定知識管理定義，其中包括：(1)**知識分析**（knowledge analysis）：分別以知識模塑技術（knowledge modeling）與知識擷取技術（knowledge acquisition）來模塑知識來源，分析知識的可用性、缺點及適用處。(2)**知識規劃**（knowledge planning）：此乃用來支援人力部門，確保組織競爭力，所採取的規劃組織所需知識、發展知識源、知識型系統。(3)**知識科技**（knowledge technology）：則是專指人工智慧之技術方法。

馬曉雲（2001）則認為知識的價值在於化有形為無形，而知識管理即是在於化無形為有形。其認為對於知識管理的定義，可以從以下幾個角度思考：(1)**系統化**：無論是在有形的資產與無形的人才、經驗，皆能夠導引為系統化的管理與運用。(2)**智庫**（Knowledge Bank）：能夠以資料庫的技術，將知識蓄積儲存。使得知識不但成為參考資訊，並經由成員的溝通互動，發揮出最大效益。(3)**知識分享**：對於個人、組織，經由知識分享，促使整體進步的管理模式。(4)**知識管理就是管理知識**：視知識為組織資產，凡是對於能夠有效增進組織資產價值的活動，皆可稱之為知識管理。(5)**核心能力管理**：為了能夠顯示出組織的優勢，必須將組織知識管理與發展，與組織核心能力結合，發展出對於促進核心能力發展的管理。

總結上述學者見解，可以了解知識管理乃是對知識管理的策略與過程，對於組織內部或外部知識，透過數位、系統化的流程，對個體知識、能力與潛能的開發，或是組織整體績效與競爭力的提升，使組織建構擁有核心能力、具備競爭力的策略。期望經由知識管理的模式，促進組織知識的分享、創新作用，讓內隱與外顯知識互補增長，進而提升組織內部活力與效力，達成組織發展的目標與維持其競爭力。因此管理只是一

種手段,最終目的是提升知識的創造性價值。

二、知識管理的內涵

茲將知識管理的內涵從對象、要素或特徵的角度予以描述,分述如下:

㈠就知識管理的對象言(劉京偉,2000)

1. 資料(data):即原是數據、文字等。

2. 資訊(information):將資料進行統整,藉以發現或傳達某種訊息。

3. 知識(knowledge):在深入了解資訊後,進一步加以分析、比較,知識創造價值所需的直接材料,如演講資料、研究報告。

4. 智慧(wisdom):以知識為根基,運用個人的應用能力、實踐能力來創造價值的泉源,尤其應具備判斷與執行能力。

此種描述是將知識管理的對象由蒐集原始資料,進而將其轉變成資訊、知識,最後加工成有價值的智慧。

㈡就知識管理的要素言(Noboru & Takeuchi, 1995)

1. 知識的累積:它包括專業的知識能力、管理的知識能力、人際的知識能力、心智的知識能力、態度與價值。

2. 知識的轉換:亦即知識的分享,包括個人的分享、團體分享、組織分享。

3. 知識的創造:知識與知識有意義的連結,就是知識的加工,亦是知識的創造,形成智慧。

此種描述是將知識管理的方式從知識累積、知識轉換,最後到創造知識得到智慧。也就是說,知識管理就是如何在現有知識中,透過有效的管理手段,達到知識創新。

(三)**就知識管理的特徵言**（王如哲，2000）

*1.*知識管理關心人力資本層面，亦即擁有知識力量。

*2.*知識管理重視成員知道如何（know how）的能力。

*3.*知識管理的目標在於提升組織的生產力與創造力。

此種描述是將知識管理特別重視的內涵與焦點提出來，知識管理要有事實的知識（know-what）、原理知識（know-why）、技能知識（know-how）與人力知識（know-who），發展出組織的核心能力（楊國賜，2001）。

(四)**就知識管理的架構言**（Gore and Gore, 1999）

Gore & Gore（1999）認為知識的取得，對組織推動知識管理是首要關注且是相當重要，他們提出了應用知識管理的三個領域：

*1.*第一個領域為組織現存顯性知識之使用，組織一方面可以檢視資訊系統之整體潛能，另一方面可以檢視其內部的資訊流通，並獲取重要知識。

*2.*第二個領域為取得新的顯性知識。

*3.*第三個領域則是隱性知識的外顯化，將屬於個人的隱性知識轉化成為組織的知識，並且能夠持續的傳承下去。其提出實現知識管理的架構，如〔圖 8-2〕。

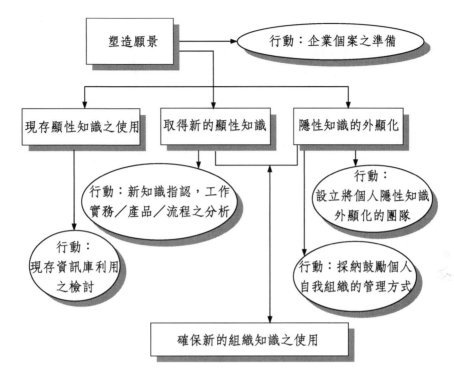

圖 8-2　知識管理架構圖

資料來源：Gore, C. & Gore, E. (1999). Knowledge Management: The way forward. *Total Quality Management, 10* (4 & 5), 554-560.

第三節　知識管理之實證研究

　　學者們對於知識管理的想法不盡相同，其相關的活動與議題分類方式亦是眾多，故對於進行知識管理的研究方向、方法與結果，也可說是非常的多元化。組織對於知識管理之實施，除了需了解知識的取得、蓄積、分享外，更應重視知識的創新。同時，亦應思考如何由個人的主觀知識，轉換成組織的整體客觀知識。而如此的知識管理機制，亦將是未

來組織中最大的資產所在。知識管理的理念與想法，以往較為偏向於企業管理、人力資源管理或是資訊管理方面的研究。而將知識管理的理念應用在教育方面的研究，近期亦逐漸受到重視與討論。以下將就有關研究知識管理之實證研究，表列整理，期能對本研究之發展有所助益。如〔表8-1〕所示。

表 8-1　知識管理之相關實證研究列表

研究者年代	題目名稱	研究方向	研究方法	研究結果
郭素芳（2000）	非營利組織之知識管理研究—以慈濟功德會為例	藉由分析慈濟功德會的知識管理項目出發，歸納組織的知識內涵、知識轉換、知識蓄積機制以及知識應用，並期將慈濟功德會的「知識管理」方式，提供給其他組織參考之用。	(1)面對面的訪談法。 (2)以滾雪球的抽樣方式，選取部分人員來進行訪談。	非營利組織進行知識管理時，應注意： (1)知識是藉由內隱知識與外顯知識互動而形成的概念。 (2)不同的「知識轉換方式」應採用不同的「知識分享平台與機制」。 (3)知識以文件機制蓄積後，組織仍不可忽略人員蓄積機制之建立與運用。
劉信志（2000）	知識管理參考模式之研究	(1)對知識管理（KM）、模式建置（Modeling）、資訊科技等文獻探討。 (2)配合整合性資訊系統架構（Architecture of Integrated	(1)非實徵研究： ①觀念導向（系統架構、觀念模型）。 ②例證（工具、方法之應用、經驗與意見）。	(1)建立知識管理系統，在知識學習、貢獻、分析與創造中，不僅提升了企業組織的競爭優勢，更是未來產業中求生存的必要條件。 (2)讓員工各自發展成為自發性的分享，是公司在

		Information System）工具，來發展企業知識管理之參考模式。	③應用概念（概念性架構與應用）。 (2)實徵研究： ①對個體之描述（有關產品與服務之描述）。 ②事件與過程（實地研究、次級資訊研究）。	知識管理的規劃與實施時，真正的主要目的。 (3)「電子化」是知識管理中之重要過程。 (4)企業必須將相關資訊系統加以整合，以作為知識發掘之參考數據來源。
鍾欣男（2001）	知識管理在學校本位國小教師專業成長運用之研究	(1)了解知識管理與學校本位國小教師專業成長之內涵。 (2)分析不同學校背景變項與教師背景變項在知識管理認知上之差異情形。 (3)分析不同學校背景變項與教師背景變項在學校本位國小教師專業成長態度上的差異情形。 (4)探討知識管理與學校本位國小教師專業成長之關係。 (5)探討知識管理對	(1)文獻分析法。 (2)問卷調查法。	(1)國小教師對整體知識管理認知與學校本位教師專業成長情況皆屬普通。 (2)男性教師、資深教師、研究所畢業與師專畢業教師及兼任行政職務教師，以及鄉鎮地區的學校、創校年數愈久，對知識管理認知情況較佳。 (3)男性教師、資深教師、研究所畢業與師專畢業教師及兼任行政職務教師，對學校本位國小教師專業成長認知情況較佳。 (4)學校知識管理情形愈佳，則學校本位國小教師專業成長愈佳。

		學校本位國小教師專業成長的預測作用。		(5)知識管理對學校本位國小教師專業成長預測作用中,以知識擴散及知識創造最具有預測力。
劉淑娟(2000)	知識管理在學校營繕工程之運用	(1)「知識管理」的相關理論為基礎,建構出一個「花蓮縣國民中小學營繕工程網站」。 (2)應用知識管理概念,設計與執行網站各單元之功能,進而了解知識管理在營繕工程業務之重要性,以作為學校各處室承辦行政業務之參考依據。	(1)點團體法,蒐集書面文件與個人經驗。 (2)網站建置與管理。 (3)問卷調查法。 (4)訪談法。	(1)營繕工程是總務處最困難的業務。 (2)總務主任的知識是營繕工程網站最重要的關鍵。 (3)花蓮縣國民中小學總務主任對營繕工程網站有很高的接受度。 (4)網站設計力求功能明確與設計簡單。動畫設計會影響網路資料的傳輸速度。 (5)營繕工程網站資料正確且豐富,有助於加快辦理業務之速度。
廖勝能(2001)	學校組織創新氣氛與知識管理關係之研究	(1)探討學校組織創新氣氛與學校推動知識管理這兩者之間的關係。 (2)找出學校組織創新氣氛與知識管理的關聯性。	(1)文獻分析法。 (2)問卷調查法。	(1)學校組織創新氣氛或學校推動知識管理的現況,均趨於正向,在中上的程度。 (2)知識經濟時代的來臨對學校組織所帶來的衝擊,「組織創新」與「知識管理」的概念已漸漸影響學校組織的運作,以及近年來「學習型組織」與「教導型組織」亦在學校組織日益盛行有關。

廖玉琳（2001）	知識管理策略之分析	以兼具服務業及製造業特性的烘焙業為案例，來探討如何將知識管理落實於此產業之中。	(1)採取探索性研究中的個案研究法。 (2)平衡計分卡模式。	(1)可從建立完整的工作內容說明書、鼓勵員工分享工作心得、邀請專家上課，促使員工創新及建立知識地圖等方面進行知識管理概念的初步推行步驟。 (2)良好的員工訓練及鼓勵員工創新、分享工作心得，企業須以良好的公司文化及制度才能增進員工對公司的向心力，以提高其生產力。
顏永進（2002）	知識管理在國民小學學校行政運作現況之研究	透過知識管理的理念，來了解目前知識管理在學校行政運作之現況，以建構或提升學校組織效能。	(1)文獻分析。 (2)問卷調查法。 (3)焦點團體法。 (4)訪問法。	(1)「知識管理」之流程因素與促動因素，在學校行政運作之現況，在人員的專業訓練與教育以及作業流程上均有「知識管理」的模式，且不斷的進行中。 (2)學校行政組織雖重視知識的管理與分享，但在知識的共同化與外顯化也顯得較為不積極。 (3)國民小學學校行政在評估有益知識與添購設備的經費比較不足。 (4)學校行政知識管理運作現況，在背景因素方面，影響之最重要的層面端賴「服務年資」與「現任職務」。

				(5)而各校在推動知識管理流程、領導、文化結構、導入知識、內隱知識、外顯知識、顧客資本、績效考評、人員技術與科技設施方面均有顯著的進步。
Bixler, C.H. (2000)	創造一個持續適用於企業表現與創新的動態知識管理系統	(1)組織決定進行知識管理系統時,其所需要的資源與應必備的條件。 (2)確認一個知識管理系統所預期的利益。	(1)文獻分析。 (2)問卷調查。	(1)組織的創新受到環境因素的刺激。 (2)進行知識管理必要的條件為組織的支持、領導創新和有效率的分享知識給成員。 (3)組織要維持優勢的競爭能力,必須擴大移轉成員之間內隱知識的傳遞分享,產生一個正式化的知識移轉系統。

一、相關實證研究綜合分析

㈠實施知識管理的組織

根據實證研究發現,在知識管理的組織對象方面,其具有之特色,乃在於知識管理的理念,已經由營利事業機構慢慢發展到非營利事業機構,甚至是將知識管理的理念應用在教育界。而學校是知識的發源地,更應該做好知識管理的工作(劉淑娟,2000;郭素芳,2000)。

㈡知識管理的流程

「創新」與「分享」是組織做好知識管理的重要條件:

1. 組織進行知識管理時,組織的支持、領導創新和有效率的分享知識給員工,皆是必須具備的要件(Bixler, 2000)。

2. 學校要做好知識管理,首先應該進行文件管理的工作,學校應該將文件資料轉化成數位資料,妥善整理,以提升行政運作效率(劉淑娟,2000)。

3. 做好知識管理可從鼓勵員工分享工作心得、促使員工創新及建立知識地圖等方面,進行知識管理概念的初步推行步驟(廖玉琳,2001)。

4.「知識管理」的模式,在人員的專業訓練與教育,以及作業流程上均有運作,並不斷的進行中,進而產生新組織文化(顏永進,2002)。

(三)知識的螺旋運用

為有利組織整合學習的效果,組織要維持優勢的競爭能力,必須擴大移轉成員之間內隱知識的傳遞分享,產生一個正式化的知識移轉系統(Bixler, 2000;郭素芳,2000)。

(四)知識管理對於學校的影響

劉信志(2000)研究中發現,建立知識管理系統,提升了企業組織的競爭優勢,亦是未來產業求生存的必要條件。知識管理的概念已漸漸影響學校組織的運作,學校知識管理情形的良莠,則為學校組織帶來相對的影響(鍾欣男,2001;廖勝能,2001)。

二、相關實證研究省思

經由以上的分析,可獲致下列幾項:

(一)學校運用知識管理的重要性

洪明洲(2002)認為教育的重要性,在強調學生學習的「過程」應高於「內容」。學校是知識產生的場域,如何將知識管理的理念應用在

教育組織，以及學校經營管理上，在今日教改浪潮中，成為相當重要且被重視的事情。而此一議題，也逐漸成為被引用至研究教育組織的新趨勢。

㈡學校知識管理的價值性

學校組織與企業組織存在著相當程度的差異性。企業組織以生存與獲利為前提，對於時效的掌握與成品的品質，具有極高程度的要求與管控。但是學校組織並非營利單位，同時學校教育，對於教師與學生的互動，亦非全面皆可以立竿見影來顯現成效。是故，知識管理運用於學校組織之內涵意義，有再深究探討之必要。

㈢人在知識管理中的地位

知識的產生源於人，這是無法由其他產品所替代。而組織中對於知識的重視，相對顯現出成員與組織互動的重要。Wickens（1995/2000）在其《優勢組織》一書中，認為沒有「人」，組織與企業就一無是處。沒有「人」，就沒有組織的誕生（劉秋枝譯，2000）。「人」在組織之中，如何被妥善管理，使其一方面能夠貢獻己力，提升組織整體效能；另一方面又要避免因管理不良，導致組織內部以及組織與外在環境產生落差，實是在日益激烈的競爭生態中，所必須深入思考的課題。

┌ 第四節　知識管理運用於學校組織之內涵 ┐

Owens（1997）認為學校教育的最前線是個別的學校，而不是遙遠科層體制的政府機構。而且也是在最前線的教育問題可以最適當被辨識、思索、以及解決。知識管理最根本的困擾，是來自於知識本身的複雜，而並非在於新科技的難以理解。而知識的範疇更是包括了儲存於組織內的資料、資訊，也包含了成員無法直接有形傳授、分享的經驗與智慧。

在知識革命的浪潮中，學校教育是傳承經驗、發揚文化，更是吸收知識、創新知識的重要來源場所。而學校面對如此知識工作的角色扮演，如何處理大量增加的知識？如何保留與管理？如何分享與移轉？又如何創新知識？實是值得重視與探討。

從知識管理的知識取得、知識蓄積、知識分享、知識創新等四階段流程，探討知識管理在學校運用之內涵：

一、知識取得

劉淑娟（2000）認為知識取得決定整個知識流動的方向，知識取得是知識管理的起始點。經由不同流程與方式，針對組織內部以及外在環境，獲取相關的知識並更新知識，如此才能有助於提升知識管理的效能。知識的獲取需要情境的配合，架構知識管理的平台，可以含括具體的組織體制、空間設備以及無形的文化、規範等。

Nonaka 與 Takeuchi（1995）指出組織獲取知識的重要資源，包含了來自成員的個人內隱知識，以及組織內的文件外顯知識。知識取得運作方式，一方面乃是經由聽、記憶與教學等方式，由個人方面的管道所取得；另一方面則是由專家小組、併購與聯盟等型態，成為組織方面知識取得的方式。在內隱知識的獲取層面，主要是透過觀察、模仿及練習。外顯知識層面的獲取則是利用可見的文件。Marquardt（1996）認為知識管理的程序必須是先了解組織需要哪些知識，並加以定義、確定及探查。之後，再決定使用何種方法取得知識，然後去蒐集這些知識、獲取這些知識。而林韋如（1998）認為組織知識取得的主要途徑有二：組織內部自行發展以及由市場上購買技術（技術移轉）。另外，也有公開採購或組織間合作等方法。

在學校組織方面，無論是內部或外部知識的汲取，建構有效的知識取得管道，皆是組織發展健全的重要關鍵因素。依據鍾欣男（2001）與

其他學者所提出之學校知識取得來源,綜合如下:

(一)內部資源

1.透過對於主題式問題的探討,經由各科教學研究會、研習、校外參觀與教學觀摩等方式,將教師內隱知識外顯化。

2.圖書館的使用:圖書館是知識取得的重要來源,若是能夠妥適規劃,亦可以發展成為教學資源中心,提供教學指導的活動場所。

3.「線上學習系統」的使用:所謂線上學習系統,乃是避免傳統學習受限於時間與空間的因素,藉由資訊設備與數位方式,進行知識管理、學習的情境。

4.行動學習:Kransdorff(1998)認為讓成員邊做邊學,可以藉由直接深度參與組織團隊的實務,跨越知識鴻溝,運用現有的知識資源彌補彼此的知識差距(陳美岑譯,2000)。

(二)外部資源

1.結合師資培育機構:協助學校推動教師專業成長活動。因此,善用資源,架構出知識取得的有效管道。Kransdorff(1998)所提到的「執行教練」(executive coaching)乃是從外部邀請人員擔任「指導顧問」,使組織獲取知識。在學校中,目前推動具運動專長的專任教練,至各校協助教師訓練,即是屬於此一方式。

2.標竿學習:伍忠賢與王建彬(2001)認為以「標竿學習」向業界或組織內翹楚學習的方式,乃是「見賢思齊,見不賢而內自省」的知識取得方法。

3.學習型組織:強化學校教職員工的進修學習機會與態度,塑造學習型組織。

4.知識專家:Morita 與 Takanashi(1999)認為知識是經驗的基礎,人愈累積經驗,知識的存貨愈增加。若是將學經歷豐富的退休人員視為

知識專家，不但賦予退休人員生存的價值，對學校而言，亦是有效用的寶貴資產。

5.**最佳實踐法**（best practice）：Morita 與 Takanashi（1999）認為組織的資產一般並不限定於公司內部的知識，反倒是組織外部的新知識較多。而組織外部的知識來源，也不限定同業的知識，不少其他行業的知識更具參考價值。組織若是有意導入相同的做法，此一方式就可稱做「最佳實踐法」。

二、知識蓄積

伍忠賢與王建彬（2001）認為個人記憶與組織記憶因遺忘、變動、衰退而造成知識漏損的危機。組織之中，若是未能將個人與組織知識加以統整，而在面對問題時，將產生病急投醫的情況，致使組織空耗、無效的運作。知識管理最重要的特色，就是能夠將知識儲存、標準化、建檔。

劉淑娟（2000）認為在教師專業成長的學習方面，可以針對在確認知識使用對象，了解運用知識蓄積功能方面，予以訓練強化。如果加以探討，可以歸納出學校對於知識蓄積的方式有：

㈠科技能力的培育

資訊化時代，經由科技、數位的方式，將資料整理、分析、彙整成有用的資訊，並進而成為組織經驗。學校教育中，教師學會善用資訊與科技，透過數位化的方式，可以將教學技能以科技的媒體、技術作為記錄呈現。具體而言，譬如以往傳統的教師教學觀摩過程，就可以透過數位相機、數位攝錄影機，機動彈性的紀錄整個教學流程。再利用數位處理、建檔，不但能夠擷取需求的重要段落，其整個過程，甚至可以成為實習、新進教師觀摩的最佳教材。

㈡資料庫

在學校組織中，網路在行政工作與教學方面，有日趨被普遍運用的現象。學校組織中相關的規章辦法、研習資料、文件檔案以及學校活動的紀錄、資源網路等等，均應運用資訊科技的力量，積極建立有效的知識管理資料庫。一方面不但可以使得諸如校務行政系統、學科領域研討、教學社群、非同步教學系統等等機制的建置與應用，提升整體學校行政效能及教學成效。另一方面，學生的學習活動，亦可突破時空之限制，經由線上輔助學習系統的協助，能有效增進其學習成效。

㈢知識地圖

知識地圖即是組織知識的索引，通常涵蓋了人員、文件和資料庫等等知識來源的範圍。Davenport 與 Prusak（1998）認為組織普遍以問卷的形式探詢員工具備什麼知識，以及從何處取得自己需要的知識，甚至是經由語言的傳遞來製作知識地圖。經由組合每個單一的問題，無論知識多麼艱澀，都可以透過追蹤的滾雪球效應找到源頭，便結合成一張學校組織公開的知識地圖。Kransdorff（1998）亦認為從知識地圖中，能找出對學校推展工作具十足影響力的重量級人物。而其最主要的目的，即是在教師需要某項專業知識時，透過地圖的指引，可以找到所需的知識。因此，知識地圖可以說是知識獲取的指南和嚮導，作為節省教師追蹤找尋知識來源的時間。

㈣專家系統（Expert System，簡稱 ES）

專家系統是結合人工智慧，為一實用性的軟體。James 等人（1997）即認為軟體能將關鍵知識整合於組織內的資料庫，協助困難問題的解決，並使經驗獲得保存與系統化連貫。因為知識需求的界定具有模糊及不確定因素，知識管理運作的過程中，透過專家系統電腦化的協助與諮詢，

可以立即地找出適切的問題解決意見，以提供組織決策計畫之參考。Kransdorff（1998）即認為專家系統是嘗試著要將專家的知識儲存到模仿「人類推理」的軟體系統之中，主要是模擬專家對特定問題的解決思考方式。

㈤建構知識平台

洪榮昭（2001）認為適時提供學習者認知轉換的鷹架橋樑，是維繫學習與促進創新的重要機制。學校進行知識的蓄積，一方面不斷建置、更新教育專業知識；另一方面則將是提供學校教師學習與創新的平台。

三、知識分享

Chatzkel（1998）指出欲使知識管理有效的重要成因，在於掌握關鍵知識（key knowledge）。而關鍵知識的重要取得方式，乃在於組織分享文化的建構。換言之，知識管理中創造新知的重要途徑，則是彼此信任、相互分享。並進而建立知識管理的組織文化，直接影響組織的發展。

教育組織成員常常認為知識乃是個人價值的表徵，若是與他人分享知識，本身的價值性無形中就會降低，因而不願與同事分享。成員彼此間也大多是以獨立、本位性方式完成工作，對於主動汲取新知、分享知識則較為缺乏。故學校應積極鼓勵組織成員創造新知、運用新知，並藉由組織文化的力量，營造和諧的組織氣氛，使成員主動吸收新知、願意分享知識，如此則知識管理的推動將較有成功的可能性。依據劉淑娟（2000）與其他學者所提出之學校知識分享方法，綜合如下：

㈠對話

知識分享以對話方式進行較為簡易可行，且傳遞知識的對象只有少數。所以，完成知識對話的同時，即完成知識分享層面。學校組織內成員均有善盡教育知識管理的責任和義務，因此需要透過如校務會議、行

政會議正式討論的體制,以及非正式對話的機制如網路通訊、人際對話等等,經由開放、自由的對話,建立學校組織明確進行教育知識管理的內涵、發展重點、方向和策略。

㈡文字

可以利用文字傳播的方式進行知識分享,其功能在於文字具體明確並且方便長期保存。但是書面資料若是太過龐大,常會導致無法在眾多資料中,立即獲取所需的那一部分。而妥善利用資訊科技,將校訊刊物、教師教學心得、教育理念以數位化方式發表、儲存,則可以解決上述的問題。

㈢虛擬組織(virtual organization)

Leonard(1995)認為面對多數對象,知識分享層面可以利用資訊科技的網站技術,來達到知識分享的目的。Goldman 與 Preiss(1995)認為虛擬組織在掌握時機與快速累積各組織的核心競爭力,以達到敏捷的反應力有其獨特性。林福仁(2002)亦利用虛擬組織作為教師知識的分享與創新,例如:司摩特網站、亞卓市網站等皆是。

㈣發展教師「實務社群」(community of practice)

伍忠賢與王建彬(2001)認為實務社群是知識創新、分享的非正式組織。實務社群乃是一群人,因為具有共同的專業知識,以及基於對於共同組織所擁有的熱情,非正式的聚集在一起(Wenger & Snyder, 2000)。學校可以提供相關資訊,促進教師成立「實務社群」,一方面藉以營造開放的組織氣氛,以及塑造知識分享的學習文化;另一方面給了部分相關活動經費、提供會議場所、網路及相關設施的支持,讓教師能夠經由開放、便利、互動及虛擬社群的方式,彼此分享專業知識,而達到發揮管理學校組織內隱知識的最佳效果。

(五)師徒制（mentorship）

吳煥烘與黃茂樹（1996）認為提倡師徒制文化，在透過學習、培養與歷練之過程後，知識傳遞能夠逐漸成熟。教師能夠將取得的知能真正落實於實際教學中，並將外顯知識內化成自我的專業知能，而達成知識分享、擴散的目的。

(六)積極推動讀書會

方隆彰（1998）認為讀書會是集體學習的方式，具有個人知識分享、知識累積、智慧開放等功能。學校使教職員間有分享閱讀心得的機會，塑造學校的學習文化，讓組織成員願意將其所學新知及經驗提供分享，以達個人與組織知識的累積。

(七)引導各學科教學研究會

成立各科教學研究會，其目的乃是要將教師個人的內隱知識，轉化成為組織共有的外顯知識。嘗試著鼓勵教師彼此之間，分享教學經驗、建立教學默契、提供班級經營模式、教材教法設計與運用等等，皆是知識分享重要的起點。

(八)策略聯盟（alliance strategy）

在目前知識經濟的競爭時代，許多產業，如航空業、服務業、通訊業、網路商務業，甚至是公用事業單位，已普遍採取策略聯盟方式。經由企業與企業間的互相合作、結盟或是因理念相同藉以擴大規模，或為互補長短以各蒙其利（沈洪柄，2000）。在教育組織方面，也已經有了類似策略聯盟的作法。就國內情形而言，高等教育機構類似跨國合作的學術交流活動十分普遍，而在中小學方面，則以建立與他國中小學，或國內其他中小學的「姊妹學校」合作關係為主。近期，更因九年一貫課程推行，在研發課程統整與教師在教學領域專長研習方面，亦是採取此

一措施。

四、知識創新

所謂「苟日新、日日新，又日新。」，組織面對不斷變化的外在環境，必須隨時保持動態的彈性與更新。湯明哲（2000）提出企業應重視無形資產的創發，企業已經意識到不能再以有形資產作為差異化的基礎。而無形資產創發的重要途徑之一，乃是藉由有效的知識管理，促進知識的創新。經由知識的不斷創新，將能有助於促進組織發展。台積電企業不斷提醒內部成員不要有一成不變的心態，如果公司或企業在成長，而員工不能成長，那麼這少部分員工的存在，將成為公司或企業往上提升的包袱或麻煩（莊素玉、張玉文，2000）。

㈠知識創新的內涵

Nonaka 和 Takeuchi（1995）認為組織適當的知識創新應該包括三個部分：

1.知識庫（knowledge-base）：包含內隱知識與外顯知識。

2.企業系統（business system）：以層級、正式化的運作，達成業務運作功能。

3.專案系統（project system）：為了達成共同創新知識的目的，公司依據自身願景，採取彈性、機動的組織團隊，共同完成知識創新。

㈡知識創新的方法

Drucker（1998）提出了因為知識本質上的差異，譬如內隱知識可能與個人自我實現需求，在創新的過程中互為相關。外顯知識會與某件具體的作品，在創新的過程中結合，會有不同的知識創新型態產生。而知識創新的目的，在使整個組織環境達到完美的功能。其所提知識創新的方法如下：

1.共同解決問題的團隊：所謂「集思廣益」，是從以往依照「標準程序」作業的組織，逐漸改由各單位派出專業人才，組成團隊因應未來的組織型態作法。團隊通常由知識工作者形成，知識工作者有接受多元意見、貢獻己身專業以及投入團隊的特質。知識在眾人的腦力激盪之下，除了能共同解決問題，創新活動亦將更有效率（劉淑娟，2000）。在教育行政機關或學校中，一方面在學校組織內，透過網路資料庫的建立，讓資訊充分公開，共同負擔知識管理的任務；另一方面鼓勵建構學術平台，投入學術的研究與學習環境塑造，共同分享知識管理的效益，並奠定知識創新之有利基礎。

2.簡化流程：有效的創新能針對某個特定需求，只需掌握簡單原則，進行改善即可。例如：組織再造的試辦推動，就是面對知識經濟的來臨，中小學的組織結構有必要因應各地各校的不同需求，而加以調整。其所企求的就是調整組織架構，符合變遷需求，並能獲致最高行政效能。又如建立扁平式的動態開放組織架構，不管是中央教育部組織或地方教育局的組織，在滿足地方自治的需求，又能發揮資訊分享、決策參與的功能。

3.整合使用者參與：使用者參與專案或新技術系統的開發，可將使用者的意見融入其中，使用者也較能接受改變。例如：依據「教育基本法」之精神，適時檢討、確認教育組織權責際限，本著「授權、增能」之原則，使教育行政專業化之分工，能夠適度發揮進行，讓教育工作推動增加多元化的參考意見。

其他相關學校知識創新方法有：

1.自學方案：Kransdorff（1998）認為擬定員工「自學方案」，讓成員從自己的經驗中學習，經由反思的過程，在舊經驗的基礎上，進而創造有益組織進步的新知識。

2.對抗角色的辯論：伍忠賢與吳建彬（2001）則提出「扮演對抗角

色的辯論」,可以將決策參與、經驗傳承、訓練運用畢其功於一役,是最有效率的創新方式。

3.**深度匯談**:尤克強(2001)認為進行深度匯談對組織產生創新效果,是相當有啟發性的方式。深度匯談植基於彼此的尊重,並以他人的特質補足自己能力的有限和缺失,而非如辯論般的以自我為中心。透過深度匯談,可以跳脫既有的想法、聆聽他人聲音並反省自己觀點,進而孕育出創新的文化。Senge(1990)在提到團隊學習的修練中,亦認為深度匯談是內省、促進學習的重點方式。

4.**建構有利知識創新的文化環境**:廖春文(1996)認為快速變遷的社會整體環境、學校教育與行政組織,均遭受到教育系統內、外多重因素的劇烈衝擊,使得教育革新的成效受到社會各界的批評與質疑。劉淑娟(2000)認為知識創新可能涉及組織文化。因此,實施教育知識管理,實施層面不僅應包括建立教育資料庫、形成教育知識網絡等等教育知識的工具性管理層面。而且更應深化成為教育知識的規範性管理層面,將教育知識融納入教育組織和成員的思維、文化規範、學習等領域,成為組織和成員發展的一部分。楊振昇(2001)認為藉由信任與分享的組織文化,將有助於知識的建構、儲存、流通與擴散,進而能建立組織成員的團隊意識。

知識必須與工作結合,才能具有生產力。單是依靠專業知識本身是無法創造資產。在應用資訊科技、教學設計與工作過程中,應以再思考與再建構的方式,完成工作的改善與創新。因此,如何將擁有的知識做最大、最有效的發揮,唯有組織從增加知識資本價值開始,建立組織學習創新的文化,如此才能創造組織本身核心能力與優勢(鍾欣男,2001)。

綜結上述知識管理運用於學校組織中,相關實務工作推行內容,研究者將其繪製成〔圖 8-3〕:

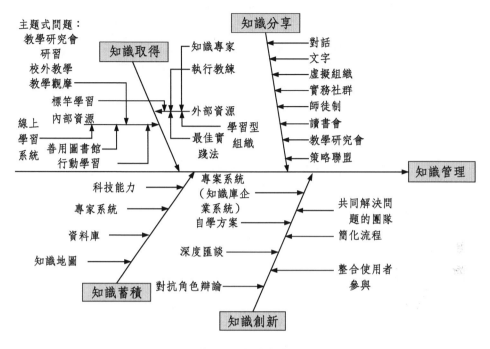

圖 8-3　學校知識管理實務工作魚骨圖

┌ 第五節　結　論 ┐

　　一個組織在知識管理要成功其要素有（吳毓琳，2001；張明輝
2002）：第一、需要有完善的知識管理組織設計，在知識分享的考核與
獎賞制度、知識轉移的管道安排、和完善在職進修管道的設置。第二、
知識管理人員、單位設計與安排要健全，設置有知識員工、知識管理人
員、知識計畫經理人、知識長的人員與職位，才能有人力資源去推動知
識管理。第三、強化知識管理的資訊科技工具使用的能力，整理現存的
有形知識、發現無形知識，有完善的知識管理相關人員培訓，以及正確
知識管理的觀念宣導，如此才能使人員、工具結合發揮效用。第四、涵

養知識管理的組織文化，高層主管的支持、共同明確的專業用語、成員信賴與共識的建立、積極學習風氣的型塑，創造出有利知識管理的文化，加上人員、組織、制度與激勵的配合，知識管理就能成功（如〔圖8-4〕）。

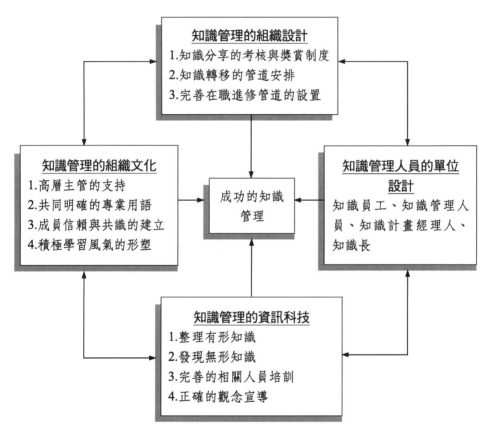

圖 8-4　知識管理的成功要素關係圖

資料來源：吳毓琳（2001）。**知識管理在國民中學學校行政應用之研究**（頁65）。國立台灣師範大學教育學系碩士論文。（未出版）

學校是一個學習系統的組織，吳金香（2000）認為此一學校的學習

系統是由上到下，遍及學校社區均在這個學習網內。在學校組織中，要以知識管理來運用資訊科技、網路系統、建立分享專業知識的社群，藉助資料庫的建立，適切運用知識管理的策略。並以系統化的思考出發，從解決問題切入，讓學校組織與教育行政機構，發展成為具有共同教育使命的夥伴關係。換言之，學校組織發展的核心能力，在於教師專業素養與專業知能的提升。而教師具創新、創意的學習理念正是核心能力的泉源。學校能充分授予教師創意成長的空間，相信對學校組織而言，是具有相當動力的發展。教育組織更應利用多種途徑和時機，如聚餐、朝會、運動會等，經由實質形式的活動，提供組織成員共同參與的機會，培養合作意願和經驗，建立協同工作的機制和模式，並逐漸塑造出團隊分享的組織文化，形成落實推動教育知識管理的共識和創新行動。

⌐參考書目⌐

王如哲（2000）。**知識管理的理論與應用－以教育領域及其革新為例**。台北：
　　五南。

方隆彰（1998）。讀書會面面觀：時代意涵與基本類型。**學習行社區之鑰：
　　讀書會指導人員手冊**。台北市政府教育局編印。19-27。

伍忠賢、王建彬（2001）。**知識管理：策略與實務**。台北：聯經。

沈洪炳（2000）。企業群集，雙贏互利，載於齊思賢譯（2000）：**策略聯盟
　　新紀元**，（頁 9-11）。台北：先覺。

吳金香（2000）。**學校組織行為與管理**。台北：五南。

吳思華（1996）。**策略九說：策略思考的本質**。台北：麥田。

吳清山（2001）。知識管理與學校效能。論文發表於知識經濟與教育革新發
　　表研討會論文集上冊（頁 119-130）。嘉義：國立中正大學教育研究所主
　　辦。

吳清山、林天祐（2000）。知識經濟。**教育資料與研究，37**，100。

吳煥烘、黃茂樹（2000）。台灣高等教育行政與運作之危機探討。**文教思潮，
　　2000，5，2**。線上檢索日期 2003 年 4 月 30 日。網址：http://www.tw.org/
　　newwaves/52/home.html

吳毓琳（2001）。**知識管理在國民中學學校行政應用之研究**。國立台灣師範
　　大學教育學系碩士論文。（未出版）

李華偉（2001）。知識管理、圖書館及教育革新。**國立台灣師範大學圖書館
　　通訊，4**。

林韋如（1998）。**高科技產業知識管理之研究－以百略企業為例**。台北：國
　　立台灣師範大學工業科技教育研究所碩士論文（未出版）。

林福仁（2002）。從社會與科技觀點探討教育領域的知識管理：教師專業網
　　路社群的理論與實務。載於國立中正大學教育學研究所主編，**知識管理
　　與教育革新發展研討會論文集**（頁 393-408）。台北：教育部。

洪明洲（2002）。知識管理與教育革新發展之學理分析。載於國立中正大學
　　教育學研究所主編，**知識管理與教育革新發展研討會論文集**（頁
　　353-374）。台北：教育部。

孫本初（2001）。知識管理─組織發展的新利器。**人事月刊，52**(4)，8-22。

馬曉雲（2001）。新經濟的運籌管理：知識管理。台北：中國生產力中心。

高希均（2000，9 月 25 日）。知識經濟不是一條好走的路。**聯合報**。

莊素玉、張玉文（2000）。**張忠謀與台積電的知識管理**。台北：天下。

郭素芳（2000）。**非營利組織之知識管理研究─以慈濟功德會為例**。台北：
　　國立中央大學人力資源管理研究所碩士論文（未出版）。

湯明哲（2000）。導讀未來管理的主流。載於杜拉克（著）、張玉文（譯），
　　知識管理（頁 3-8）。台北：天下。

張明輝（2002）。**學校經營與管理研究：前瞻、整合、學習與革新**。台北：
　　學富文化。

楊國賜（2001）。**知識經濟對高等教育發展的挑戰**。90 年 3 月 5 日嘉義大學
　　民雄校區週會演講。

楊振昇（2001）。**知識管理之內涵及其在教育行政上之應用**。http://www.epa.
　　ncnu.edu.tw/epforum/vol4no2/8-3.html. 2001/10/5.

辜輝趂（2000）。**企業電子化知識管理策略研究**。台北：國立師範大學工業
　　教育學系博士論文（未出版）。

廖春文（1996）。邁向二十一世紀的組織發展策略。**國民教育研究集刊，4**，
　　81-102 。

廖勝能（2001）。**學校組織創新氣氛與知識管理關係之研究**。台南：國立台
　　南師範學院國民教育研究所碩士論文（未出版）。

葉連祺（2001）。知識管理應用於教育之課題與因應策略。**教育研究月刊，
　　89**，32-42。

廖玉琳（2001）。**知識管理策略之分析**。台北：銘傳大學經濟學系碩士班碩
　　士論文（未出版）。

劉淑娟（2000）。**知識管理在學校營繕工程之運用**。花蓮：國立東華大學教

育研究所碩士論文（未出版）。

劉信志（2000）。**知識管理參考模式之研究**。台北：國立台北科技大學商業
　　自動化與管理研究所碩士學位論文（未出版）。

鍾欣男（2001）。**知識管理在學校本位國小教師專業成長運用之研究**。彰化：
　　彰化師範大學工業教育學系碩士論文（未出版）。

鍾瑞國、鄭曜忠（2001）。知識管理在學校圖書館的應用。**技術及職業教育
　　雙月刊，63**，21-27。

顏永進（2002）。**知識管理在國民小學學校行政運作現況之研究**。台南：臺
　　南師範學院碩士學位論文（未出版）。

American Productivity & Quality Center (2000). Retrieved September 15, 2003
　　from the World Wide Web: http://www.apqc.org/

Applehans, W., Globe, A., & Laugero, G. (1998)／馮國扶譯（1999）。**知識管理
　　─網上應用實作指南**。台北：跨世紀電子商務。

Arthur Anderson Business Consulting（2000）／劉京偉譯（2000）。**知識管理
　　的第一本書**。台北：商業週刊。

Bertels, T. (1996, March). What is knowledge management. *The knowledge man-
　　agement forum*. Retrieved March 31, 2003 from the World Wide Web: http://
　　www.km-forum.org/what_ is.htm.

Bixler, C. H. (2000). *Creating a dynamic knowledge management maturity continu-
　　um for increased enterprise performance and innovation*. The George Washing-
　　ton University BSC.

Bourdreau, A., & Couillard, G. (1999). Systems integration and knowledge manage-
　　ment. *Information Systems Management, 16*(4), 24-33.

Chatzkel, J. (1998, December). Measuring and valuing intellectual capital: From
　　knowledge management to knowledge measurement. *Journal of Systemic
　　Knowledge Management*. Retrieved September 10, 2003 from the World Wide
　　Web: http://www. tlainc.com/articl10.htm.

Goldman, S. L., Nagel, R. N., & Preiss, K. (1995). *Agile competitors and virtual or-*

ganizations: Strategies for enriching the customer. New York: Van Nostrand-Reinhold.

Gore, C. & Gore, E. (1999). Knowledge Management: *The way forward. Total Quality Management, 10*(4&5), 554-560.

Davenport, T. H., & Pausak, L.(1998)／胡瑋珊譯（1999）。知識管理。台北：中國生產力。

Davis, S., & Botkin, J.(1994)／周旭華譯（1996）。企業推手－從學習中創造利益。台北：天下文化。

Drucker, P. F.(1998)／李田樹譯（1999）。杜拉克－經理人的專業與挑戰。台北：天下文化。

Drucker, P. F.(2000)／李琇玲譯（2001）。杜拉克精選：個人篇。台北：天下遠見。

James B. Q., Jordan J. B., & Karen A. Z.(1997/2000)/洪明洲譯（2000）。知識管理與創新。台北：商周。

Kransdorff, A.(1998)／陳美岑譯（2000）。組織記憶與知識管理。台北：商周。

Leonard-Barton, D.(1995)／王美音譯（1998）。知識創新之泉。台北：遠流。

Marquardt, M. J. (1996). B*uilding the learning organization: A system approach to quantum improvement and global success.* London: McGraw-Hill.

Morita, M., & Takanashi, T.（1999)／吳承芬譯（2000）。知識管理的基礎與實例。台北：小知堂。

Nonaka, I., & Takeuchi, H. (1995). *The knowledge creating company.* New York: Oxford University Press.

Owens, R. G.(1997)／林明地、楊振昇、江芳盛譯（2000）。教育組織行為。台北：揚智。

Polany, M. (1967). *The tacit dimension.* New York: M. E. Sharp.

Quinn, J. B. (1996). Managing professional intellect : Making the most of the best.

Havard Business Review on Knowledge Management. Boston: Harvard Business School Press.

Quintas, P., Lefrere, P., & Jones, G. (1997). Knowledge management: A strategic agenda. *Long Range Planning, 30*(3), 385-391.

Robbins, S. P.(1992)／李茂興、李慕華、林宗鴻譯（1994）。**組織行為**。台北：揚智。

Senge, P. M.(1990)／郭進隆譯（1994）。**第五項修練：學習型組織的藝術與實務**。台北：天下文化。

Thomas, A. S.(1997)／宋偉航譯（1999）。**智慧資本：資訊時代的企業利基**。台北：智庫。

Wickens, Peter D.(1995)／劉秋枝譯（2000）。**優勢組織**。台北：寂天文化。

Wenger, E. C., & Snyder, W. M. (2000) . Communities of practice: The organizational frontier. *Harvard Business Review 78,* 1, 139-145.

第 9 章

團隊領導理論在學校行政領導的應用

有天一個男孩問華特（迪士尼創辦人）：「你畫米老鼠嗎？」

「不，不是我。」華特說。

「那？你負責想所有的笑話和點子嗎？」

「沒有。我不做這些。」

最後，男孩追問：「迪士尼先生，你到底都做些什麼啊？」

華特笑了笑回答：

「有時我把自己當作一隻小蜜蜂，從片廠一角飛到另一角，蒐集花粉，給每個人打打氣，我猜，這就是我的工作。」

—摘自祝康偉，如何做個 A^+ 的團隊領導者

當組織變得愈來愈複雜，變遷愈來愈快速的時代，Drucker（1998）提到團隊以成今日多數企業的基本工作單位，了解與有效的參與團隊的技能，將為人人所必備；Sivasubramaniam, et al.,（2002）研究也證實團隊領導顯著的影響團體的影響力，團體的影響力影響團體表現的信念。今日組織所面對的問題、所需要既深且廣的知識、技術科技、人力資源，已非領導者個人單打獨鬥所能應付，必須依賴成員組成團隊，尊重多元分歧的文化背景，匯聚團隊中成員的特色與能力，發揮群策群力的團隊力量才能因應時代的需要，使組織在競爭與變遷的洪流中屹立不搖（Nyatanga, 2003）。

團隊是近幾年來被熱烈討論的話題，在企業經營及人力資源管理方面均不斷被提出討論與研究。如美國財星雜誌調查全美最大的郵購書店—舒瓦茲書店的銷售情形發現，在1993年的十大暢銷企管叢書中，以團隊為主題的書就占了其中三名（楊俊雄，1993）。而在國內情形方面，就國家圖書館中博碩士論文84年度至91年度以團隊管理為主題的相關研究來統計共有52篇，而與企業管理有關的研究就有21篇，均為探討企業管理中團隊管理與其績效的關係。

而在國內學校行政方面，「團隊」的概念亦開始被提出研究，同樣以國家圖書館中博碩士論文84年度至91年度以團隊管理為主題的相關研究來統計，與學校行政有關的研究共6篇。雖然研究數量上還不多，但表示國內已開始將團隊概念應用於學校行政的研究中，以期提升學校行政績效的表現，藉由觀念的導引及實務的採用，改善學校行政組織中長久不重視績效表現的弊病。

綜上所述，本文將探討團隊領導在學校行政中的應用。以下分三節敘寫，第一節先針對團隊的意涵、類別及種類等相關概念加以探討；第二節再論述團隊領導應用於現今學校行政組織中的可行做法；第三節說明學校團隊的現況；第四節為學校邁向高效能團隊的因應之道；第五節

為結論。

┌─────────────────────────────────┐
第一節 團隊的意涵、類別與發展
└─────────────────────────────────┘

一、團隊的意義

在探討學校團隊意涵之前,有必要先針對團隊的概念加以釐清。團隊的概念最早是由 Meredith Belbin 於 1981 年所提出,藉由《管理團隊:成功與失敗》(*Management Teams:Why They Succeed or Fail*)一書,成功的使團隊概念形成一股研究的潮流(Everard & Morris, 1996)。對於團隊的意義學者有不同的看法。

Katzenbach and Smith(1993)認為團隊是才能互補,體認共同目標,並設定績效標準,而互相信任以完成目標的一小群個別成員的結合。

Greenberg and Baron(1995)的團隊是指一個群體其成員擁有互補的技術,為著共同的目標努力,並且設有具體明確的目標,以便評鑑團隊表現績效。

Nadler et al.(1998)認為團隊是兩個人以上所組成的集合體,他們視彼此為一生命共同體,因此能為同一目標而努力,並在互動中達成預期的表現。

Holpp(1999)對團隊的看法,認為團隊顧名思義,即是一群人結合在一個共同的行動上;換句話說是一群人在一個定義過的運作範圍內,為某些特定目標而一起努力。而構成團隊的要素為目的(purpose)、位置(place)、力量(power)、計畫(plan)及人員(people),即團隊的五個 P。1.目的:所有的團隊皆是為了共同目標而組成的,目的是指引團隊方向的明燈;2.位置:團隊並不是獨立於組織中,在團隊中有組織各處來的人,而該由誰領導團隊及如何將團隊融入既有的組織架構中,

皆必須有所界定；3.力量：團隊須要具備權力和義務，團隊才能運作；計畫：4.計畫是團隊中不可或缺的一環，團隊必須按部就班才能順利達成目標；5.人員：團隊是人的集合體，因此有好的人員才有好的團隊。而最佳人選並不一定是表現最好的人員，必須要挑選出所有人員組合，而選擇最佳的組合。

孫本初（1995）指出團隊是一個具有高度信任的團體成員間相互支持合作，以每個人本身相輔相成的才能，共同為團體的使命及共同目標而努力，成員間講求溝通、意見參與，共同為績效的設定及達成而貢獻才華。

陳玉娟（2002）團隊是由一群具有不同才能、工作士氣高昂的人所組成，其為了組織的發展設立共同目標、全力以赴，在互動、互助、互信中達成預定目標，並為其失敗負責，且能時時進修，以增加專業知能，並具有擔任領導者的能力。

從以上研究者的定義中，我們可以了解團隊是組織為了某一任務，集合兩人以上所組成的團體，成員具有不同的技能、知識、經驗和理念，在團隊擔任不同的角色，都能對團隊做不同的貢獻，團體成員間相互支持合作，形成榮辱與共的組織氣氛，對承諾的共同目標貢獻才華，達成團隊任務。從此團隊定義中含有幾個意涵：

(一)團隊由群體所組成

團隊是由兩個人以上所組成的團體，較適當的人數是 5-9 人，超過 9 人成員的溝通機會較少，人數愈多，若要保持良好的溝通與共識，需要愈多的時間（Clark, 2000）。

(二)團隊有共同目標

共同目標是團隊的驅力。團隊必須發展自己的目標，而且，成員或團體對此目標覺得有意義，且有隸屬於自己的擁有感。

㈢團隊成員具有相互依存性

團隊成員具有不同的技能、知識、經驗和理念,都能對團隊做不同的貢獻。每個成員按照自己的專長技能擔任不同的角色,彼此分工合作、分享資訊、相互接納、相互依存,達到團隊目標。

㈣努力達成共同目標為主要任務

團隊均有其特別的任務,成員以完成此一任務為主要目標,所以成員均應清楚了解團隊存在的目的為何,團隊授權範圍,團隊在整個組織之中所扮演的角色、地位及功能。

㈤團隊成員共同擔負團隊成敗責任

團隊成員商討各自擔任的角色,共同遵照的規定,做事法則,相互支持協助,戮力達成任務,分享團隊的成果與接受獎勵;一旦未能順利達成團隊任務時,成員共同承擔此一失敗的責任。

二、團體與團隊的比較

由個人所組成的團體是否就是團隊,Katznbach & Smith(1993)從領導者角色、責任歸屬、工作目的、工作成果、會議形式、績效衡量、工作目標、互賴程度、時間架構等層面,針對傳統工作團體及真正工作團隊做詳盡的比較(表9-1)。從比較表可以了解,團體是比較偏向傳統中科層體制的工作團體,組織與權力基礎較正式化,角色與任務分配以正式職位劃分,經常是知識技能與職位角色不相稱,成員間不一定有所謂的積極互動及為組織目標承諾與奉獻;而團隊則不同,它有較多的權力分享,觀念意見的水平溝通與共識的獲取,產生積極的互動、協調互助,擁有團隊精神,產生共識共力,達成團隊任務,分享與承擔團隊成敗的責任。

表 9-1　團體與團隊的比較表

差異面向	團體（group）	團隊（team）
領導者角色	定位明顯具有絕對的權威	傾向於共享既有的領導權
責任歸屬	多強調個人責任	個人與團隊的責任兼重
工作目的	和組織任務相似	具有特殊的目的
工作成果	著重個人的工作成果	著重集體的工作成果
會議形式	要求開會有效率，導致領導者主導會議進行	以公開討論的方式解決問題
績效衡量	著眼於個別成員成效的影響力	以團體的工作成果為衡量標準
工作目標	成員的目標是可以區分的	成員具有共同的目標需要在一起工作
互賴程度	成員可以自由決定或採取不影響其他成員的行動	任何成員的行動或決定都會影響其他成員
時間架構	成員可以獨自工作很長一段時間	成員需每日或每週密切地協調工作

資料來源：陳玉娟（2002）。你們真的是團隊嗎—論團體和團隊的意涵及其區別。
中等教育，**53**(4)，150-160。

三、團隊的類別

團隊的種類依組織的目標，決定成立團隊的目的以及團隊所發揮的功能來區分，學者均有其不同見解及分類法，如〔表 9-2〕列出學者對於團隊種類的看法。

由以上團隊種類的類別可知團隊的分類方式有很多種，在組織中，可發現不同類型的小組，包括功能性運作小組（functional operating team）、交互功能性小組（cross functional team）、自我管理小組（self-managed team）、自我設限小組（self-defining team）及高效執行小組（top executive team）等五種類型（Yukl, 2002）。這五種類型的的不同

表 9-2　團隊種類

研究者	年　代	種　　類
Zenger	1993	(1)部門內組型團隊 (2)破解難題型團隊 (3)跨越部門型團隊 (4)自我督導型團隊
Tompkins	1995	(1)導航團隊 (2)領導團隊 (3)溝通團隊 (4)設計團隊 (5)工作團隊
George & Willson	1997	(1)跨功能品質改善團隊 (2)功能性工作團隊 (3)多功能小組的授權團隊 (4)虛擬團隊
Holpp	1999	(1)技術性團隊 (2)社會性團隊 (3)管理性團隊
Yukl	2002	(1)功能性運作小組 (2)交互功能性小組 (3)自我管理小組 (4)自我設限小組 (5)高效執行小組

資料來源：整理並參考劉家鴻（2001）。**團隊運作對團隊工作態度影響之研究—以**
　　　　　台北市政府為例（頁 19-23）。台北：國立台灣師範大學工業科技教育
　　　　　研究所碩士論文（未出版）。

在於小組對任務工、目標決定的影響力大小；決定工作程序的自主性；
團隊內領導者的權威，正式領導者位階的存在，選擇領導者的程序（例

如：選舉，由外行人指定等等）；團隊存在的時間長短；隨著時間小組成員的穩定性；成員功能性背景的差異，小組成員功能的多樣性等來區分。〔表9-3〕即比較這五種不同類型小組的特徵。這五種小組類型都可做團體決策。

表 9-3　不同類型團體或小組的一般特徵

特徵	功能性運作小組	交互功能性小組	自我管理小組	自我設限小組	高效執行小組
決定任務和目的的自主性	低程度	低到中程度	低程度	高程度	高程度
決定工作程序的自主性	低到中程度	高程度	高程度	高程度	高程度
內部領導者的權威	高程度	高程度	低程度	低程度	高程度
小組存在的持續性	高程度	低到中程度	高程度	變動的	高程度
成員的穩定性	高程度	低到中程度	高程度	變動的	高程度
成員功能背景的歧異性	低程度	高程度	低程度	變動的	高程度

資料來源：Yukl, G. A. (2002). *Leadership in organization* (5th ed. p. 307). New Jersey: Prentice-Hall, Inc.

四、團隊的發展

團隊的形成有一定過程與階段，Quick（1992）將團隊組織發展週期區分為五各階段：

(一)探索期（searching）
團隊形成的初期，成員普遍對自己的角色、工作以及組織領導等問題都感到模糊，充滿焦慮、猶豫與自我防衛。

(二)界定期（defining）
此階段重點在界定團隊所要完成的工作與達成的目標，團隊成員開

始了解目標過程中自己的角色與功能，也較會為角色與功能的劃分問題而衝突與爭執。

(三)認同期（identifying）

成員至此已不再認為團隊僅是一群人的組合，而將自己視為為共同目標而一起工作的一群人，有共同的方向且相互扶持，重視與其他成員的互動。

(四)運作期（processing）

成員共同工作達成目標，並評估自己及團隊績效，同時關注改進團隊運作方法。

(五)解散期（disjoining）

此時是團隊存續時間久暫的不同，團隊可能必須面對解散或革新的命運，以長期性團隊而言，就必須考慮如何產生新的發展循環，並著手強化成員能力、互動及任務達成的方式等。

針對團隊發展過程，大部分學者採四階段為最多，差別除了只是未將解散期列入外，只是所用名稱有所不同而已，如 Koeheler Pankowski（1996）、Hollp（1999）把團隊發展過程分為形成期、衝擊期、規範期、表現期等四各階段：

(一)形成期

此階段的特色是成員充滿興奮、憂慮和力量感。成員先了解彼此，試著開始承擔風險，此時並無太多的建設性工作，必須非常小心的處理，否則會犯下不少的錯誤起步。

(二)衝擊期

此期每個成員的自我互相傾軋，個性差異開始浮現，意見衝突、挫折感提升。此時意見被提出來、被質疑，計畫被討論、被修正，新的方

向展開並受評判。

(三)規範期

藉由共識的形成，規範逐漸發展出來。成員彼此熟悉、了解，例如：生產力或許不錯，但不夠好，真正的優缺點愈來愈清楚，團隊開始形成一個例行模式。

(四)表現期

團隊發展成型，變成一個能輕鬆適應新局勢的學習機器。此時團隊與整個組織、成員關係明確，團隊的目標共識已建立，共同朝向任務目標努力，達成重大的成果。

團隊的發展並不是順理成章成直線進行，過程中會發生一些困難、遭遇挫折，從中學習、調整，再向前進展，Hollp（1999）就認為每一階段多有不少問題，顯示警訊，如〔圖 9-1〕顯示：

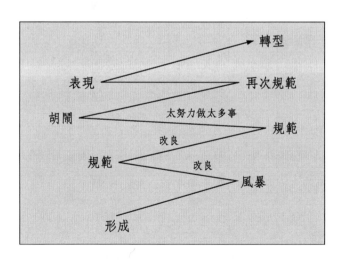

圖 9-1　團隊發展曲線圖

資料來源：Holpp, L.(1999)／袁世珮譯（2003）。**團隊管理—立即上手**（頁 113）。
　　　　台北：麥格羅‧希爾。

　　各種不同類型的團隊，其發展過程階段也類似，例如：Koeheler and Pankowski（1996）將專案團隊發展過程分為形成期、風暴期、規範期、表現期等。如〔圖9-2〕以說明：在形成期時為團隊的原始狀態，在經功能賦予之後，在功能角色及工作流程知釐清，轉化為功能或跨功能團隊，此為衝擊期的基本團隊原型；團隊在經任務賦予，不同的任務需求與流程管理能力，使團隊達到規範期之任務團隊；最後經由專業目的的賦予，達到特殊專案團隊，追求充分授能及自我管理，此團隊發展階段其實就是團隊認同感之凝聚過程（Quick,1992; Koeheler & Pankowski, 1996; 王溥，1990）。

發展階段	形成期		風暴期		規範期		表現期
		功能賦與 →		任務賦予 →		專業目的賦予 →	
團隊型態	原型工作團隊		功能團體與跨功能團體		任務團隊		特殊專案團隊
團隊狀態	團隊員初狀態		功能角色與流程待釐清		賦與不同任務需求與流程管理能力		追求充分授能與自我管理
說明	可能存在任何組織		團隊式組織的基本團隊原型		任務與工作流程建構完成，決定組織輪廓		不同形貌團隊式組織以創造專業績效

圖 9-2　團隊發展階段與型態角色及定位

資料來源：曾介宏（1997）。**團隊式組織研究—設計與文化觀點**。國立政治大學公共行政研究所碩士論文（未出版）。

至於團隊在發展過程中，各階段可能產生的問題現象，Hollp
（1999）將它稱為警訊，並將它逐一列出，且指出此時領導者應做哪些
行動，茲引述於〔表 9-4〕。

表 9-4　團隊發展各階段之問題警訊與領導者的因應行動

問題警訊	領導者的因應行動
形成期	形成期
• 沉默，少有溝通 • 質疑團隊的目的 • 信任或堅持不夠 • 挑戰領導人 • 失焦的腦力激盪 • 對問題沒有共識 • 天馬行空亂談一通 • 沒有人為行動負責 • 只找簡單的解決方法（錢、人） • 低估時間的難度	• 逐一選擇成員 • 說明團隊的目的 • 呈現清楚的問題說明 • 設定目標、時間表等 • 保持危機感 • 在時間、行為等會議上取得共識 • 在會外指導有問題的成員 • 追蹤任務 • 請成員的上司參加
風暴期	風暴期
• 衝突開始形成 • 不實際的期待出現 • 成員的發展不一 • 了解問題的難度 • 想把問題往上推 • 不想挑戰或迎戰	• 鼓勵不同的觀點 • 焦點放在時間和目標上 • 拆解大問題 • 追求小成功 • 個別指導成員 • 允許衝突浮上檯面
規範期	規範期
• 爭論的出現毫無理由 • 遷怒團隊領導人和管理階層 • 團隊把世界分為「我們和他們」 • 光說不練 • 次級團隊各行其事 • 預期外的問題愈演愈烈	• 挑戰團隊，展開分析以解決歧見 • 從指揮或指導轉為支持性領導風格 • 分擔領導責任 • 堅持成員要分擔領導責任 • 堅持運用工具和技巧 • 堅持目標和時間表

表現期	表現期
● 團隊承擔太重 ● 成員抗拒領導 ● 成員各自為政 ● 團隊的溝通破裂 ● 成員抗拒無聊的工作 ● 團隊出現激勵的問題	● 允許團隊自行規劃 ● 落實定期開會的時間表 ● 常常進行簡報 ● 參與更大的計畫 ● 邁向自主性團隊

資料來源：Holpp, L. (1999)／袁世珮譯（2003）。團隊管理—立即上手（頁114）。
台北：麥格羅‧希爾。

第二節　團隊的領導與成效評估

壹　團隊的領導

組成團隊且要讓團隊能運作良好，達成團隊任務，領導者在團隊運作時所需運用的策略如下：

一、建立團隊的願景

願景可以提供追隨者連接過去以及現在的政策，營造對組織未來的生動想像。願景提供希望以及實現願望的信念。在團隊過程中，一個清楚的願景能幫助引導整合決定，以及影響成員的行動（Yukl, 2002）。

㈠建構願景的原則

Yukl（1994）針對如何在組織中有效建構願景與達成願景，提出了十一項可行的原則，分述如下（吳明雄，民90）：

　　1.發展明確且受成員認同的願景；

　　2.發展達成願景的策略；

*3.*說明與提升願景；

*4.*表現出自信與積極；

*5.*表達出對成員的信心；

*6.*從階段性的成功來建立信心；

*7.*慶祝成功；

*8.*使用符號象徵的行為來強調核心價值；

*9.*建立領導楷模；

*10.*創造、塑立文化形式；

*11.*使用轉移的儀式協助成員改變。

㈡找尋團隊願景的方法

Hollp（1999）也提出找尋團隊願景的三種方法：

1.直覺法：請參與者想像希望團隊達成的事，再一一列出。先請低階人士發表，再統計次數。

2.分析法：運用 6W 提問，即誰（who）、什麼（what）、何時（when）、何地（where）、為何（why）、如何（how）。

3.標竿法：直覺法和分析法都是在組織中形成願景的過程。而標竿法則是往組織外看，在競爭對手中找點子和啟發。其步驟如下：(1)挑選你的模範；(2)檢驗這些團隊的願景；(3)在這些願景上發展；(4)檢視你的願景。

㈢評定願景指標

同時，在擬定願景時須注意之六項指標—六個 C：

1.清楚（clear）：易於了解；

2.簡潔（concise）：簡短、精確；

3.關聯（connected）：和團隊定期要做的事有關；

4.令人信服（compelling）：產生共鳴；

*5.*對比（contrasting）：比現在更好；

*6.*可信（credible）：是可以做到的，不是遙不可及。

二、扮好領導人的六大角色

團隊領導者主要的工作是確定資源的有效運用，引導訓練團隊成員有效解決問題，以激勵團隊成員達成目標。所以團隊領導者的角色有（張淑玲，2002；Mohrman, 1995; Hollp, 1999; Yukl, 2002）：

㈠促進者

主導、協調團隊活動，領導者不再是監督者，領導人要學習協調團隊的活動。這表示，要提出方向、支持和協助。

㈡對問題或抉擇的建議

要讓團隊專心於重要目標上，領導人要扮演積極的角色，要能指引團隊選擇和進行較佳或優先的方案。

㈢提供資源

領導人要注意團隊的需求，若是沒有適當的資源，成員就不能有效地完成他們的工作。

㈣指導如何解決問題

指導如何解決問題，直接與團隊合作並維持動能，讓團隊的焦點鎖定在其任務上。

㈤協助執行

幫助個人與團隊有所成就，這是領導人最重要的角色之一。

㈥提供正式和非正式肯定

提供適當的激勵以維持團隊的動能，並激發成員的動機。

(七)外部聯絡者

負責處理對外單位的聯絡事項。

三、召開有效能的團隊會議

團隊有很多事項須透過會議溝通、討論，尋求共識與解決問題。團隊若想要獲得整體的成功，最重要的就是組員有能力召開一個焦點集中的成功會議。成功的會議是有趣的、刺激的、積極的、熱誠參與的，並且能創造出積極成果。領導者要避免會議被成員誤解為：浪費時間、精力、資源；開會很無聊；總是在原地打轉；總是照著領導人的意思走；會議常被少數人把持，其他人完全被忽略。

以下就成員在會議中扮演的角色、成功會議的指南、常見會議的問題及會議的解決問題技巧簡述（Hollp, 1999）。

(一)會議中的角色

1. 會議領導人：會議領導人要負責安排開會時間、設定議程、將議程分送並且處理所有總務事項等。

2. 主持人：負責開會的過程中，組員和其他與會者的互動。

3. 抄寫員：抄寫員要記錄參與過程，在掛圖上或黑板上寫下各種想法、建議、問題及其他意見，讓主持人可以更充分與其他與會者互動。

4. 記錄員：要記錄討論與決議。

(二)成功會議的指南

〔準備階段：開會之前〕

領導人：

1. 擬出議程，分配每項議程的時間。

2. 指定角色和責任，並排定議程。

3. 邀請非本團體、但也應該來開會的人列席。

4. 安排任何必要的設備、資料等。

〔預備階段：會議開始〕

領導人：

1. 說明開會的重要性。

2. 檢討議程。

3. 確認所有與會者都了解。

4. 詢問是否要增加議程項目。

5. 訂出時間限制。

〔開會中〕

主持人：

1. 由記錄員唸出上次會議的決議與執行情形。

2. 進入議程。

3. 針對每一項目，請負責提供資料或行動的人作報告。

4. 詢問是否有其他要補充資訊或有問題的地方。

5. 進行討論。

6. 限制過度主導發言的人、鼓勵較保守的人說話。

7. 進行對決議的投票，儘可能達成共識。

8. 取得行動的協議：做什麼、誰來做、何時做、怎麼做。

9. 選出下次會議的領導人。

10. 下次開會訂出時間與定點。

〔追蹤〕：會後

領導人：

1. 支援重要人員。

2. 在下次開會前，審核任務和承諾的進度。

3. 準備簡報。

(三)處理常見的團體會議問題

〔問題一〕：負面的態度、爭吵、組員不願主動發言討論。

行動：

1. 主持人鼓勵平衡的參與。

2. 主持人強調合作達成會議目標的重要性。

3. 領導人強調會議整體的利益、以及這些議程的重要性。

〔問題二〕：缺乏焦點，會議拖太長，未能有解決方案或達成共識。

行動：

1. 主持人綜合歧見和協議。

2. 主持人強調期限和急迫性。

3. 領導人檢討議程、強調時間限制。

〔問題三〕：成員對主持人、會議領導人不滿。

行動：

1. 避免正面衝突。

2. 傾聽不要發表意見。

3. 請成員提出更多的意見。

4. 表達出對成員意見的理解。

5. 提醒團隊，每個人都在學習新技能。

6. 主持人要回到議程上，繼續開會。

貳　團隊成效的評估

團隊建立的目的是藉以增加凝聚力、多方合作與團體認同感，最終達成任務與目標。所以團隊是否有成效都以此評鑑標準，如目標導向的組織結構（Larson & LaFasto, 1989; Lewis,1999）；團隊成員精神、合作互信氣氛（Larson & LaFasto, 1989；Spiegel & Torres, 1994; Lewis,1999；

李弘暉，1997）；有效的進行決策、卓越的領導（Larson & LaFasto, 1989；Spiegel & Torres, 1994; Lewis,1999），創造風險自由的環境（Lewis,1999）。

提出較完整且應用比較普遍的是 Blanchard, Carew, & Carew（2003）提出高績效團隊所具備的特徵與其衡量項目：共同目標和價值（Purpose and value, P）、授權賦能（Empowerment, E）、良好的關係與溝通（Relationships and Communication）、彈性（Flexibility）、最佳的生產力（Optimal Performance）、肯定與獎賞（Recognition and Appreciation）、高度的士氣（Morale），亦即"PERFORM"。

一、共同目標和價值

　　㈠團對共同目標做承諾，成員知道團隊工作以及其為何重要。

　　㈡共同價值和規範促進真誠、品質和共同工作。

　　㈢具體的團隊目標是經過討論，相當清楚且彼此都同意。

　　㈣達成目標的策略清楚且彼此都同意。

　　㈤個別角色很清楚，也了解其與與團隊目標的關係。

二、授權賦能

　　㈠價值、規範和政策促成倡導、參與和創新。

　　㈡所有組織和業務相關的訊息均已備好提供團隊運用。

　　㈢團隊在授權範圍內可以做決定與行動。

　　㈣指導、組織結構和訓練用來支持個別成員或團隊的發展。

　　㈤團隊承諾所有成員的成長和發展。

三、良好的關係與溝通

　　㈠允許和鼓勵成員不同的觀念、意見和見解。

㈡成員彼此積極傾聽而不做價值判斷。

㈢管理衝突與找尋共同基礎的方法均很清楚。

㈣對種族、性別、國籍、年齡等不同文化都予以尊重與認為有價值。

㈤誠實和關懷的回饋幫助成員了解自己的優缺點。

四、彈性

㈠團隊成員共同負責團隊的發展與領導。

㈡團隊能運用所有成員獨特的能力應付挑戰。

㈢團隊成員彼此按照需要提供指導或支持。

㈣團隊以開放的態度用不同的方法做事、以及適應變遷。

㈤經過考慮的風險受到支持,錯誤視為學習的機會。

五、最佳的生產力

㈠團隊不但將工作完成且常有顯著的成果。

㈡團隊承諾以高標準評量產品、品質與服務。

㈢同意團隊從錯誤中學習以及持續改善。

㈣用有效能的問題解決與決定技能克服障礙,提升創造力。

㈤團隊以努力與其他團隊、顧客或有關的人維持適宜的合作。

六、肯定與獎賞

㈠成員或團隊的成就經常被領導者或團隊成員表示讚許與謝意。

㈡成員覺得個人成就對團隊任務有關。

㈢團隊的貢獻被上層團體讚許和認為有價值。

㈣團隊成員有高度的隸屬感。

㈤團隊慶祝成功與創下里程碑。

七、高度的士氣

㈠成員對團隊的努力有信心與熱誠，也承諾去完成。

㈡團隊努力的面對困難也充滿歡樂。

㈢對團隊工作有強的榮譽和滿意。

㈣成員間有強的團隊精神和信任。

㈤成員彼此發展出支持與關懷的關係。

　　由以上所列中團隊的特徵中可知，高效能團隊的的特徵與其組成要素及其意涵緊密結合，並且呈現出整個團隊運作的原則及模式，打破傳統團體運作的思維。

第三節　學校團隊的現況

　　學校是一個團體，由許多的個體（如學生、教師、職員……）所組成，共同為實現教育理想、達成教育目標而努力。在學校中，藉由學校成員的合作，幫助學生培養全人的智識技能及因應未來的挑戰，此為學校存在的重要目標。然而在現今後現代潮流的社會中，學校角色不斷受到挑戰及質疑，由於面臨知識經濟的時代，數位科技的進步及提升讓資訊的傳遞及取得更為快速及簡易，造成傳統的知識傳播管道不再僅侷限於學校，此種趨勢對於學校是一大警訊，更將會形成對學校的一大挑戰。當學校角色受到挑戰，對學校成員將是一大衝擊，因此學校內不論是行政單位或是教學單位均應有所改變，提升學校組織的績效以因應此一趨勢。

　　我國學校行政體系呈現出 Weber 的科層結構，具有高度結構化的特性（秦夢群，1999）。團隊是兩個人以上所組成的集合體，他們視彼此為一生命共同體，因此能為同一目標而努力，並在互動中達成預期的表

現，如將團隊的概念置入學校組織中而建制學校團隊，則學校行政組織會呈現不同的相貌與績效。

壹　學校團隊的種類

團隊種類的分類方式有很多種，而如以 Holpp 的分類方式來討論學校中的團隊，不論是過去傳統形式的團隊組織或是符合現今要求的團隊組織，學校團隊可以功能性或行政性質做分類：

一、以功能性區分

(一)技術性功能

如、校園發展委員會、各學年工作團隊、各學科領域教學工作團隊、課程發展委員會、教科書採購委員會、九年一貫課程推動委員會、指導學校比賽及學生活動等相關團隊、以及各種專案團隊。

(二)社會性功能

如教師評審委員會（簡稱教評會）、教師考核委員會、教師評議委員會、義工團隊、班親會、學生家長會、教師會、親師座談會等。

(三)傳統管理性功能

如教務工作團隊、訓導工作團隊、總務工作團隊、輔導工作團隊、合作社理監事會議、行政會議、校務會議等。

為分類方便其所要發揮的功能，將國民小學中大多數團隊技術性功能、社會性功能和傳統性管理功能做分類；事實上，這些團隊其實都具有複合式功能，如學年工作團隊是屬於技術性功能，然而有時卻兼具社會性功能，因為其不只是為該學年的目標進行課程設計及教學而合作，其亦兼具指導解決學年問題等功能。因此，學校中的團隊常常具有多樣

性功能，較難以其功能或是專責事務來作絕對性的區分及分類。

二、以行政性質作分類

國小學校團隊可分為以下幾種：

㈠行政團隊

如教務工作團隊、訓導工作團隊、總務工作團隊、輔導工作團隊。

㈡教學團隊

如各學年工作團隊、各學科領域工作團隊、指導學校比賽及學生活動等相關團隊。

㈢支援團隊

如班親會、學生家長會、義工團隊。

㈣會議團隊

如教師評審委員會、課程發展委員會、教師考核委員會、行政會議、校務會議、親師座談會、教師會、合作社理監事會議等。

㈤專案任務團隊

如九年一貫課程推動委員會、SARS防治處理委員會、性侵害防治委員會等。

以上的團隊分類是以實務為主，由於學校團隊與企業團隊的屬性不同，因而此種分類法較能夠清楚綜覽學校中不同的團隊型態及功能。

貳 學校團隊管理的現況

由以上學校團隊分類可以看到國民小學中幾種不同的團隊類型，以下就上文之分類方式分別敘述學校團隊之現況。

一、行政團隊

本處的行政團隊是指教務處、訓導處、總務處、及輔導室等處室所形成的團隊。由於我國國小的行政體制偏向官僚體制，因此在行政處理上以法規為主，強調上下的絕對關係及對領導人的服從（秦夢群，1999）。各處室由一位主任及數位組長所組成，主任為處室最高領導者，上對校長負責，對下領導組長處理處室的法定事務及校長交辦之事。而組長各有所司之業務，上對主任負責，下則服務教師，支援教學，因此各組均有其職務而甚少重疊。

以上為國小行政團隊之簡介，其雖由群體組成，然而主任組長間卻甚少互動，大多數為上下之關係，組長負責處理其所屬事務及主任交辦之事，而組與組之間由於業務甚少重疊，因此亦甚少有互相合作、互相幫忙之關係，並且由於處室缺乏積極性目標，因此行政團隊僅止於消極的完成所屬工作。領導權集中於主任，因此處室中呈現出Meyer & Rowan（1978）所提出之雙重系統理論中非教學部門的緊密結合情況。因此，由上看來，學校行政團隊還是停留在傳統團隊而尚未發展為高效能團隊。

二、教學團隊

教學團隊是指各學年工作團隊、各學科領域工作團隊、指導學校比賽及學生活動等相關團隊。各學年工作團隊是由年級教師所組成，並推派一位班級導師擔任學年主任，負責領導學年規劃、學期目標及溝通協調行政與教學間之事務。學年團隊的工作主要以共同計畫學年課程之進度及活動，如四年級課程計畫，並且合作完成學校行政單位所欲推廣之相關課程或教學等事務，如交通安全教育、兩性教育等。

各學科領域工作團隊則由各教學領域教師及學年推派之領域代表所共同組成，並推派一位領域教師擔任召集人，主要負責協調其他領域教

師意見及傳達行政單位之訊息。領域工作團隊主要是以各領域的課程目標為主，設計規劃領域相關之教學及活動計畫，幫助學生達成課程綱要的要求。

指導學校比賽及學生活動等相關團隊是指指導學校對外比賽之學生團隊的指導教師所組成之團隊。國民小學通常視學校規模大小、學生能力、興趣以及教師之個別專長，設置數個學生團隊。不論為比賽性團隊，如合唱團、田徑隊，或是學習性團隊，如幼童軍團等，均是以培養學生樂觀進取及榮譽心為主要目標。因此指導學生團隊的教師亦組成教學團隊來進行指導。在教學團隊內由於是專家系統，教師各有其專業的堅持，如同 Meyer & Rowan 的研究所提，專家集團希望自治，認為自己業務自己決定，並且在作決定時能夠以團體共識為主（秦夢群，1999）。因此這些教學團隊的運作較能符合現今團隊的特性。

然而由於學校教學部門是鬆散結合的形式，教學團隊雖有共同合作之表象，教師之間在合作協調方面之能力卻較為不足，在缺乏互信的基礎下，團隊的效能就難以提升。以下為學校教學團隊開會情形之節錄。

主席：各位老師，今天行政部門有幾點事項要我們討論，是關於擬定本學期
　　　的趣味競賽活動，請大家踴躍提供看法。

甲老師：我看我們就把去年的那一套遊戲拿出來吧。（不用麻煩了）

乙老師：可是那些道具都已經不知到哪去了。（你實在很懶喔）

丙老師：沒關係，丁老師會做呀！請他做就沒問題啦。（反正不是我做）

丁老師：我覺得今年可以再想新的遊戲讓學生有些新鮮感嘛。（你們大家都
　　　　沒有創新概念）

甲老師：不用了，就用去年的吧，主席來表決吧。（趕快通過，多一事不如
　　　　少一事）

丁老師：可是……（我還要發言呢）

主席：好，那我們就進行表決吧。

以上是一個教學團隊的討論經過。在沒有互信的基礎下，教師的討論沒有充分的溝通，也沒有深入的互動，在其中更看不到任何的團隊願景或價值。

三、支援團隊

支援團隊是指班親會、學生家長會、義工團隊等，家長團隊、班親會、學生家長會、義工團隊均與家長有關，為家長參與校務的團隊，每一團隊均設有會長或是隊長來擔任領導人。由於家長參與校務為現今之趨勢，因此學校為了與家長建立良好關係，獲得家長支持及協助，運用籌組團隊的力量，讓家長與學校共同為達成教育目標而努力。

以上這些支援團隊與學校的合作都是為了讓學生得到更好的教育品質，雖然以上均為團隊的組織型態，但卻無團隊的運作，因為其組成分子異質性太高，互相又無合作基礎，家長們彼此是不認識的，只是因為班級或學校的事務而暫時結合在一起，因此無法發展成高效的團隊。

四、會議團隊

會議團隊是指教師評審委員會（簡稱教評會）、課程發展委員會、教師考核委員會、行政會議、校務會議、親師座談會、教師會、合作社理監事會議等。這些委員會均設主席一人來擔任召集工作，這些會議團隊主要是針對重大議案來進行審核及討論，並進行訊息的溝通及協調，以形成組織的決議。但是參與會議的現象是：會議不能保密，若有任何表達意見，均會流傳出來，變成誰反對、誰贊成，大家都知道，形成得罪人的結果。所以會議的現象是：少說話、說好話、事不關己多與人為善、能應付就好、公家的財務浪費沒有關係、自己的權益錙銖必較等。徒有會議形式，而無會議的實質結果。

五、專案任務團隊

此類團隊是當學校臨時發生狀況或是某件任務需立即解決時所立即編組的學校團隊；或因應某一專案事務所組成的專案團隊，如九年一貫課程推動委員會、SARS 防治處理委員會、性侵害防治委員會等。

如學校有重大工程進行時，學校組成工程團隊來進行監督工作。上述委員會雖具團隊之型態，但均以作決策為主要功能。開會是為了討論相關的重大議題，實際執行工作還是回歸於行政團隊或是教學團隊，因此委員會的運作是以開會為主要的途徑。大多數的委員會開會時的主席均為校長擔任，而且在會中由於無形中科層體制的壓力，官大意見重；或者會議中發表太多意見會被視為雞婆，要不然就會攬到一堆事在身上；形成智者少發言，事不關己少說話的現象，委員會的委員通常較無法暢所欲言，並進行匯集眾人智慧的討論，造成會而不議，議而不決，決非為團隊共識，使得團隊無共識、無共力，自然無法展現團隊效能。

由於學校組織表現出雙重系統的現象，就是在教學系統上具有鬆散結合的特性，而在非教學的行政上又表現出高度結構化，因此學校中的行政與教學所表現出的團隊管理就有相當大差異。雖然國小的學校行政與教學中早已具備團隊管理的型態，然而就如同上文之分析，對現今學校團隊而言，幾乎僅具備型態而甚少完全達到團隊管理的概念。

第四節　學校邁向高效能團隊的因應之道

學校行政組織中雖然行政團隊有法規及人事的限制及層層節制，教學團隊鬆散結合互信不足，支援團隊與會議團隊虛應了事或是找人背書，或專案團隊以應付了事的現象，如果了解團隊的意義、運作及策略，細心建構、努力學習，學校仍可成為邁向高效能的團隊。綜合以上所論，

下面就學校建立高效能團隊策略提出下述觀點，以茲學校行政之參考：

一、團隊組成設計時，應考慮並界定清楚相關的因素

為使學校團隊及早發揮專案團隊的能力與績效，學校團隊組成設計時，應考慮界定清楚相關的因素有（涂瑞德，1997）：

㈠定義專案的性質：清楚定義專案團隊的目標；

㈡誰要參加專案：考慮成員的異質性與適當化；

㈢實體工作安排：如何完成任務及各成員的工作安排；

㈣成員間工作關係：專案團隊成員溝通管道及如何互動；

㈤個人責任的本質：每位成員應負擔的職責；

㈥特殊的專長訓練：如何增強成員的技術能力；

㈦與支援團體的關係：專案團隊領導者如何爭取上級支持及扮演對外溝通者角色。

二、加強學校團隊成員參與，共同建立團隊願景、價值及使命

願景可以提供追隨者連接過去以及現在的政策，營造對組織未來的生動想像。願景提供希望以及終將實現願望的信念，在團隊過程中，一個清楚的願景能幫助引導整合決定，以及影響著成員的行動（Yukl, 2002）。因此，唯有先建立團隊願景及價值，才能促使成員訂定計畫及策略；它也是成員共同激發、決定所得到的共識，如此才能讓大家共同為實現願景而將力量凝聚在一起，並認同團隊目標而內化為自我的使命。

願景建構與形成共識的過程，以及領導者之堅持信念，會影響團隊的成敗。而且領導者居最重要的角色地位，誠如波音商用飛機公司總裁兼執行長 Alan Mulally 說：「如果領導者跌倒，整個隊就會開始認為一切都要瓦解了。……領導者必須為屬下鋪路，幫助人們覺得自己能夠做得到。」（Lewis, 2003）

三、改造學校組織結構，建立以團隊為核心的新處室形式

　　每一個學校均有團隊的存在，如各處室就是一個基本的團隊型態，而學校就是由多個團隊所組成，此種團隊是屬於科層體制、層層節制下的團隊。Prather, Hartshorn, & McCreight（1988）研究指出在發展團隊領導的教學與行政時，需要同時對現存的學校組織與領導結構予以調整，所以，欲成為高效能的團隊型態，最佳的方式就是從學校既有的組織結構開始改造，打破以往垂直式的組織，走向扁平式的組織，以高效團隊的型態為組織核心，這需由制度面改造，甚至是法律層面的修改，雖然影響層面甚廣，然而卻是提升學校行政效能值得參考的途徑。

四、再造良好的學校團隊會議文化，激發組員的創意、互動及合作

　　成功的會議是有趣的、刺激的、積極的、熱誠參與的、並且能創造出積極的成果（袁世珮譯，2003）。如果成員均能夠積極參與並且熱烈互動，相信透過會議不但能夠建立團隊的共識及默契，而且亦能夠凝聚團隊成員的向心力。

　　Hughes（2004）認為團隊領導者要尋求上級的支持、積極投入奉獻外，要在團員相處交往、說服與談判上做示範楷模，支持成員背景、觀念、信仰、態度的多元與分歧，才能激發組員的創意、互動及合作。團隊運用腦力激盪法、Delphi 技術、或對話決定的方式才能激發豐富、偉大的創意（Clark, 2000），所以在一個有效能且有意義的會議原則中，均應充分應用與遵守，否則就是浪費時間而已。Holpp提出關於會議規範的建議，如分享看法、傾聽、妥協、扛起責任等，值得團隊成員參考。

五、塑造學校團隊領導人的新角色

　　以往在傳統組織中，領導人的角色占有重要的地位。一個組織的成

敗與領導效能有很大關係，許多關於領導的研究亦在探討組織效能與領導模式的關聯性，因此也陸續提出很多領導的理論，幫助領導者提升組織效能。

而在團隊管理中，由於團隊績效的責任是由團隊成員所共同負擔，而非由一人所負責，因此團隊領導者的角色就可能落到任一團隊成員中，因此學校團隊的領導者，其負擔的角色就有所改變。團隊領袖應該扮演的角色與貢獻有（Neck & Manz, 1998; Hollp, 1999; Mckenna & Maiser, 2002）：

    *1.*創造能量和衝勁。

    *2.*成為創意來源，並啟發別人的創造力。

    *3.*打造團隊合作。

    *4.*協助發展每個人都同意的共同目標。

    *5.*協助解決問題，為成員破除障礙，使大家容易成功。

    *6.*幫助大家思考困難的問題。

    *7.*執行規範（快速堅定但溫和地處理違規事件）。

    *8.*當自我約束失效時，要發揮審核機制。

    *9.*永遠要鼓勵隊員，以改善績效、品質、效率。

六、提升領導者的可信度

學校團隊成員必須在積極互信的組織氣氛中，才能產生貢獻自己的才能，發揮團隊精神（彼此尊重、坦誠相交、彼此遷就、互相擔代、分工搭配），共同完成任務，達成團隊目標（陳國安，1993）。

學校團隊成員中多數都擁有高學歷，在各自所學領域均有其特殊之才能，決非學校領導者所能了解或融會的。根據研究，專業技術團隊成員比較不尊重沒有專業技術的領導者，而且會認為同為有專業技能的人才能了解他，也才能當他們的領導者；恰好學校是科層體制文化，如果

領導者能把自己定位成願景的守護者、資源的供應者與成員工作的擁護者，尊重專業，才能藉此贏得成員的認同與信任。

信任是領導者與被領導者經過長期的接觸互動，相互間所產生的一種情感，它會影響成員判斷事務的想法，以及如何因應作為。學校領導者必須知道，學校成員每個都是耳聰目明、智慧很高的，能夠看出領導者是否正直、夠誠實、而且不會設計他們；那些自我崇拜，只在乎自己的目標能否達成的人，而說謊、玩弄權謀，和以他人利益之名、行自我利益之實的人，最後不但被識破，而且會被認為不值得信任。

另外，領導者也要以行動建立信任感，團隊中經常會有缺乏凝聚力、彼此抱怨、忌妒敵視、爭辯難以達成結論的情形，根本原因是缺乏互信。以行動建立互信的方法有（Mckenna & Maister, 2002）：

㈠增加信任的元素

身為團隊的領導者必須想辦法增加彼此的信任，增加信任的元素有：分享、履行承諾、未完成任務時要通知對方、詢問別人意見後，應該將最後決定知會對方。

1. 分享：分享每個成員的特殊才能與成就，也慶祝失敗所帶來的教訓，使挫敗的成員不致背負永久的恥辱。團員彼此信奉「既然成功是集體成就，那麼失敗也絕非個人過錯」的哲學。

2. 履行承諾：承諾發生問題是對信任感的一大斲喪，經常是因為承諾後未即時紀錄；未仔細評估所承諾的事要花多少時間、精力完成；被其他事務干擾、未事先做應變措施；或者事後反悔。所以，所有成員都要學習不輕易允諾，但是一定重然諾。

3. 未完成任務時要通知對方：團隊在做協議時，一定要具體清晰，說明會完成否、誰去完成、在什麼特定時間完成，都要百分之百的求證，不要產生不確定、猶豫、懷疑、不悅、時間精力浪費、不信任的感覺。

4.詢問別人意見後，應該將最後決定知會對方：不管是領導者，或是成員，當徵詢他人意見後，對方是很認真的當一回事告訴你，也認為你會如此做，如最後的決定不同，又未告知他最後的結果，被徵詢者就會有被愚弄、不被尊重、背叛的感覺。所以，詢問別人意見後，應該將最後決定知會對方。

㈡發展團隊成員規範，並忠實執行

為了創造團隊成員引以為榮、生產力高的文化，團隊領導者必須能影響團隊成員對待彼此的態度，所以，團隊成員規範必須經過全體的參與、共同討論、達成共識，且必須承諾忠誠奉行。領導者也要保持警覺性，注意團隊發展中隱密的危險信號，諸如（新華網，2004）：

1.精神離職：工作不進入狀態，對本質工作不夠深入，團隊內部不願意協力，個人能力在工作中發揮不到 30%，行動較為遲緩，工作期間無所事事，基本上在無工作狀態下結束一天的工作。

2.超級業務員：團隊需要的是整體的行動力，團隊成員間之技能必須具有互補性，但是成員個體能力強，導致團隊中出現超級業務員，其特徵為：個人能力強，能獨當一面，在團隊中常以絕對的業績遙遙領先於團隊其他成員，組織紀律散漫，好大喜功，目空一切，自身又經常定位於團隊功臣之列。

3.非正式組織：非正式組織會因為成員的價值觀、性格、精力或互補性而產生非正式組織，團隊中產生的非正式組織有兩類：一類是領導者製造小圈圈所造成；一類是成員層的願景與團隊不一致所產生。第一類雖然會有一些正面效果，但長期會導致管理的有效性降低，團隊精神、工作效率會低下，優秀成員流失；第二類非正式組織如果不處理好，團隊將瀕臨瓦解。

團隊如有上述之徵候警訊，團隊領導者必須有效的因應，不讓事情

擴大。Hughes（2004）認為團隊領導人不能做濫好人與不做決定，如果
成員有下列行為（Mckenna and Maiser, 2002），就必須明快的依規範予
以處理。

1. 濫用權利與職位。

2. 任何人表現出對他人的不尊重。

3. 背後捅人。

4. 不當洩密。

5. 以大欺小。

6. 散漫。

7. 凡事怪罪他人。

8. 講閒話、發牢騷、抱怨。

9. 不願意承擔責任。

10. 缺乏團隊合作。

11. 威嚇。

12. 不遵守標準。

13. 自定規矩。

14. 失信靠不住。

15. 逃避責任。

16. 玩政治手段。

17. 工作的委派變成「把事情丟到別人桌上後，置之不理。」

七、領導者著重情緒智商的修持

團隊領導中如何激起成員的熱誠，激勵成員朝向願景目標努力是團
隊領導成功與否很重要的因素。往往在學校中，領導者與成員都是好意，
但是表達不當、遭受誤解，不能傾聽、彼此體諒，或過於急切、當場發
飆、情緒失控，導致好心沒有好報的氣餒，更甚的以後冷漠或報復以對，

造成難以彌補的關係破裂。

領導者與被領導者均有情緒，領導者如何自我察覺、自我管理、社會自覺與關係管理，涉及情緒智商的修持就特別重要。情緒智商包含四大要素：自我察覺、自我管理、社會自覺與關係管理（Lewis, 2003）。茲分述於下：

(一)自我察覺

包含情緒自覺、準確自我衡量、自信。擁有自我察覺的領導者會表現出：

1. 情緒自覺（emotional self-awareness）：他的內心情緒和諧，了解自己的感覺會影響工作的表現。清楚知道自己遵循的價值觀，而且率直可靠，能公開暢談自己的情緒，或堅定地說出自己所追求的願景。

2. 準確自我衡量（accurate self-assessment）：知道自己的優勢與限制為何，會對自己有幽默感，而且很歡迎別人提出有建設性的回應。

3. 自信（self-confidence）：準確評估自己的能力後，能夠善用自己的優勢。在團隊中，常常能夠展現出色的風采。

(二)自我管理

包含自我控制、透明度、適應性、成就感、進取心與樂觀：

1. 自我控制（self-control）：領導者能夠管理起伏的情緒，甚至能以有用的方式傳送這些情緒。在高度壓力下能保持冷靜、清晰思考。二次世界大戰的英國首相邱吉爾，美國 911 事件的紐約市市長朱利安尼就是典範。

2. 透明度（transparency）：領導者光明正大的親身實踐自己的價值，向他人公開坦承自己的感覺、信念與行為。欣然承認錯誤、缺點或對別人做出不道德行為。

3. 適應性（adaptability）：領導者能在各種需求之間遊刃有餘，而不

會失去重點或精力，也能夠靈活運用力量。

4. 成就感（achievement）：領導者個人標準很高，驅使自己和部屬不斷的尋找進步的方式；隨時學習並教導別人把事情做得更好的方法。

5. 進取心（initiative）：擁有此特質的領導者，不待他人告知，一但看到機會，就會掌控情勢、略過繁文縟節，直接追求成功。

6. 樂觀（optimism）：領導者總是以正面觀點看待別人，把別人想成最好的情況。看待事情是朝向光明面，認為充滿希望。

(三)社會自覺

包括同理心、組織自覺、服務。

1. 同理心（empathy）：領導者擁有同理心，它能深刻感受到他人或整個團體的情緒表現，與來自各種背景或文化的人相處愉快。也能夠回應對方的情緒表現，設身處地的為對方設想。

2. 組織自覺（organizational awareness）：擁有高度社會自覺的領導者能夠看出組織中的政治氣氛、察覺重要社會網路、理解關鍵權力關係。

3. 服務（service）：領導者擁有此能力就會注重服務品質，並且注意顧客滿意度，以確保顧客對服務的滿意。

(四)關係管理

包含鼓舞人心、影響、開發他人、改革推手、衝突管理、團隊工作與合作。

1. 鼓舞人心（inspiration）：能夠用令人信服的願景來鼓舞的領導者，通常會以身作則，並且提出務實的目的，讓工作更加有趣。

2. 影響（influence）善於影響他人的領導者，總能面對群眾具有說服力，並引起注意。能夠吸引特定對象的重點，為自己的行為建立廣泛支持度。

3. 開發他人（developing others）：這是天生的教練所擁有的中心特

質。對助人表現高度的興趣,並且了解他們的目標、優勢與弱勢。

4.改革推手(change catalyst):領導者知道何時需要改革,挑戰現狀,擁護新秩序。

5.衝突管理(conflict management):領導者能找出各種不同層面、並預防這些差異造成負面的結果,並用管理技巧幫助其達成共識,發展出解決方案。

6.團隊工作與合作(teamwork and collaboration):善於團隊工作的領導者能吸引別人積極、熱誠地做出承諾,並與他人共同努力。而且他也花時間與人發展並維繫超乎工作需要的密切關係。

八、按照團隊發展階段運用不同的領導方式

權變領導理論特別強調領導方式必須符合當時的領導情境,才能有好的績效表現。團隊發展的形成期、風暴期、規範期、表現期等四期,各階段所顯現出的成員行為和心態、能力、與領導者關係等特徵就是領導的情境,學校團隊領導者因應不同的情境,自然需要有不同的領導方式。

楊紹強(2003)提出團隊發展的領導風格(表9-5):形成期運用指揮(directing)的領導風格、風暴期運用教導(coaching)的領導風格、規範期運用支持(supporting)的領導風格、表現期運用授權 (delegating)的領導風格,頗值得學校團隊領導人省思與參考應用。

㈠形成期運用指揮的領導風格

此期團隊成員雖然投入很高,但對於工作、任務、目標及自己所扮演的角色仍有部分不清楚而感到困惑,此時非常需要資訊、指示與技能,因此適合的領導風格為高指示低支持的指揮領導風格。明確的說明團隊的目的、清楚的問題說明、設定目標、成員角色、責任、時間表等。

表 9-5　團隊發展與領導風格

區分	形成期	風暴期	規範期	表現期
士氣、投入 能力、生產力				
階段	第一階段	第二階段	第三階段	第四階段
領導風格	指揮	教導	支持	授權
指標	高指揮 低支持	高指揮 高支持	低指揮 高支持	低指揮 低支持

資料來源：楊紹強（2003）。**團隊十項修練**（頁210）。台北：原動力國際開發。

㈡風暴期運用教導的領導風格

此期團隊成員對工作及任務的信心下降、衝突開始形成、不實際的期待出現、成員的發展不一、了解問題的難度、想把問題往上推、不想挑戰或迎戰；不滿與紛爭不斷，領導者應視為必然的現象。此時領導者除了安撫人心外，運用高指示高支持的教導領導風格因應，一方面明確指示和嚴格監督個別指導成員，焦點放在時間和目標上；另一方面用支持的態度，鼓勵不同的觀點、允許衝突浮上檯面、協助拆解大問題、追求小成功，給予團隊支持的精神力量。

㈢規範期運用支持的領導風格

此期團隊成員對工作任務漸趨成熟，關係與士氣也見提升，但也容易產生出現毫無理由的爭論、遷怒團隊領導人和管理階層、團隊把世界分為「我們和他們」、光說不練、次級團隊各行其是、預期外的問題愈演愈烈的現象。此時運用低指示高支持的支持領導風格因應，挑戰團隊、展開分析以解決歧見、共同協商方式做決定、讓成員分擔領導責任，鼓

勵成員強化自信和動機,並建立屬於團隊的文化。

㈣表現期運用授權的領導風格

此期團隊成員對於工作任務熟能生巧,有更多的自主,對於團隊也產生了革命情感,士氣也高昂;但也免不了團隊承擔太重、抗拒領導、各自為政、抗拒無聊的工作、出現激勵的問題等現象。此時適合運用授權的領導風格,允許團隊自行規劃、落實定期開會的時間表、常常進行簡報、參與更大的計畫、邁向自主性團隊,讓成員有能力、有動機、有舞台做最大的發揮。

九、建立團隊管理的觀念並落實至每一位團隊成員心中

如同 Holpp(1999)所說的「團隊不過就是人的組合」,也就是如果成員沒有建立團隊管理的觀念,不論是多麼好的目標及理想,一切都只是空談,因此協助成員去適應及學習團隊管理的觀念,亦是領導者的責任之一。

就學校團隊而言,團隊成員的選擇權應授權予團隊領導者。當團隊中的成員缺乏團隊管理的概念,團隊的領導者才能擔負責任而協助成員適應團隊觀念、接受團隊觀念,進而與團隊共同發揮效能。如果成員因個人的因素產生反抗而形成對領導者的挑戰時,領導者應立即檢視團隊管理的步驟與規劃,然後審視成員的反抗點何在,加以修正後再與成員進行溝通而形成共識。這才是團隊管理觀念的核心所在。

十、謹記團隊領導十誡

學校團隊領導者雖然有心將團隊領導好,有時因無心的錯誤行為導致事與願違,Hultman(1998)經過多年的研究,發現團隊領導者經常作出許多不必要行為,雖然有些行為對團隊是無害的,但有些是有嚴重的

傷害。所以提出團隊領導者十誡,頗值學校團隊領導者參考,茲分列於下:

　　㈠不要偏離任務和願景。

　　㈡不要忍受不能接受的行為。

　　㈢不要讓自私自利勝過團隊共同利益。

　　㈣不要讓恐懼控制行為。

　　㈤不要讓派系控制團隊的動力。

　　㈥不要害怕躲避衝突。

　　㈧不要讓成員為了安全不敢冒風險。

　　㈨不要吝嗇分享資訊。

　　㈩不要為了想快速達到結果而忽視過程。

第五節　結　論

　　中國有一句俗話說「三個臭皮匠,勝過一個諸葛亮」,這句話反應出中國老祖宗的智慧,亦點出團隊管理的功效與重要。在現今知識暴漲的時代,新知識的產生隨時在發生,而訊息亦不斷在轉化、更新,單打獨鬥式的個人英雄主義已經過去,唯有依靠團體的力量,才能夠藉由成員彼此不同的特質及才能來互補,減少錯誤的產生並提高接受訊息的能力,而團隊管理的觀念正是值得組織加以提倡的途徑。

　　學校中亦是如此,現今各國教育改革如火如荼展開,國內教育改革亦持續進行,每一次的改革均是為了提升教育的品質、增進學校組織的效能而努力。學校組織本來就以團隊的形式在運作,不論是行政或是教學團隊,早已具有團隊管理的型態,只是未加以運用而成為高效團隊。如果學校領導者願意提倡團隊管理的精神,並實際運用於學校組織中,相信學校團隊均有機會成為高效團隊。

　　因此，期待國內的學校在教育改革的浪潮下均能夠運用團隊管理的觀念於學校團隊中，容許不同身分成員加入，且應各有其專長才能；成員彼此的目的一致，且與學校目標一致；團隊成員應能互助互信的溝通、協調及合作；以建構高效能團隊為目標；團隊成員以具備領導能力，並能帶領團隊進步為自我期許；以充分提升學校效能，幫助學生得到更多的成長與學習。

⌐參考書目⌐

李弘暉（1997）。高績效團隊管理的理論基礎-團隊理論模型綜述。**中國行政評論，6**(4)，87-104。

王溥（1990）。**影響專案工程團隊績效之團隊管理研究**。國立中山大學人力資源管理研究所碩士論文（未出版）。

孫本初（1995）。**學習型組織的內涵與運用**。空大行政學報，**3**，4-5。

涂瑞德（1997。**技術知識特質、產品開發團隊與組織動態能耐關係之研究**。國立政治大學科技管理研究所碩士論文（未出版）。

秦夢群（1999）。**教育行政──理論部分**。台北：五南。

楊俊雄（1993）。**團隊特性與組織變革關係之研究**。國立政治大學公共行政研究所碩士論文（未出版）。

楊紹強（2003）。**團隊十項修練**。台北：原動力國際開發。

陳玉娟（2000）。**團隊管理及其在國民中小學運用之研究**。國立臺灣師範大學教育研究所碩士論文（未出版）。

陳玉娟（2002）。你們真的是「團隊」嗎？──論團體和團隊的意涵及其區別。中等教育，**53**(4)，150-160。

陳國安（1993）。**團隊精神**。http//noah.ccim.org/htdocs/afemgz.nsf/0/2004/05/21。

張明輝（1999）。**學校教育與行政革新研究**。台北：師大書苑。

張淑玲（2002）。**團隊領導、團隊價值觀對團隊效能之影響**。國立中山大學人力資源管理研究所碩士論文（未出版）。

新華網。**團隊建設中的危險信號**。http://xinhuanet.com/gate/big5/news.xinhuanet.com/2003-10/17/content 112780。

劉家鴻（2001）。**團隊運作對團隊工作態度影響之研究─以台北市政府為例**。台北：國立台灣師範大學工業科技教育研究所碩士論文（未出版）。

謝文全（2003）。**教育行政學**。台北：高等教育出版。

Blanchard, K., Carew, D., & Carew, E. P. (2003). *The one minute manager build high performing team*. http://www.tarrantbaptist.org/default.asp? action=getpage& page=537 2004/5/25

Clark, D. R. (2000). *Big Dog's Leadership Page : Special Project Teams*. http:// www.nwlink.com/~donclark/leader/leadtem2.html, 2004/5/26

Clark, D. R. (2002). Big *Dog's Leadership Page : Teams-people who work for you*. http://www.nwlink.com/~donclark/leader/leadtem.html, 2004/5/26

Drucker, P. F.(1998)／李田樹譯（1999）。杜拉克－經理人的專業與挑戰。台北：天下文化。

Everard, K. B., & Morris, G. (1996). *Effective School Management*. London: Paul Chapman.Greenberg, J., & Baron R. A. (1995). *Behavior in organizations*(4th ed.). New Jersey: Prentice-Hall Inc.

Hughes, L. (2004). Do's and don'ts of effective team leadership. *Women in Business, 1*(56), 10-10.

Hultman, K. (1998). The 10 commandment of team leadership. *Training & Development, 52*(2), 12-13.

Holpp, L.(1999)／袁世珮譯（2003）。團隊管理－立即上手。台北：麥格羅‧希爾。

Katzenbach, J. R. & Smith, D. K.(1993) .*The Discipline of Teams. Harvard Business Review*, 111-120.

Koeheler, L. W., & Pankowski, J. M.(1996). *Team in government: A handbook for team-based organizations*. Florida: St. Lucie Press, Inc.

Lewis, B. J. (1999). Effective team leadership. *Journal of management in Engineering, 15*(3), 7-7.

Lewis, J. P. (2003)／劉復苓譯（2003）。專案領導。台北：麥格羅‧希爾。

Mckenna. P. J., & Maiser, D. H. (2002)／季晶晶譯（2003）。王牌領隊－有效領導專業團隊。台北：商智文化。

Meyer, J. W., & Rowan, B. (1978). The structure of educational organization. In M.

W. Meyer(Ed.), *Environment and organizations*. San Francisco: Jossey-Bass.

Nadler, D. A., Spencer, J. L. & Associates, (1998). *Executive teams*. San Francisco: Jossey-Bass.

Neck, C. P., & Manz, C. C. (1998). Team leadership in practice. *Thrust for Educational Leadership, 28*(2), 26-29.

Nyatanga, B. (2003). Multidisciplinary team leadership. *International Journal of Palliative Nursing, 9*(7), 276-276.

Prather, J. P., Hartshorn, R. L., & McCreight, D. A. (1988). A team leadership development program: The elementary science education institute. *Education, 108*(4), 454-463.

Quick, T. L. (1992). *Successful team building*. New York: American Management Association.

Sivasubramaniam, N., Murry, W. D., Avolio, B., & Jung, D. I. (2002). A longitudinal model of the effects of team leadership and group potency on group performance. *Group & Organization Management, 27*(1), 66-96.

Yukl, G.A.(1994). *Leadership in organization.*(3rd ed.). New Jersey: Prertice-Hall, Inc.

Yukl, G. A. (2002). *Leadership in organization* (5th ed.). New Jersey: Prentice-Hall, Inc.

第 10 章

學校危機管理與領導

扁鵲的醫術

魏文王問名醫扁鵲說：「你們家兄弟三人，都精於醫術，到底哪一位最好呢？」

扁鵲答：「長兄最好，中兄次之，我最差。」

文王再問：「那為什麼你最出名呢？」

扁鵲答：「長兄治病，是治病於病情發作之前。
由於一般人不知道他事先能剷除病因，
所以他的名氣無法傳出去；
中兄治病，是治病於病情初起時。
一般人以為他只能治輕微的小病，
所以他的名氣只及本鄉裡。
而我是治病於病情嚴重之時。
一般人都看到我在經脈上穿針管放血、
在皮膚上敷藥等大手術，所以以為我
的醫術高明，名氣因此響遍全國。」

啟示：事後控制不如事中控制，事中控制不如事前控制，可惜大多數的事業經營者均未能體會到這一點，等到錯誤的決策造成了重大的損失才尋求彌補。而往往是即使請來了名氣很大的「空降兵」，結果於事無補。

前　言

　　「安全」是教育最重要的課題，人安、事安、物安、心安是校園安全的基本需求。在當今的時代，危機發生的機率增加，造成的災難日益嚴重，這是組織無法避免且被迫面對的現實。俗諺云：「天有不測風雲，人有旦夕禍福」，用這句話來形容現代行政組織面對變動劇烈、難以預測的環境情況，一點也不為過（張潤書，1998）。

　　學校組織是動態的個體，在運作過程中，難免都會出狀況。然而，危機卻如影隨形般，無聲無息的出現，甚至令人措手不及。由於危機的發生事前毫無徵兆可言，爆發後其殺傷力又極大；如果處理不當，不但未能有效解決問題，甚而會擴大問題，進而影響校內人心、校外指責四起，學校的公信力勢必面臨極大的挑戰。

　　任何一所學校都不能避免產生危機，不論是天然的災害、人為引起的危機，或是校園發生學生性騷擾事件等，都會影響到學校的正常運作。在其中，行政人員更是須負擔起處理事件的重責大任；事實上，危機並不可怕，有時危機的出現，更能突顯出行政人員——尤其是校長——危機應變的能力。如果事件處理良好，不但不會因此而遭受責難，反而能受到更好的評價，學校獲得考驗而轉型與向上提升。所以，究竟是危機抑或是轉機？危機的出現，正是考驗行政人員能力的最好時機。

第一節　危機的意涵、特性與分類

一、危機的意涵

　　Gilliland & James（1993）認為危機包含五個層次的意義：*1.* 危機就是個人面無法應用慣常的方法去克服的障礙，因而導致個人的解組（disorganization）或煩亂（upset）。2.危機會對個體之人生目標產生危害，同時個人也無法透過各種抉擇或行動來解決。3.危機之所以稱為危機，乃是因為個人知道在此情境中難以做反應。4.危機是個人困難與困境，因而使個人難以掌握自己生命或生活。5.危機是個人遭遇挫折所產生的解組或人生劇變所形成的高度壓力。

秦夢群（1998）認為危機是在極不穩定的狀況和急迫強大時間壓力下，必須做出立即決定的情勢。因此基本上，危機的出現多半是突發的，若不立即適當處理，組織就會有惡化或崩潰的可能。

Lerbinger（1997）認為：導致一企業組織陷入爭議，並危及其未來獲利、成長，甚至生存的事件，皆可稱之為「危機」。

Pearson 與 Misra（1997）認為：一個事件涉及了成員、顧客或社群的健康和安全，或者危害到組織的聲譽，皆可稱之為「危機」。

韋氏字典將「危機」解釋為「危機是一件事的轉機與惡化的分水嶺」，「危機是決定性的一刻」，也是「生死存亡的關頭」，故危機可稱是一段不穩定的時間和狀況（吳定、張潤書、陳德禹、賴維堯，2003）。

危機的發生必須具備的幾個條件：(1)內外環境突然變化，管理階層已經感受到威脅的存在，並意識到它會阻礙公司達成其優先目標；(2)管理階層了解到，如果不採取行動，情況將會惡化，終致無法挽回；(3)管理階層面對的是突發狀況的變化，產生可預測而不可避免的風險；(4)對變化做反應的時間有限（邱毅，1998；Lerbinger, 1997）。

綜合以上所述，吾人可以了解，所謂危機定義是：組織或個人在未預警的情況下，面對突如其來爆發的情境或事件，若不立即處理，則情況將會惡化、導致生命或財產的嚴重損失，甚至影響組織或個人聲譽、陷入無可挽回的生死存亡關頭。領導者必須在極短的時間和強大壓力下，立即做出決策、採取行動，做妥適的處理，以使災害或損失降至最低的

程度。

二、危機的特性

從危機的定義中，進一步探討危機所具有的特性，Lerbinger（1997）認為危機具有三項特性：突發性、不確定性和時間的緊迫性。

1. 突發性：危機的發生通常是令人猝不及防的，也可能是經過長期醞釀，直到時機成熟才一觸即發。

2. 不確定性：如果組織面臨一個十分複雜及不穩定的環境，再加上因為資訊的蒐集不易，無法預測外界的變動，或是危機發生時組織內部意見紛雜；這些不確定因素將使組織陷入混亂及無法運作之中。

3. 時間的緊迫性：危機的發生往往是突發的，管理階層需要在極短的時間內做出適當的處理，以降低危機對組織所造成的損害。

孫本初（1997）則認為危機具有階段性、威脅性、不確定性及緊迫性之特性。

1. 危機具有階段性：危機警訊期、危機預防／準備期、危機遏止期、恢復期與學習期。

2. 危機具有威脅性：威脅性的強弱端視可能受到損失價值的大小而定，而此類的認定過程全依決策者的認知而定。

3. 危機具有不確定性：不確定性狀態、影響與反應的不確定性。

　(1)狀態的不確定：領導者對危機的真實狀態並不了解，因而無法預測危機可能的變化。

　(2)影響的不確定：指領導者對於危機的產生將對組織造成何種影響，無法做明確的預測。

　(3)反應的不確定：指領導者雖要對外在環境的變遷，或具威脅性的事件採取回應，卻不知要採取哪種備選方案或對方案可能造成的結果無法預測。

4.時間上的緊迫性：當危機突然發生時，決策者必須立即對情境作出適當的反應，往往在時間的壓力及資訊不足的情形之下會影響決策的品質。

綜合上述學者對危機的意義與所具特性的闡述，危機具有下列特性：

㈠威脅性

導致生命或財產的嚴重損失，甚至影響組織聲譽、陷入無可挽回的生死存亡關頭的威脅。

㈡不確定性

對危機的真實狀態並不了解、對組織造成何種影響影響、要採取哪種備選方案，或對方案可能造成的結果均具不確定性。

㈢時間的有限性

在時間的壓力及資訊不足的情形之下，決策者必須立即對情境作出適當的反應。

㈣雙面效果性

危機會對組織或個人造成生命、財產損失的危險，但是危機產生後，如果處置得好，它也會使組織做體檢、調整、轉型的機會（吳定等，2003）。

㈤持續性

危機的產生原因、處理、影響是不斷的進行與變化，會持續相當長的一段時間（Stubbart, 1987）。

㈥複雜性

危機產生的原因，處理所需要的人員、資源、方法，處理後所牽涉影響的層面都產生非常複雜的管理情況，其複雜性由危機情境中漣漪效

應所致的不愉快結果、危機事件的規模和範圍、不斷增加的不可見性和不可觸及性等因素決定（Stubbart, 1987; Heath, 2000）。

㈦利益間的相互衝突性

危機的預防、處理會牽涉到組織內、組織外各方人員或團體的利益衝突（Stubbart, 1987）。

㈧管理者自我感情涉入性

面對危機領導者作決定時，會牽涉到個人的知識、經驗、宗教信仰、背景等的情感，而影響做決定和反應（Stubbart, 1987）。

㈨獨特性

不同危機遭遇不同的政治、經濟、文化環境、組織型態、個人、時空等情境因素，將產生不同的影響結果，因此，所需決策、方法、影響均具獨特性而有所不同（謝謹如，2000）。

三、危機的分類

危機的類別依分類架構標準的不同而有不同的分類，較為人所熟知的分類法是Mitroff和McWhinney（1990），他們將危機形成的原因及具體事件作為分類的依據，並以危機形成的要素（如：內、外在環境因素，人為因素，技術、經濟及社會因素等）作為分類標準，分成危機的靜態分類和危機的動態分類（吳定，2003）如〔圖 10-1〕，〔圖 10-2〕。

〔圖 10-1〕橫座標代表可由內在和外在環境因素所引發的危機；縱座標代表危機的發生可能由個人、社會或組織等人為因素，或是技術、經濟等非人為因素所引發。分成四個象限：

象限一：危機事件的產生是由於內在環境因素及技術、經濟等非人為因素所引發，可能的事件有：產品／服務上的缺失／工業意外事件、

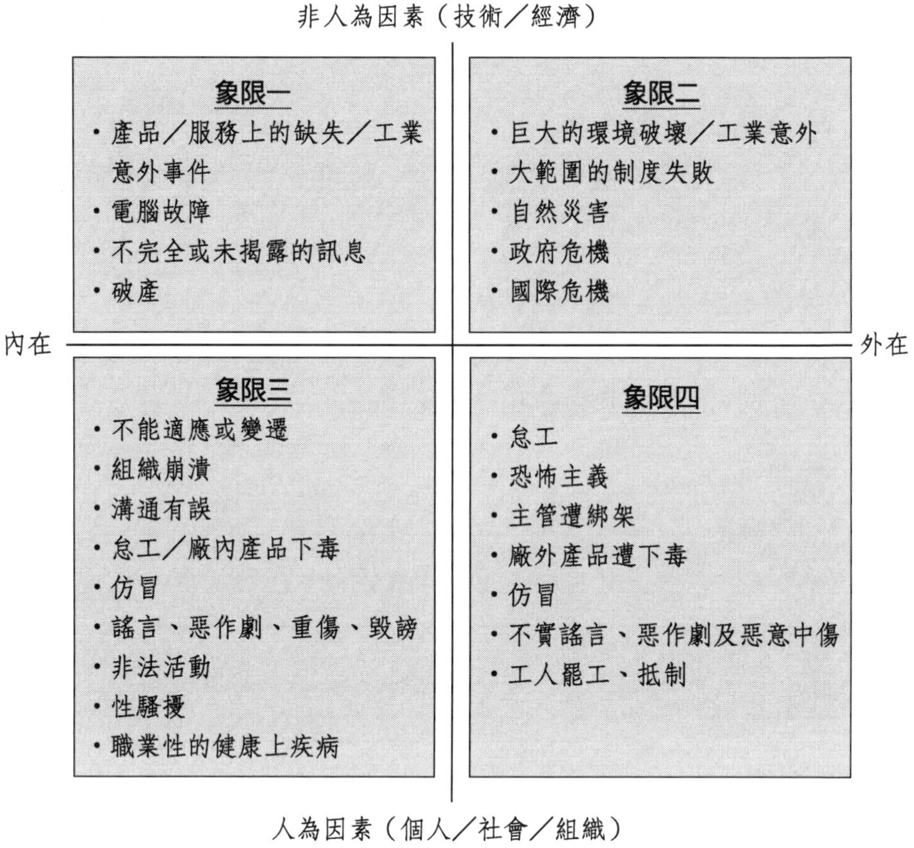

非人為因素（技術／經濟）

<table>
<tr><td colspan="2">

象限一
- 產品／服務上的缺失／工業意外事件
- 電腦故障
- 不完全或未揭露的訊息
- 破產

</td><td>

象限二
- 巨大的環境破壞／工業意外
- 大範圍的制度失敗
- 自然災害
- 政府危機
- 國際危機

</td></tr>
</table>

內在 ────────────────────── 外在

象限三
- 不能適應或變遷
- 組織崩潰
- 溝通有誤
- 怠工／廠內產品下毒
- 仿冒
- 謠言、惡作劇、重傷、毀謗
- 非法活動
- 性騷擾
- 職業性的健康上疾病

象限四
- 怠工
- 恐怖主義
- 主管遭綁架
- 廠外產品遭下毒
- 仿冒
- 不實謠言、惡作劇及惡意中傷
- 工人罷工、抵制

人為因素（個人／社會／組織）

圖 10-1　危機的靜態分類

資料來源：吳定、張潤書、陳德禹、賴維堯（2003）。**行政學**（4 版，頁 253）。台北：空中大學。

電腦故障、不完全或未揭露的訊息、破產等。

象限二：危機事件的產生是由於外在環境因素，及技術、經濟等非人為因素所引發，可能的事件有：巨大的環境破壞／工業意外、大範圍的制度失敗、自然災害、政府危機、國際危機。

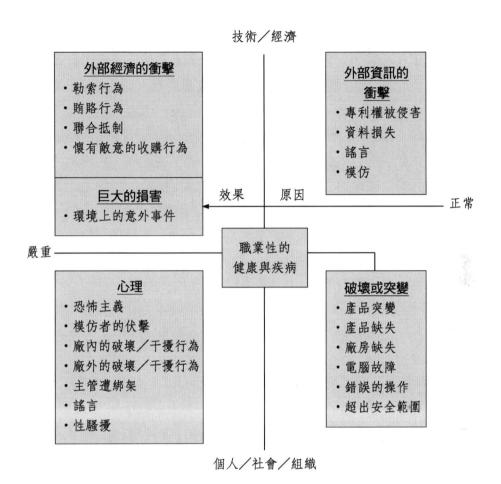

圖 10-2　危機的動態分類

資料來源：吳定、張潤書、陳德禹、賴維堯（2003）。行政學（4版，頁254）。
　　　　　台北：空中大學。

　　象限三：危機事件的產生是由於內在環境因素及個人、社會或組織
等人為因素所引發，可能的事件有：不能適應或變遷、組織崩潰、溝通
有誤、怠工／廠內產品下毒、仿冒、謠言、惡作劇、重傷、毀謗、非法
活動、性騷擾。

象限四：危機事件的產生是由於內在環境因素及個人、社會或組織等人為因素所引發，可能的事件有：怠工、恐怖主義、主管遭綁架、廠外產品遭下毒、仿冒、不實謠言、惡作劇及惡意中傷、工人罷工、抵制。

Mitroff & McWhinney（1990）依照危機的結構類似性，將危機做動態分析，如〔圖 10-2〕所示。橫座標代表危機的嚴重性，左邊為超出正常範圍及人類理性行為的危機；右邊則是比較容易了解，且能夠由既存的制度或技術知識來解決的危機。縱軸上方代表技術、經濟等非人為因素所引發；下方代表個人、社會或組織等人為因素所引發，但是，通常危機都是夾雜人為因素、非人為因素所引發。另外，破壞或突變的危機，如產品突變、產品缺失、廠房缺失、電腦故障、錯誤的操作、超出安全範圍，會造成另一項危機，如環境上意外事件的巨大損失。

從危機的靜態分析和動態分析，可以了解危機的發生因素是複雜的，發生處所是無所不在的，任何單一的偶發、突發事件，都足以透過骨牌效應的方式引發另一項危機，因而任何變數都是進行危機管理時應加以考量的（吳定，2003；Bertrand & Chris, 2002）。

第二節　危機管理的意涵、模式與策略

一、危機管理的意涵

孫本初（1997）所謂危機管理，即是組織為避免或減輕危機情境所帶來的嚴重威脅，而所從事的長期規劃及不斷學習、適應的動態過程，亦可說是一種針對危機情境所作的管理措施及困應策略。

何俊青（民 86）認為：危機管理係指一種有計畫、連續的及動態的管理過程；亦即政府或組織針對潛在或當前的危機，於事前、事中或事後，利用科學方法，採取一連串的因應措施，且藉由資訊回饋、不斷修

正調適，有效預防、處理與化解危機的歷程。

朱元祥（民 89）認為：危機管理即是一種系統化的問題解決策略，其是根據理性思考模式，步驟性地設置危機管理計畫、了解危機成因與真相、化解危機問題，使危機不必然發生，或將損害減至最低的管理策略。

鄭美華（民 89）認為：危機管理即是組織為避免或減輕危機情境所帶來的嚴重威脅，從事長期規劃及不斷學習與適應的動態過程，亦即針對危機情境所做的管理措施及因應策略。

吳定（2000）認為所謂危機管理係指針對當前的危機，基於動支的資源最少、使用的時間最短，訂定最可行、最確實的對策行為，通過必要的預防及處理過程。從公共行政策及行政學的觀點，危機管理係指一種有計畫的、連續的及動態的管理過程，也就是政府或組織針對潛在或當前的危機，於事前、事中和事後，利用科學方法，採取一連串的因應措施，包括：組織、命令、控制、計畫、激勵、溝通，以及為了因應危機的急迫性、威脅性和不確定性，藉由資訊回饋做不斷地修正與調整，以有效預防危機、處理危機及化解危機，甚至消弭危機於無形。

鄭東瀛（2001）所述危機管理可說是一種針對危機情境所做的預防管理措施、因應策略與復原工作，包括有：預測、行動計畫、應變檢討與外界溝通的能力等。具體言之，危機管理是組織針對危機的發展階段做不同的因應管理措施。

從上述學者對危機處理的見解，可以綜合危機管理的意義為：組織或個人在未預警的情況下，面對突如其來爆發的情境或事件，採取有計畫、有系統的問題解決，於事前、事中或事後，利用科學方法，藉由資訊回饋做不斷地修正與調整，以有效預防危機、處理危機及化解危機，甚至消弭危機於無形，所做的管理策略。

二、危機管理的運作過程與管理模式

危機管理是一種動態的規劃運作過程，Fink（1986）使用病理的概念譬喻說明危機的四個階段：(1)徵兆—潛在危機開始出現的線索或徵象；(2)危機爆發或顯現—危機事件發生並帶來傷害；(3)後遺症—即使危機已解除，危機的後果仍持續作用；(4)解決—當利害相關人士不再關切該一事件時，危機就算結束了。危機管理可分為危機訊息的偵測、危機的準備與預防、損害的控制與處理、復原工作的進行與不斷的學習及修正等五個具體步驟（黃新福，民 81）。

Mitroff（1994）將危機管理分為五個階段：(1)訊息發現—發現危機的警訊，並且採取行動來避免危機的發生；(2)探索與避免—組織成員尋找已知危機風險的要素，並且想辦法降低可能帶來的奢害；(3)阻絕傷害—當危機發生時，儘量使危機不擴大到組織的其他部分或周遭環境，以避免危機傷害；(4)復原—是組織盡快恢復正常運作；(5)學習—反省與批判危機的處理過程，從而增加組織的記憶。

但是最為危機處理專家或學者接受或使用的危機運作分為三階段（Birch, 1994; Coombs, 1999; Guth, 1995; Mitchell, 1986; Woodcock, 1994; 吳定，2003）。茲以吳定（2003）依危機指標分別規劃三階段：危機爆發前的活動、危機爆發時的活動、危機解決後的活動，以及各階段所需的管理活動做說明，如〔圖 10-3〕建構危機的動態管理模式：

(一)危機爆發前的活動

1. 主要工作是作危機情境之預測及消除。
2. 主要的相關規劃活動：
   (1)建立危機知識庫。
   (2)草擬與危機有關劇本。

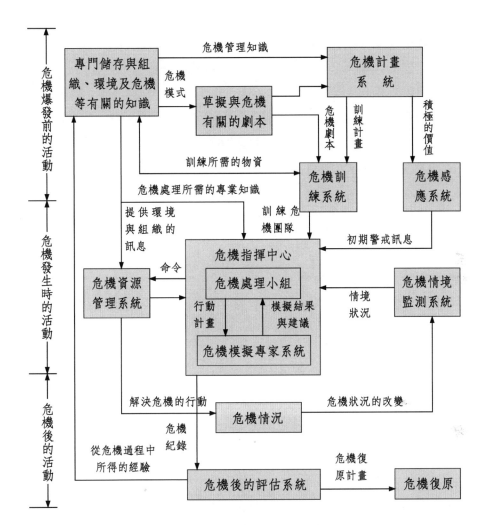

圖 10-3　危機管理的動態模式

資料來源：自吳定、張潤書、陳德禹、賴維堯（2003）。**行政學**（4版，頁257）。
　　　　　台北：空中大學。

(3)危機計畫系統。

(4)危機感應系統。

㈡**危機爆發時的活動**

1. 主要工作是對危機管理小組提供相關的支援。

2. 主要的相關規劃活動：

　⑴危機指揮中心：負責各項指派事宜及處理工作。其組成包括：
　　決策者及其幕僚、危機處理小組、危機處理專家。

　⑵危機資源管理系統：負責資源的安置、分配、取得。

　⑶危機情境監測系統：負責危機發展狀況的追蹤與報告。

㈢**危機解決後的活動**

1. 主要工作是對組織的執行績效做評估，將評估結果提供當前及未來危機管理過程之修正參考。

2. 主要的相關規劃活動：

　⑴確認危機的真正原因。

　⑵加速復原工作的進行。

　⑶繼續發展下一波的管理計畫。

三、危機管理策略

　　Comfort（1985）在〈整合組織動態危機管理策略〉一文中，提出決策者在規劃變動中危機的政策時，應考慮三項策略：變遷策略、整合策略與持續策略。美國聯邦危險管理局（Federal Emergency Management Agency, FEMA）將危機管理過程分為四個階段：舒緩期、準備期、回應期與復原期。余康寧（1991）將變遷策略、整合策略與持續策略三項策略，與危機管理四個階段：舒緩期、準備期、回應期與復原期的活動加以整合，發展出危機管理矩陣（表 10-1），茲分別說明於下：

表 10-1　危機管理整合矩陣

策略＼階段		1.舒緩階段	2.準備階段	3.回應階段	4.復原階段
變遷策略	危險評估	危險認定	風險預估	二次災難評估	危機認定
	控制分析	依人民容忍度決定舒緩策略	擬定計畫模擬訓練	履行計畫、善用裁量權	適當分配成本和資源
	資訊回饋行動調整	探詢人民反應和執行效果	掌握訓練成果	把握臨場狀況	災後社會情境變遷決定策略
整合策略	政府與人民溝通	教育	計畫內容傳播	熱線電話、發言人的設立	教育
	大眾傳播	宣導	警告發布	正確資訊傳達	吸引、重視捐助
	政府部門間溝通	定期報告、視察督導	共同檢討演習缺失	設資訊中心	確定重建順序
持續策略	民間團體	監督政府施政	組織自願者施予訓練	協助救災、傳遞訊息	整合需求、推動立法、救濟
	正式組織結構	常設委員會	常設委員會	成立緊急處理小組	常設委員會
	資訊管理	利用決策支援系統	利用決策支援系統	利用決策支援系統	利用決策支援系統

資料來源：余康寧（1991）。**危機管理研究—政策設計面之探討**。國立政治大學公共行政研究所碩士論文（未出版）。

㈠**變遷策略**

　　決策者須依各單位的特性及其所屬的外在環境加以考量，據以定出較具體的次級目標，做為各單位設計行動的準則。但組織的外在和內在

環境均是變動不居，所以組織應做變遷策略予以因應，它包括危險評估策略、控制分析策略與資訊回饋行動調整策略。

1.危險評估策略：在舒緩期組織要做危險認定，組織是否有潛在危機；在準備期做風險預估；在回應期做二次災難評估；在復原期做危機認定。

2.控制分析策略：在舒緩期依人民容忍度決定舒緩策略；在準備期做擬定計畫、模擬訓練，即劇本的的操演；在回應期履行計畫、善用裁量權予以執行應變計畫；在復原期適當分配成本和資源做復原任務。

3.資訊回饋行動調整策略：在舒緩期探詢人民對組織的反應和執行效果；在準備期掌握訓練成果保持最佳狀態；在回應期資訊溝通精確，把握臨場狀況；在復原期做災後社會情境變遷決定策略。

(二)整合策略

組織因應危機必須整合管理系統的不同單位，使其達成一致目標。對參與的各單位而言，只是分擔一部分的責任，但是對危機的因應而言，它必須統合所有各單位的行動，因應危機的變遷狀況，依照計畫適時、適地的投入，才能發揮統合的效果。整合策略的目的在透過有效的溝通模式，連結危機系統內的個人、組織和資源等，它包括政府與人民溝通策略、大眾傳播策略、政府部門間溝通策略等。

1.政府與人民溝通策略：在舒緩期組織要做危機相關知識的教育；在準備期做危機計畫的宣傳；在回應期做熱線電話、發言人的設立；在復原期做災後復原計畫教育。

2.大眾傳播策略：在舒緩期組織要做危機相關知識的宣導；在準備期做危機計畫的警告與發布；在回應期做立即而正確的資訊傳達；在復原期做宣導引起大眾的注意與重視，接受各方捐助做災後復原。

3.政府部門間溝通策略：在舒緩期組織要做定期報告、視察督導；

在準備期做危機計畫的共同檢討，演習缺失的檢討與補強；在回應期做資訊中心的設立；在復原期做災後重建順序計畫。

(三)持續策略

面對危機不確定的複雜情境下，決策者必須妥善安排並利用現有資源和知識能力，使組織仍能持續發揮其基本功能。其解決之道在於建立具有彈性的結構和運作程序，使組織內各單位均能適時調整策略，以應付任何變遷的需求，確保並維持組織的穩定和安全（吳定，2003）。持續策略包括民間團體策略、正式組織結構策略與資訊管理策略。

1.民間團體策略：在舒緩期民間團體要監督政府施政；在準備期做組織自願者施予訓練；在回應期做協助救災、傳遞訊息；在復原期做整合需求、推動立法、救濟。

2.正式組織結構策略：在舒緩期組織要成立危機管理常設委員會；在準備期組織亦成立危機管理常設委員會；在回應期成立緊急處理小組；在復原期組織要成立危機管理常設委員會。

3.資訊管理策略：在舒緩期、準備期、回應期、復原期，組織都要利用決策支援系統。

第三節　學校危機管理意義與現況

一、學校危機管理的意涵

學校危機管理的意涵都是從危機管理的定義中，將其組織轉換成學校組織，即為學校危機管理的意涵。茲舉數位學者的定義予以說明。

黃振球（1996）認為校園危機管理係學校當局對於危機的預防及發生後的處理。

顏秀如（1997）將其指為學校為避免或降低危機情境所帶來的損害，而進行的管理措施或策略；換言之，亦即學校從平時的危機準備至危機復原階段的一項不斷學習、適應之連續性過程，此一過程可分為：危機的準備及預防、危機訊息的辨識及評估、危機的控制及處理、長期的追蹤調查與輔導、不斷的學習及修正等五個階段。

謝謹如（2000）認為學校危機管理係指針對校園危機事件所做的計畫和回應，並且加以控制危機狀況，以減低對人員身心的傷害。換言之，學校危機管理即是針對校園危機事件所做一種動態的規劃過程，其中包括危機訊息的偵測、危機的準備及預防、損害的控制與處理、復原工作的進行、不斷的學習及修正等五大步驟。

林賢春（2001）認為校園危機管理係指學校對校園內危機發生前的計畫與演練、危機爆發時的控制與處置、以及危機解除後的評估及復原等，一套連續性運作的因應策略。

從上述學者的闡述中，可以了解學校危機管理是針對學校危機做事前預防、事中處理、事後復原的一套計畫作為，所以綜合將學校危機管理的意義為：「學校在未預警的情況下，面對突如其來爆發的情境或事件，採取有計畫、有系統的問題解決，於事前、事中或事後，利用科學方法，藉由資訊回饋做不斷地修正與調整，以有效預防危機、處理危機及化解危機，甚至消弭危機於無形，所做的管理策略。」

二、學校危機事件的分類

危機的類別依分類的架構標準的不同而有不同的分類，較為人所熟知的分類法是 Mitroff & McWhinney（1990），他們將危機形成的原因及具體事件作為分類的依據，並以危機形成的要素作為分類標準（吳定，2003）。本文將校園危機做兩種分類：第一種以社會學的觀點，將其分成校園內部的危機和校園外部的危機（鄔佩麗，1999；朱元祥，2000；

鄭美華，2000；薛秀宜，2001）；第二類是以事件性質予以分類。

第一類、組織內部和外部分類

㈠學校組織內部的危機

1. 師生衝突：師生互動不良或師生間情感與認知的差距，教師對學生的背景與經驗缺乏了解，無法充分掌握學生的需求，教學過程未能以尊重學生的態度，對學生的干擾行動進行規勸。屏東縣竹田國中黃信樺老師，因學生未繳交作業加以督導指正，遭學生重擊致死。

2. 校園暴力事件：同學間或高年級對低年級的勒索、恐嚇、甚至肢體暴力等。

3. 教師與行政人員的衝突：行政人員對於教師教學技巧及專業知能的要求所產生的摩擦或衝突。例如：台東縣某國中上演「罷免」校長風波，全體教職員長期不滿校長領導作風，昨天因校外研習引爆衝突，教師指控校長動手打人，隨後全體投票，一致認為校長不適任，要求教育局撤換（民 89.11.8，聯合報）。

4. 學校硬體設施：如學校的遊樂設施因維修不當、防範措施不當，或長期沒有維修所造成的傷害。78 年 5 月，鶯歌國小李姓學童，夾死在新建教室大樓鐵捲門上。

5. 學校軟體設施：對於因電腦軟體的使用不當造成著作財產權的侵害或電腦病毒等。中山大學學生架設網站，做音樂檔案 MP3 的不當運用。

6. 學生管教問題：教師對學生的懲罰引起家長的抗議事件。88 年 11 月，台北市新和國小郭姓教師，因曾童不服管教，乃毆打及腳踢成傷，雖達成和解，賠償三十五萬元，仍被處拘役三十天，緩刑兩年。

7. 外力影響校園：如不明人士進入校園對學生、老師進行性侵害、或暴力、綁架等事件。83 年 10 月北市內湖區新湖國小吳曉蕙老師，遭姦

殺毀容棄屍於該校地下室停車場。

8.**資訊危機**：學校內部人員對於資訊時代能力的培養欠缺危機意識，成績、學籍遭受竄改等。

9.**天然災害**：例如地震、颱風、土石流等天然災害引起的危機。88 年、89 年，南投縣發生 921 大地震及土石流災害。

10.**意外事件**：包括車禍、溺水、建築物倒塌等。或者學生於上下學途中嬉戲、推擠造成的重大傷亡事件等。88 年 1 月 7 日，台北市信義國小學童陳昱全，在操場玩耍，不幸遭施工中的小型推土機輾過，送醫急救不治。

11.**食物中毒**：例如校園的營養午餐中毒事件。81 年雲林縣某國小學生營養午餐中毒事件。

12.**性騷擾、性侵犯事件**：例如 84 年，台北市成淵國中發生男同學集體連續騷擾同班女同學事件。

㈡學校組織外部的危機

1.**親師溝通的衝突**：老師與家長間因為溝通的不足、及認知的差距，導致衝突發生。例如：對於評量方式與學生管教。

2.**學校推動措施的衝突**：學校對於上、下學交通管制的實施，無法取得家長的配合與諒解。

3.**學生校外結仇滋事**：88 年 6 月 1 日高雄市陽明國中校園不良少年到校尋仇事件（民 88.6.2，中國時報等）。

4.**上級政策的執行**：學校對於行政機關教育目標的宣導，與政策的推動無法有效落實。九年一貫課程的實施，在職進修的貫徹。

5.**大眾媒體的影響與過度渲染**：93 年 6 月 10 日中央社報導，因傳播媒體的報導，中國中小學生間盛行的死亡遊戲，是以外力導致腦部暫時缺氧缺血，令人產生幻覺。中國教育部向大陸各地教育主管部門發出通

知，要求制止近來在中小學生間流行並有蔓延趨勢的「死亡遊戲」。

    6. 其他：如學生乩童集體起乩，集體蹺家逃學，校外教學參觀活動，美國 911 恐怖攻擊行動。

第二類、危機事件性質分類（唐璽惠，1998；周蘊維：1998；唐慧文，1998；Lerbinger, 1997）：

㈠天然災害
水災、火災、風災、地震等。

㈡公共安全
公共設施、建物、體育器材、實習或實驗物品、電、瓦斯、工地安全等。

㈢師生衝突
管教衝突、體罰、師生關係緊張等。

㈣校園暴力
破壞、抗爭、偷竊、恐嚇、勒索、綁架、性犯罪、性騷擾、鬥毆等。

㈤毒品侵蝕
濫用藥物、非法持有藥物、販售禁藥等。

㈥校園自我傷害
自閉、自殘、自我傷害、自殺身亡。

㈦偶發事件
車禍、山難、溺水、運動傷害、實習或實驗受傷。

(八)**學生違規事件**

逃學、翹課、中輟。

(九)**外力介入**

黑道介入、民代介入、尋仇、強暴、詐欺、干擾滋事、偷竊、破壞、兇殺等。

(十)**領導的危機**

人才缺乏、政治理念差異、宗教、種族、信仰差異等衝突（張明輝，1995）。

(十一)**其他**

SARS 疫情爆發、學校招生不足關門、董事掏空校產等。

三、學校危機發生的原因

學校危機發生的原因眾多，許多事件的產生也非單一因素所造成，經常是夾雜多數因素混合所引起，在經過量變和質變的過程，或處置的怠忽、錯誤、無效所釀成，茲參酌學者（秦夢群，1999；鄭美華，2000；謝瑾如，2000）與作者見解，將其發生原因分述於下：

(一)**組織運作僵化**

分析歷年我國學校所發生之危機，其成因多半為組織僵化，處理遲延失機（秦夢群，1999）。傳統學校行政組織大都採行「由上而下」方式，遇到問題發生時往往無法立即有效的處理，而且有因循苟且的現象，不願去捅馬蜂窩，非要出事才被動因應；或各自為政、公文旅行等因素，未能主動積極，或主動統合處理牽涉多數單位的複雜問題，導致問題益加嚴重，危機必然發生。

㈡事件發生處置延誤

由於教師個人年資、經驗、個性等因素,對事件未能察微知著,事先釜底抽薪,事先防範;發生事件,缺乏處理問題能力,處理方式方法錯誤,或突發狀況不能沉著應變,錯失解決第一時機,導致危機發生。

㈢行政管理無效率

學校是具有鬆散結構的科層組織,及雙系統的特質,產生隔閡的現象,再加上缺乏充分分層授權的行政管理,經過層層的限制與規定、公文文化,效率自然低落,遇到狀況發生時,便手足無措、喪失解決問題的第一時機。

㈣資訊系統不良

缺乏早期預警制度及情報蒐集系統,對人、事、時、地、物的潛在危機,沒有一套完整的計畫作為,不僅未能在平日能蒐集與偵查出警訊,有「履霜堅冰至」的警覺,預做疏通化解或整修汰換的處理;甚至於問題發生還茫然不知,無法掌握即時的資訊。

㈤溝通管道的不足

由於缺乏良好的通訊與傳播管道,常常無法將訊息快速的傳達到領導者,導致問題一再重演、惡化,終致不可收拾。校園中有一股錯誤觀念,認為自己的事情自己處理,不要影響他人,經常找人協助解決問題,就表示能力不足;行政工作是安排分配工作,有困難自己想辦法;未能依科層體制呈報就是不尊重,不懂行政倫理與程序,不能正視行政是服務的真意,以及分辨事的輕重緩急,無形中阻隔溝通管道。

㈥組織經營方向不明確

組織成員無法充分了解組織經營方向,尤其是公立學校無學生來源、

財務、薪津的困擾,加上校長任期制,以及求新、求變、求怪,不管有無教育意義或反教育的歪風,學校形成一切學校經營、計畫、願景是行政人員的、或校長的;學校其他成員消極的參與,打著「吹一時風,駛一時船」,而得過且過。對組織經營方向不明,經營態度、方法也不清,因而不敢主動積極和冒險。

(七)**學校應變能力的不足**

學校雖然被動依行政命令要求,做了各種應變計畫,但是經常流於紙上作業,平時要不草草演練了事,或就根本未演練。所以人員應變教育缺乏,能力不足;資源未能事先儲存,以及做妥善的分配運用;各單位所負責任不清,溝通協調不通,變成人人等待命令下達,叫一下做一下的結果,往往無法適應突如其來的狀況。

(八)**外在環境的顯著改變**

校園屬於公共領域,長期因為與外界的隔絕,對於外在社會環境變動的影響適應性較差,再加上人員對於外在環境改變的敏感度不足;另外,校園環境已因社會風氣的轉變,各種利益團體、民意代表、地方社團、社區居民等,漸漸變成集體且有目的的影響校園作為,一旦問題發生,未適時處理或預防,往往問題形成擴大化與複雜化,造成危機事件。

(九)**組織動員與管理能力的欠缺**

由於校園分工和任務編組的無法落實,當事人不知自己在此事件中擔任的角色任務,也不知有哪些資源可知運用,遇到危機發生時組織的動員力、及有效支援體系無法發揮效果,也是導致危機擴大的因素之一。例如:消費者文教基金會抽查台北縣市國小校園發現,兒童遊具不合格率甚高,在三月份抽查了台北縣市 32 所國小,發現平均不合格率為36%,換句話說,若校園內有 10 項不同種類的遊具,其中就有 3.6 項存

在著危險，在 22 種遊具當中，不合率超過五成的遊具有：攀岩組、浪船、旋轉鞦韆、搖籃、蹺蹺板、沙坑、鞦韆與攀爬架等八類。其中最嚴重的缺失是整體結構有鬆動或破損、沙坑的沙填量不足、或鞦韆鐵鍊間隙過大，值得家長和老師注意，消基會呼籲學校和主管機關定期維修保養，同時推動安全標章的專業認證制度。（民 93.5.6，民生報）。

㈩大眾傳媒的不實報導

大眾傳播媒體往往因為對於事件的發生僅止於片面的了解，無法深入了解事情始末，在尚未查明真相之前便急於發布消息，扭曲事實真相，造成以訛傳訛，造成事件變質、複雜化，造成恐慌形成危機。例如：高雄縣岡山鎮某國中校長在升旗頒獎時，掌摑學生事件，教育局前往調查，校長鄭重澄清「若真有其事，全家被車撞死！」校長並無奈指出，當時僅是輕拍學生肩膀，卻被有心人訛傳為掌摑學生，讓學校師生飽受困擾（民 89.6.14，自由時報）。

第四節　學校危機管理的策略與作為

學校面對內外環境、人員與任務的變遷，危機預防的待變，危機發生的應變，以及危機後的制變，學校領導者及相關人員都必須要有整套的計畫作為，已非昔日「兵來將擋，水來土掩」的臨時、急就章式的因應。茲就領導者的危機領導作為，以及就美國聯邦危險管理局（Federal Emergency Management Agency, FEMA）的危機管理四個階段：舒緩期、準備期、回應期與復原期的架構，提出學校危機管理策略與作為。

一、學校領導者的危機領導作為

身為學校領導人，對學校的成敗負有無可替代的責任，所以面對危

機的領導作為,是危機管理成敗的關鍵地位。美國銀行保險集團(American Banker's Insurance Group, ABIG)在 1992 年安德魯颱風(Hurricane Andrew)過境後,很快而有效的應變與復原,其執行長事後檢討說,最重要的因素是公司領導者多年來塑造有良好的紀律、堅持、誠摯與合作的文化(Smits, 2003)。學校領導者的危機領導作為有(秦夢群,1999; Kouzes & Posner, 1995; Hick, 2003):

㈠目的要說清楚講明白─態度與行為決定成敗

領導者必須確立自己的目的,進一步選擇處理的態度及行為;以開誠佈公清楚說明目的,凝聚共識與培養互信與相互尊重的關係。

㈡一切操之在己─不責難、不推諉、不逃避

學校領導者遭遇困難危機,必須反求諸己,確認責任所在,不責難、不推諉、不逃避,允許犯錯,嚴懲不負責任;出問題時,設定目的,並藉由決定自己和成員所應負起的適當責任,建立對特殊情境能立即察覺,並做好準備的責任文化(Bouleris, Collett, Mauntler, & Ray, 2003),來完成操之在己的企圖。

㈢拒絕屈從─展現忠誠,也要做自己

領導者對任務要注入熱情,找到該做的事,以及選定可以做事的人員與方式,適才適所,不屈從於既有的窠臼或壓力;避免礙於種種原因,讓自己或部屬做自己所不喜歡、或能力所不及的事,最後將事情做不好的「彼得原理」(the Peter principle)。

㈣將壓力重塑為助力─要善導你的情緒

在危機中,領導者擔任群眾恐懼的容器,也是反映群眾生氣、悲傷、決心的一面鏡子(Sapriel, 2003)。面對重大問題的壓力,如何妥善處理,將最大的問題轉化為珍貴的資產,領導者必須「重新塑造」(recas-

ting），認清、破除無效的行為模式，重新塑造有效的模式。接著領導者
要處理情緒、發覺意義和找出機會，了解自己的情緒，積極尋找問題所
蘊含的意義，獲致新資訊、洞察力，找出解決問題的機會。

㈤以多元方案取代制式計畫—別讓僵化的方法限制成功的可能性

「不知變通等於領導危機，靈活彈性等於領導能力。」（Hicks,
2003），領導者要用各種方法，去建構最佳途徑、提供希望，永不放棄。
避免領導者與所領導的組織脫節而逐漸退化，變得保守、抗拒創新和改
變，也無法充分利用科技去嘗試新的突破；即形成僵化、保守、脫節的
所謂保羅原理（the Paul principle）（Smith, 1998）。

㈥將部屬放在第一位—安頓好部屬，他們會為你搞定一切

每個人都需要他人尊重與重視，梅林凱化妝品公司創辦人 Ash, M. K.
說；「每個人脖子上都掛著一幅無形的標誌，上頭寫著『重視我』。與
人共事時，千萬不要對他視而不見。」如何選才、育才、用才是極重要
的，紐約市長 Giuliani, R.雖然本身遭受攝護腺癌的侵襲，當 911 事件發
生時，他是紐約市和整個國家的主要安慰者，他鼓勵飽受驚嚇的市民，
在面對未來可能攻擊的憂慮和炭疽熱的恐懼時，要能恢復精神，與部屬
站在同一陣線，他的座右銘是「勇往直前」。

㈦施比受更有福—先付出，才能獲得所需

面對不安的情境時，領導者一定要先付出，不管是精神、時間或金
錢，才能帶動團體。電影「臥虎藏龍」有一句對話：「緊握雙手，一無
所有；放開雙手，擁抱所有。」在能幫助他人時，千萬不要吝嗇；施比
受有福；多做善事，多結善緣，當需要時福報自來。

㈧開誠佈公—吐真言與納忠言一樣重要

組織必須建立信任的文化，才能聽到真言，才能做出明智的決定。

雖然真言會有苦味,但事實真相會帶來優勢而非壞事,領導者要有勇氣傾聽真言。接受事實是改變的開始,所以以前臣子進諫君王時常用「諮諏善道,察納雅言」、「慮壅蔽,則思虛心以納下」。

二、舒緩期學校危機管理策略與作為

舒緩期是組織運作最平靜的時期,一般狀況是承平日子過慣,心防經常是鬆懈的,「居安思危」正是此階段危機管理的思維。學校在此階段的危機管理策略與作為如下:

(一)變遷策略上

1. **學校要做危機評估**:認定學校有什麼危險,組織是否有潛在危機。例如:校園開放對學校師生有否危機顧慮,它所造成可能的潛在危機有哪些?或者校園中正在興建大樓,車輛、人員進出頻繁,材料堆置與搬運作業龐雜,是否有潛在危機,如果有,是哪些可能的危機。

2. **進行控制分析**:做了危險評估,了解到有潛在危機顧慮,接著要進行了解如何進行必要的調整作為,對學校師生的教學、活動造成不便有哪些;對社區人士利用校園做活動有哪些不便;對工程進行造成哪些困難,或者無法運作,學校內外的相關人員的態度如何,可以接受的底限是什麼,以此進行控制分析。

3. **蒐集資訊調整作為**:學校平時要做資訊的蒐集,才能知曉學校政策的推動,家長、師生、社區人事等的反應如何;學校有哪些事務是大家正在議論的;社區民眾對哪些措施持有異議、輿論正在形成中……等,學校必須運用各種場合、機會、方法去了解與蒐集資訊,進而對行政作為做必要的調整。

(二)整合策略上

1. **溝通、宣導與教育**:學校必須教育師生有關風險的知識及傳授技

能，同時也要宣導校園中哪些人、事、時、地、物有可能的危險，有哪些禁止的活動或注意事項需要大家遵守與配合的，這些都必須透過大眾媒體、學校的行政系統、或學生的家庭聯絡簿、班親會等做溝通與宣導，提高學校教師與行政人員對於危機管理的認知。

2. *視導與檢討*：承平時要了解各單位的運作有否依規定、指示、計畫執行，必須分層隨時視導，做定期報告，增進溝通，立即做有效的檢討、改進與處置。

(三)持續策略上

1. *鼓勵與重視各種社團參與學校事務*：雖然學校行政的正式組織系統是有效的方式與工具，但是經常有科層體制、層層節制、訊息過濾、時間緩慢的現象；如果有一些民間團體、非正式組織或社團參與學校，又獲得學校當局的重視，它的活動就會活躍，對學校的施政臧否得失，形成監督與協助的力量，正可彌補學校行政下正式組織系統的不足。

2. *成立學校危機管理委員會*：學校平常時期也要設置「學校危機管理委員會」的專責常設組織，成員可包括校內的人員以及校外人士、專家或家長，定期提出報告或開會檢討。學校重大措施也需經過本委員會的審查，如此，有專責專權的單位，才能發揮其應有的功能。

3. *做有效的資訊管理支援決策*：學校平時就要了解校內、外人力、物力所在位置，並做好必要的聘僱、聯絡與協調，保持資訊的正確、暢通，已備需要時能做有效的支援。

三、校園危機預防的具體方法（無名氏，2004）

(一)行政管理

1. 列明學校的行事程序、資源分配及人力分工，以應付突發事故，例如：不同危機之應付程序及緊急聯絡電話之張貼等。

2.制訂、發佈及執行校園管理，例如：教室使用規則及校園進出者登記等。

3.提供有效溝通管道，讓校方與學生及家長表達意見、提供場合，讓不同專長及經驗的老師可以交流分享，例如：與學生相處、建立關係及處理問題的方法。

4.制訂措施，有效掌握學生缺課、遲到、早退及健康情況的紀錄。

5.校規制訂：

　　(1)與時並進、因應時代所需的校規；

　　(2)制定開放的校規，因有助師生及家長的參與，使校內的成員充分理解及體會本身的權與責；

　　(3)確立明確獎罰制度，並由老師貫徹執行。

6.成立「校園危機管理隊」：事件介入外，在預防工作上，可發掘及分辨潛在的危機，例如：潛在危機之來源、性質及可能受影響範圍。並在評估後，訂定應付每種危機的處理策略和方法。

　　(1)個人抗壓力：強化師生的身心健康，增強個人之適應力及提高面對生活壓力及突發事故之承受力。

　　(2)師生關係：良好的師生關係，能敏感得知學生的需要，亦有助互通消息和互相關懷，形成重要的危機預防網絡。

7.團隊關係：

　　(1)老師各有專長及性格特質，而良好的團隊默契及合作精神，有助互相補足，照顧不同學生的需要；

　　(2)在處理衝突或危機事件上，可透過有效溝通和分工，及早將之識別及瓦解。

8.校園文化：

　　(1)建立開放的校園氣氛，透過多元教學，讓師生多參與建設校園，提高工作及學習的士氣。

⑵提倡生活教育，灌輸尊重個人特性及珍惜生命的觀念。

⑶針對學生普遍存在的行為問題，為他們安排合適的活動，及早改善校內的不良文化之渲染。

⑷環境方面：針對校園內外的人群聚集點或潛藏危機發生地點，加強巡查或增設有效的管理措施。

⑸輔助資源方面：可與地區不同團體保持良好網絡，加強社區動態意見交流，甚至分工合作處理學生問題，以防危機之發生。即使危機發生，亦可互相支援。

⑹輔助資源包括：地區警署報案中心、警民關係組或反黑組、救護站、社會服務機構、分區教育心理學家及友校網絡等。

三、準備期學校危機管理策略與作為

準備期是在預估有危險存在以後、危險爆發之前的階段，此階段最重要的是模擬危機爆發時的狀況與因應方式，進行計畫草擬、演練、傳播與教育，以備危機真實爆發時能從容以對，做最佳的處理，減少生命、財產等的損失，學校危機管理在此階段的策略與作為：

㈠擬危機應變計畫

一份完整周延，具體可行的計畫，可使危機管理與處理不至於失去依據，甚至貽誤時機。日本豐田汽車的危機處理要點──這本著名的手冊裡，主要有七項處理要點，分別針對颱風（水災）、火災、重大車種缺陷、群眾示威抗議、有人蓄意破壞廠房、總公司資訊系統重大故障、員工發生緊急事件時的標準作業程序（Standard Operation Procedure, SOP）（陸炳文，1997）。機構中宜針對可能發生的各種危機，撰擬不同之應變計畫，此應變計畫應是具體可行的，不應只是少數人閉門造車的產品，宜由員工共同參與制定，使該計畫在危機發生時，基層人員就

可以立即執行。應變計畫應該包含的項目資料有（NyBlorm, 2003）：

    1.危機指揮系統。

    2.危機處理中心位置，以及轉進位置。

    3.危機處理團隊隨時保持與熟知最新計畫版本。

    4.確認需要保持聯繫的上級單位與人員。

    5.事先已簽約的合作、支援單位。

    6.危機確認、控制方法、反應行動的詳細步驟與方法。

    7.危機發生、危機過後的溝通聯絡程序，包括危機處理小組、相關人員的聯絡資訊的建立與隨時更新，以及通訊設施的準備等（參閱附件一、二、三）。

    8.所有的裝備及支援物資材料的位置，包括位置圖、緊急救護箱、滅火器、器具、食物、飲水……等。

    9.搜尋和救援步驟。

    10.準備資料和紀錄所需的設施。

    11.萬一緊急處置計畫失敗的替代方案。

    12.成員的教育訓練與評估。

    13.緊急狀況的相關物資儲存與準備。

㈡模擬危機計畫訓練

    學校按照危機評估（火災、墜樓、自殺、車禍、地震、SARS……等）所擬定的應變計畫，即危機劇本，認真確實的進行演練，並做整個過程的紀錄，事後檢討與調整計畫與訓練的缺失；同時要每個成員熟知自己的角色與任務，以及危機處理流程，研究也顯示經過模擬緊急事件處理訓練計畫，除有助於該項事件處理外，更有學習遷移的效用（Weller & Robinson, 2003）。例如，最近台北市麗山國中在一天中發生兩度火災，即因該校剛在一週前舉行消防演習，師生對防火救災的觀念與常識

記憶猶新,而能應變得宜,立即切斷電源,一面以滅火器控制火勢,一面通知消防隊於五分鐘內趕到現場撲救,才未釀成巨災(蔡崇趁,1997)。

(三)校園危機處理的原則

當危機來臨時,勇於面對,不推諉,不慌不忙,沉著冷靜。依任務編組及演練過的對策,於第一時間及時因應,應用各種資源通力合作,最忌交互指責、分崩離析。透過開會做成決議,全體口徑一致,眾志成城。宜掌握以下原則(馬榮助,2003):

1. 行動迅捷,救人第一,儘量減少損失。

2. 依事件程度,儘速通報有關單位,分工合作處理。

3. 封鎖現場,安定學生情緒。

4. 召開危機小組會議,由發言人對外發言。

5. 發言人儘量由相關處室主任擔任或由校長指定備妥交通工具及待命協助人員。

6. 注意附近可疑或陌生人的行蹤。

7. 事後學生及相關人員的心理輔導。

8. 按處理流程鎮靜處理。

(四)校園危機處理的流程:如〔圖 10-4〕。

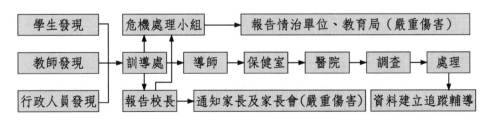

圖 10-4　校園危機事件處理流程圖

資料來源:教育部(1995)。**學生意外事故處理手冊**。台北:教育部。

㈤溝通與傳播計畫內容與發布危機警告

學校要利用各種場合（班會、朝會、各科教學會議、行政會議、校務會議……等），透過各種媒體（口頭、書面、電話、電子信箱、傳真……等），將危機應變計畫讓成員均能熟知，也有暢通的回饋系統。同時發現危機警訊也能立即將警告訊息傳達給相關人員。

㈥危機感應系統

學校對危機爆發前的掌握最重要的是危機感應系統的健全，能將人與各種事、物、時、地做各種不同的組合，隨時能偵測而知道學校危機警訊，做適當的防範與處置。如果有危機的徵兆，就必須立刻處理；如果忽略了危機的警訊，就會錯失第一處理時間，增加危機蔓延的可能性（游育蓁，1999）。茲以學校的危機警訊內容供參考（鄭因敏，1996）：

1. 人的警訊：
   (1)歹徒外力闖入：綁票、傷害。
   (2)親子關係不良：高壓、體罰、反抗等。
   (3)師生關係不良：譏諷、放棄、不滿、不平等。
   (4)同儕關係惡劣：爭吵、打架、恐嚇、勒索、過度競爭。

2. 時的警訊：民間對時的警語一般常言「意亂情迷時，鬼迷心竅；得意忘形時，樂極生悲；心灰意冷時，禍不單行；粗心大意時，無妄之災。」至於學校有關時的警訊有：
   (1)教師不在時。
   (2)下課、午間休息時。
   (3)上課前、放學後。
   (4)寒、暑假期間。
   (5)天氣燠熱時。

(6)慶典、活動時。

3. **事的警訊：**

　　(1)方法不當：實驗化學藥品、遊戲器材等。

　　(2)過程疏忽：打掃、工程、體育課、公益課、家政課等。

　　(3)行為不當：玩危險遊戲、任意闖馬路、酒後駕車等。

　　(4)公關不佳：與新聞媒體關係、民意代表、社區人士等。

4. **地的警訊：**

　　(1)偏僻、隱蔽處：廁所、地下室、樓梯間、花園、死角等。

　　(2)活動場所：運動場、遊戲、工作場所、專科教室、活動中心等。

　　(3)建築：施工中的建築、附近違建、空教室、不良娛樂場所等。

5. **物的警訊：**

　　(1)建築：建物老舊、年久失修等。

　　(2)器具：器材、用具鏽蝕，沒有專責人員，缺乏保養維護。

　　(3)廢棄物未及時妥善處理。

6. **領導的警訊：**

　　(1)部屬理念差距。

　　(2)非正式組織的反功能。

　　(3)與上級及有關單位的關係欠佳。

　　(4)個人因素。

　　(5)壓力管理的效應。

　　(6)理念的差距。

四、回應期學校危機管理策略與作為

　　回應期是在危機爆發後，面對危機去因應處理的階段，此階段最重要的是成立危機指揮中心：負責各項指派事宜及處理工作。其組成包括：決策者及其幕僚、危機處理小組、危機處理專家；危機指揮中心：負責

各項指派事宜及處理工作。其組成包括：決策者及其幕僚、危機處理小組、危機處理專家；危機情境監測系統：負責危機發展狀況的追蹤與報告。學校危機管理在此階段的策略與作為：

㈠危機指揮中心

負責各項指派事宜及處理工作。其組成包括：決策者及其幕僚、危機處理小組、危機處理專家，遇到危機來臨時，立即召開，商討危機解決策略，凝聚共識，結合學校與社區資源迅速地化解危機。至於危機處理小組的組成，以及危機小組的任務、知識、技能列於〔表10-2〕和〔表10-3〕。

表 10-2　危機處理小組成員

成　員	任　　　　　　務
召集人	由校長擔任，負責緊急指揮、召開會議及指定發言人對外發言。
總幹事	由召集人指定主任一人擔任（視危機類別，由學務主管或總務主管），處理所有小組事務。
總務組	負責物資的採購、運送、分配等。
資料組	負責資料之蒐集彙整。
聯絡組	負責校內外聯絡及對上級之通報。
醫療組	負責緊急醫療之處理。
法律組	提供相關之法律問題諮詢。
協調組	負責有關事務之申訴、仲裁、救助、賠償等協調工作。
安全組	負責事件現場及善後之各項安全維護。
輔導組	負責相關學生之心理輔導。

表 10-3　危機處理小組的相關任務、知識、技能

任　　務	所需知識	技　　能	特　　質
發揮團隊工作以達成危機處理小組的目標	(1)了解各種解決衝突的型態。 (2)了解解決倫理衝突的要素。	(1)能夠採用基於合作的管理風格。 (2)應用解決倫理衝突要素。	合作特質。
將危機處理計畫應用在危機上，使組織有效的回應危機	(1)了解如何使用危機處理計畫。 (2)了解成員專長。 (3)了解處理壓力的機制。 (4)了解處理模糊狀況的機制。	(1)能夠遵循危機處理計畫指示。 (2)能夠補充相關的訊息。 (3)能夠處理壓力。 (4)能夠處理模糊狀況。	(1)抗壓性。 (2)對抗模糊狀況的耐心。
做出必要的團隊決策，以有效的解決危機處理小組所面臨的問題	(1)了解審慎決策的功能。 (2)了解辯論的價值。 (3)了解如何建構不同的立論。 (4)了解團體參與的功能。	(1)能夠發揮關鍵做出審慎的決策功能。 (2)能夠進行辯論。 (3)能夠在團體中發言。	(1)好追根究底。 (2)願意在團體中發言。
傾聽他人意見以蒐集資訊	了解有效傾聽的步驟。	運用有效傾聽步驟的能力。	

資料來源：Coombs, W. T.（1999）／林文益、鄭安鳳譯。**危機管理與傳播**（頁96）。台北：風雲論壇出版。

(二)危機資源管理系統

　　危機爆發時所需要的資源非常龐雜，為了能有效解決資源運用的問題，組織平時便應設立危機資源管理系統，負責資源的採購、儲存、分配、取得，其內容包括資源的種類、數量、配置地點，管理負責人、通訊與取得方式等，從而建立資源管理系統資料庫，以供危機管理小組因應（Nunamaker et al., 1989）。

(三)危機情境監測系統

危機發生是一種動態的變化過程，隨著時間、行動處置、人員的參與、輿論的傳播、相關人員的言行態度相互激盪，不斷的產生正向或負向的變化，組織必須有危機情境監測系統，負責危機發展狀況的追蹤與報告，危機處理中心才能依據訊息做相關的處置。

(四)設置發言人制度

發言人是組織在危機時的代言人，發言人的主要職責是正確傳達組織的訊息，並且發言時必須前後連貫（Carney & Jorden, 1993; Seitel, 1983），但是也須清楚的了解法律上有哪些禁止、以及時機恰當性的問題。Coombs（1999）認為發言人的媒體任務有四項（如〔表 10-4〕）：媒體前顯現親合力、簡潔回答問題、清楚傳達資訊、處理困難問題。

1. 媒體前顯現親合力：發言人可以準備二個人以上，視情況之複雜度而定，自媒體面前要有關懷與友善的特質，有同理心願意傾聽，展現親合力，獲得他人的認同。另外在傳達技巧上要注意與觀眾保持目光的接觸、利用手勢強調重點、聲調抑揚頓挫以免單調、臉上表情要有變化、避免過多的口語虛詞。

2. 妥備書面資料：面對媒體前，如有充裕時間，宜先備妥相關書面資料，如發言稿、新聞稿及案件處理經過等，俾方便採訪記者參考運用，必要時亦可主動補充最新狀況及目前處理情形等，幫助平面媒體記者充實版面，如此可避免杜撰或自由心證，引起外界誤解。

3. 簡潔回答問題：避免、了解停頓太久的害處；了解有效聆聽的步驟，確信「無可奉告」會造成認罪或默認的誤解和害處；了解友善的重要，避免咄咄逼人或好辯、和記者爭論，也知道爭論的害處；當然在回答問題之前，可以先更正錯誤或不正確的資訊。

表 10-4　發言人的媒體任務

任　務	知　　識	技　　能
在媒體面前顯現親合力	了解、適當表達的價值。	能做有力的表達。
回答問題簡潔有力	(1)了解停頓太久的害處。 (2)了解有效聆聽的步驟。 (3)確信「無可奉告」的害處。 (4)了解和記者爭論的害處。	(1)能夠很快思考。 (2)能夠有步驟的聆聽。 (3)當問題無法立即回答時，能用「無可奉告」以外的回答。 (4)能在壓力下保持冷靜。
清楚表達危機資訊	(1)術語無助於問題的解決。 (2)了解必須有系統回答。	(1)能夠避免使用術語。 (2)能夠將回答組織起來。
處理困難的問題	了解問題的癥結所在。	(1)能認清楚難解的問題。 (2)能反問問題以做出回答。 (3)能夠機智的回答難纏的問題。 (4)能指出問題中錯誤的部分。 (5)能解釋為何某一問題不能回答。 (6)能評估比較對一個問題不同答覆的好壞。 (7)能用多種說明回答問題。

資料來源：Coombs, W. T.（1999）／林文益、鄭安鳳譯。危機管理與傳播（頁108）。台北：風雲論壇出版。

　　4.清楚傳達資訊：明確提供危機訊息，著重內容簡潔有力，集中焦點；用大家能了解的語言表達，勿用組織術語或是過於技術性的語言；謹慎而有系統的回答。

　　5.處理困難問題：有時媒體會提出冗雜的問題，可先釐清問題原意，及其包括的子題；對一些具有挑戰性的問題，發言即要說明需要較長的時間說明，也須解釋無法回答的原因（Stewart & Cash, 1997）；對於兩難問題可以說明其不合理處或不恰當的地方。

五、復原期學校危機管理策略與作為

復原期是在危機爆處理後,組織如何學得經驗教訓,恢復正常運作的階段。此階段最重要的是對組織的執行績效做評估,將評估結果提供當前及未來危機管理過程之修正參考。主要的是確認為機的真正原因,加速復原工作的進行,反省與學習成長——繼續發展下一波的管理計畫。學校危機管理在此階段的策略與作為:

㈠成立評估系統進行評估

在危機結束後組織需要成立危機調查小組及評估小組,在危機發生後應立即針對下列問題提出調查與評估報告,以供組織修正危機計畫時參考(Nunamaker, et al., 1989;孫本初,1996)。

1. 電腦、溝通技術等功能是否已發揮既有功能?

2. 感應系統與決策群體間的合作是否良好?

3. 以組織現有知識與能力是否能對危機做有效的處理?

4. 組織危機溝通網路是否能如期的傳達所需資訊?

5. 組織所學到的知識是否可轉化成有利於組織本身的工具?

6. 組織成員或是決策群體在危機情境下所做的決策效果如何?

㈡加速復原工作的進行

經歷突如其來的危機,雖然經過處理,但是危機所造成的損傷必須做快速的復原工作,復原階段可分為修復性復原及轉型性復原二種。前者是指協助災區恢復至能運作的最低限度;後者是指藉由重建的過程,對災區重新規劃,形成災區改造的契機。危機發生後之復原工作策略有:

1. 對社會大眾說明危機原因、造成的傷害,以及處理的態度。

2. 組織復原重建委員會統籌復原工作。

3. 慎重考量重新規劃轉型與恢復的策略。

*4.*評估復原項目的先後次序。

*5.*所有金錢、人員、物資的統合調配。

*6.*人員與組織妥適的安置。

*7.*傷亡與損失處理的協助救助。

*8.*人員心理的輔導。

㈢反省與學習成長──繼續發展下一波的管理計畫

迅速並主動公開聲明解決結果,以安定人心。同時也要發出感謝函,對於協助學校處理危機的相關人員,表達心中對他們的謝意,也是做好公共關係,以便獲得以後持續的協助。為了掌控危機情況,並改進未來表現,應每天將所有獲得的資訊、採取的措施及進行的步驟、自己的想法及作為一一記下,事後溝通檢討並提出未來改進之道。

㈣從危機學到的教訓

查明並面對危機的事實,針對五個 W(誰 who、什麼 what、何時 when、在哪裡 where、為什麼 why)找出事實真相,不推諉、誠實以對,謀求解決之道,並從危機處理中學到教訓(Lerbinger, 1997;謝瑾如,民89)。

1. 評估個人與學校的弱點:危機管理者在危機發生前期,往往未注意早期警訊、或是否認威脅的存在,導致危機發生時一發不可收拾。危機管理者必須了解個人及學校內部的弱點,學會根據不完整與不確定的資訊作決策,以期因應突發事件與衝擊。

2. 保持警戒並建立監控系統:危機管理者應學會偵測微弱警訊,因為如果不予理會,隨時可能成為大麻煩。隨時掌控所有可能影響學校的外在事件,與教育改革的最新發展。

3. 加速與加寬決策程序:危機管理者應妥善運用現代科技技術與技巧,決定輕重緩急,並將各種變數列入考量。鼓勵學校成員參與學校事

務的決策,讓學校成為一不斷學習成長的組織體。

　　4.應用機動的時間觀:雖然發生危機時必須當機立斷,以降低傷害並將情況控制住,但管理者仍應從長期的角度來看待危機,避免用單一的時間觀念,視情況彈性決定,並檢視其立即、短期與長期可能造成的影響。

　　5.了解學校文化的重要性與其支援結構:學校文化是危機管理的中心,當危機發生時,必須快速處理所有資訊;如果管理者在危機發生前能充分了解學校文化,與可資利用的支援系統,必能妥適、有效的處理發生的危機。

　　6.危機之後的組織再造:組織在危機過後通常會召開檢討會議,找出出錯的原因,並且集思廣益加以排除。危機管理者若能利用此一時機,凝聚組織成員的共識,必能化危機為轉機,創造組織的新契機。

第五節　結　論

　　現今學校所面對的是複雜、變化不定的環境,太多事情正在發生變化,無法完全掌握。全面危機管理觀念認為危機管理應做到下列五項要點(邱毅,2001):

　　*1.*危機管理是由事前預防、演練、通報,到事中的隔離、控制、消除,以及事後的檢討、修正、形象重塑。

　　*2.*危機管理是全體機構成員與顧客、社區的共同責任,不僅僅是專業部門的職責。

　　*3.*危機管理不僅著重於機構內部縱向整合,也需建立指揮、協調、現場的三級體系,而且各機構間的橫向整合更加緊要。

　　*4.*危機管理是恆常性作業,危機文化的普及生根,危機意識的廣泛認同,並應建立結合「全面品質管理」精神的控管機制。

5.危機管理是多元科技的有機整合，包括行為科學、社會科學、數量統計與管理學，而且必須是各個管理功能通力合作，才可以達到最高的效益。

如果，一位領導者無法處理這些排山倒海而來的挑戰，危機便產生了。危機事件在我們日常生活中層出不窮，在校園中，危機事件對教職員及學生所造成的威脅影響更是時有所聞。一個好學校，通常校長領導有方、師生自愛、校譽崇隆，一遇危機事件處理不當，極易影響辛苦建立的校譽。

Bertrand & Chris（2002）認為現代的組織環境危機數量愈來愈多，危機特質愈來愈辛辣與怪異，傳統的危機管理架構與時代已有代溝，已不符應用，必須發展新的危機管理平台，可見為求有效管理危機，化危機為轉機，進而防範危機於未然，「凡事豫則立，不豫則廢」，學校領導者應快速、有效的學習建立新的危機思危與決策系統，以及危機管理機制。並經常加以實務演練，教導組織成員學習有效管理危機，掌握危機處理時效，「人有定事，事有定位，人事相適」；對相關人員賦予權責，責以事功，使管理機制能順利運作，克竟其功。

附件一　校園事件通報管理系統實施要點

台八五訓三字第八五五二二六一四號訂頒
台八六訓一字第八六〇八四四八一號函修訂
台九一軍字九一〇四八一三八號函修訂

一、為建立校園事件通報管理制度，掌握校園事件發生之資訊與發展趨勢，以提升訓輔功能，維護校園安全，特訂定本要點。

二、校園事件之通報管理，依作業內容區分為「即時通報」與「定期彙報」：

　　㈠即時通報：指實際發生事件之學校，於事件發生後或獲知事件發生後，立即以電話、傳真或資訊系統等方式通報各該主管教育行政機關及教育部校園安全暨災害防救通報處理中心（以下簡稱校安中心）之通報作業。

　　㈡定期彙報：指主管教育行政機關定期將通報資料進行彙整之作業事項。

三、各級學校及幼稚園凡發生本要點中校園事件分類綱要（如附件二）所列舉之校園意外事件、校園安全維護事件、校園暴力事件與偏差行為、管教衝突事件及兒童少年保護事項等五大類之各種事件，其程度達到校園事件程度劃分等級表（如附件三）之重度以上者，需立即循通報系統通報各該主管教育行政機關及本部校安中心。

四、校園事件之即時通報流程，公私立大專校院及高中職校循軍訓系統，公私立國民中小學及幼稚園循各該主管教育行政機關及本部校安中心（修正表格對照如附件三）。

五、即時通報時限：

　　㈠甲級事件之速報：各級學校及幼稚園遇有甲級（極重度）事件，應於事件發生時或獲知事件發生後，即於十五分鐘內以電話通報各該主管教育行政機關及本部校安中心事件內容與處理概況，並依第四點通報流程，於十二小時內，填具通報表執行傳真通報程序。

　　㈡乙級事件通報：各級學校遇有乙級（重度）事件，應於事件發生後或獲知事件發生後，依照第四點流程，於十二小時內傳真通報各該主管教育行政機關及本部校安中心。

　　㈢丙級（中度）事件得免報，惟學校應定期彙整數據，陳報上級主管教育行政機關彙報教育部。

　　㈣對於具有延續性質之各類事件，學校應依㈠、㈡項規定，即時通報處理概況，續以電話保持密切聯繫，並於事件處理終了時，詳實填具通報表進行傳真通報作業。

六、校園事件之通報以事件為單位，同一事件若涉及多項類別，則歸入最主要項目中；若涉及多校學生共同參與，各校均應各自進行通報工作，上一級主管教育行政機關承辦人員於接獲通報後，應合併各校發生事例，歸併為同一事件，以單一事件進行處理。

七、各級主管教育行政機關應設立校園事件通報傳真專線或指定特定之傳真號碼進行通報作業，並將傳真號碼及聯絡人員名單，函知所屬學校及幼稚園並副知上級機關，遇有異動，應於業務交接後一週內或號碼更改後一週內，函知所屬學校、幼稚園並副知上級機關。

八、各級主管教育行政機關應將校園通報管理系統之資料按月彙整，每半年彙送上一級主管教育行政機關，逐級層報，由教育部（校安中心）彙整，陳報部長核閱。

九、本部校安中心每年應就校園事件資料，指派專人進行整理或委託學

者專家進行專案研究作成報告，擬具建議，提供各該主管教育行政機關及教育工作人員使用。

十、本項業務工作承辦人員應善盡保護當事人與學校之責任，除經指定之發言人對外發布消息外，不得對外公開案情，通報資料陳閱後應予編號，妥善歸檔保存。

十一、校園事件之處置若遇有學生身心調適問題，學校輔導人員應積極介入處理，以避免學生身心受到傷害。

十二、各級學校及幼稚園若查知違反少年福利法、兒童福利法、兒童及少年性交易防制條例之事例，除依本要點進行通報外，須同時依相關規定通報社政機關；國民中小學發現有未經請假未到校上課達三天以上之學生，即依國民中小學中途輟學學生通報辦法進行通報。

十三、各級主管教育行政機關得依實際需求，訂定緊急事件處理原則或要點，規範人員編組與作業程序，督促所屬學校切實執行，落實校園事件通報管理工作。

附件二 教育部校安事件分類表

學生意外事件	校園安全維護事件	學生暴力事件與偏差行為	管教衝突事件	兒童少年保護事件（中等以下學校適用）
1. 校園內車禍事件。 2. 校外教學活動車禍事件。 3. 學生在外活動車禍事件。 4. 學生溺水事件。 5. 食物中毒。 6. 氣體中毒。 7. 野外活動中毒。 8. 運動、遊戲傷害。 9. 墜樓事件。 10. 山難迷失事件。 11. 實驗、實習傷害。 12. 疾病身亡事件。 13. 自傷、自殺事件。 14. 工地整建傷人事件。 15. 建築物坍塌傷人事件。 16. 其他學生意外傷害事件。	1. 校園人為縱火事件。 2. 自然發生火警事件。 3. 天然、人為引發之水患。 4. 辦公室遭到破壞。 5. 教室器材或設備遭到破壞。 6. 校園設施遭到破壞。 7. 外人侵入騷擾師生事件。 8. 學生騷擾學校典禮事件。 9. 辦公室遭竊。 10. 教室器材或設施遭竊。 11. 校園設施遭竊。 12. 學生財物遭竊。 13. 其他校園安全維護事件。	1. 械鬥兇殺事件。 2. 幫派鬥毆事件。 3. 一般鬥毆事件。 4. 殺人事件。 5. 強盜搶奪事件。 6. 恐嚇勒索事件。 7. 擄人綁架事件。 8. 妨害自由。 9. 偷竊案件。 10. 侵占案件。 11. 賭博電玩及其他賭博案件。 12. 強暴強姦猥褻。 13. 強姦殺人。 14. 性騷擾事件。 15. 涉及槍砲彈藥刀械管制事件。 16. 涉及麻醉藥品與煙毒事件。 17. 妨害秩序、公務。 18. 妨害家庭。 19. 縱火、破壞事件。 20. 參與飆車事件。	1. 校園內發生非學生間衝突事件。 2. 師長與學生間衝突事件。 3. 師長與家長間衝突事件。 4. 不當體罰、凌虐事件。 5. 學生抗爭事件。 6. 個人事務申訴事件。 7. 校務管理申訴事件。 8. 對師長行為不滿申訴事件。 9. 其他有關管教衝突事件。	1. 在外遊蕩。 2. 出入不正當場所。 3. 離家出走三日內。 4. 違反兒童福利法、少年福利法及少年性交易防制條例等事件。 5. 長輩凌虐、亂倫、遺棄事件。 6. 其他兒童少年保護事件。

資料來源：http://csrc.edu.tw/教育部校園安全暨災害防救通報處理中心

附件三　教育部校安事件通報等級表

通報等級	通報要求	學生意外	校園安全維護	學生暴力與偏差行為	管教衝突	兒童少年保護
甲級	於事件發生後,十五分鐘內先以電話通報本部及上一級督考單位,並於十二小時內以即時通報表傳真至本部及上一級督考單位。	1.校內意外致人員(準)死亡或瀕臨死亡。 2.校外教學活動意外致人員(準)死亡。 3.集體性意外傷亡。 4.大規模傳染性疾病。	1.人員(準)死亡或瀕臨死亡。 2.天然或人為災害致嚴重損失需緊急救助。 3.重大災害損失金額龐大可能受社會關注安全維護事件。	1.人員(準)死亡或瀕臨死亡。 2.觸犯重大刑案者。 3.集體性犯罪且造成傷亡嚴重性犯罪事件。	1.人員(準)死亡或瀕臨死亡。 2.嚴重衝突與抗爭足以引發社會不安 3.衝突事件可能引發社會關切者。	人員(準)死亡或瀕臨死亡。
乙級	於事件發生後,十二小時內以即時通報表傳真至本部及上一級督考單位。	1.校內意外致人員傷害或傷殘。 2.校外教學活動意外致人員傷害或傷殘。 3.小規模傳染性疾病。 4.集體性災(山)難迷失。	1.人員傷害或傷殘。 2.天然或人為災害破壞致相當之具體損失。	1.人員傷害或傷殘。 2.觸犯法律刑事案件。 3.集體性違規犯罪。 4.性犯罪事件且造成傷害者。	1.人員傷害或傷殘。 2.衝突致師生傷害。 3.外力介入學生抗爭。	1.人員傷害或傷殘。 2.家庭或犯罪事件,足致心理重創者。
丙級	免陳報,由學校自存,按月彙整,逐級陳報至上一級督考單位。	1.具傷害威脅之事件且致人員輕微受傷。 2.意外事件及時處理未引發任何負面效應。	1.人員輕微傷害。 2.受天然或人為災害破壞致具體損失但金額不大。	1.觸犯校規且造成人員輕微傷害。 2.猥褻性騷擾未造成傷害者。 3.偏差行為致民事糾紛者。	1.衝突致輕微傷害。 2.衝突致民事糾紛者。	具有跡象但未明確發生。

資料來源:http://csrc.edu.tw/教育部校園安全暨災害防救通報處理中心

附件四　各類緊急事件處理要點

緊急事件類別	處　理　要　點	備　註
學生傷害、群毆	1.迅速將傷者急救、送醫、聯絡家長。 2.由訓導人員、導師查明真相、了解發生原因。 3.向上級機關通報反映。 4.聯繫所有當事者及其家長出面共同處理。 5.和解、立切結書及醫療賠償。 6.心理輔導及行為觀察，防止有後續行動。	若涉及校外不法幫派、人士，則通知警方處理。
學生遭綁架搶劫勒索	1.通知家長，並迅速聯繫警察機關處理。 2.向上級機關通報反映。 3.全力協助警方蒐集有關資料，提供破案線索。 4.受害學生返校上學後之心理輔導。 5.檢討校園工作，防範類似案件發生。	考慮受害者之隱私，處理過程注意保密。
學生遭受性暴力	1.通知家長，並迅速聯繫警察機關處理。 2.向上級機關通報反映。 3.由同性之教師進行案情了解。 4.由家屬陪同至醫院檢查、治療。 5.受害學生返校上學後之心理輔導。 6.檢討校園安全工作，防範類似案件發生。	考慮受害者之隱私，處理過程注意保密，防範二度傷害。
學生食物中毒	1.迅速將中毒學生送醫急診，並聯繫家長。 2.向上級機關、衛生單位通報反映。 3.協助提供存食品待鑑定、調查事件真相。 4.協調醫療費用賠償事宜。 5.檢討食品衛生安全問題，防範類似案件發生。	由小組派員至醫院探視慰問。

學生發生溺水	1.迅速將溺水者實施急救。 2.向上級機關通報反映。 3.協助調查溺水原因。 4.檢討水上活動安全問題,防範類似案件發生。	
學生發生燒、燙傷	1.迅速向傷者實施急救、送醫、聯繫家長。 2.封鎖現場,保持現場完整。 3.向上級機關通報反映。 4.調查發生原因,及責任歸屬。 5.協調醫療費用賠償事宜。 6.檢討發生原因,防範類似案件發生。	由小組派員至醫院探視慰問,若造成永久性傷害,則特別注意其心理輔導。
學生發生交通意外事故	1.迅速向傷者實施急救、送醫、聯繫家長。 2.向警方報案,並保持現場完整,或拍照存證、或在地上劃記號反映。 3.向上級機關通報反映。 4.協調調查發生原因,及責任歸屬。 5.協調醫療費用賠償事宜。 6.檢討發生原因,防範類似案件發生。	提供相關之法律問題諮詢。
校園內發生爆裂物傷害	1.迅速向傷者實施急救、送醫、聯繫家長。 2.向警方報案,保持現場完整,封鎖現場。 3.向上級機關通報反映。 4.協助調查發生原因,及責任歸屬。 5.協調醫療費用賠償事宜。 6.檢討發生原因,防範類似案件發生。	由小組派員至醫院探視慰問,若造成永久性傷害,則特別注意其心理輔導。
校園內發生竊盜案件	1.立即向警方報案,保持現場完整,封鎖現場。 2.向上級機關通報反映。 3.全面清查失財物。 4.協助警方調查,提供線索。 5.檢討發生原因,防範類似案件發生。	值班人員發現歹徒時,以自身安全優先考量。

天然災害如風災震災火災等	1.立即向警方報案，按照防護團編組，迅速搶救。 2.向上級機關通報反映。 3.全面清查失財物。 4.檢討處理過程，減少類似事件發生時之損失。	封鎖具有危險之區域，禁止人員入內活動。
校內外之各種抗爭活動，各項陳情、申訴、衝突、記者會、訴訟	1.了解事由、問題癥結、抗爭訴求、為首者身分、群眾情緒等。 2.向上級機關業務主管說明及報告。	必要時需請警察機關支援維護秩序及安全，嚴防滋事分子藉機破壞。

參考書目

王武章（2003）。**中部地區國民中學校長校園危機因應策略之研究**。國立彰
　　化師範大學教育研究所碩士論文（未出版）。

丘英平（2000）。從校園安全與危機管理談信義國小校園事件。**教師天地**，
　　106，頁 80-83。

朱元祥（2000）。Are You Ready？論危機管理。**教育研究**，**72**，52-59。

余康寧（1991）。**危機管理研究—政策設計面之探討**。國立政治大學公共行
　　政研究所碩士論文（未出版）。

杜正恭（1998）。校園安全與學生意外事件。**學生輔導**，**58**，30-43。

何俊青（1997）。危機管理在學校經營上之應用。**教育研究**（高師），**5**，
　　113-134。

吳定、張潤書、陳德禹、賴維堯（2003）。行政學（4 版）。台北：空中大
　　學。

吳秀碧（1998）。影響校園之死亡事件處理。**學生輔導**，**58**，20-29。

周蘊維（1998）。校園危機處理。**學生輔導**，**58**，70-77。

林志成（1999）。學校危機管理與危機決定的分析。**台灣體育學院學報**，**5**
　　（下），235-272。

林賢春（2003）。**台北市大學校院校園危機管理之研究**。台北市立師範學院
　　國民教育研究所碩士論文（未出版）。

邱毅（1998）。透視危機管理的內涵。**台北銀行月刊**，**28**，32-50。

邱毅（2001）。**新管理學**。台北：偉碩文化。

馬榮助（2003）。**校園危機處理之探討**。線上檢索日期：2003 年 10 月 6 日。
　　網址：http://www.knsh.com.tw/edupaper/paper42.asp

唐慧文（1998）。談學校之危機處理—以北一女潑酸事件為例。**學生輔導**，
　　58，58-69。

唐璽惠（1998）。校園危機處理。**學生輔導**，**58**，44-57。

孫本初（1996）。危機管理策略之探討。**人事月刊，22**（6），17-29。

孫本初（1997）。校園危機管理策略。**教育資料與研究，14**，11-20。

秦夢群（1999）。**教育行政──理論與實務**。台北：五南。

教育部（1995）。**學生意外事故處理手冊**。台北：教育部。

張明輝（1995）。**教育行政學**。台北：空中大學。

張潤書（1998）。**行政學**。台北：三民書局。

陸炳文（1997）。**你是應變高手？**台北：商周出版。

黃新福（1992）。**危機管理之研究──從組織層面來探討**。國立政治大學公
　　共行政研究所碩士論文（未出版）。

無名氏（2004）。校園危機管理概念。2004/6/11。
　　http://www.sscmss.org/school/subtopic/sch_subtopic01.htm#

游育蓁（1999）。危機管理之完全教戰手冊。**管理雜誌，301**，60-64。

楊達妮（2003）。**企業網路謠言之危機管理策略研究─消費者行為與企業策
　　略觀點**。國立政治大學廣告學系碩士論文（未出版）。

鄔佩麗（1999）。衝突事件與危機處理。**測驗與輔導，152**，3163-3167。

蔡文正（1999）。校園危機處理──校園暴力篇。**師友，390**，32-34。

蔡東益（2003）。**企業危機管理機制建立之研究**。國立成功大學工業科學管
　　理學系專班碩士論文（未出版）。

蔡崇振（1997）從兩個實例談校園危機處理。**教育資料與研究，14**，58-61。

鄭宏財（2000）。校園危機管理及其在學校組織中的應用。**人文及社會科教
　　學通訊，11**（4），186-197。

鄭英敏（1996）。學校危機處理。**教師天地，82**，24-31。

鄭美華（2000）。危機管理機制之建立──以校園危機事件為例。**人力發展，
　　83**，43-50。

薛秀宜（2001）。**情緒智力對危機管理之影響─以南投縣九二一災區學校教
　　師為例**。國立中山大學教育研究所碩士論文（未出版）。

蕭秀菊（2002）。**桃園縣國民小學教師校園緊急傷病危機管理需求調查**。國
　　立台北師範學院國民教育研究所碩士論文（未出版）。

謝瑾如（2000）。當危機來臨時——談學校危機溝通。**教育研究**（高師），**8**，53-63。

蘇蘅（2000）。集集大地震中，媒體危機處理的總體檢。**新聞學研究**，**62**，153-163。

Bouleris, S., Collett, D. E., Mauntler, M., & Ray, S. (2003). *McCormick's Mayhem: "The tume to learn to dance is not five minutes before the party." School crisis management case study*. ERIC No: ED481519.

Carney, A & Jorden, A. (1993). Prepare for business-related crisis. *Public Relations Journal, 49*, 34-35.

Comfort, L. K. (1985). Integrating organizational action in emergency management: Strategies for change. *Public Administration Review*, 155-165.

Coombs, W. T. (1999)／林文益、鄭安鳳譯。**危機管理與傳播**。台北：風雲論壇出版。

Gilliland, B. E. & James, R. K. (1993). *Crisis intervention strategies*. Pacific Grove CA: Brooks/Cole Publishing Co.

Hick, G. (2003)／邱天欣譯（2003）。**危機領導—強化應變執行力的八大領導新法則**。台北：麥格羅・希爾。

Kouzes, J. M., & Posner, B. Z. (1995)／傅士玲譯（1997）。**危機領導人—面對挑戰的領導智慧**。台北：洪建全基金會。

Lerbinger, O. (1997)／于鳳娟譯（2001）。**危機管理**。台北：五南。

Heath, R. (2000)／王成、宋炳輝、金瑛（2001）。**危機管理**。北京：中信出版社。

Mitroff, I. I. and McWhinney, W. (1990). Crisis creation by design. In F. Massarrik (Ed.), *Advances in organization development* (105-114), *Vol.1*, New Jersey: Ablex.

NyBlorm, S. E. (2003). Understanding crisis management. *Professional Safety, 48* (3), 18-25.

Pearson，C. M. & Misra，S. K. (1997). Managing the unthinkable. *Organizational*

Dynamics, 26(2)，51-65.

Bertrand, R. & Chris, L. (2002). A new approach to crisis management. *Journal of Contingencies Management, 10*(4) 181-191.

Sapriel, C. (2003). Effective crisis management: Tools and best practice for the new millennium. *Journal of Communication Management, 7*(4), 348-355.

Seitel, F. P. (1983). 10 myths of handling bad news. *Bank Marketing, 15*, 12-14.

Smith, P. M. (1998)／羅玉蓓譯。領導的 24 堂必修課。台北：臉譜文化出版。

Smits, S. J. (2003). "Thinking the unthinkable'-Leadership's role in creating behavioral readiness for crisis management. *Competitiveness Review, 13*(1), 1-23.

Stewart, C. J. & Cash, W. B. Jr. (1997). *Interviewing: Principles and practices* (8th ed.). J A: William C. Brown.

Stubbart, C. I. (1987). Improving the quality of crisis thinking. *Columbia Journal of World Business*, Spring, 89-99.

Weller, W. & Robinson, B. (2003). Survey of change in practice following simulation-based training in crisis management. *Anaesthesia, 58*, 471-479.

第 11 章

學校衝突管理與領導

魚與土虱

　　釣魚者都曉得，放在簍子裡的魚兒往往奄奄一息，所以擅長釣魚者經常在魚簍裡放一尾土虱，由於土虱生性喜歡攻擊身邊的魚，魚群必須持續跳、躲、閃以避免其攻擊，因此即使經過數個小時，釣上來的魚還是很活潑、很新鮮。組織裡，若有人能適當地扮演土虱，未嘗不是一件好事。但是魚與土虱的比率一定要抓好，否則反易弄巧成拙。

—佚名

　　傳統的社會價值觀中，對於處世態度是強調以和為貴，認為「天時不如地利，地利不如人和」，故使得人們以為衝突是可以避免、消除的。衝突通常一方面起源於私人恩怨，由於彼此性格不合、追求個人利益、溝通不足等等。另一方面則是起源於公事上的矛盾，因為組織內部資源分配不公、組織目標不明確或公器私用等等。衝突由矛盾而引起，其在平和的表相下，已是醞釀累積許久，所以問題一旦浮現，都較難以立即撫平解決。同時，衝突如果拖延或是不能夠適切、合宜的處理，卻極可能會產生雪球效應，使得問題愈滾愈大，導致一發不可收拾的局面。

　　張德銳（2000）認為「衝突本身並不可怕，可怕的是處理不當所帶來的後果」。傳統的管理認知上，相信衝突會妨礙組織之正常運作，是具有破壞性的，所以必須要避免。並且將組織之中發生衝突的原因，總是歸咎於管理人員的疏忽或錯誤。因此往往管理人員的首務之急，就是要避免、消除衝突的發生。但是今日的管理認為，在任何組織之中，對於衝突的發生，都將是無法避免的。衝突並非一定只是破壞，有時可能因為衝突的積極情境，有助於成員擴展思想領域，更有創意的解決問題，讓組織能夠大幅的成長進步。所以今日管理人員的任務，是要將衝突適當的管理導引，讓組織更具有競爭力，而非要消弭衝突。

　　處理衝突最有效的方式，乃是建立一個完整的管理制度，將衝突納入制度的規範裡。衝突管理（conflict management），就是要透過適當的手法處理，適當解決組織內人與人、部門與部門之間浮現的各種矛盾。吳清山與林天祐（2001）認為衝突管理之目的在於確保組織的順暢運作，維持組織成員的向心力，以提升組織的績效。其方法與策略是指有系統解決，並預防兩個人或兩個單位以上之間，產生不愉快與不和諧關係。衝突之中，功能性（functional）、建設性（constructive）的衝突，可以支持團體目標和增進團體績效。相反的，失功能性（dysfunctional）、破壞性（destructive）的衝突，則會致使組織內耗、妨礙團體績效（Robbins, 1992）。

　　以往普遍認為國小的工作環境單純、教師地位崇高、擁有絕對的教學專業自主，這樣的看法在以往教育體系封閉、學校組織成員單純的時代確實如此。然而由於近年來社會日趨多元、開放「教育鬆綁」、「教育改革」的呼聲甚囂塵上。透過教改政策的持續推動下，對於要求教師角色扮演與學校教育功能的發揮壓力下，學校文化在短短幾年內就有了重大的改變。民國83年公布的「師資培育法」使師資來源多元化，學校組織成員也較以往複雜多元。教師除了比以往更積極參與學校行政的運作外，也能勇於表達自己的價值與觀念，追求自己的目標與利益。因此在表達主張和追求利益的過程中，難免會因觀念、利益的不同而與他人發生衝突；民國84年公布的「教師法」，對教師的權利義務開始有了更明確的規範與保障，學校組織裡也開始增加了許多團體，例如：教師會、教師評審委員會等，這些團體的成立，對於學校舊有的權力結構與組織運作產生了重大的影響。而「教育基本法」的公布，家長教育選擇權的確立，亦使得教育情境有更多的影響因素存在。

　　綜觀今日世界潮流，教育改革已成為各國莫不極力推動之首要目標。學校教師除了擔負著平日對於學生學習工作的重擔外，更必須對於新課程有所深入了解與探討。另一方面，學校原有封閉之環境，亦因為著教育改革的推動與資源引進，各項系統產生互動與交流，在多項因素夾雜與介入中，學校與外界的接觸，變得更加密切而複雜。而在校務運作過程中，教師之間、教師與行政人員、行政人員與外界，難免會溝通不良而衍生之困難與衝突，勢必比以往來得劇烈而更加艱困。

　　學校行政領導者若能了解學校組織衝突是任何學校組織的必然產物，只是程度上有所不同，善用衝突管理策略，事先預防，以及衝突發生的當時，可以妥善處理。同時能夠化危機為轉機，將阻力轉化成為助力，讓原先具有破壞性的衝突，轉變為建設性的力量，刺激組織活化性。

第一節　衝突的意涵與觀念演進

壹　衝突的意涵

衝突是指兩個（含）以上相關聯的主體，因互動行為所導致不和諧的狀態。衝突之所以發生，可能是利害關係人（stakeholder）對若干議題的認知、意見、需求、利益不同，或是基本道德觀、宗教信仰不同等因素所致。從心理學、社會學及綜合性的意涵分述於下：

一、心理學觀點

衝突乃是個體同時出現二個（或數個）動機、慾望或目標時，因受社會道德規範之限制無法同時獲得滿足的心理困境。個體在有目的的活動中，常因一個或數個目標而同時有二個或兩個以上的動機，若這些同時並存的動機不能同時獲得滿足，而且在性質上又呈彼此互斥的情形時，就會產生動機衝突的心理現象（張春興，1985）。另外，在人格結構中，本我、自我、超我三者之間不能協調的現象，也是一種心理衝突。

二、社會學觀點

從社會學的立場分析衝突，其論點認為社會生活的基本狀態並非和諧一致，而是不斷的傾軋衝突，社會是由多個利益衝突部分團體或階層所組成，在此結構裡，因權力分享不均，因此衝突是存在的。衝突是兩個或兩個以上的個人或團體為反抗對方的目的，對方的利益，甚至為消滅對方的存在的一種爭奪狀態，與競爭意義相似而方式不同。人人均想獲得財富權力和聲望等利益，倘若利益分配不均，將產生一方有權，一方無權的現象。一旦有權，財富聲望將尾隨而至，則造成更大的不公平。

有權者對無權者的宰制，便是社會衝突產生的原因（蔡培村，1998）。

三、綜合見解

衝突可視為為積極地追求自我喜好的結果，在達成目的時，就會影響、排除另一方的預設結果，進而彼此產生敵意（Owens, 1997）。持此一看法者，認為衝突是在工作情境中察覺、意識到資源的分配，存在著不公平、不合理、不合法的現象，並受到權威的壓迫與牽制。進而在情感層面上，產生了不滿、冷漠、挫折、壓抑的憤怒等等情緒反應。人類為了達成不同的目標及滿足，在相對利益上所形成某種形式的對立，而產生行為和情緒反應的互動歷程（Morton, 1973; Robbins, 1989; Owens, 1997）。

從以上對衝突的定義中，可以有以下數點歸結：

㈠衝突的主體：衝突的主體及對立的雙方，包括個人內在、個人與個人、個人與團體、團體與團體間都可能形成衝突。

㈡衝突主體的知覺：衝突存在於被知覺的狀態中，如果主體對於衝突的情境並未覺察則不會發生。

㈢衝突主體的對立行為：包括外顯行為及內隱行為。外顯行為包含語言、非語言的抗拒、主體的攻擊或被動的退讓等；內隱行為包括憤怒、緊張、恐懼、不安等情緒反應。

㈣衝突的產生必是衝突主體交互作用的過程：包含行動、態度、價值觀、信念、情緒、人際關係、語言及非語言溝通等不同形式的互動。

㈤衝突的發生是由於雙方的利益或目標之不一致。

㈥衝突可能是明顯的，也可能是潛藏的。

貳　衝突觀念的演進

長久以來人們對衝突存著迷思：認為衝突是人類社會一種不正常的

現象，具有理性的人類，應該能夠建立無衝突的關係；認為衝突的產生乃因團體成員間缺乏了解；衝突總是可以獲得解決；衝突必須避免，以免危及社會的瓦解；衝突表示雙方溝通的中斷（林振春，1993）。對於衝突在團體或組織中所扮演的角色，1930年至1940年代，結構功能主義學派主張衝突是有害的，組織應該加以規避的。1940年至1970年代，人群關係學派認為衝突是團體中自然而無可避免的結果，不但不會有害，反而有助於促進團體績效的正面效應。1970年代至今，則認為衝突對團體，有負面的作用也有正面作用，並且明確的主張某些衝突有助於提升團體績效，重要的是要去管理，此稱之為衝突的互動觀點。茲分述三時期對衝突的觀點，並摘要其要點於〔表11-1〕。

㈠傳統觀點

衝突的傳統觀點1930至1940年代間所盛行，從霍桑研究（Hawthorne Studies）的結果可以發現，衝突的發生主要肇因是彼此的溝通不良、缺乏人際間的坦誠與信任，管理人員未對員工的需求作適當回應，和不注重員工激勵所產生的不良結果。

傳統觀點把衝突當成是不好的，對於為何產生衝突行為，提供了清晰的理念架構。既然所有的衝突都應避免，因此只要把注意力集中在衝突的起因，並設法消除因衝突而產生的破壞力，便可增進團體與組織的表現。

㈡人群關係觀點

人群關係觀點者認為，衝突是團體和組織中自然發生的一種現象，是無可避免的。人群關係學者將衝突的存在合理化：衝突無法被排除，有時甚至還會對團體績效有所助益，在1940年代後期至1970年代中期，人群關係學派的觀點支配了衝突理論的主流。

表 11-1 衝突觀念的比較

	結構功能主義	人群關係學派	衝突的功能主義
年代	1930 至 1940 年代	1940 年代後期至 1970 年代中期	1970 年代中期至現在
代表人物	Parsons; Spencer	霍桑實驗，Mayo	Morton; Coser; Pondy
對組織看法	注重部門間的合作與統整，強調社會結構中各種功能的協調、價值的統合及體系的穩定發展	組織是由成員互動形程，成員必須有共同目標，將組織視為快樂大家庭。	組織被視為一個鬆散的聯盟
對利益看法	組織視為一個聯合體，強調共同目標的達成。	必須滿足成員的心理需求	強調各種不同的個人和團體利益
衝突	視衝突為少見及短暫性的現象，並且可以透過適當的管理行為與以排除；視衝突為偏差活動的前因。	衝突是團體和組織中自然發生的一種現象，有時甚至還會對團體績效有所助益。	視衝突為組織與生俱來及無法根除的特性，並強調衝突所具有的潛在性正面功能。
衝突的起因	彼此的溝通不良、缺乏人際間的坦誠與信任，管理人員未對員工的需求作適當回應，和不注重員工激勵所產生的不良結果。	組織內的溝通不良，不重視成員的工作滿意。	社會報償的分配不均衡，且人們對此感到失望時，人際的衝突就會產生。
如何面對衝突	把注意力集中在衝突的起因，並設法消除因衝突而產生的破壞力，便可增進團體與組織的表現。	去接受它。將衝突的存在合理化：衝突無法被排除，有時甚至還會對團體績效有所助益。	主要貢獻在於鼓勵領導者維持最低的衝突水準，以保持團體有足夠的活力、自我批判和創造能力。權力是減緩或解決衝突的媒介。
對衝突的評論	衝突是不好的	衝突是一種自然現象	適時的引進衝突有助於組織成長

資料來源：資料整理自秦夢群（1999）、胡俊豪（1997）、陳嘉皇（1996）。

(三)互動觀點

1970 年終期以後至目前的衝突理念所持的是互動觀點，亦即衝突的功能主義。人群關係論者接受衝突的存在，互動觀點鼓勵衝突。持互動觀點的學者認為一個充滿和諧、平和、靜謐、相互合作的團體，組織完全無衝突不見得是好；他會使組織對環境變遷適應緩慢、缺乏革新、冷漠、停滯，以致於沒有能力採行組織的變革和創新因應環境變動。互動觀點的主要貢獻在於鼓勵領導者維持最低的衝突水準，以保持團體有足夠的活力、自我批判和創造能力。

互動觀點認為衝突有正面與負面作用。組織必須要管理組織衝突，適度的預防或處理，必要時甚至要引進衝突。使組織能避免失功能且具破壞性的衝突，即「失功能性衝突」（dysfunctional conflict）；如因組織成員的情緒激動，而減少理性思考和控制能力，影響組織成員的身心健康。而產生有功能且具建設性的衝突，即「功能性衝突」（functional conflict）；如滿足個人不同需求，可以激發個人潛能，發揮最大的工作效率（張文雄，1984）。

Owens（1997）認為：衝突的潛在力卻充斥在人類的各種關係之中，而這種潛在力一方面是組織健康的動力，另一方面亦可能是破壞的力量。沒有任何一個人類的團體是完全和諧的。凡是有助於達成目標和增進績效的衝突，就是「功能性衝突」；凡是有礙於目標和績效達成的衝突，便是「失功能性衝突」。茲以 Owens（1997）所提「有效能衝突管理」、「無效能衝突管理」演變的程序如〔圖 11-1〕。

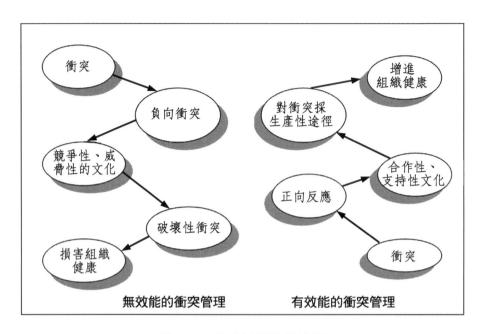

圖 11-1　衝突管理的效能圖

資料來源：Owens, R. G. (1997). *Organizational behavior in education* (3rd ed. p. 248, 249). NJ: prentice-Hall.

　　衝突程度的高低，對於組織有不同的影響，過於薄弱、少有的衝突，可能導致組織發展遲緩與革新的困難。衝突太過強烈與頻繁，則可能導致組織分裂與混亂。因此，過高或過低程度的衝突，都是不適合的；而適當的衝突，不但可以維持組織的穩定發展，並且更能夠促進組織的革新進步（Webber, 1975; Gibson, Ivancevich, & Donnelly, 1991; Steers, 1991; Robbins, 1992；張德銳，2000）。如〔圖 11-2〕所示：

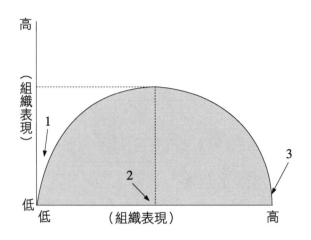

狀況	衝突強度	衝突功能	組 織 特 性	組織表現
1	低或無	負功能	(1)對環境變遷適應緩慢 (2)缺乏革新 (3)缺乏新觀念 (4)冷漠、停滯	低
2	適中	正功能	(1)朝組織目標正確的方向移動 (2)革新和變遷 (3)追尋問題解決 (4)創造力和對環境變遷快速適應	高
3	高	負功能	(1)分裂 (2)對活動的干擾 (3)協調困難 (4)混亂	低

圖 11-2 衝突強度和組織表現的關係

資料來源：Gibson, J. L., Ivancevich, J. M., & Donnelly, J. H. (1991). *Organizations behavior, structure, processes* (p.300). Boston, MA: Irwin.

第二節　衝突的特性、過程與原因

一、組織衝突的特性

組織衝突具有的特質如下（王朝茂，1992；張鐸嚴，1985）：

㈠衝突是不可避免的現象

衝突的發生，反映的往往是積存許多的壓力與不滿的爆發。真正引起衝突的不是行為本身，而是衝突行為發生之前所累積的潛在衝突。衝突是一種現象、訊息以及徵候。我們所見的衝突外顯行為，乃是前一隱藏階段衝突歷程的彰顯，並成為另一階段衝突的序曲。

㈡衝突受主客觀因素交互作用影響

衝突是動態的互動歷程，經常隨著主、客觀因素交互影響。導致衝突的發生，雙方的內在感受、情緒變化、心理因素、人格特質等皆具重要關鍵因素，並非全然是由外在客觀原因單獨所能引起。

㈢衝突同時兼具正面和負面的性質

衝突可能含有澄清、創造、理性、辯證的內涵，故具有建設性。同時，衝突也可能含有暴力、非理性的意味，故具破壞性的力量。因此，衝突具有中性的意涵，必須依循衝突管理的情形而定。

㈣衝突難以理性評估或預測

由於許多難以預期的主、客觀因素在衝突的歷程中交互影響，再加上衝突事件所介入的心理及社會層面因素，常具有特殊目的意涵，導致衝突的結果往往難以掌控，很難完全以理性分析或評估。

(五)衝突具有烙印及復發作用

衝突行為的停止不論是肇因於自發性、外力性或協議性，衝突的潛在對立仍然烙印在雙方之中，只要衝突因素再出現，便極易再度引發衝突，故衝突具有高度的復發可能。

二、衝突的過程

Robbins（1989）認為衝突是一項過程，藉由某些阻撓性行為，致力於抵制對方的企圖，結果使得對方在獲取其目標或增進其利益方面遭受挫折。

Thomas（1976）認為每一個衝突的「情節」（episode），是在前一個情節結束之後才產生的，而下一個衝突情節的開始，乃是承接自前一情節結束時所產生的「餘波」（aftermath）。根據Thomas的衝突過程模式，如〔圖11-3〕，視組織衝突為一連串的動態過程，每一個衝突情節，可以分成四個階段：

(一)破壞或阻滯階段（frustration）

個人或是群體在追求所關心的事物，卻遭受到阻滯與破壞，諸如新制度的制定、實現目標的方式等等因素，則衝突將因個人與群體感覺到受挫與阻滯而產生。

(二)概念認知階段（conceptualization）

衝突雙方皆會嘗試了解彼此需求的結果，釐清問題的本質，以及解決衝突所應採取的策略。此一階段，是作為解決問題與制定策略階段。

(三)行動階段（behavior）

此一階段，其重要任務是決定如何好好實施策略性行動。衝突雙方為了能夠控制局面和達成自己的目標，開始執行其所選擇的衝突解決方式。

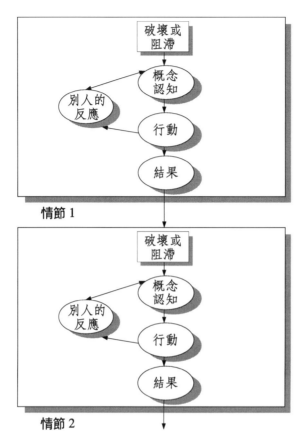

圖 11-3　Thomas 的衝突過程模式

資料來源：Thomas, K. W. (1976). Conflict and conflict management. In M. Dunnette (ed.), *Handbook of industrial and organization psychology* (p.895). Chicago: Rand McNaiiy.

㈣結果階段（outcome）

　　此一階段，衝突雙方以能夠滿足自己利益的程度，各自評估前一階段所產生的效果。歷經考量之後，如果雙方都感到滿意，則在未來應有

較佳的互動。如果仍有一方感到不滿意,則留下不滿意的種子,將在下一輪衝突時又爆發出來。

歸納各專家學者(Thomas, 1976; Robbins, 1992;張慶勳,1996;蔡培村,1995)對於衝突過程的分析,可以較為深入了解衝突形成與發展的過程,將衝突的過程歸納為(如〔圖11-4〕):

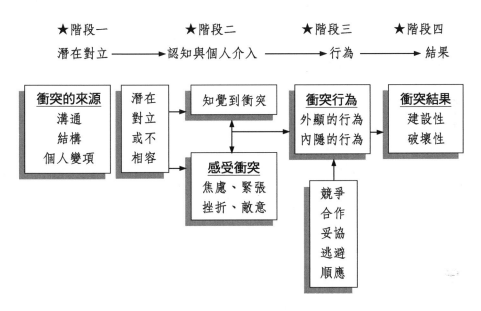

★階段一   **★階段二**   **★階段三**   **★階段四**

潛在對立 ────→ 認知與個人介入 ────→ 行為 ───→ 結果

圖 11-4   衝突過程模式圖

資料來源:修改自 Robbins, 1992,張慶勳(1996)。

㈠階段一潛在對立期

此時期為衝突的第一階段,為衝突發生要件具備的產生時期,對於衝突雙方,能夠知覺到差異性的存在,但是並未發展至衝突的水準。但卻有衝突發生的必要條件。其條件有:

1. 溝通:會延宕合作的意願而導致誤會的產生,語意表達困難,背

景訓練的不同、選擇性的知覺,以及對他人的缺乏了解,或因訊息交換不足造成誤解,或是溝通管道的不暢通。

2.結構:團體的大小;分派給團體成員的工作之專門性程度;權限的清楚度;成員目標的一致性;領導風格;酬償系統;團體間相互依賴的程度都會影響衝突。

3.個人變項:個人的價值系統,個人特性,個別差異的性格如高權威、高獨斷性、低自尊。

(二)階段二—認知與個人介入期

在第一階段之後進而加入情感,則發展成為情緒反應期。此時期認為對方是針對自己的刻意動作,當事者逐漸缺乏理性的評估事實。雙方的來往,已逐漸產生負面影響。當事者的一方或雙方感受到、知覺到時,才可能引起衝突。知覺到衝突並不表示個人已介入其中,當一個人有情緒介入時,會顯得焦慮、緊張、挫折感,或充滿敵意。

(三)階段三—行為期

衝突的繼續發展則是雙方全心對抗的認知期,使得衝突的現象正式浮上檯面,而導致面對面的對峙。此一時期,雙方將評估可運用之資源,以及外在形勢,作為下一步解決之因應方式。做出阻撓他人達其目標與獲取利益的行動時,即進入衝突的第三階段——外顯的或內隱的衝突,所用的策略可能是選擇競爭、統合、妥協、逃避、順應。

(四)階段四—結果期

而當衝突情況益加延伸擴大時,進入了最高的衝突階段。此時期的發展,導致了衝突之後,經過外顯的衝突行為和衝突處理方式交互作用之後,所帶來的正面性影響或是負面性的影響結果。

1.正面的結果:會促進團體的績效,如:

(1)增進決策品質。

(2)激發創造力與創新發明。

(3)鼓勵成員的興趣與好奇心。

(4)挖掘問題和情緒宣洩的良好媒介。

(5)自我評量的改變與機會。

(6)矯正「團體迷思」的弊端。

(7)增加團體革新的可能性。

(8)潛藏的問題浮現，勇敢地正視問題。

(9)提供更多在交往方面的自發性。

(10)當創造性地解決了衝突時，使關係更加鞏固。

2. **負面的結果**：可能導致團體瓦解，如：

(1)耗損成員的精力，傷害身心健康。

(2)摧毀組織士氣，低落的工作動機。

(3)使個人和組織產生兩極化意見。

(4)加深彼此的分歧，難以弭平。

(5)阻礙合作活動，或流失人才。

(6)產生不負責任的行為，如破壞、偷竊、損害等。

(7)引起懷疑和不信任，甚至仇視。

(8)降低團體生產力，浪費時間。

衝突的各階段發展期程，可能在發展的階段，即受到外力介入，而終止衝突的萌發，甚至是衝突程度產生倒退，或是使得衝突消失。因此，衝突發展的程度，乃是決定於衝突管理得宜與否；同樣的，若從另一向度來思考，在有計畫安排下，衝突雙方也可能透過衝突管理技巧，讓衝突產生的正面建設性發揮到最大功效（曾燦金，1994）。

三、衝突形成的因素

衝突的形成,其原因有可能是個人或團體的動機、認知、情意、慾望、目標相互間的不同,或是組織結構、作業間的因素產生衝突。組織衝突在共享稀有的資源或從事高度互賴性的活動時,組織成員因為彼此的價值觀、目標、知覺結果或職位不同,而形成態度不一致或行為鬥爭的一種互動歷程。衝突形成可能的因素有:

(一)**組織因素造成衝突**(林清江,1984;張文雄,1982;Gibson et al., 1991; Owen, 1987; Pondy, 1967; Stoner & Hartman, 1997)

1.工作的互依性:「交互式依賴」、「連續式依賴」、「共營式依賴」。互賴的情境是一種個人主觀的認定,即當雙方互動皆能對對方產生影響。若是比照到學校行政系統之中,學校行政人員必須維持與對方關係良好,才能夠順利推動事務,避免衝突發生(Schultz, 1989)。

2.法令和程序的僵化:法令和程序本身難以完全周密詳盡,再加上執法人員墨守成規,反而可能變成組織衝突的來源。

3.目標的不一致:當兩成員或團體必須工作在一起,卻無法在達成工作目標和達成目標的手段上產生共識時,便遭遇目標不一致的衝突。不管是明確表示的目標,或是隱匿而未顯明的目標,在組織成員皆各有需求,但又無法整合,衝突將因此而生(張德銳,1994;Johnson, 1985; Schultz, 1989)。

4.資源的有限性:當各團體的成員體會到組織人力、財力及設備無法同時滿足各方需求時,則各團體可能因爭取有限資源而產生衝突。由於組織分工而產生許多不同的功能單位,而各單位都擁有擴充其職務,爭取更多經費,增加更多人員的本位想法,以建立屬於自己的王國(Simon, 1976)。

5.*責任的不明確*：由於各部門職掌或管轄範圍分割不清，所以如果部門想取得更多職掌或想要推卸自身責任時，勢必會發生衝突。職能部門與作業環境的衝突有：(1)角色不滿。(2)角色模糊。(3)共同資源的依賴。(4)溝通障礙（周春美、沈建華，1995；Johnson, 1985）。

6.*酬賞的不公平*：如果某一成員或團體認為他所得到的報酬、工作任命、工作條件或地位象徵遠低於預期結果，可能會與分配這些利益的主管或獲得利益的主管（獲得利益者）發生衝突。

7.*權力的不平衡*：如果一個成員或團體企圖提高其權力，則可能威脅到另一個成員或團體的地位而產生衝突。

8.*組織次級文化的矛盾*：由於組織體系不斷專業化和分工，組織內的各成員由於其背景不同，發展出不同的目標、利益觀點、單位結構、人際關係、語言、規範、時間取向等，也就是組織的次文化；例如：教師所強調的「專業導向」與學校行政人員所強調的「科層體制導向」。

9.*組織氣氛的不當影響*：組織氣氛過於保守或自由，均有不良的影響。

10.*外部環境的壓力*：組織是一開放的系統，其運作自然受到外部的影響，如果外部環境和組織成員的需求及期望背道而馳的話，則易產生衝突。

(二)人際衝突

係指因為個人人格所引起的，或因為結構衝突及其他種種原因而引起。其原因有：

1.由於群體中有關雙方未能交換彼此之資訊、觀點及概念，因而未能達成群體決策而引發。

2.因為個人不滿意於本身的角色而引起的，特別是在與他人相互比較之後所引起的不滿。

3.相反的人格傾向,也是造成人際衝突的因素。若是一方積極進取,另一方畏縮退卻,如此相異的人格均會造成衝突。

4.個人背景或是種族差異,另外如知識程度的不一致,皆是引起衝突的因素(周春美、沈建華,1995;Johnson, 1985)。

5.組織中成員由於不同的價值觀、宗教信仰、種族、背景、事務經驗,而在彼此接觸時導致衝突(Johnson, 1985; Simon, 1976)。

㈢個人的內在衝突

通常是個人自己內在動機與目標實現之間存有障礙所致。此種動機衝突的情境可分為:

1.雙趨衝突(approach-approach conflict)。

2.雙避衝突(avoidance-avoidance conflict)。

3.趨避衝突(approach-avoidance conflict)。

4.雙重趨避衝突(double approach-avoidance conflict)(周春美、沈建華,1995)。

㈣策略性的衝突

此種衝突具有特定目的,且常依靠周詳的計畫而進行。

在組織之中,策略衝突的目的,常常是為了取得某項凌駕對手之優勢,以方便於衝突引發之後,獲致某項酬賞而發生。(周春美、沈建華,1995)

第三節 衝突管理的內涵、管理模式與策略

壹 衝突管理的內涵

衝突管理的方式或策略乃是針對衝突的情境、衝突的行為、衝突的

態度和認知等歷程及結構成分,尋求解決之道,協助當事者深入了解導致衝突情境的目標本質,以及因為目標不相容並存而引發的互動、衝突行為,以及在此當中所伴隨、衍生的認知與態度。所以,衝突管理希望以管理的角度,且運用相關理論來因應及預防衝突事件。包括:尚未發生、已經發生與無限期進行中的衝突事件。其面向包括:事前衝突預防面及事後衝突處理面。

　　一、事前衝突預防面,包括事前規劃與評估、人際(組織)溝通、組織工作設計與健全法令規定等,目的在於協調與規範各利害關係群體的行為,建立組織間的協調模式,鼓勵多元化、合作與非競爭。

　　二、事後衝突處理面,強調主客觀資料蒐集、整理與分析,理性協商談判、促進協議方案與健全衝突處理機制。

貳　衝突管理的模式

　　Thomas 和 Schmidt 在 1976 年對中級主管所作的研究顯示,中級主管約需要花費百分之二十以上的時間在衝突管理上,可見衝突管理和其他高階層的管理活動,如授權、規劃、激勵、溝通與決策等同等重要。專家學者就其理論基礎,發展出不同的衝突管理模式,將指出各種處理衝突的方法與策略,可做為領導者在處理衝突時之參考。以下茲將主要的衝突管理模式臚列如次:

一、Blake 和 Mouton 的衝突管理方格理論

　　Blake 和 Mouton(1964)首先考慮到衝突的情境因素,提出雙面向的衝突方格理論。以兩個基本向度區分衝突管理風格:一為「關心人們」(concern for people),一為「關心結果的產生」(concern for production of results),由這兩個向度可引申出五種不同的衝突管理風格,如下頁〔圖 11-5〕。

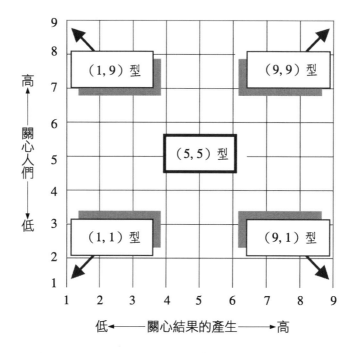

圖 11-5　Blake 和 Mouton 的衝突管理方格理論

資料來源：Blake, R. R., & Mouton, J. S. (1964). *The managerial grid*. Houston: Gulf Publishing.

㈠**退避**（withdrawal）

又稱（1,1）型，盡全力維持中立，對一切形成衝突的原因，採取退縮的措施，不涉入衝突。

㈡**安撫**（smoothing）

又稱（1,9）型，衝突的處理採取不正面對待，安撫對方或是故意忽略衝突的存在，而維持表面的和平共存狀態。

㈢脅迫（forcing）

又稱（9, 1）型，採權威控制人方式壓抑衝突的發生，有勝負之爭，由最高上司作決策，或交付第三團體仲裁。

㈣妥協（compromise）

又稱（5, 5）型，以妥協、談判的方式調停雙方的衝突，雙方沒有任何一方占上風，也沒有一方失敗，但妥協的意思是雙方各退一步，而問題並未真正解決。

㈤問題解決（problem solving）

又稱（9, 9）型，針對事情的發生採直接面對的方式，客觀而公開的評估，以尋找有效的解決方式。

二、Thomas 的衝突管理模式

Thomas（1976）提出企圖滿足別人的合作程度，以及企圖滿足自己的積極程度，將 Blake 和 Mouton 雙向模式加以重新定義，並予以驗證，將衝突的由關心別人與關心自己兩面，提出衝突管理可由：㈠專斷—滿足自己；㈡合作—滿足別人等兩個構面，加以修改成五種衝突處理策略，如〔圖 11-6〕：

㈠競爭（competing）

此一衝突結果是一種我贏你輸的局面。此一行為個體只關注於自己的目標和利益，不顧及衝突對另一方的影響。

㈡統合（collaborating）

此一衝突結果是雙贏局面。此一行為即是統整，個體對衝突的處理展現最高智慧，一方面滿足己方之需求，另一方面也使對方滿意、獲利。

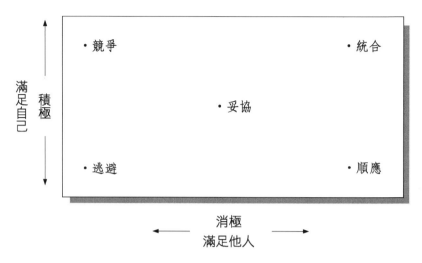

圖 11-6　Thomas 衝突解決模式

資料來源：Thomas, K. W. (1976). Conflict and conflict management. In M. Dunnette (ed), *Handbook of industrial and organization psychology* (p. 90). Chicago: Rand McNaiiy.

(三)妥協（compromising）

此一衝突的結果，是一種非輸非贏，有輸有贏的局面。個體面對衝突時，自認必須放棄部分利益，也能顧及對方部分利益之結果。

(四)逃避（avoiding）

此一衝突結果是雙輸的局面。個體雖已知覺到衝突的存在，但不願面對自己的利益，且又不顧他人反對的情境，進而採取退縮、壓抑的方式，此即逃避。

(五)順應（accommodating）

此一衝突結果，是一種我輸你贏的局面。個體為情願犧牲自我的利益，滿足對方的需求，以求息事寧人，此種消極做法即為順應。

Thomas（1976）認為並沒有所謂最好的衝突處理策略，必須配合衝

突發生當時的情境或條件，從衝突的解決策略到對方的反應，找出最適當的解決策略因應。具失功能性的衝突管理，將使衝突雙方互相對立或傷害，致使組織呈現分裂情勢，嚴重者將導致組織崩潰渙散。功能性的衝突管理可以將破壞轉化為建設，導致全贏的局面，並促使組織成員全面性的新觀念，而增進組織健全的發展。

三、Falbo 與 Peplau 的衝突管理模式

Falbo 與 Peplau（1980）的衝突管理也是雙向度模式，第一向度為「直接—間接」（direct-indirect），此向度表示個人面對衝突時，是否直接表達自己的需求或目標。第二向度為「雙向—單向」（bilateral-unilateral），此向度表示個人面對衝突時，是否能考慮對方的需求、目標和立場。因此 Falbo 與 Peplau 依此兩個向度建構成個人面對衝突行為時，有四種管理方式：

(一)直接—雙向的方式
個人面對衝突處理的方式是說明、交涉或折衷。

(二)間接—雙向的方式
個人面對衝突處理的方式是建議、逢迎、感動或瞞騙的行為方式。

(三)間接—單向的方式
個人面對衝突處理的方式是批判、哀傷、迂迴、放棄或暴行的行為方式。

(四)直接—單向的方式
個人面對衝突處理的方式是要求、哀求、斷然主張、威脅或強迫的行為方式。

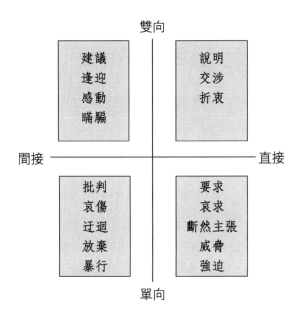

圖 11-7　Falbo 與 Peplau（1980）的衝突管理模式

資料來源：Falbo, D. R., & Peplau, Y. P. (1980). *Group dynamics* (p. 51). New York: Harper Co.

　　Falbo 與 Peplau 所主張的衝突管理模式，經實證研究發現人們面對衝突的情境，以負向的行為居多數，正向行為占少數，且強調直接而單向的處理方式會有較多的衝突，雙向而間接的方式漸受人重視與使用。

四、Sexton 與 Bowerman 的衝突管理模式

　　Sexton 與 Bowerman 分別以介入的方式（style of intervene）和介入的意願（willingness to intervene）兩層面，將衝突管理分為五種類型，如〔圖 11-8〕：

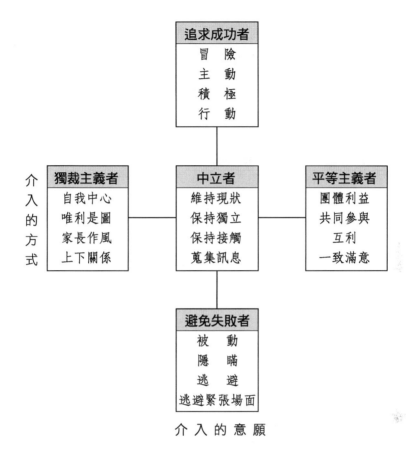

圖 11-8　Sexton 與 Bowerman 的衝突管理模式

資料來源：Sexton, P., & Bowerman. T. (1979). *Organization theories* (p. 8). Ohio: Charles, E. Merrill Publishing Company.

㈠追求成功者（success-seeker）

對衝突的管理、投入的意願強烈，積極地講求解決之道，富冒險的精神，願嘗試各種可行的方式。

㈡中立者（neutral）

持超然的態度，居中蒐集資料加以協調，避免權威地介入。

㈢避免失敗者（failure-avoid）

避免介入衝突，以免處理失敗損及權威，或導致緊張的局面。

㈣獨裁主義者（authoritarian）

以上下隸屬的職權，家長式的作風，相當權威地介入衝突的管理。

㈤平等主義者（equalitarian）

以民主利益、平等地位為出發點的管理風格，講求雙方一致的滿意。

Owens（1997）亦認為衝突管理的方法很多，而每一種方式僅適用於某些特殊情境，並沒有一種最佳的方法來管理組織衝突。而衝突管理模式的選擇，乃以最有可能使破壞性降至最低的層面，作為採用的基本原則。亦即運用衝突管理不同的模式取向，而使組織正向發展的機會最大化。

參　衝突處理策略及其適用情境

Thomas（1977）認為衝突處理的方式沒有好壞之分，重要的是要用對時機，他並舉例五種衝突處理方式的適用時機（表 11-2）。

表 11-2　五種衝突處理方式適用時機

衝突處理方式	適　用　情　境
競　爭	(1)需要快速、決定性的行為：緊急事件。 (2)事件重大需採非常行為但執行不受歡迎：減少成本。 (3)有關大眾福利的重要議題，確定自己是對的。 (4)對抗使用非競爭行為而獲利的人。
統　合	(1)雙方所關心的事十分重要，且無法妥協時。 (2)當所要目標明確是為了學習時。 (3)整合不同的觀點。 (4)想達成共識以獲取承諾時 (5)希望繼續維持良好的關係。
逃　避	(1)議題微不足道，或者有其他更重要的議題時。 (2)毫無機會可滿足所關心的事時。 (3)潛在的分裂超過解決問題所帶來的利益時。 (4)需要冷靜下來及慎重思考時。 (5)蒐集資料比立刻決定來得重要時。 (6)別人能更有效率地解決問題時。 (7)議題可能引發其他爭議時或爭論已離題時。
順　應	(1)當發現自己錯誤時，顯示自己的理性。 (2)議題對別人比自己重要時，保持合作態度滿足別人。 (3)將損失減到最低。 (4)為往後問題處理建立信用時。 (5)當和諧與安定更重要時。 (6)允許屬下從錯誤中學習，發展自我。
妥　協	(1)當目標明確，但不值得努力，或存在潛在瓦解危機時。 (2)勢均力敵的對手相互排斥時。 (3)暫時解決複雜的議題。 (4)時間及成本具有相當壓力的權宜之計時。 (5)統合與競爭都不成功時。

資料來源：Thomas, K. W. (1977). Toward multidimensional values in teaching: The example of conflict behaviors (p. 487). *Academy of Management Review, 2*, 487.

第四節 學校衝突管理的實證研究

衝突管理模式在學校之實證研究分：一、教師與行政人員衝突研究；二、校長人際衝突管理研究、三、親師衝突之研究、四、師生衝突之研究。茲分述如下：

一、教師與行政人員衝突研究

㈠張鐸嚴（1985）探討國民小學教師與行政人員間的衝突管理，研究發現：

1.教師和行政人員發生衝突時，教師表現較多的順應行為，而行政人員表現較多的競爭行為，並且具有職位愈高，愈有競爭型行為反映的傾向；大部分的教師和行政人員事實上並未能真正的容忍，接受對方的要求，但卻都認為自己能體諒對方。

2.衝突的正、負面兩種影響，其中對於學校和個人則以正面的影響較多。

3.教師和行政人員認為彼此應避免發生衝突，雖然大部分的教師和行政人員認為，與人發生衝突並不是一件罪惡的事，但是對於衝突仍抱持較負面的看法。

4.整體來說，對於衝突的管理，在處理時應掌握其互動關係、潛在因素，發展多樣性和適切性的因應方式，以作為有效的預防及處理。

㈡Holt（1986）的研究顯示：35歲以下的主管與部屬衝突時，常用支配的方式處理。36至45歲者善於妥協，而46歲以上的主管多運用統合的方式與部屬協調衝突。年齡愈大的人，愈易採用忍讓的方式，以降低衝突（李錫永，1987）。教育程度愈低者，傾向以整合和妥協方式來處理衝突（許玉英，1993；潘怡秋，1993）。

㈢王振鴻（1989）組織大小與衝突有相關存在，組織愈大，衝突也愈多。而在面對衝突時所採取的態度，大學校教師傾向採取忍讓方式，小學校教師傾向採取競爭方式。

㈣王朝茂（1992）探討學校衝突問題發現：

*1.*在發生衝突時的行為表現上，行政人員比教師表現較多容忍、體諒和接納的態度。女教師也比男教師較能容忍、體諒和接納對方。

*2.*在衝突發生時，教師以透過第三者居中協調最多，行政人員則依據法規或是職權的規定，且召集相關人員溝通、解決問題。在學校解決方式，男、女教師、行政人員均以校長的仲裁訴求最多。

*3.*行政人員及教師均認為衝突對個人及學校具有正面的影響。

*4.*衝突對學校及個人的影響，行政人員均能以開放的心胸、樂觀的精神來面對衝突的問題，並比教師持較正向價值的觀點。

二、校長人際衝突管理研究

㈠林靜茹（1993）之「國民中學校長人際衝突管理及其相關因素之研究」探討國民中小學校長管理風格，其研究結果發現：

*1.*國民中小學校長的人際衝突管理方式以綜合統整為主。

*2.*男性校長在逃離規避與委屈忍讓的風格有較高的得分。

*3.*教育程度較高的校長在綜合統整與妥協折衷上有較高的得分。

*4.*年齡較輕的國小校長在綜合統整、逃離規避及折衷妥協上有較高的得分。

*5.*溝通行為愈趨參與型的校長，在人際衝突管理的四種風格（綜合統整、妥協折衷、逃離規避及委屈認讓）上表現愈佳。

*6.*校長的四種人際衝突管理風格均對學校人際關係有正面影響，其中以綜合統整影響最大。

㈡陳嘉皇（1996）以國民小學學校組織衝突管理之研究，結果發現：

*1.*性別、擔任職務、服務年資、學校規模等不同的背景變項在組織衝突管理模式上有顯著的差異。

*2.*不同組織情境變項,在組織衝突管理方式上有顯著的差異。

*3.*組織領導風格和工作方式差異情形,在衝突管理方式中,解釋力較高。

三、親師衝突之研究

蔡瓊婷(2003)於國民小學親師衝突之研究發現:

*1.*國小教師親師衝突最主要的原因為「親師間的互動溝通不良」,其次分別為「親師彼此的管教態度不同」、「親師彼此的教育理念不同」、「教師教學自主權被侵犯」。

*2.*國小教師遭遇親師衝突最常採取的因應策略為「合作」,其次分別為「妥協」、「競爭」、「逃避」、「順應」等項。

*3.*國小教師知覺親師衝突原因隨背景變項不同而有部分差異:女性教師比男性教師體驗較多親師衝突原因;隨著都市化程度愈高、班級人數愈多,親師衝突原因也愈多。

*4.*不同背景變項的國小老師所採取的親師衝突因應策略有部分差異:女性教師較常採取合作、妥協因應策略,男性教師較常採取順應因應策略。當國小教師遭遇親師衝突時,都市化程度高的國小教師比鄉鎮國小教師較常採取合作、競爭、妥協因應策略;小班小校教師較常採取順應因應策略;大校教師較常採取競爭因應策略;初任教師較常採取逃避因應策略。

*5.*親師衝突原因與順應、妥協、逃避因應策略關係最為顯著。

*6.*國小教師所採取的親師衝突因應策略與影響關係密切:當教師採取妥協、合作因應策略,對教師具正面影響;教師若採取順應因應策略時,則具負面影響。

7. 國小教師處理親師衝突後的心理需求包括：希望獲得學校正面支持；從多方管道增進相關知能，以提升親師溝通的技巧；平時應獲得家長的肯定。

四、師生衝突之研究

陳淑遙（2004）做國中教師師生衝突經驗及化解歷程之研究發現：

1. 師生衝突之背景因素：良好師生關係尚未建立；接觸多、管得多、衝突自然多；資淺教師欠缺教學經驗；課程艱澀難懂；男女大不同。

2. 師生衝突之歸因：(1)教師自我歸因－說到做到、有錯就罰；彼此不友善的感受與行為會相互感染；感受到教學壓力；老師在做、學生在看；維護教師尊嚴當場不易控制情緒等。(2)學生問題歸因－問題人物；家庭因素；擾亂上課秩序；無法接受或不認同新導師；挑戰權威；沒禮貌、不尊重老師；學習意願低落；面子保衛戰；情緒失控、不耐煩、敏感等。

3. 化解師生衝突之歷程與因應策略：(1)衝突之歷程－與人際衝突化解歷程相似。(2)因應方式－多數採用改變策略，第三者介入處理。

4. 對教師之影響及未來之因應方式：(1)對教師之影響正面多於負面(2)未來因應方式三階段四步驟－事前說清楚，講明白；控制情緒，當場要冷靜；事後加強溝通或安撫；經驗累積，自我調整。

5. 教師所觀察之師生衝突：(1)師生衝突之肇因－學生違犯行為或個人特質；教師個人特質或行事風格；學校行政協調或管理問題；師生間認知差異雙方判斷是非標準不同；時代變遷，學生不再信服教師權威。(2)新聞事件的影響－明哲保身。

6. 教師在衝突當下易生氣、火大，難以控制情緒，將影響衝突的發展性。

總結相關文獻探討發現，不論是教師與行政人員之間的衝突、校長

的衝突管理、親師之間的衝突、或是師生之間的衝突其研究發現，對於
採取衝突管理模式或歸因，與其成員背景變項因素如性別、服務年資、
教育程度、職位角色等，以及學校情境變項因素如學校規模、學校創校
時間、學校地區等有相當程度相關，所採取的因應模式也有差異。

┌─────────────────────────────┐
第五節　學校衝突管理之策略
└─────────────────────────────┘

　　學校一定要面對衝突，但是在衝突未發生之前一定要事先預防，以
減少衝突可能發生的機率；當衝突來臨時亦積極採取適宜的策略解決衝
突，以減輕衝突可能造成的危機，又能引進功能性的衝突策略，必可提
升學校組織的效率，促進學校良性的發展。以下即論述學校衝突管理策
略（蔡培村，1995；秦夢群，1999；張德銳，2000；吳金香，2000；朱
元祥，2001；羅文龍，2003；謝文全，2003，林天佑，2003）：

一、學校衝突之預防策略

　　預防學校衝突的策略方法可從學校組織結構、學校行政作為、學校
領導、人際關係與溝通方面上努力，茲將其預防策略分述於下：

㈠學校組織結構方面

　　1.建立學校共同願景與目標：學校衝突產生大部分是理念與價值的
差異，如果學校經過縝密的程序，透過全體的參與，建立學校了共同願
景與目標，在此大纛下，大家有了共識，也清楚了目標方向，共同做了
承諾，就會捐棄個人的成見或理念，化潛在衝突原因於事先，更能產生
共力，達成學校教育的目標。

　　2.學校轉型為調解型組織：所謂調解型組織就是學校組織不可避免
的會面對衝突，如何有績效的作衝突管理，最重要的是組織要有能力對

衝突作評估、規劃、工具學習、組織結構、文化等隨時學習與提升，以備不時之需，此種組織稱之為調解型組織。成為調解型組織的六大步驟為（Dana, 2001）：

　　步驟一：評估：診斷現有衝突管理策略。

　　步驟二：規劃：組織、授權與訓練成立諮詢小組。

　　步驟三：建立核心能力：學習職場衝突調解工具。

　　步驟四：調整架構：找出與移除工作管理上、以利益掛帥的障礙。

　　步驟五：調整文化：以正面的標準取代不具建設性的標準。

　　步驟六：再評估：衡量成為調解型組織的進度。

　　3.減少組織次文化的矛盾現象：次文化普遍存在於組織之中，為舒緩學校次級文化的衝突現象，行政人員應運用各種溝通機會，讓各種行政作為透明化、或是先經充分的討論獲取共識，促使行政教師與職員產生支持與合作，降低隔閡與矛盾現象。

　　4.預防、消除非正式組織的反功能：非正式組織的功能應當要正視，不能輕忽它。領導者必須平時與非正式組織經常能保持聯繫、溝通、參與，必要時給予協助或有效的滿足非正式成員的需求，此乃預防非正式組織反面功能，進而發揮非正式組織正向功能的策略。

　　5.適時調整組織結構：學校中各種活動及功能都是經由成員彼此間的互動而產生。組織結構與制度重建，可以調整任何一個正式組織，主管人員的基本功能之設計、維護和修正組織成員之間相互的工作負荷，以防止或化解組織之間的壓力，有時修正或調整組織結構，可以預防衝突的發生。例如：人員輪調或裁併組織。

㈡學校行政作為方面

　　1.避免法令與程序的僵化：減少法令的限制，給老師最大的方便，讓老師能了解行政服務教學的用心。學校的章則、辦法必須與時俱進的

修定以符合現況需要，同時在執行時，一定要恪遵行政是為教學服務，執行時要把握立法的精神，勿過於拘泥於細節步驟，而不知變通。

2.*實施目標管理*：先訂定大目標，確定各處室的工作目標，編訂實施計畫，根據計畫完成目標。有了明確與原則性的目標，教師較能融入組織中，也知道自己的權責與該做的事項。

3.*釐清各部門的職掌*：組織各部門職權混淆不清是引發衝突的首要原因，因此，具體做法是每一個職位或每一個部門應有一份詳細而清楚的工作說明書，各部門負責人對說明書的內容應充分理解，職位出缺時也應依照職責選定最適當人選。

4.*避免產生「輸與贏」的現象*：在衝突事件中若有一方一味強調非贏不可，則勢必造成餘波盪漾。所以領導者為有效預防後續衝突的發生，應要求衝突雙方儘量避免採取「你贏我輸」的策略或態度。

5.*讓教師參與必要的行政決策*：開放的社會，講求民意，學校的行政決策應容納教職員的意見，透過決策所訂定的意見將具有代表性，於執行時才不至於意見分歧，並導致衝突。

6.*將學校資源做合理均等分配*：學校的資源含人力（如教師、職員、工友等），物力（如運動器材、圖書設備）及財力（如公務預算家長會基金），這些資源都是有限的，學校應有效且合理分配給各處室，不致於因資源的分配不當而造成衝突。

7.*提供申訴管道*：當個體受到不平等的待遇，應讓其有申訴機會，以抒發心中的不滿。目前各校均有教師申訴委員會的設置，重要的是落實與秉公處理，維持申訴委員會超然立場與可信度。

㈢學校領導方面

1.*營造開放的學校組織氣氛*：學校環境充滿信任、合作、溝通、親密、以身作則、負責的組織氣氛，經常可以將衝突的因子獲得適當的紓

解、或將問題簡單化，使彼此均持合作、坦誠的態度戮力從公。所以營造開放的學校組織氣氛是學校預防衝突重要的策略（Tjosvold & Su Fang, 2004）。

2.**領導者風範的修持**：在學校服務的老師自古以來都稱為「士」，士的弱點也是士的可貴處就是尊嚴，學校領導者若能禮賢下士，則士可以為知己者賣命。所以學校領導者若有誠信、尊重、包容、公平與情緒穩定的風範修持，很多的事情不但能解決，也不會形成未來衝突的潛在因子，反而能獲得支持，得到創造向上的助力。

3.**對外部壓力充當「海綿」的角色**：學校對於來自外部各種壓力時，校長、各處室主任、主管都是承上啟下，所有的上司都有上司，所有的上司都有部屬，面對壓力時不是當「推手」或「打手」；而是「海綿體」吸收壓力；「隔熱板」避免部屬被燒焦，應適度予以吸納或緩和，以降低外界壓力對學校所產生的衝擊。

4.**建立管理衝突的公平辦法或原則**：學校應建立一套公平管理的衝突解決辦法，在制定時除了行政人員參與外，也要有教師代表參加，可以聽聽家長的意見，在公平理性的基礎上，研訂一套能為教師與行政人員所共同接受的衝突管理辦法或原則，可以減少校園衝突的發生，亦能增加衝突管理的效率。

5.**重視學校公共關係的推展**：學校公共關係具有宣導、溝通、回饋及協助等功能。積極的功能旨在主動向公眾宣導學校重要措施，溝通學校與其公眾之間和諧的關係；消極的功能乃是澄清誤會、化解衝突。學校公共關係的推展不僅塑造學校形象，並調解校內外的和諧，使學校減少衝突，並保持其生存與發展。

㈣人際關係與溝通方面

良好的關係是衝突預防、或衝突處理模式選擇、及有效與否的重要

因素（Slabbert, 2004）。所以有所謂的「沒有關係，有關係」、「有了關係，沒關係」、「沒有關係，找關係」。學校建立良好人際關係的方法有：

　　1.平時應與教師建立良好的關係：行政人員平時應多關懷教師，協助教師解決困難；在正式關係中兼顧工作導向與關係導向；透過非正式組織與教師建立良好的關係；以誠懇的態度、親切的談話、溫馨的感受去教納教師的心境和立場；有效利用各種聯誼活動與教師培養感情，增加彼此溝通的機會。

　　2.做好校園溝通暢通教育訊息：行政人員應加強和教師的溝通，利用各種溝通管道和媒介來增進彼此之間的了解，並對教師的質疑進行充分的解釋，避免因不必要的誤會和隔閡而引起衝突。溝通的型態儘可能雙向溝通，並給予教師充分的機會表達個人意見。

　　3.重視教師回饋意見：學校隨時利用正式或非正式管道了解教師們的想法與意見，學校若有大型計畫或活動執行後，應召開檢討會，讓參與教師表達意見，認真與重視教師們的反應意見，以作為日後規劃活動的參考。

　　4.利用在職進修機會講解人際溝通技巧：有效的溝通可以了解彼此成員的需要，進而加強人員之間的團結。學校本位的在職進修是一個適當的管道，藉由進修的機會增加彼此的了解，建立共識。

二、學校衝突的處理、減緩策略

㈠靈活運用衝突處理方式

　　衝突如果一味的用權威高壓的方式，讓部屬順從，Milgram S.曾做過有名的實驗（theYale experiments），當這個順從是違背自己良心時，部屬會覺得自己僅是工具而已，不必負責（Stoner, Edward, & Gilbert,

1995）。領導者要正視、承認和接受衝突，並對衝突作深入的了解與描述，提出解決方案，並一一評估方案之優缺點，再做選擇，付諸行動（McNary, 2003）。

1.逃避（avoid）：是一種最常用來減輕衝突的方法，它使衝突雙方從彼此對抗的情境中退怯，使衝突不致於進一步發展為全面的激烈對抗。衝突發生時，不作任何決定亦是一種解決衝突的方法。

2.妥協（compromise）：指衝突雙方皆沒有完全的優勢，並且無法脫離彼此互相依賴的關係，因而彼此做某種程度的讓步，以減輕雙方衝突可能帶來更嚴重的後果。衝突雙方均認為自己的利益很重要，但是又尋找不到「魚與熊掌兼得」的方法，雙方各退一步，皆有所得，雖不滿意，但可以接受。

3.順應：當發現自己錯誤時，顯示自己的理性。或是議題對別人比自己重要時，保持合作態度滿足別人。為降低損失，維持和諧為往後問題處理建立信用基礎時。

4.競爭：若是事件緊急需要快速、決定性的行為，或是事件重大需採非常手段，否則不足以因應，但是執行行為又不受歡迎；或是對抗使用非競爭行為而獲利的人，採用競爭的方式。

5.統合：雙方所關心的事十分重要，且持不同的立場，但是彼此對目標相當明確，也希望繼續維持良好的關係，都有誠意想達成共識以獲取承諾時，可以統合不同的觀點。

㈡安撫或宣洩情緒（smoothing or outlet for emotions）

安撫又稱潤滑歧異，它主要在雙方了解並非處於兩極化狀態中，藉由共同利益的了解，消除彼此存有的歧見；或者讓衝突者宣洩鬱積的情緒，獲得所謂的心理淨化作用，才能客觀的思考自己的問題。

(三)人事調整或重組群體

衝突經常是因人際間的緊張，而導致一連串的衝突，有如漣漪般的擴散，或者囿於個人因素無法改變，則經人員調整位置，或是將整個團隊重組，讓衝突的因素減少。例如：將衝突關鍵人物經過協調安排到其他單位，或是更換單位主管，衝突也可得到解決。但在調動和調整職位時，千萬要注意到被調整調動人的尊嚴和感受，也就是美國 Perry M. Smith 將軍所謂的要有「尊嚴的葬禮原則」（principle of respectful funeral）（Smith, 1998）。

(四)擴大資源（expansion of resource）

若是衝突是因資源的短缺而起，它主要可藉由資源的擴大，或尋找替代資源，則可減輕彼此的衝突，以致收到皆大歡喜的局面。例如：各學科教學研究會為購置實驗設備、或圖書儀器的經費而分配爭吵不休，校長要大家提出計畫，以其影響力向教育局或相關單位申請經費，衝突因而得到解決。

(五)申訴程序的制度

一般而言在學校組織中，可以透過「教師申訴委員會」的申訴制度，遵循「正當程序」（due process）而維護個人的權益。如果學校教師覺得他的問題並未獲得其上司公平合理的處置，他可以有權利向更高一層的主管、仲裁者或特設的申訴委員會提出申訴。目前教育法令規定，每校及各縣市教育局應設有教師申訴委員會，委員會中並設有社會公正人士（非組織內人員），以求公平客觀。

(六)訴諸正式仲裁或非正式仲裁（informal arbitration）

衝突雙方如果找不到較好的解決方式，或是同意用仲裁的方式處理，其方式有正式或非正式之分，正式的有法律上的權責約束，非正式的則

無。仲裁的人員可分：

1.訴諸職位或較高權威：藉由雙方共同上司的權威知識，及智慧來處理雙方衝突的問題。如教學組長與註冊組長因新生業務歸屬無法協調解決，訴諸於教務主任做仲裁。但是，不公平的上級權威命令可能埋下更可怕的衝突，所以應謹慎處理之。

2.訴諸外部仲裁者：由外部的人或專業團體對雙方之衝突做仲裁，例如：教師或學生受不當之處分，有損其權益時，可以訴諸申訴評議委員會、或提起訴願、甚至訴訟。

擔任衝突解決的仲裁人員，依據美國「爭執解決專業人員協會」（The Society of Professional In Dispute Resolution, SPIDR）必須遵守的倫理信條為：不偏私、公開解決程序、確保隱私權、利益迴避、迅速處理、顧及衝突解決結果（林天佑，2003）。

㈦建立高層次目標或轉移目標

它是一種藉由高層次目標的訂定，使雙方各拋棄己見，共同為目標而努力。學校各處室為空間的擁擠衝突，學校和各單位主管研究，解決方式是增建新大樓的共識，大家共同為建新大樓而努力，將目前知衝突暫時先擱置。

㈧異議團體或個人的吸收（absorbing）

即上級或組織以支持的態度，對待有異議的團體或個人，使之參與管理行為或決策活動，從而使異議的人成為團體的一份子，進而減少衝突的可能性。例如：教師率領學生向總務處抗議學校鍋爐冒黑煙，學校請其參加「學校鍋爐改善委員會」，多次參觀、研究後，他才了解鍋爐啟動之前一分鐘會冒黑煙是正常現象，從此以後不再抗爭。

(九)問題解決（problem solving）

是透過直接對談、坦承溝通及綜合雙方意見，按照解決問題的步驟，共同尋求解決的途徑。例如：學校要在何時搬入新校區，不同雙方所持的的看法均甚有理，問題是要解決又找不出最好的方法時，大家共同尋找問題解決的方式處理，雖不滿意但可以接受。Schmidt 與 Tannenbaum 對於共同解決問題制定出管理者的準則，認為管理者應該（Stuart & Philip, 1991）：

1. 歡迎組織中有價值資源的差異存在。
2. 用理解的方式傾聽，而非用價值判斷方式傾聽。
3. 承認和接受包含個人的感情。
4. 闡明衝突的性質。
5. 指名誰將制定正在討論的決策。
6. 提出解決差異的步驟和基本規則。
7. 為爭論雙方創造合適的表達方式。
8. 促進深刻了解所提意見和提出意見的人。

(十)運用非正式團體

藉由非正式組織成員的互動，產生情感與認同而自然結合成的團體。因為非正式團體是因興趣與利益而結合，成員間的凝聚力較強，若衝突時能找到適當的非正式組織領導者或成員協助，因它是團體衝突時的潤滑劑，問題經常迎刃而解。

(十一)簡化衝突，減少相互依賴

衝突管理的策略應將相互依賴由互惠性轉變為依次性，再轉變為集合性，以降低相互依賴的程度，使衝突單純化，不致擴大化與複雜化。例如：職員甲將學生缺課資料統計表做好，職員乙再將學生請假單統計

好交給甲，甲再將修改後的缺課資料交予乙，作操行分數的處理。此一作業經常錯誤又延宕，謠語不斷，如將其分前段、後段工作，分屬二人就會有顯著的改善，不再爭吵。

㈦無約束的小嘗試（none binding minitrials）

雙方或任何一方嘗試做一些改變或處理，試看看有無效果，若是對嘗試結果雙方或任何一方感覺不滿意，雙方都不須為後果負責，可以重新再來；如果對嘗試結果雙方皆感滿意，再進行進一步的嘗試，所謂的積小勝為大勝（Lan, 1997）。

㈧調停或斡旋（mediation）

衝突雙方經由第三者或第三團體進行調停或斡旋，因為有第三者可以撫平或減緩雙方高漲的緊張氣氛，經不斷的進行雙方來回的折衝，有可能要經過多次才能成功。調停者的角色即是促使雙方合解，並不使任一方讓步的情況下停止衝突，而調停成功的基本要素就是要讓敵對的雙方了解他們之間的相互依賴性，而且要找到他們的共同點。因此應注意到下列幾點：

1. 仔細發覺雙方理念及態度上的差異。
2. 傾聽雙方意見以求了解衝突的情況，但不妄加批判。
3. 發覺雙方問題衝突的本質。
4. 雙方感受。
5. 化解差異的方法。

㈨談判行為

雙方知覺到衝突已到無法忍受的僵局、無法自己解決，須雙方透過商議以化解僵局時。談判係指共同商議解決問題，也就是當個人或團體、組織為滿足自己的需要，而與其他的個人或團體交換意見，經雙方同意，

即是談判。

三、激發學校功能性衝突的策略

　　適當的衝突是增進組織的動力的泉源，若校園中太和諧，缺少創新和動力，對學校的中長程發展將是一大阻力，如何化阻力為助力，唯有激發學校衝突水準、激發功能性衝突，以下提供幾點激發學校正向衝突的策略：

㈠改變組織文化

　　組織文化是學校日經月累所形成的價值觀、態度、信念，它將影響學校組織的發展。學校是鬆散、科層體制的組織結構，一切依法行事，時間一久，容易流於形式而僵化，呈現平淡、機械、守規的組織文化，面對多元、多變、創新的二十一世紀的教育將無法突破，所以改變組織文化，使學校有朝氣、有動力、有創見（Cunningham, 2003）。

㈡領導者良好的角色扮演

　　面對衝突，領導者無論採用何種反應模式，他都應是做衝突管理，必須保持警覺，扮演適當角色適時介入。領導者可以選擇的角色有（Stuart & Philip, 1991）：

　　1. 仲裁者：傾聽雙方意見，然後吩咐一方或雙方改正他們的行為。
　　2. 協商者：傾聽雙方意見，努力使一方或雙方確信改正他們的行為。
　　3. 促進者：使雙方集合在一起，制定一個合作決定。
　　4. 調解者：幫助雙方面達到一個滿意的妥協。
　　5. 代表人：鼓勵雙方面解決有關他們自己的問題。

㈢利用溝通

利用溝通傳遞威脅性的訊息，可以鼓勵衝突。威脅性的衝突是使組

織中的成員對於組織的積極發展有憂患意識，大家凝聚共識，將衝突的動力化為組織進步的力量，組織方能更有潛能。研究顯示衝突雙方多溝通，少用上級的權威，重視對方的重要性，減少對立知覺，是維持團體間關係的重要策略（Bizman & Yinon, 2004）。

㈣偵測與引進組織衝突的時機

當組織成員表現嚴重不良且不願改進時，可先採用其他不致引起衝突的方法來協助改進；但在其他方式都失敗後，只好採取引進衝突的方式，其引進時機、做法，及對組織的影響如下：（Gorton & Snowden, 1993；張文雄，1982，林天佑，2003）。

1. 引進衝突的時機：

⑴高度順從，缺乏創造力；

⑵暮氣沉沉，士氣低落；

⑶部門目標與組織總目標不能配合；

⑷組織結構不能適應外在環境的變動；

⑸部門間失去制衡，呈顯不平衡狀態。

2. 引進衝突的具體作法：

⑴利用實質上或精神上的獎勵措施來促進各部門或人員的良性競爭。

⑵聘用具有不同背景、觀念、價值、風格的成員，增進組織成員的異質性。

⑶升任具有創新觀念且能包容不同意見的成員擔任各部門幹部。

⑷將負責解決問題的團體成員分成兩組，就各組所提出的對立方案，進行辯護。

⑸指定一個成員或小組專門扮演批評的角色。

3.組織適時引進衝突可以改善組織：

(1)團體或個人的認同，內在凝聚力、忠誠度。

(2)檢視自己，引起他人興趣與好奇，促進革新、變遷與進步。

(3)對鬆散之團體具有穩定與整合之功。

(4)特殊之個人具有選擇之自由。

(5)適度的衝突使組織解決問題、績效提高。

(五)引進新人員

如果學校是新籌設的學校或老學校中有老師退休，亟需遞補新老師時，則應從他校遴選與本校現有教師不同的教學專長、任教態度、價值觀、背景與管理風格的教師以防止學校僵化，並激發衝突。例如：國民中小學可以進用不通師院系統的老師、一般大學不同領域的老師，使學校「百花齊放」，「老、中、青三結合」，對事務的見解視野會更高遠，心胸會更寬廣。

(六)組織結構的重整

將原有的組織重整，使組織的成員輪流接受新挑戰的機會，亦能激發成員進修的機會，更能加強各單位的相互依存性。例如：學校辦公、教學單位分散，洽公或舉辦活動溝通協調不便，各方為自己的利益爭論、推諉不斷，學校可以調整組織結構，將分散各校區的單位用辦公中心予以統合，使事權統一，掌握時效，積極負責，除必要必須全校一致者，均歸各中心處理。

(七)鼓勵競爭

學校中呈現過度合作並非好現象，適度的競爭往往帶來更好的績效。鼓勵對立、分別向衝突雙方提供必要的訊息、適當拖延解決衝突的時間，讓衝突更加明朗化。例如：學校各學科為經費分配衝突，學校可以訂出

傑出成就的獎勵辦法，讓衝突雙方公開、公平的競爭，變衝突成良性的競爭。

(八)開會討論

藉開會公開討論不同意見，使多方所持立場與意見能公開化，衝突雙方以平等的權力參與討論，經過充分的討論和闡明事實，透過公認的程序與方式，得到共同的結果以解決衝突。

(九)擴大衝突

若是解決此一衝突，後續仍不斷的有問題產生；或是參與衝突的雙方囿於所見，領導者視時機成熟，邀請所有相關的利益團體，擴大參與層面，讓衝突面擴大，使問題獲得較徹底的解決，避免在枝節上打轉，如同外科手術一次割除，免留後患。

(十)教育

衝突管理無論是的產生原因、衝突的預防、衝突的處理都需要借助於教育，使衝突雙方或成員，提升認知能力、解決問題的知識能力不足、人際關係或技術善等。學校積極選派相關人員參與進修、受訓、研討會等，「胸有文墨，器自華」，是激發學校功能性衝突的上上策略。

⎡第六節　結　論⎤

衝突在團體或組織中所扮演的角色，1930 年至 1940 年代，結構功能主義學派主張衝突是有害的，組織應該加以規避的。1940 年至 1970 年代，人群關係學派認為衝突是團體中自然而無可避免的結果，不但不會有害，反而有助於促進團體績效的正面效應。1970 年代至今，則認為衝突對團體，有負面的作用也有正面作用，並且明確的主張某些衝突有助

於提升團體績效，重要的是要去管理，此稱之為衝突的互動觀點。

　　所有的衝突管理最重要的是人的問題，人因為信念態度的改變，行為自然改變，在學校中彼此重視以「人」為本的互相尊重的倫理。位階較高者以人為本位對待位階較低者；位階較低者以角色為本位與位階較高者互動，對衝突管理自然獲得制高點（王叢桂，1998）。所以，衝突不一定產生建設性的後果，但可鼓勵員工向前衝刺；衝突也是另一種形式的溝通，衝突的解決可開啟新的且可能是長久性的溝通管道；衝突也是發洩長久積壓的情緒，衝突之後雨過天晴，雙方能重新起跑；衝突是一項教育性的經驗，雙方可能對對方的職務及其困擾，有更深入的了解與體認。

　　學校面對衝突僅採嚴格政策的懲罰，使衝突雙方相互間的敵意與攻擊不斷升高，因而加速了彼此工作挫折感的產生，而日漸惡化的組織氣氛及逐漸累積的破壞性衝突，則有如螺旋式般地往下降。或是將衝突當成一個待解決的問題來處理，強調組織的合作本質，可能導致正面的結果，進而增進組織的健全。衝突對學校組織究竟是具破壞性或具建設性，端看學校的衝突管理而定。有效的衝突管理可以事先對衝突預防待變，事中對衝突做有效的處理應變，使衝突帶動組織的學習，引發組織增能的契機，促成學校組織的變革，向上提升，永續經營。

參考書目

王振鴻（1989）。**國中校長領導型式、教師同理心與教師衝突反應方式關係之研究**。台北：國立政治大學教育研究所碩士論文（未出版）。

王朝茂（1992）。學校衝突問題探討。**教育文粹**，**21**，106-126。

王叢桂（1998）。師生間的衝突事件與處理。**學生輔導**，**57**，42-57。

申章政（1999）。**國小校長管理溝通類型、衝突管理風格與學校效能之關係研究**。國立台北師範學院碩士論文（未出版）。

江嘉杰（1997）。**國民小學校長領導行為與教師衝突反應方式關係之研究**。台中：國立台中師範學院國民教育研究所碩士論文（未出版）。

朱元祥（2001）。衝突管理策略分析。**教育研究月刊**，**83**，63-71。

沈洪炳（2000）。企業群集，雙贏互利，載於齊思賢譯（2000）：**策略聯盟新紀元**，（頁9-11）。台北：先覺。

李錫永（1987）。**主管人員衝突解決之研究**。台北：國立政治大學企業管理研究所碩士論文（未出版）。

呂書碧（2003）。**國民小學教師賦權增能知覺與學校衝突知覺關係之研究**。台北：輔仁大學教育領導與發展研究所碩士論文（未出版）。

吳金香（2000）。**學校組織行為與管理**。台北：五南。

吳宗立（1998）。**國民中學組織衝突、外在壓力、行政決策與學校效能關係之研究**。國立政治大學博士論文（未出版）。

吳秉恩（1991）。**組織行為學**。台北：華泰。

吳清山、林天祐（2001）。衝突管理。**教育研究月刊**，**85**，112。

林天佑主編（2003）。**教育行政學**。台北：心理出版社。

林振春（1993）。衝突管理理論及其在團體中的應用。**社會教育學刊**，**22**，73-106。

林清江（1984）。**教育社會學新論**。台北：五南。

林靜茹（1993）。**國民中小學校長人際衝突管理及其相關因素之研究**。高雄：

國立高雄師範大學教育研究所碩士論文。（未出版）

周春美、沈建華（1995）。如何建立學校組織衝突管理模式。**技職教育雙月刊**，**25**，49-53。

洪福財（1995）。學校組織衝突成因及其因應策略。**教育資料文摘**，**214**，171-192。

胡峻豪（1997）。**國民小學校長之管理衝突策略及其成效**。台北：國立台北師範學院國民教育研究所碩士論文（未出版）。

徐敏榮（2001）。從組織衝突談教師會與學校行政應有之觀念與作為。**教育研究月刊**，**81**，63。

秦夢群（1997）。**教育行政—理論部分**。台北：五南

連俊智（2004）。**學校知識管理與衝突管理模式之相關研究**。嘉義：國立嘉義大學國民教育研究所碩士論文（未出版）。

張春興（1985）。**心理學**。台北：東華。

張明輝（2002）。**學校經營與管理研究：前瞻、整合、學習與革新**。台北：學富文化。

張文雄（1984）。**組織衝突之研究**。台北：國立政治大學公共行政研究所碩士論文（未出版）。

張德銳（1994）。淺談學校衝突管理。**教師天地**，**64**，49-53。

張德銳（2000）。**教育行政研究**（三版）。台北：五南。

張慶勳（1996）。**學校組織行為**。台北：五南。

張鐸嚴（1985）。**國民小學教師與行政人員間衝突管理之研究**。台北：國立師範大學教育研究所碩士論文（未出版）。

莊玲珠（1999）。**國中生親子衝突來源及其處理策略之研究**。臺中師範學院／國民教育研究所碩士論文（未出版）。

陳幸仁（1997）。**國小教師面子需求、溝通主體地位與衝突風格關係之研究**。高雄：國立高雄師範大學教育研究所碩士論文（未出版）。

陳淑遙（2004）。**國中教師師生衝突經驗及化解歷程之研究**。國立中正大學／犯罪防治研究所碩士論文（未出版）。

陳嘉皇（1996）。**國民小學學校組織衝突管理之研究**。屏東：國立屏東師範
　　院國民教育研究所碩士論文（未出版）。

許玉英（1993）。**基層員工衝突處理行為之研究－以高雄煉油廠為例**。台南：
　　國立成功大學企業管理研究所碩士論文（未出版）。

郭金池（1988）。**國民小學教師價值觀念、進修態度與教學態度之研究**。高
　　雄：國立高雄師範大學教育研究所碩士論文（未出版）。

曾燦金（1994）。衝突係助力乎？抑阻力乎？－論組織衝突之正反功能及其
　　在學校行政管理之啟示。**教育資料文摘，200**，150-158。

潘怡秋（1993）國民小學組織成員衝突發生原因、衝突管理策略與學校效能
　　研究。台北：國立台北師範學院國民教育研究所碩士論文（未出版）。

鄭淑文（2000）。**國小一年級導師因應親師衝突方式之研究**。花蓮：國立花
　　蓮師範學院國民教育研究所碩士論文（未出版）。

劉春榮（1999）。國民小學學校組織結構、教師對組織功能需求與學校衝突
　　研究。**初等教育學刊，7**，39-84。

蔡進雄（2001）。**學校行政領導**。台北：師大書苑。

蔡培村主編（1998）。**學校經營與管理**。高雄：麗文。

蔡瓊婷（2003）。**國民小學親師衝突之研究**。屏東師範學院／國民教育研究
　　所碩士論文（未出版）。

羅文隆（2003）。教育組織之衝突管理策略。**師友，427**，54-56。

謝文全（1988）。**教育行政理論與實務**。台北：文景。

Bizman, A., & Yinon, Y. (2004). Intergroup conflict management strategies as re-
　　lated to perceptions of dual identity and separate group. *Journal of Social Psy-
　　chology, 144*(2), 115-126.

Blake, R. R., & Mouton, J. S. (1964). *The managerial grid*. Houston: Gulf Publish-
　　ing.

Bondesio, M. J. (1992). *Conflict management at school: An unavoidable task* (ERIC
　　Document Reproduction Service No. ED 355655) .

Brown, L. D. (1984). *Managing conflict of organizational interfaies: Reading*. MA:

Addison-Wesley.

Coser, L. A. (1956). *The functions of social conflict*. New York: Free Press.

Cunningham, J. (2003). A "cool pose": Cultural perspectives on conflict management. *Reclaiming Children and Youth, 132*(2), 88-92.

Dana, D. (2001)／丁會民譯（2003）。調解衝突技巧立即上手。台北：美商麥格羅‧希爾。

De Dreu, C. K. W. (1997). Conflict management and performance. In C. K. W. De Dreu, & E. V. Vliert, (Eds.). *Using conflict in organizations*. London: Sage.

Falbo, D. R., & Peplau, Y. P. (1980). *Group dynamics*. New York: Harper Co.

Stoner, A. F., Freeman, A. E., & Gilbert, D. A. Jr. 1995). *Management*. New Jersey: Prentice Hall.

Gibson, J. L., Ivancevich, J. M., & Donnelly, J. H. (1991). *Organizations behavior, structure, processes* (p.300). Boston, MA: Irwin.

Gorton, R. A., & Snowden, P. E. (1993). *School leadership and administration: Important concepts, case studies and simulations* (4th ed.). Madison, WI: Brown & Benchmark.

Holt, T. L. (1986). The relationship between leadership style and conflict management techniques in the eight largest hospitals in North Dakota. *Dissertation Abstracts International, 41*(10A), 3671.

Johnson, D. W. (1985). *Social psychology of education*. Washington: Hemisphere.

Katz, D., & Kahn, R. L. (1978). *The social psychology of organizations* (2nd ed.). New York: John wiley & Sons.

Lan, Z. (1997). A conflict resolution approach to public administration. *Public Administration Review, 57*(1), 2735.

Laue, J. (1987). The emergence and institutionalization of third party roles in conflict. In D. J. D. Sandole, & I. San-dole-Staroste (Eds.). *Conflict management and problem solving*. London: Frances Printer.

McNary, L. D. (2003). Thie term "win-win"in conflict management: A classic case of misuse and over use. *Journal of Business communication, 40*(2), 144-159.

Mitchell, C. R. (1981). *The structure of international conflict*. Hampshire: Macmillan.

Morton, D. (1973). The resolution of conflict: *Constructive and destructive process*. New Haven: Yale University Press.

Owens, R. G.(1997)／林明地、楊振昇、江芳盛譯(2000)。教育組織行為。台北：揚智。

Parsons, T. (1954). *Essays in sociological theory*. New York: Free Press

Perry, M. S. (1998)／羅玉蓓(1999)。領導的 24 堂必修課。台北：臉譜文化。

Pondy, L. R. (1967). Organizational conflict: Concepts and models. *Administrative Science Quarterly, 12*(2), 296-320.

Robbins, S. P. (1989). *Organization behavior: Concepts, controversies, and applications* (4th ed.). New Jersey: Prentice-Hall.

Robbins, S. P. (1992). *Essentials of organizational behavior*. New Jersey: Prentice-Hall.

Robbins, S. P.(1992)／李茂興、李慕華、林宗鴻譯(1994)。組織行為。台北：揚智。

Schultz, B. G. (1989). *Communicating in the small group: Theory and practice.* New York: Harper & Row.

Sexton, P., & Bowerman. T. (1979). *Organization theories*. Ohio: Charles, E. Merrill Publishing Company.

Seyfarth, J. T. (1996). *Personnel management for effective schools* (2nd ed.). Boston: Allyn & Bacon.

Simon, H. A. (1976). *Administrative behavior*. New York: The Free Press.

Slabbert, A. D. (2004). Conflict management styles in traditional organization. *The Social Science Journal, 41*, 83-92.

Steers, R. M. (1991). *Organization behavior* (4th ed.). New York: Harper Collins.

Stoner, C. R. & Hartman, R. I. (1997). Organizational Therapy: Building survivor health and competitiveness. *Advanced Management Journal, 62*(3), 25-31.

Stuart, C. S., & Philip, K. P. (1991)／喬玉全、陳鋅、錢華(1991)。學校行政領導原理。台北：五南。

Thomas, K. W. (1976). Conflict and conflict management. In M. Dunnette (ed.). *Handbook of industrial and organization psychology.* Chicago: Rand McNaiiy.

Thomas, K. W. (1977). Toward multidimensional values in teaching: The example of conflict behaviors. *Academy of Management Review, 2,* 487.

Tjosvold, D, & Su Fang, S. (2004). *Cooperative conflict management as a basis for training students in China.* Theory into Practice, *43*(1), 80-86.

Webber, R. A.(1975)／吳思華、林至洪、湯明哲、羅理平（1983）。組織理論與管理。台北：桂冠。

Wenger, E. C., & Snyder, W. M. (2000). Communities of practice: The organizational frontier. *Harvard Business Review, 78*(1), 139-145.

第 12 章

現代學校領導的重要主題

貞觀 11 年，魏徵見唐太宗：

「君人者，成能

　見可欲，則思知足以自戒；

　將有作，則思知止以安人；

　念高危，則思謙沖而自牧；

　懼滿溢，則思江海下百川；

　樂盤遊，則思三驅以為度；

　憂懈怠，則思慎始而敬忠；

　慮壅蔽，則思虛心以納下；

　想讒邪，則思正身以黜惡；

　恩所加，則思無因喜以謬賞；

　罰所及，則思無因怒而濫刑。」

～貞觀政要

　　現代學校領導的重要主題是學校組織文化的領導、學校的執行力，以及學校領導人的反思能力。學校組織文化影響組織的興衰與達成組織目標與否，現代所有的領導理論都重視到領導者如何建構優質的組織文化；另外自從 Bossidy 與 Charan（2002）出版《執行力》一書，使執行力成為當代的顯學，所以本章特予介紹，並提出對學校行政領導的啟示與應用，最後對身負整個組織成敗的領導人提出必須經常反思的建議，消極上能免除歧路亡羊，積極上能在正確的途徑上昂首前進。本章分三節敘寫，第一節為學校組織文化的領導，第二節為從執行力檢視學校行政領導革新之道，第三節說明領導者的自我反省。

第一節　學校組織文化的領導

　　組織文化是一個組織，大至宇宙、國家，小至家庭、個人長久生存互動，所產生對基本假設與前提（組織與環境的關係、真理的本質、人性的本質、人類活動的本質、人類關係的本質）所持的一種共同的信念，進而架構其組織的價值、規範及期望，而具體表現於淺層的日常用語、典禮、制度、行為及對物質環境的表達等形於外的文化行為模式。它會影響組織的興衰與達成組織目標與否，它可以營造但不容易，行為短時間不容易顯現對文化的影響，但長期下來又對組織影響顯著。

　　Peters and Waterman（1982）出版《追求卓越》一書，此書提出全美62 家業績卓越公司的八種經營特徵：1.傾向行動派，標準的作業程序是「計畫、執行、再修正、然後再試」；2.接近服務顧客，從顧客身上學習；3.讓員工發揮自主性以及創業精神；4.透過人來提高生產力，允許員工參加決策，人人參與運動；5.建立正確價值觀，積極實行；6.做本身熟悉內行的事；7.組織型式單純，幕僚人員極少；8.寬嚴並濟等。這些特徵是卓越企業所標榜的精神與強調的價值，也是企業成功致勝關鍵

的組織文化。學校組織文化對學校的影響也不例外，尤其在標新立異、多變、速食文化、個人主義盛行的時代環境中，對優質學校組織文化的營造與領導是當今重要課題。

一、組織文化意涵與特性

㈠組織文化的意涵

由於「文化」一詞的涵義，眾說紛紜，使得「組織文化」成為甚難界說的概念，較廣泛的定義，茲列舉數位較有代表性之學者所作之定義，再予以綜合說明：

Ouchi（1981）認為組織文化就是一套象徵物、儀式和傳說，藉著這一套象徵物、儀式和傳說，組織將基本價值和信仰傳輸給成員。

Perers 與 Waterman（1982）指出組織文化是一套支配性且連貫性的共享價值。這一套共享價值，藉著故事、傳說、傳奇、口號、軼聞和神仙故事等象徵性手段傳給成員。

Owens & Steinhoff（1989）認為組織文化是解決組織內外問題的產物，它存在群體之中不斷的運作，因此傳遞給新成員，作為知覺、思考和感受相關問題的正確方式，這種解決問題的產物，最後成為實體本質、真理、時間、空間、人性、人類活動和人際關係的假設，待假設形成，經過一段時間，被視為理所當然後，將無法察覺。

Schein（1985）將組織文化定義為：一個既有團體在學習處理外在適應與再統整問題時，創造、發明或發展出來的基本假定型態。其運作被視為有效，並被教導給新成員，作為知覺、思考、感覺相關問題的正確方式。

吳清山（1992）認為組織文化是一個組織經過其內在運作系統的維持與外在環境變化的互動下，所長期累積發展的各種產物，如：信念、

價值、規範、態度、期望、儀式、符號、故事和行為等，組織成員共同分享這些產物的意義後，會以自然而然的方式表現於日常生活之中，形成組織獨特的現象。

張德銳（1990）將組織文化定義為：組織文化是組織成員所共同分享的一套基本假設、前提和價值，以及由這套價值衍生出來的行為規範和行為期望；這些組織的價值，不但可能被組織成員視為理所當然，而且具有指導成員行為的作用；藉著故事、傳說、儀式及典禮等象徵性的手段，組織將其價值傳給成員。

綜合上述學者的定義，組織文化是組織成員所共同擁有的一套意義體系，這套意義體系是一個組織經過其內在運作系統的維持與外在環境變化的互動下，所產生組織成員所共享的一套基本假設前提的信念，依此信念衍生出組織的價值、規範和期望，且具有指導成員行為的作用，藉著故事、傳說、傳奇、符號、軼聞和故事等象徵性手段傳給成員。

為了對組織文化相關名詞用語概念的意義有較清晰的了解，將其說明列於〔表 12-1〕。

㈡組織文化的特性

從文化的意涵中，綜合國內外專家學者（吳清山，1992；潘扶德，1994；邱馨儀，1995；陳聖謨，1995；陳慧芬，1997；Pettigrew，1979；Sathe，1983；Schein，1989；Martin，1992；Robbin，1998）的研究結果，歸納出組織文化具有的特性如下：

1. 穩定性：組織長期經驗累積的產物，經歷考驗，成為深沈、持久的穩定力量。每個組織文化形成的均需經過一段相當長的時間孕育。從過去累積的文化對現在而言，可以整合內部的問題，與外部適應與生存的問題，重複使用組織文化，雖然組織文化會不足以應付當前的問題，但可以修改引進新文化，透過教育、學習等社會化的途徑，將之傳遞給成員，並內化於組織成員心理之中，而表現於行為之外，它需要一段相

表 12-1　組織文化相關概念的意義

名　詞　用　語	包　含　意　義
典禮（rite）	指一套比較精緻、誇張、人為的活動，不但結合了諸多文化習俗的形式，並且常具有實際上與表達上的效果。如畢業典禮、國慶典禮。
儀式（ritual）	指一套標準化而詳細的技術與行為，雖有消除焦慮的作用，卻很少產生實際上的效果以及預料的後果。如結婚儀式。
迷思（myth）	指對想像事務的誇大描述，常用以解釋某些事務的起源。同時，對一些未經證實的行為、信念、以及技術，亦不容對其質疑。如客語文化流傳「虹攔西，水打埤」，即將水災的迷思。
事蹟（saga）	指歷史的敘述，通常以英雄式的讚美，來描述某團體及其領袖的特殊事功。如鄭成功的事蹟。
傳奇（legend）	指某些絕妙事件的傳聞，雖具有歷史根據，但卻飾以小說式的情節。如廖添丁傳奇。
軼聞、故事（story）	指根據事實的敘述，常混以實情與小說情節。
傳說（folktale）	指均為虛構之敘述。如某人出生有一金龍飛入其家。
象徵（symbol）	指任何物件、舉動、事件、性質或關係，用以作為傳達意義的工具，通常代表另一種事務。
語言（language）	係指一種特有的形式，團體的成員經由此種形式，用語音與書寫的符號，互通訊息。
姿勢（gesture）	係指部分肢體的舉動，用以表達意義。
外在環境（setting）	係指人們周遭的事物，能在人們於文化意義的表達活動上，給予人們即刻而直接的感官刺激。
器物（artifacts）	係指人為製造的物品，俾利文化活動進行。

資料來源：引自江岷欽、林鍾沂（1995）。**公共組織理論**（頁 173）。台北：空中大學。

當長久的時間，一但形成，它將綿延不斷，組織文化的歷史愈長，對組織成員的影響愈深。

2. **共有性**：組織文化是一個組織所共同擁有的基本假設，價值及信念的綜合產物；這套基本假設、價值信念是團體共同學習的成果，為成員所共同持有、信奉與遵循。若是組織能容納各種歧異的基本假設、價值信念，則組織文化呈現多元。

3. **統整性**：涵蓋了認知、情意、行為等層面的要素，必須加以統整或型態化，方能稱為文化。雖然單獨看個別成員行為有其個別性，但是從整體視之，它是具有一致性與統整性，所以每一組織之間其成員的外顯行為、態度有顯著的不同，就是因為文化本身有統整性，使其成員在同一文化環境薰陶下，所具有的信念、價值一樣，自然顯出其一致的特色。

4. **獨特性**：每一個組織文化中所展現的價值、信念、理想、行為型態、故事、期望和基本假設等方面，是基於不同的歷史傳統、人員關係及內外在問題，孕育出不同於其他組織的文化，與其他組織文化有所區隔，且均具有特殊的獨特意義。每個團體具有獨特風貌，所以組織才能夠發揮特長，展現特色。

5. **調適性**：其形成與維繫是一種動態的調適過程，以因應內外在環境的需求，化解面臨的危機。所以文化從縱貫面看它是具有延續性，橫貫面看組織各時期的文化是有差異，顯現不同的面貌，這就是組織文化要發揮其對外需要生存與調適，對內需要統整內部的問題的功能，而每一時期，組織外部環境在變動，內部問題也不同，組織文化也需要做調適。

6. **規範性**：組織文化從最深層的基本假設與前提，往中層發展出價值、規範與期望，就為成員提供理解周遭事物意義的架構，具體化一些共有意識所形成的規範制度，做為指引成員行為的控制機制，同時也具有具體的獎懲作為，以及抽象的獎懲效果，因而能整合內部諸多問題，

使成員在此文化下，身心能得到安全與尊嚴，同時也能預測後果。

7.*層次性*：組織文化從最深層的基本假設與前提，對組織與環境的關係，本體、時間、空間的本質，人性的本質，人類活動的本質，人類關係的本質的信念；再往中層發展出價值、規範與期望；到最淺層、最顯見的人造器物，有層次之別。

8.*隱晦性*：是一種內化統整的學習結果，故常隱晦不明，難以意識，增加探索解讀的困難。所以很多時候，組織成員在日常生活中其所使用的語言、符號、儀式等等表層的行為活動，經常是習焉而不察，或是做了也不知其真正代表的意義，如果不是受過專門的學術教育訓練，是很難解讀的。

9.*發展性*：組織文化是不斷學習累積的結果，跟隨人員的變動、環境的壓力、組織的變革作適切的再修正、再學習。組織存在的目的，即在於永續的經營與發展。所以組織文化本身必須也會不斷的變革與成長，引導或塑造成員新的價值、信念和行為、生生不息、綿延不斷，所以組織文化具有不斷發展與成長的性質。

10.*寬廣性*：文化現象涵蓋組織生活的所有面向。日常的食衣住行育樂的行為與態度取向，組織的法律、典章制度，人與人、人與物等的關係多是包含於文化範疇內，也都受到文化的影響。

張慶勳（1996）特別將學校組織文化特性分為五種：

1.*合作性*：教師為完成某項目標而共同合力完成某項工作。

2.*專業性*：校長對教師專業上的尊重，教師具有教學上的專業自主，及重視其未來的生涯專業發展。

3.*一致性*：教師在基本假定、態度、信念、學校規範……等的前後連貫性、或彼此之間共同一致的取向及共識。

4.*分享性*：教師能將快樂、校務發展遠景與同事共享，且在獲得成果時能彼此共享。

5.**統整性**：教師對於校務的看法或決策過程有不同意見時的整合取向。

二、組織文化的層級

組織文化由三個層級所組成（圖 12-1）：第一層級為組織文化的最深層，為組織的基本假設與前提；居於中間層級的為組織的價值、規範、及期望；居於表層層級的則為組織的人工器物與創造物。第一、二層級是組織文化的實質內容，第三層級則是組織文化的表達形式（Schein, 1992）。

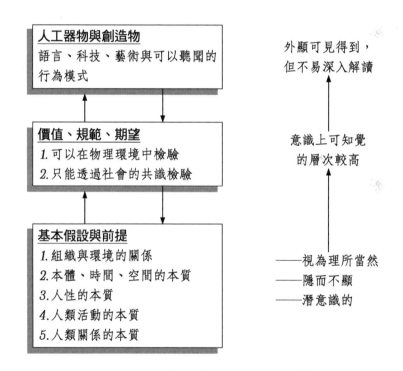

圖 12-1　組織文化的層次及其互動

資料來源：Schein, E. H. (1985). *Organizational culture and leadership: A dynamic view.* San Francisco: Jossey-Bass.

㈠第一層級—組織的基本假設前提

Schein（1992）認為組織文化的精華，是組織所擁有的一套基本假設前提，而這套基本假設前提的創造、發現或發展，是源於組織向來解決外部調適問題，或解決內部整合的需要，當組織面臨問題時，組織的領導者根據所擁有的一套基本假設的信念，設定解決問題的前提，然後提出解決問題的方案，若解決方案可行，組織領導者依基本假設信念，經由認知轉型為組織成員所共同的價值、規範及期望，不只影響組織成員，也會教導給新成員，做為新成員知覺和思考相關問題的標準方法。

組織的基本假設前提有五類（Dyer, 1985）：

1. *組織與環境的關係*：人定勝天、人為環境的主宰，人為環境所左右，抑或人須與環境和諧相處。

2. *真理的本質*：真理是外在權威人物所決定，或是經由個人研究和考驗而定。

3. *人性的本質*：人性本善、性本惡、性無善無惡、抑或性善惡混。

4. *人類活動的本質*：成員均須接受同一標準考核，傾向集體主義導向的普世主義（universalism），或者是應依個別考量予以考核，傾向個人主義導向的特殊主義（particularism）。

5. *人類關係的本質*：成員與組織關係認為是階層權威的上下直線關係、平行的團體取向關係，或者是個人主義本質。

團體中的成員對這些基本假設，所持的信念形成中層組織文化的價值、規範及期望，不同團體所持信念不同，形成組織的價值、規範及期望也不同。

㈡第二層級—組織的價值、規範及期望

組織的價值，反映組織所持的基本假設，組織的基本假設前提，是組織成員解決某種問題背後所根據的信念，而組織的價值，則強調此種

解決問題方式的正當性。組織的價值，也說明了組織所期望達成的目標及組織評鑑成員的標準。此外，組織的價值，也反映了組織的規範，組織的規範則是由組織的價值衍生而來，為一較明確的行為法則，當組織的規範界定在某些條件上，這些規範便成為對組織成員的期望。所以，從組織對成員的期望可以追溯組織的規範，從組織的規範可以了解組織所認為與堅持價值。

㈢第三層級─組織的人工器物和創造物

人造器物（artifacts）是組織文化中最表層的部分，例如：物理環境中的建築、語言、技術與產品、藝術創作、服飾風格、談吐舉止，情緒表現、組織傳說與故事、公開列舉的價值、顯著的禮儀和典禮等（Schein，1990）。這是是組織文化中最淺層、具體可以察覺的部分，組織可以由這些可觀察到的人工器物和創造物，來加以研讀與推測組織的基本假設前提、價值、規範及期望。較常見的淺層文化項目，可用日常語言符號、行為及物質三種方式來表現。

1. 以語言符號表達的淺層文化：通常組織藉由符號、典故、迷思或術語言辭，來展現組織的價值、規範及期望。例如：日本人的用語，男女所用的腔調，表達謝意的用語非常多，顯示出日本人對男性或女性的期望與規範是有差別的；校園中所張貼的標語，如果用詞強烈且是命令式，或是委婉而請求，可充分顯示主事者對人的基本假設信念、價值、規範及期望。

2. 以行為表達的人造物：組織所採用的儀式與慶典，是另一種表現組織文化的人造物，儀式是一種精鍊的活動，頗具戲劇效果，在保持與傳承文化方面，扮演著相當重要的角色。透過儀式，可以幫助新的成員社會化、加強成員的忠誠感、及強調組織的價值，以確保組織凝聚的力量。例如：青幫的入會儀式；又如台中某科技大學，一場另類搞怪畢業

秀，12 名設計學院的畢業生，脫掉學士服，只穿小短褲，拿拖把當毛筆，寫下畢業心情，他們要展現的是「腹中有墨」的精神（2004-06-12 19:04／蔡桂華‧陳奇君 TVBS 新聞），從此行為表現也充分顯示現代青年其所持的基本假設信念、價值、規範及期望。

3. 以物質表達的人造物：組織的物質環境的表達，如建築物、室內空間、傢俱、裝飾品及成員的穿著等，都可反應個體的成員，在組織扮演的角色或持有的價值。例如，建築物是否到處是鐵窗的把關，購置或使用器物是重視著眼於耐用、經濟、實惠，平常維護良好、愛惜使用，使用後收藏保養完善；還是有錢就買、用完就丟、散落一地，無人珍惜與管理，也充分顯示其組織的基本假設信念、價值、規範及期望。

三、組織文化的類型

組織文化的分類隨研究者的目的而有不同的分類（Wiener, 1982; Denison, 1990），如 Quinn and McGrath（1985）將組織文化分為理性主導的文化（rational culture）、成長調適的文化（development culture）、層級節制的文化（hierarchical culture）與共識凝聚的文化等四類。

Handy（1988）以組織角色、任務及權力的角度來探討組織文化的分類，將組織文化分為：1. 俱樂部文化：在此文化中，領導者具有絕對的權力與魅力，部屬對於領導者的權力與地位忠誠地支持，並且感受到領導者的關心。領導者與部屬是在愉快且合作的氣氛之下工作，感受到溫軟舒適，並對組織有認同感，此種組織就像俱樂部一樣。2. 角色文化：組織藉由工作職責的分配，使每一位成員具有其特定的角色，並有次序地、規律地執行其工作，以增進各種角色的功能。3. 任務文化：強調組織成員間彼此相互依賴、互助合作以其能力並運用資源，採取合作的方式，運用專業能力在計畫、工作及問題的解決上；並且隨著組織所要執行的任務，而組成或解散團隊、增加或減少人員編制。4. 人的文化：此

一文化強調個人的能力是最重要的，組織中的成員可以透過任何方式展露其才能，而不受到科層體制或組織結構的限制。

Harries（1984）從組織成員溝通互動的角度，將組織文化區分為：*1.科層性文化*：組織具有明確的階級層次，各層級有清楚的責任與工作職掌、工作，具有系統化與固定化的特色，強調各單位職務權責的清楚分配、運作有明確的程序，並且以正式化的條例來規範成員的行為。*2.支持性文化*：組織中的成員具有相互合作的精神、重視人與人之間的關係；是一個高度支持、公平、關係導向的工作組織。*3.創新性文化*：組織中充滿著鼓勵創新的氣氛，強調不斷創新以追求績效，重視挑戰性甚過穩定性。在這種文化的組織中，成員多具有旺盛的企圖心，並且勇於接受挑戰，因此也承受了較重的工作負擔和壓力。

Sethia 和 Glinow（1985）基於人群資源導向（human resource orientation）將組織文化分為四類：*1.關懷的文化*：組織特別關懷組織成員，但對組織工作績效卻較少關注。組織成員間彼此具有堅定的友誼並對組織領導者表現出忠誠；組織領導者引領其部屬，使其在工作上努力、行動一致並順從組織的要求。*2.冷淡的文化*：領導者對於組織績效與組織成員的關懷都相當的低。部屬與領導者之間充滿了疏離感、不信任與抱怨。此種組織受到特權階級的操控，領導者常運用政治手段，操弄法規與控制組織成員。*3.苛求的文化*：組織強調組織目標的達成，忽略了成員的需求。這種文化的領導者對組織績效的關心遠甚於對組織成員的關懷；以計量的方式衡量組織成員的工作績效，並以此作為獎賞成員的依據。*4.統整的文化*：組織不僅對組織成員高關懷且高度要求成員的工作績效，組織領導者對組織成員個人的尊嚴給予真正的關懷，重視組織成員的合作、創造力、冒險、自我指導與嘗試實驗，組織氣氛是溫暖、和諧又具有活力的。

屬於整合性的分析方式以 Cooke & Lafferty（1987）將組織文化分為

十二類較完整（江岷欽、林鍾沂，1995）：

㈠人文關懷的文化（humanistic-helpful culture）

人文關懷的組織文化鼓勵成員積極參與組織之事務，並重視組織中的個人；期望組織成員以支持、開放、建設性的互動；在此文化環境中，組織成員的積極投入與成長是組織效能的主要動力。

㈡高度歸屬的的文化（affiliative culture）

高度歸屬的的組織文化重視組織成員的人際關係，希望成員對所屬工作團體產生認同、態度友善、心胸開放與強烈的滿足感。在此文化環境中，組織具備開放的溝通、良好的合作關係與團體的忠誠，以增進組織績效。

㈢抉擇互惠的文化（approval culture）

抉擇互惠的組織文化強調和諧氣氛，極力避免組織內的衝突，成員懷有支持他人，可換取他人支持的互惠態度。在此文化環境中，成員間以互惠的前提下，經常具有積極性、建設性的意見被隱藏起來，組織缺乏挑戰性、異議性的刺激，有可能降低組織績效。

㈣傳統保守的文化（conventional culture）

傳統保守的組織文化是相當保守與重視傳統，層級節制與嚴密監控是其特徵，要求成員順從決策、恪遵規則。在此文化環境中，變革機會不被重視，甚至受到壓抑，組織缺乏適應環境變遷的能力，組織的發展與永續經營受到考驗。

㈤因循依賴的文化（dependent culture）

因循依賴的組織文化，組織不但層層嚴密監控，而且採集權的決策過程，成員也無參與決策的機會，完全聽命行事。在此文化環境中，成

員養成不必負責任，也不願負責任，缺乏進取心、自發性與機動性，造成凡事請示、凡事白紙黑字、公文旅行，延宕積壓、無時效觀念，難有績效可言。

(六)規避錯誤的文化（avoidance culture）

規避錯誤的組織文化，只有懲罰而無獎賞的組織，如同閩南語的「有功無賞，打破要賠」。認為努力成功是應該的，不必獎賞；錯誤就是不對，就要懲罰；在此文化環境中，成員是抱著「多做多錯，少作少錯，不做不錯」的心態做事，逃避、推諉是處處可見，積極、負責、冒險難以尋覓，組織難有成效。

(七)異議反制的文化（oppositional culture）

異議反制的組織文化，基本上組織是產生對立的派系，經常是為反對而反對，使組織難有良性討論的空間，勉強有所結論，也陽奉陰違，不願付出與努力；更甚的是敢於提出批評，為反對而反對的人自命清高，聲名大噪獲得崇高的地位與影響力，組織朝向惡性循環互動與衝突。

(八)權力取向的文化（power culture）

權力取向的組織文化，充滿權力的運作現象，組織成員均重視職位與權力的權威與重要，依此可以分配資源、操控他人，成員積極鑽研權位；部屬也相信討好上司會有較好的對待，逢迎拍馬也在所難免。在此文化環境中，人與人的關係是權力、角色的關係，缺乏承諾、充滿利害、抗拒，缺乏為組織貢獻的意願。

(九)效率競爭的文化（competitive culture）

效率競爭的組織文化是成者為王、敗者為寇的文化，成員彼此競爭，用盡各種心機手段，或者隱瞞訊息、資源等，造成合作的意願降低，尤其是在零和遊戲中更是激烈，造成內鬥進而內耗，組織中適度的競爭可

造成組織向上的活力，但是過度的競爭會造成組織的負向發展。

㈩力求至善的文化（perfectionistic culture）

力求至善的組織文化凡事講究堅持、毅力追求完美，稱許組織中成員能對組織周遭環境保持敏感，孜孜矻矻、努力不懈，使事情做得盡善盡美的人，在此文化環境中，成員如果過度追求完美，有可能迷失於細微末節中，只見秋毫不見輿薪，忽略了高層目標和重要的事項，也容易造成成員的緊張。

(十一)成就取向的文化（achievement culture）

成就取向的組織文化重視做事有條不紊，能夠自己設定既實際又具有挑戰性的目標，與仔細擬定達成目標的方法步驟，努力執行，逐步完成所設定目標的成員。在此文化環境中，組織均能解決面臨棘手的問題，組織能獲得具有良好信譽的績效，成員也有高度的滿足感。

(十二)自我實現的文化（self-actualizing culture）

自我實現的組織文化重視創造性、質重於量、兼顧組織與個人成長的特性；組織成員獲得鼓勵，做能發揮自己所長與興趣的工作，鼓勵創新與勇敢的嘗試，成員能對組織有所貢獻，自己亦覺得有價值。在此文化環境中，組織具有革新潛力，能吸引與培訓優秀成員，組織與成員均獲成長。

四、組織文化的功能

組織文化是組織成員所共同擁有的一套意義體系，這套意義體系是一個組織經過其內在運作系統的維持與外在環境變化的互動下，所產生織成員所共享的一套基本假設前提的信念，依此信念衍生出組織的價值、規範和期望，且具有指導成員行為的作用，藉著故事、傳說、傳奇、符

號、軼聞和故事等象徵性手段傳給成員。但是組織文化具有共有性、穩定性、規範性、層次性、調適性、統整性、獨特性、寬廣性、隱晦性與發展性，所以組織文化有其正向的功能，也有其負向功能，茲綜合學者（陳聖謨，1995；陳慧芬，1998；林志成，1999；李新鄉，2002；吳美嬌，2002；董素貞，2002；卓鴻賓，2004；Deal & Kennedy, 1982; Smircich, 1983; Kilmann, Saxton & Serpa, 1986; Robbins, 1996）的見解分述於下：

(一)組織文化的正向功能

1. 外部適應功能：

(1)使組織系統穩定，解決組織面臨問題，凝聚共識並實現目標：組織文化是團體共有的價值與意義體系，可作為社會系統的黏膠，提升成員的向心力，促進組織團結穩定，一致面對並解決內外在環境的挑戰，使組織免於分崩離析、動盪不安，也減低組織成員在不確定狀況之中產生的焦慮，確保基本的安全感與保障。對組織事件尋求共同的解釋，以降低模糊與焦慮，並採行一致的態度與解決策略，化解組織的危機。此種意義建構理解的共同性，亦即組織統整凝聚與成員彼此溝通的重要基礎，進而達成組織目標。

(2)影響組織功能發揮，提高效能：組織文化是一種內化的規範力量，成員信奉的價值、不自覺的深層假定，都可能驅策成員對組織生存發展的相關事務投注心力。共有共享的組織文化也使成員與組織相互連結，此種歸屬感與認同感的滿足，能增進成員對團體價值與管理哲學的投注，使成員願意不計個人利害，對組織作忠誠的奉獻，促使組織功能發揮，提高效能。

(3)影響組織發展策略方法的選擇，提升競爭力：組織文化能提升組織的效能、效率，此已受到不少研究者的肯定，組織文化如

果是包容而多元，首先對組織發展策略方法的構思與選擇就會
豐富與多元，進而促使多方面、多角度的思考與辯論，使方案
能更周全而經得起考驗，方案一旦決定，它是經過此討論而獲
得的共識，更能獲得眾人的承諾與努力；對內統合力量，對外
團結一致，使組織更有競爭力。

(4)影響評量與矯正功能，提高適應變遷彈性：每個組織都有一套
　含蓄而成員都明白的規則，用以管理公司每天發生的行為。違
　反這些規則，會遭致眾怒及強烈的處分；遵守這些規則，則是
　獲得獎賞及升級的基礎。組織文化能匯聚成員的共識，形成共
　同願意遵守的規範，成員受到公平的對待與評鑑，也能預知自
　己的行為後果，有任何變遷也有能力去適應。

(5)建立良好形象，增加吸納社會資源的能量：組織文化它是整合
　內部的歧異，使組織運作順暢，同時所有的作為都按照組織的
　假設信念、價值規範，所以從組織外就會形成組織的特別形象，
　也因為形象良好有口碑，所以組織外稀有而珍貴的資源會源源
　不斷的投入，使組織的資源豐沛而不虞匱乏，組織有了良好的
　人力、物力、設備與制度，轉化與輸出會更好、更暢旺，使組
　織能繁榮而發展，永續經營。例如：美國哈佛大學與耶魯大學，
　校譽良好，形象優秀，所以外界的捐贈、優秀的學生、一流的
　教師都以進入這兩所名校為職志與榮譽，因而兩校能吸納社會
　資源大量的能量。

2.內部整合功能：

(1)確立組織經營哲學理念與信念，促進成員團結合作：組織文化
　是一種易於理解的架構，提供成員知覺、思考的合宜模式，對
　組織事件尋求共同的解釋，以降低模糊與焦慮，並採行一致的
　態度與解決策略，化解組織的危機。此種意義建構理解的共同

性，亦即組織統整凝聚與成員彼此溝通的重要基礎。因而對組織經營哲學理念與信念有了共識與了解，促進成員團結合作。

(2)增進組織認同與情感皈依：組織文化使成員了解組織的歷史傳統、精神、目標、揭櫫成員在組織中工作的意義。組織文化也反映成員認知、情感的共識，滿足成員親密與隸屬的需求，這種個人與組織體的感覺，增進成員對組織的認同感，也奠定成員與組織休戚與共的使命感。

(3)區隔組織界限，引導成員行為方向：組織文化使組織呈現某種獨特的氣象與氛圍，與其他組織有別，不但形成區分內外的疆界，也劃定角色的界限。成員經久浸淫濡染於組織文化中，能了解組織中各種狀況蘊含的意義，也展現該組織成員特有的氣質，不同於其他局外人。增進成員對組織的向心力及其榮譽感，強勢的組織文化，可使成員滿意所做的事，因此其工作更努力（Deal & Kennedy, 1982）。

(4)建立權力、地位、角色、制度的組織運作系統：組織文化對內以其所建立之權力、地位、角色、制度的組織運作系統，使組織內部所有問題的提出、解決方式、處理的程序都有一套大家認同與了解的方式解決。另外，組織文化作為控制的機制，組織文化可作為導引與塑造成員行為的有意義手段。組織文提供成員言行與思想的合宜標準，成員也接收到組織所賦予之角色期望訊息，合作規範者較易續存於組織中；反之，可能遭到有形無形的排斥，乃至被淘汰。因此組織文化具有偵察與減少成員言行越軌的控制功能。

(二)組織文化的負向功能

1. 阻礙組織變革以適應環境的變遷：組織文化的滯延，造成組織功

能僵化,而無法跟上環境的變動,面臨外在環境更張時,組織文化可能
形成一種安於現狀的慣性或惰性,無法立即順應環境的變遷,及時扭轉
劣勢或創造先機。強調「平凡規範」的組織文化,使組織充滿反智、反
卓越、反績效的氣氛,對組織潛存長期的負面功能。不合時宜的組織文
化產生反革新、反適應等負面功能,妨礙組織適應力。

2.僵化與隔閡妨礙組織的發展:如果組織文化與目標方向互逆,將
妨礙組織的發展與目標的達成,文化的強度愈大,組織受害愈多。次級
文化與強勢文化的作祟,如各部門之間,因機能及被重視的程度有差異,
產生所謂「部門文化」;而強勢文化,即是被強烈掌握及分享的文化,
常因領導者未能洞察其間之互動與限制,而造成管理或決策上的盲點。
組織文化的滯延,造成組織功能僵化,而無法跟上環境的變動(Robbins,
1996)。反文化、對學校主流文化改革的阻礙(李新鄉,2002);外界
對組織整體及其成員所產生的「刻板印象」,會限制組織的多角化發展
(Robbins, 1996)。每一組織都有衝突的次級文化(Conflicting Subcultu-
res)存在,會造成組織整合困難及效能減低。

3.產生團體思考與集體逃避現象:組織文化能促進認同,形成共識;
但也可能使成員產生依賴情結,面對困難與衝擊時,形成集體退化與逃
避的情緒狀態,或陷入不切實際的陶醉與樂觀。組織文化若有反目標的
性質,一旦形成強大勢力,且普遍深植在成員心中,則會導致組織錯誤
的方向(Kilmann, Saxton & Serpa, 1986)。派系衝突的組織文化,造成
組織整合、行政運作的困難及效能的低落;形式主義的組織文化具有反
求真、不務實、反科學的負面功能。威權主義的組織文化具有反民主、
反專業、產生團體思考的負面功能。功利主義的組織文化具有反教育、
反理想、反價值的負面功能。

4.自我限制排斥交流:組織文化對角色的劃定、成員的規範與控制,
發揮維護、鞏固作用,也可能降低新觀念、新特質的刺激和交流,減少

組織進步革新的機會。組織文化有其深厚基礎，易使組織運作僵化，不能因應時代變遷做適度變革，形成自我限制排斥交流，畫地自限、守舊落伍而不自知。

五、學校組織文化與績效的關係

學校組織文化通常反映學校師生日常行為，與其所建立之指導信念，也就是學校組織成員為解決組織內統整與外在適應問題，對具有象徵性意義的事務，予以認知，形成共識並內化為成員的價值與假定後，進而作為組織成員所遵循的規範（張慶勳，1996）。組織文化會受到組織因素的影響，組織文化的強度或優質與否會影響組織績效，〔圖 12-1〕是 Robbin（1994）所提出的組織文化與績效之間的關係。Deal 和 Kennedy（1983）針對學校效能研究指出有效能的學校具有強勢的文化，其要素如下：

㈠分享價值和對如何完成任務、達成工作目標有共識一致的價值觀；

㈡英雄般的校長使核心價值（學校是為學生而存在、從事教學研究、教和學是合作的歷程、親近你的學生、爭取高而合理的優異學業表現、開放的行為與溝通、信賴同事、專業化）具體表現核心價值；

㈢以特殊的儀式強化與表現共享信念；

㈣部屬如同組織中的英雄或女英雄；

㈤儀式包含組織文化的薪傳和更新；

㈥以重要的儀式去轉換傳達核心價值；

㈦在傳統與革新、自主與控制中維持平衡；

㈧文化的儀式中有廣泛的參與。

組織文化是組織提升本身績效與獲致人員滿足的轉化過程，根據呂育誠（1998）的研究：組織文化既然形諸於人們的行動或意念，則管理者亦可經由改變人們的意念或行為，塑造出特定的組織文化，以提升組

織績效或達成預期目標。有關學校組織文化與學校績效的相關研究也獲
得支持：

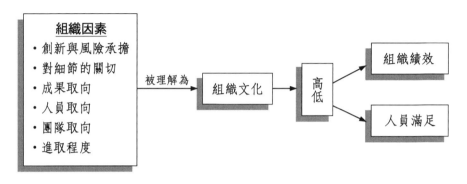

圖 12-2　組織文化與績效之間的關係

資料來源：Robbin, S. P. (1994). *Organizational Behavior: Concepts, controversies, ap-*
　　　　　plications (7th ed. p. 553). N J: Prentice Hall International Editions.

㈠學校組織文化與組織公民行為成正相關，且學校組織文化中團隊
精神、正直誠信、參與決定及專業承諾等四個層面對組織公民行為最具
有預測力（李政翰，2004）。

㈡公立國民小學學校組織文化層面中以創新層面對知識管理最具有
預測力（卓鴻賓，2004），校組織文化對學校組織變革支持度具有預測
力（蔡榮福，2003）。

㈢國民小學學校組織文化與學校效能（國民小學學校效能五個層面
中，以「行政效能」及「教師效能」層面、「學生效能」及「公關效能」
層面）有顯著的正相關（丁福慶，2004）。

㈣學校本位管理與學校組織文化特性二者互為影響，關係密切（許
嘉政，2004）。

㈤學校組織文化「提供教師愈多有助於內化知識的學習結構與管
道」、教師也「參與愈多有助於內化知識的學習結構與管道」，學校中

有愈多「組成或參與知識社群」的行為，且「學校經營者愈重視鼓勵創意教學與創造力培育」，則學校教師有愈多的「教學省思行為」、「教學福樂經驗」，也愈「樂於接受挑戰與開放經驗」，並且有愈高的「創新教學行為」（林偉文，2003）。

㈥學校組織文化、教師組織承諾及教師工作滿意度各層面之間均呈顯著正相關；學校組織文化得分高教師之組織，承諾亦高，反之亦然。學校組織文化得分高之教師，工作滿意亦高，反之亦然（黃裕敏，2003）。

六、學校組織文化領導的策略

組織文化包括組織內成員所共同認定的信念和價值，在一個新的組織要形成一個文化比要改變一個歷史久遠的組織文化要容易的多。組織的文化受到領導者行為的影響，例如：領導者的榜樣，領導者關心的事，如何處理危機，獎賞和升遷解聘的決定。學校組織文化領導的策略有：

㈠型塑尊重多元、承諾與開放的校園文化

多元包含各種多元的族群，不同年齡、不同社經背景、不同性別、不同地區、不同能力等，校園中有機會接觸與自己背景、經驗不同的人，在互動中挑戰自己既有的刻板印象、偏見，學習、了解、並尊重別人的不同而帶來觀念的轉變與自我的成長。吳煥烘（1996）研究發現承諾與開放型的學校組織環境有高的組織績效，校長工作表現積極，關懷、倡導結構，與教師關係、教師服務精神是高的，校長很少表現與教師疏離的行為，教師隔閡也少，此型是承諾與開放型組織環境的典型。在此型學校中，學校的成果、適應力、彈性等均表現績效；校長領導的型式是平衡的，倡導結構與關係一樣的強調，教師覺得校長努力建造有效的組織功能型式，例如：溝通管道、工作程序和方法，對與教師的關係表現很高的興趣，試圖建立溫暖、信任和尊重的關係；避免與教師疏離，注

意教師的個別需求，努力工作以為教師楷模，激勵成員對組織承諾；教師在此環境中，表現非常的承諾，有高的工作服務精神，充滿愉快與活力的氣氛中完成任務，彼此沉浸於友誼的社會關係，縱使工作辛苦亦不覺負擔過重。

㈡領導者學習領導與調和多元文化的能力

Trompenaars 與 Hampden-Turner（2003）在《21 世紀卓越領導人》一書中，特別強調當代領導人重要的領導能力是領導與調和多元文化的能力。因為組織內外環境愈來愈複雜，組織所面對的問題也愈來愈難以解決，兩難式的問題（表 12-2）也愈來愈多，過去用二分的方式處理問題已不適用，成功的領導者需具跨文化職能才能解決。目前學校環境也愈趨複雜多元，教師的思想、態度、行為、教育背景與經驗不復以往單純；家長、民意代表、社區居民對學校的要求與參與增多，對服務的選擇、安排、方式、服務時間、服務完成等需求也不一樣；面對學生不同的興趣、能力與需求，及所產生的問題也千奇百怪，甚為棘手，所以學校領導者須學習領導與調和多元文化衝突與矛盾的能力。

㈢了解學校組織文化，轉變與發展學校優質文化

Hargreaves（1999）認為在塑造學校文化的領導工作中，診斷學校組織文化為首要之物，然後才能指出學校組織文化發展方向，以及管理學校組織文化。所以為求轉變與發展學校優質文化於學校組織之中，必須：

1. 先明瞭、洞悉學校文化的意義、內涵及特性，知道學校組織文化中哪些是優質的予以繼續發揚，哪些是弱質的需予以轉型，則在型塑學校文化時，就能掌握其重點及精髓。此外，組織文化有其正、負面功能，並不全然對學校有助益，因此要儘量發揮組織文化的正面功能，學校中可能有負面作用的不同的次級團體，在價值觀念、期望及立場上會有所差異，而造成衝突（蔡進雄，2001）。

表 12-2　文化差異（cultural difference）

文化差異的七個構面	
一	確立規則（普遍主義）	尋找例外（特殊主義）
二	自身利益與個人成就（個人主義）	群體利與眾人之事（社群主義）
三	偏好標準的、單一的「強硬」標準（單一性）	偏好普遍的、仿傚的「軟性」過程（擴散性）
四	抑制的情感（中立的）	表達的情感（感性的）
五	透過努力獲得成就而贏得的地位（後天成就）	歸因於個人的家庭背景或教育等所獲得的地位（先天賦予）
六	發自內部的控制與有效的指導（內部導向）	來自外部的控制與有效的指導（外部導向）
七	視時間為一場流逝力量之間較勁的「賽跑」（順序性）	視時間為一場與循環的重複現象之間的「舞蹈」（同步性）

資料來源：整理自 Trompenaars, F., & Hampden-Turner, C (2003)／**21 世紀卓越領導人**。台北：高寶國際。

　　2.學校文化是一種綜合性的文化，它包含了世代（兩代）之間的文化，又包含了校內、校外的文化，也包含了不同行政人員之間的文化；學校文化是一種對立統整互見的文化，不同學校次級團體之間，或不同世代之間的價值觀念與生活哲學常互有出入，對立與統整現象隨時出現在其交互作用中。學校文化是一種兼具積極與消極功能的文化，不同次級文化之間，有的有助於學校教育目標的達成，有的可能阻礙學校教育目標的達成甚至是反教育的（林清江，1981）。

　　3.領導者亦須做衝突管理與走動式管理。為正確了解學校的文化，學校可以採用的方法包括事件分析法、訪談法（焦點團體）、問卷，以及觀察方式（林明地，2002）。

㈣從行政作為中具體實踐學校文化的核心價值

　　學校組織文化的核心價值要由日常的行政作為中予以實踐，才能具體顯現學校文化的獨特性，成員也才能了解與體認學校的核心價值在哪

裡，因為它必須經過長時間、於各種組織作為中去學習、觀摩、型塑而成。可以具體實踐學校文化的核心價值的行政作為有（Schein, 1992）：

1. **領導者所關心的事**：領導者詢問、衡量、評論、稱讚或批評某一件事；或一個領導者對某件事不關心，他散發出那件事並不重要的信息。它傳遞給組織成員何者是有價值，何者是無價值。例如，學校校長關心的是學生考試成績和升學率，經常褒獎某老師指導的班上成績如何良好，甚至給予新辦公室；對嚴格要求學生生活規範，品德操守而付出很多心血的老師漠不關心，所有的成員就會了解他所代表的組織價值。

2. **行政領導者面對危機的反應**：若是學校有了危機，領導者對危機的處理會反應出他的價值觀。例如，一個家長到學校針對某位導師大吵大鬧，學校其他老師視而不見，學校行政領導者也不積極出面協助這位導師，讓這位導師窮於應付；或是學校其他老師看見後立刻通報學校相關單位，也立即加入協助這位導師，學校行政領導者也積極出面解決問題，就具體顯現不同的學校核心文化價值。

3. **行政領導者做良好的榜樣**：領導者的行為可以傳達他的價值觀。一個領導者頒布一項政策但是自己卻無法做到，他所傳達的那項政策是官樣文章，並不是重要或必須的信息，只是虛應而已；或者反而嚴格要求部屬要做到，它傳達的是有權力就可以傲慢，州官可以放火，百姓不可點燈的科層官僚價值。

4. **行政領導者給成員的獎賞**：組織的價值觀是給予獎賞的標準。領導者可以在儀式中正式表揚或在非正式場合讚美，一個人如果對組織有貢獻卻沒有得到表揚，會讓人覺得那件事對組織並不重要。

5. **學校對教職員的考績與升遷標準**：學校領導者聘僱選用新教職員，考績、升遷的決定標準也會影響組織的文化。例如，學校堅信「教學的成功就是行政的成功」，因此，在遴選組長或部門主管時，就須考量所晉升的教師或行政人員是否具有「行政支援教學」的理念，最好定有評

量指標。

㈤用心規劃各種儀式與典禮，做組織文化傳承與強化的工作

儀式與典禮具有三項共同特徵：第一、保存與維護生活秩序；第二、由於他們是公開的集體活動，有助於建立難以變更的社會共識；第三、由於舉辦這些活動要耗費大量資源，因此常用於表揚有助於傳播組織價值觀的優秀成員（吳璧如，1990）。

學校的儀式與典禮亦具有上述的意義和功能，學校常見的典禮儀式及可行作法，簡述如下（吳美嬌，2002）：

1. 新生或新進教職員工始業式：可經由某種儀式，表達學校對新近的組織成員的期望、學校特色、願景，或和團體努力的方向，使其具備學校意識與使命感。

2. 升降旗儀式：可時常表揚德、智、體、群、美方面的優秀學生，藉此激勵學生努力向上及愛團體、關懷他人的情操，切勿不要成為訓話的活動。

3. 民俗節慶：以故事或典故活動，傳遞傳統與現有的美，讓成員有更多人文情懷。

4. 運動會：可以展現成員團結合作的精神，並藉此傳達學校與社區、家長的良好關係，強化相互合作、追求進步的學校組織文化。

5. 教師節：辦理蘋果節活動（學生饋贈教師一個蘋果），感謝教師不遺餘力的教導，或藉著隆重公開表揚嘉勉過去表現優異、倍受愛戴的教師及現任的全體教職員工。

6. 慶生：規定每個組織成員需對其他成員的生日以自己的方式表達恭賀，尤其孤獨無友的成員。

7. 校慶：辦理親、師、生懇談餐會，每位學生做一道菜請父母、學校默默付出的義工，展現學習成果、體驗反哺及創新慶典規則。

8.畢業典禮：可著重氣氛的營造，使畢業生終身感念三年中，學校每個人與事對他的培育之功，以此對社會作忠誠的奉獻。

㈥利用人造器物彰顯學校文化

學校建築環境係人為建構的潛隱性文化教育空間，其所建構的「境教」環境，具有「教育性」、「象徵性」、「文化性」、「時代性」與「藝術性」（湯志民、廖文靜，2001）。利用人造器物彰顯學校文化的作法有（吳美嬌，2002）：

1.在校徽、校歌、校服、校旗中，顯現學校的價值觀念、傳統精神及校風。這些象徵學校精神的校徽、校歌等都可經全體師生共同完成、或票選產生。

2.為校園的建築物或具有特色的景點命名，可藉此賦予建築物或景點生命。軟性符號可以使用，對學校有貢獻的校長、教師、傑出校友或值得景仰的人物，亦可用來命名。

3.維護古老的樹木、亭台，保留具有代表性、具特色的建築館舍。有心的領導者會善加利用校園內的人造器物，以彰顯重要且有價值的學校文化。

4.認養學校一髒亂死角，或重新規劃或美化學校精神標的物，讓烏鴉變鳳凰，重啟該處或目標的意義與價值。

5.楷模專欄：不斷展示本校以往對學校或教育有功的教職員工，用他們的事蹟，傳達組織文化的共有性，使組織成員對此價值或行為趨於認同，日後遇到相同的事件，大抵會作成相同的反應，因為他們已在潛移默化中培育了相同的基本假設及價值。

㈦把握領導的主要原則，適度運用領導權威

現代社會民主，校園開放，在舊組織文化未解組新組織文化未定型的變革中，學校校長宜擺脫傳統威權心態，必須運用以人性為本位，人

文為方法，溝通為基礎，民主為依歸的領導模式；應本公平正義、同理恕道、民主程序、真誠接納及互為主體之領導原則（廖春文，1999）。所以校長在學校文化領導中，應：

　　1.是非分明、賞罰分據，以符合公平正義原則。

　　2.設身處地、感同身受、將心比心，發揮儒家仁恕之道，以符合同理恕道原則。

　　3.民主風範，凝聚共識，群體決定，符合民主程序，且適應變革。

　　4.真誠接納，視成員如心腹手足，方能上下一心，共赴成功。

　　5.校長領導應視被領導者亦為一平等主體，建立以「我—汝」關係的尊嚴價值互動，方能展現對成員之影響力。

　　領導者固然得有開放的胸襟，其他成員亦須本諸理性，否則不僅無法達成組織目標，更會將學校文化帶往喧騰與暴力的境地。強勢組織文化容易凝聚共識，藉以促進組織的效能。要將學校成員拉回理性的軌道來運作，在適當時機運用「適度的權威」乃是必要的舉措（董素貞，2002）。必須注意的是，要盡力排除學校行政歷程中，超越文化慣例，且不受規範的情緒失控行為，諸如不講理、易怒、狂熱、愚昧……等，以免影響行政運作的品質（黃乃熒，民90）。

七、結論

　　Hoy & Miskel（2001）認為組織文化的核心是一組共享的價值，他歸納研究發現多數的組織，是由七個基本的共同元素所塑造其文化（O'Reilly, Chatman, & Caldwell, 1991; Chatman & Jehn, 1994）：

　　1.革新（innovation）：期待成員創新與冒險的程度。

　　2.穩定（stability）：行事重維持現狀而輕改變的程度。

　　3.對細節的注意（attention to detail）：關心精確與細節的程度。

　　4.結果取向（outcome orientation）：管理強調成果的程度。

5. 人員取向（people orientation）：管理做決定時，關心每一個人影響與感受的程度。

6. 團隊取向（team orientation）：強調統合與團隊工作的程度。

7. 積極進取（aggressiveness）：成員被期待努力競爭的而非隨隨便便的程度。

組織文化雖然由這七種元素描述其主要的共享價值，Schein（1999）提出警告，認為：(1)文化是深層的，如果認為可以完全操控的，它是錯的；(2)文化是廣泛的由日常活動所反映的信念與假設所形成，要辨讀文化是不容易的；(3)因為文化是穩定的，它提供意義和使生活可以預測，所以要改變是困難的。

組織文化的影響力又是全面而重大的，但是文化是緩慢漸進的型塑，往往在不易察覺的狀況下，組織文化產生變化，是領導者必須特別注意且用心之處。茲舉最近幾則發生的校園事件（新聞來源：TVBS 2004-06-27 18:11）：

> 「2004 年 6 月長庚大學的男學生因與同學打賭 NBA 湖人會贏，不過卻輸了，因此願賭服輸，在學校裸奔溜鳥。懲處──二大過二小過。」
>
> 「2004 年 6 月台中朝陽科技大學，下午有一場另類搞怪畢業秀，12 名設計學院的畢業生，脫掉學士服，只穿小短褲，拿拖把當毛筆，寫下畢業心情，他們要展現的是，『腹中有墨』的精神。」
>
> 「2004 年 5 月間，網路上流傳一張中國技術學院 5 名專科女生，身穿制服，卻坦露出胸部的自拍照。懲處──小過。」
>
> 「1996 年，台大的女研社則是在女生宿舍播放 A 片。懲處──僅口頭告誡。」

這些事件，在社會造成熱烈的討論，有的支持、有的反對，甚至許多學生在網路聲援校方處分太重，讓校方苦惱不已，不過其實類似的案件以前也有過，但懲處的程度因校而異。如果以組織文化的角度就會很清晰的了解關鍵所在，它顯現幾個現象：

㈠首先大家把「怪事」當「故事」看，所以上至校長，下至學生，爭奇鬥豔、怪招頻出，而樂此不疲，忘記去評估這些怪招對組織文化的意義是什麼，它代表的價值與深層假設是什麼。

㈡大環境的文化是只求目的不擇手段，上位者的不誠信、行政部門行政作為不中立，政黨惡鬥，族群分裂，導致次及系統的學校文化亦受影響，學校也迷失教育的本質與目標，讀書人的風骨不容易看見也不容易堅持，利之所在，眾之所趨，上行下效，草上之風，偃矣；如何能再有活水源頭呢。

㈢顯現社會不能包容多元文化與尊重其他團體文化，走上粗魯、強制、統一、無禮的社會文化特質。這些新聞事件並非不可評論，重要的是先了解該學校的文化，學校處理事件是否前後一致，從該校組織文化的角度看，是否合理，而非盲目的拿其他學校的標準做比較，而批評說處分太重，若是如此，長庚大學就不是長庚大學，台灣只有一所大學，只有統一而無特色了。

組織文化可以載舟，也可以覆舟，Robbin（1994）指出：員工處於強勢文化下，會十分清楚處理事情的方式，強勢文化提供了讓組織保持穩定的力量。學校文化是一種可以有意安排或引導發展的文化，不論是人為的或自然形成的文化，都必須要站在教育的主軸，針對物質文化、制度文化或心理文化加以改變或引導其發展的方向（林清江，1981），這也是從事領導者必須念茲在茲的是教育追求多元、精緻與卓越，必須成為永不止息的動態歷程。

┌ 第二節　從執行力檢視學校行政領導革新之道 ┐

　　執行力才能夠讓組織邁向願景達成組織目標，執行力能夠讓組織明顯地自其他組織區別出來。傳統的組織強調領導者必須具有許多領導技巧與魅力，而認為執行是屬於次級主管甚或是員工的工作，而執行力則提出另一種論點，認為執行是全體組織成員，包括領導者、次級主管與員工皆必須齊心努力的方向。亦即領導者不是放任地讓員工執行任務，而是在適當的時候提供適當的資源與教導員工如何進行，到達迦南樂土一組織目標。

　　本節依包希迪（Larry Bossidy）與夏蘭（Ram Charan）的《執行力》一書的主要觀點做介紹，再論述學校的執行力。

一、執行力的意涵

　　就執行的定義來說，執行是一種紀律，是策略中不可分割的一環，是企業領導人首要的工作，其必須成為組織文化的核心部分。它所包含的意涵有：

㈠執行力是一種紀律，是策略不可分割的一環

　　執行是一套系統化的流程，嚴謹地探討組織的運作該「如何」與組織的策略「是什麼」，不斷地提出質疑、不厭其煩地追蹤進度，並在執行的過程中，確保權責分明。

　　執行力是一套系統化的流程，著重領導者必須掌控策略、人員與營運三大流程，並以執行力作為貫穿組織運作的準則（如〔圖12-3〕）。其不若傳統的品質管制模式（如〔圖12-4〕），將品檢置於最後的流程，以致於將許多的時間人力耗費在可能會遭淘汰的產品上，而是自輸入至

輸出的每一個階段，都包含著品質管制的理念。

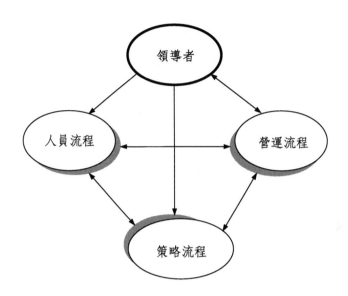

圖 12-3　執行力的運作系統圖

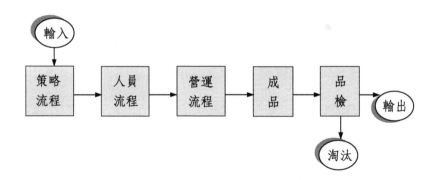

圖 12-4　傳統的組織運作流程

㈡執行力是企業領導人首要的工作

領導人必須對企業的營運、人員與環境有完整的了解；唯有透過領

導人親自深入執行的實質面、甚至某些細節,才可能讓執行力展現出來。

　　傳統的領導者訂定願景目標、提出運作策略的領導方式,是不足夠讓組織有績效地運作,領導者必須深入執行的領域,了解執行的狀況與實際問題,才能將策略與現實緊密的結合。舉例而言,領導者必須深入運作的現場,才能發現策略實行的難處,並針對問題適時地解決,以確保運作的績效。

(三)執行力必須成為組織文化的核心部分

　　除了領導人必須親自參與執行的工作之外,組織中每個人也必須了解並執行例行的紀律。執行力不是一種策略,而是一種紀律,唯有在組織運作的每個過程,都能將其理念深入每個成員,並透過內化後自覺地表現於工作之中,執行力才能發揮效果。因此,執行力必須成為組織文化的核心部分,而一個有執行力的組織,則必須將執行力的理念融入組織文化之中。

二、達成執行力的三大重要基石

　　Bossidy 與 Charan(2002)認為組織要達成執行力必須具有三大重要基石:包括領導人的七大重要行為、組織文化的型塑與知人善任的重要性(李明譯,2003)。以下則針對此三大要素進行說明。

(一)領導人的七大重要行為

　　領導者的角色不再是傳統高高在上的權威領導方式,也不是提供策略的理論提出者,一個有執行力的組織領導人,必須做到能夠了解自己的組織與員工、實事求是、訂定明確的目標與優先順序、後續追蹤、論功行賞、傳授經驗以提升員工能力與了解自我等七大重要行為。

　1. 了解自己的組織狀況與員工:

　　在了解自己的組織狀況與員工方面,領導者必須掌握組織營運的真

實情況,並多與員工互動,以培養對組織各種狀況的直覺感受力。亦即領導者必須知道組織的真相,而不是單純地吸收經過篩選後的訊息。領導者必須能夠深入組織之中,並了解實際的組織情況,必須要過濾所接收的訊息,以免因為訊息的錯誤而做出不正確的判斷與決定。

2.實事求是:

在實事求是方面,領導人必須以務實的眼光來審視自己的組織,並和其他組織及現實情況做比較,來衡量自己的進步程度,亦即以務實態度面對組織的劣勢與威脅。

3.訂定明確的目標與優先順序:

在訂定明確的目標與優先順序上,要讓大家的焦點集中於少數幾項應優先執行的重點,並讓大家都能清楚掌握,以使組織資源的運用獲致最佳的成效。因此領導者應與組織成員共同制定明確的目標,並且力求簡化,使員工能夠完全了解「如何」執行以及執行「什麼」。

4.後續追蹤:

在後續追蹤上,即使有明確的目標,如果組織成員不認同,或由於實際狀況的不允許無法執行,亦不能達到組織的目標。因此,領導人必須要貫徹後續追蹤,並且訂定後續追蹤的方法。後續追蹤可以及早發現組織營運的問題,並適時地解決,以減少時間的浪費。

5.論功行賞:

在論功行賞方面,領導人必須按績效來給予報酬,並有勇氣對員工解釋,為什麼員工拿到的獎勵不如預期中的好。績效與報酬之間必須有清楚的連結,舉例來說,如果在同一個部門中,無論表現好或不好的員工都能獲得相同的獎賞,那獎賞的機制就形同虛設,不會產生激勵的效果。

6.傳授經驗以提升組織成員的能力:

在提升員工能力方面,領導者可以透過傳授經驗或提供訓練課程的

方式，來加強組織成員的能力。領導人應先觀察員工的工作方式，再針對其個人的狀況給予適切的指導。成功的領導者會利用每一個與成員見面的機會傳授經驗。提升員工能力的另一個方法是訓練課程，組織必須是員工的工作特性進行訓練，毫無選擇的課程內容，對員工而言是浪費時間，對組織來說則是浪費金錢。

7.了解自我：

在了解自我方面，領導者必須擁有情緒韌性，誠實地面對自己、組織以及組織的真相；容忍組織成員的多元觀點、思想與成長背景。所謂「情緒韌性」（emotional fortitude）係指不受限於個人的好惡，能接納不同的意見，也能正視自己弱點的能力；在懲罰失職員工時宜態度堅定，而在複雜且快速變動的環境中持具胸有定見、日理萬機的能力（李明譯，2003）。

(二)型塑組織的文化

單靠策略或結構的改變，對組織只能達到一定程度的影響。因此組織要永續經營，勢必要藉助社會運作機制，以改變員工的信念與行為，並塑造組織文化。

在改變組織文化的五大要訣方面，包括：

1.從員工的信念及行為著手：

行為是將信念轉化為行動的方式，唯有透過行為才能產生成果。在組織的運作過程中，所強調的行為是指行為的規範，包括員工該如何共同工作、對組織能否創造競爭優勢等議題，亦即在組織中，符合常軌的行為方式，亦稱為「參與的法則」（rules of engagement）。

2.將報酬與績效做連結：

改變行為的根本之道在於將報酬與績效做連結，並讓兩者間的關聯清晰明白，組織應建立一套賞罰分明的制度，以奇異公司為例，該公司

建立的活力曲線，針對員工的行為績效分成A、B、C三級作為評比，使員工與他人做比較，不斷的提升自己的績效。另外，亦採行同時獎賞員工個人與其所屬部門的策略，帶動組織著重績效的文化。

3.透過社會運作機制，建立共識：

只有靠賞罰分明的制度是不足夠的，因為這仍不足以形成一種正向的組織文化，倘若只是嚴格地執行獎懲，可能會形成成員的怨言或促使員工離職。因此，建立成員的認同感，形成組織的共識是重要課題。

Bossidy與Charan（2002）將有關組織中的價值、信念、行為規範與所有無法列入硬體的項目，稱之為「社會軟體」。社會軟體的一個關鍵成分即是社會運作機制，其包括正式或非正式的會議、簡報、便箋或電子郵件等任何有對話發生的場所。社會運作系統能夠明確地將組織的策略整合起來，並傳布至組織中的每個角落。

4.展開坦誠、公開、形式不拘的強力對話：

領導者在社會運作機制中所扮演的角色即是與員工進行強力的對話。強力的對話以公開、坦誠、不拘形式的方式進行，蒐集與理解資料並加以統整，以協助領導者在決策上更有效能。再者，強力對話不拘形式的特性，也往往能夠激盪出組織成員的創造性思維。

5.領導人要以身作則：

員工所表現出來的行為，就是領導人所示範或所忍受的行為，要改變組織文化，就要改變領導人的行為。領導者必須以身作則才能達到上行下效的效果。

綜合言之，組織的變革要能成功，必須以執行為導向、以事實作為策略判斷的依據、建立屬於有執行力組織的社會運作機制、經常與員工進行強力的對話、將策略與績效改善做連結，並預想或討論有待進行的具體事項，而最重要的是，在每個運作的階段都能持續保持執行的紀律。

㈢知人善任的重要性

一個組織想長期保有傑出表現，員工是最值得信賴的資源。他們的判斷、經驗與能力，是決定成敗的關鍵。因此，績優組織必定慎選員工。領導人必須親自為組織挑選最有執行力的人才，並讓員工能夠適才適所。領導人要讓員工適才適所，必須有以下的表現：

1. 深入分析工作性質：

領導者需要強力的班底亦即領導團隊，以分析了解每個職位的任務與所需要的特質才能。

2. 勇於採取果斷行動：

領導者必須具有情緒的韌性，採取果決的態度面對績效不佳的員工，舉例而言，員工的績效不好，領導者必須與員工對談以了解狀況，並明白地讓員工知道他績效不佳的問題，再提供員工可以補救的機會，如果真的不適任，則必須要明確的作出請辭決定。

3. 擺脫個人好惡：

許多用人不當的狀況，是因為領導者晉升的人是與領導者合得來的下屬。領導人必須視工作的性質特性做客觀的評斷，擺脫人情與個人的好惡，純粹以組織的發展為考量重點。

4. 全心投入，坦誠相告：

卓越的組織的根基在於其培養員工之道。倘若領導者花在培養人才的工夫，足以和他們花在預算、策略規劃與財務監督上的工夫相提並論，必能獲得永續經營競爭優勢。因此，領導者必須花 40%的時間與精力來挑選、評估與培養員工。領導者必須讓合適的人擔任合適的工作，如果發現不合適的狀況，領導者亦應該坦誠相告。

因此，在人員的任用方面，組織必須尋找擁有不懈的求勝意志的人，因為唯有具有這樣特質的人在工作完成之時，才會感到滿足。而一個不

空談理論，卻有追求成功決心的人，往往較能彼此勉勵，一同達成組織的目標。

5.選擇具有執行力的人才：

一個組織的領導者必須慎選內部主管，以幫助自己完成組織的任務，達成組織的績效。因此，選擇一位具有執行力的人才，更顯得額外重要。在具有執行力的人才特質方面，包括：

(1)能夠激發員工的活力：有些主管讓員工士氣低落，有些卻可以激發成員的活力。真正能使願景成真的領導人，必須能帶動並長期維繫員工的士氣。

(2)處理棘手問題要果決：面對棘手問題，能迅速做出正確決定，具有執行力的主管，具有果決的個性，能夠立即作出正確的判斷；相反地，一位優柔寡斷的主管，會將花很多時間在選擇與決定，這對於需要時效性的決策而言，可能會產生一些問題。

(3)懂得透過他人完成任務，不事必躬親：其實透過他人之力完成任務，是一種基本的領導能力。壓抑部屬，事必躬親型的管理者，缺乏安全感，不相信別人，各項細節都要親自做決定，以致於無暇專注自己該負責的重大議題，或是去處理突發狀況。另一種主管則是放任、崇尚授權：讓員工自求多福，不論好壞都自行負責。領導者要懂得善用員工的才能，才能將組織的效能輕易地發揮出來。

(4)做後續追蹤：有執行力的領導者，能夠針對策略進行嚴謹的後續追蹤，以確保策略的執行，並及早發現問題，及時解決。

綜上所述，在人才的任用方面，必須挑選具有領導特質的人，包括能夠帶動、提振其他組織成員的士氣，能夠具有臨危不亂的果決行事態度，懂得透過其他的員工來完成任務，而這些領導特質所展現的，正是與他人能合作愉快的特性，組織中的每個成員必須合作，才能提升組織的績效。

最後，管理者亦必須能持續的進行後續追蹤，以確保組織的執行力。

三、執行力的三大核心流程

(一)人員流程：與策略流程、營運流程連結

人員流程比策略流程、營運流程來得重要，因為組織畢竟要靠人來判斷市場的變化，並根據這些判斷制定策略，再將策略轉化成現實的營運。簡言之，如果沒把人員流程作好，你絕對無法完全發揮企業的潛力。傳統人員流程最大的缺失，就是眼睛向後看，只評量員工目前的表現，殊不知這些人是否有能力處理明天的工作，反而重要得多。

健全的人員流程有三項目標：1.精確而深入地評量每位員工；2.提供一個鑑別與培養人才的架構，以配合組織未來執行策略所需；3.充實領導人才儲備管道，以做為健全接班計畫基礎。組織要做好人員流程的關鍵做法為：

1.連結策略計畫及短、中、長期階段性目標；連結營運計畫的目標，包括具體的財務目標。

2.透過持續的改善、接班深度（succession depth）的分析、人員流失風險（retention risk）的降低，開拓領導人才儲備管道。

3.決定該如何處理缺乏績效的人。

4.將人力資源的任務與運作加以轉型。

人員流程主要的是選材、育才、用才與培才，古諺「中興以人才為本」就是對人才的重視。但是人才要用對地方，它必須與組織目標、策略、流程結合，否則人才無用武之地，或是閒置人才，抑或扞格不入，水土不服；另外人才不僅僅是能為目前所需，還要考慮人才能處理明天的事嗎？明天組織需要何種人才？必須事先縝密的計畫與培訓，事先與以儲備。對不適任人員的對談、調整、離職維持部屬的尊嚴，對強化績

效文化的正面特質是很重要的。

㈡策略流程：與人員流程、營運流程連結

任何策略的基本目標其實都很簡單：贏得客戶青睞，創造永續性的競爭優勢，為組織謀得利潤。策略界定了組織的方向與定位，並讓組織得以往這個方向移動。一個良好的策略規劃流程，需要對策略「如何」執行的各項問題，投注最多的心力，而且一個健全的策略流程包含策略計畫、策略評估、後續追蹤：

1. 策略計畫必須探討到下列問題：

　(1)外在環境的評量如何？

　(2)對現有客戶與市場的了解有多少？

　(3)能兼顧獲利的最佳成長之道為何？

　(4)競爭者是誰？

　(5)組織是否具備執行策略的能力？

　(6)計畫執行過程中的階段性目標為何？

　(7)是否能兼顧短期與長期的平衡？

　(8)企業面對的關鍵性課題為何？

　(9)該如何在永續性的基礎上追求獲利？

2. 策略評估該提出的問題：

在進行策略評估時，除了要將先前所談到的建構策略計畫時應找出的關鍵課題再重複檢討一次，因為參與者擴大，所以應可獲得一些嶄新的多元觀點。例如：

　(1)事業單位團隊對競爭情勢的掌握如何？

　(2)組織執行策略的能力如何？

　(3)計畫的焦點是分散或集中的？

　(4)我們選擇的構想是否恰當？

(5)與人員流程以及營運流程的銜接是否清楚？

3. **後續追蹤：**

在策略評估結束後，應致函給每位與會的主管，再度釐清並確認會中達成的共識，以供日後檢討進度時做為依據。

(三)營運流程：與策略流程、人員流程連結

營運計畫則是為這些人員指明路徑，並將長期的產出切割成短期目標。為達成這些目標，組織的決策無論在制訂之初或因應企業環境的變遷而做調整，都必須全面整合。其重點是預算編列方式、制定營運計畫：

1. 對預算編列方式的重新思考

營運計畫的數字背後都有事實為依據，並不是依「今年表現比去年好」的原則來編列預算，因為這樣做等於是看著後照鏡來設定目標。營運計畫應該要向前看，考慮「如何」進行。預算應該以營運計畫及各部門提交的計畫為根據，然後以財務數字的方式表達出來。

(1)同步化（synchronization）：同步化是指組織內運行的各部門對營運年度的外在環境持有共通的假設，同時也有共同的理解——就像左手知道右手在做什麼。做法包括讓相互依賴的部門間目標一致，並且讓各部門的優先順序能和組織的其他部門相契合。一旦情況改變，透過同步化的作用，能將多重的優先順序重新排列，並據以重新分配資源。

(2)目標要務實，假設要健全：要設定務實的目標，必須先對其背後的假設進行討論。例如：在設定今年的銷售目標金額時，可能要問——誰是我們的客戶？他如何購買，又為何購買？客戶的需求是什麼？這一需求能持續多久？競爭者有何動作？我們提出的主打商品是否夠好？

2. 制定營運計畫

一旦各項假設確定後，營運流程的下一步驟就是制定營運計畫。營

運評估的三階段流程如下：

(1)設定各項目標：營運計畫始於確認關鍵性目標－營收、營業利潤、現金流量、生產力、市場占有率等等，包含的項目依組織而異。

(2)研擬行動計畫：包括在短期與長期目標間做出必要的取捨，同時也要對特定領域研擬應變方案。

(3)取得共識並建立後續追蹤：取得所有參與者的共識與結論，同時建立後續追蹤措施，以確保參與者能完成承諾，或在承諾無法實現時採行補救步驟。

領導人應將整個靈魂沈浸於組織經營當中，進而將執行力視為一種紀律，使深植於企業中的執行力與美好的願景相呼應、改善組織流程，競爭力才能提升。企業運作的核心，是人員、策略、營運三項流程如何銜接起來。領導人除了要駕馭個別流程外，也必須重視三者如何能像一個整體般共同運作。這些乃是執行紀律的根本所在，居於策略構思與執行的中心位置，也是讓組織由競爭者中脫穎而出的關鍵。

四、執行力對學校行政組織的啓示與應用

執行力在教育上是指教育單位能夠正確的、徹底的把一項教育任務或教育策略完成的能力，能夠達成任務而無延誤，即具有執行力；反之，則不具執行力（吳清山、林天佑 2003）。以下從執行力的內涵，參酌學者的論述（張明輝，2003；高希均，2003；李明譯，2003：107-119；Bossidy & Sharan, 2002）提出執行力對學校行政組織的啟示與應用：

㈠學校行政領導者的重要修持與作為

學校組織具有科層體制又不緊密，又呈現雙系統（科層系統與專業系統）的現象，雖然長久以來被歸為養護型組織，但是整個環境與時代

的改變，學校組織已儼然形成市場化導向的趨勢，教育經費的爭取、優秀教師的聘用、學生註冊數、教育績效的評比、社會大眾對學校的要求質與量增多，在在顯示競爭的時代已來臨。從執行力的啟示，學校領導人在行為、組織文化的型塑、選才用人尚須特別注意與用心。茲說明如下：

1.學校行政領導者的重要修為

領導者有如「北辰居其所，而眾星拱之」，此處要強調的是，領導者在上位只有一雙眼睛，但是成員有多雙眼睛在看，領導者的一舉一動無所遁形，部屬了然於胸，只是不明說而已，背後難免指指點點。「兵隨將轉」，部屬也有一套存活的因應對策，所以領導者的的角色不再是傳統高高在上的權威領導方式，也不是提供策略的理論提出者，一個有執行力的學校行政領導人必須做到能夠了解自己的組織與員工、實事求是、訂定明確的目標與優先順序、後續追蹤、論功行賞、傳授經驗以提升員工能力與了解自我等七大重要行為。

2.型塑學校優質的組織文化

學校要發展與永續經營，勢必要藉助社會運作機制，以改變學校成員的信念與行為，並塑造組織文化。在改變組織文化的五大要訣方面，包括：從員工的信念及行為著手、將獎賞與績效做連結、透過社會運作機制，建立共識、展開坦誠、公開、形式不拘的強力對話、領導人要以身作則，有關學校組織文化部分請參閱本章第一節。

3.選材、培才、用才，賦予任務

學校校長必須要有堅強的幹部給予支持，各單位主管能負起本身的職責外，尚能彼此支持與合作，形成團隊的精神戮力從公。但是目前學校在選用各級主管時，受到舊有包袱、人情包圍、也少有計畫性的選材、育才、用才，而一旦被任命，接到任命的稱其好命與幸運，而非接班梯隊則慶幸，大家早已了解與期待的任命。所以在選擇各單位主任、組長、

各科教學召集人時，領導人必須親自為組織挑選最有執行力的人才（能夠激發部屬的活力、處理棘手問題要果決、懂得透過他人完成任務），並讓其能夠適才適所。要讓員工適才適所，必須深入分析各單位工作性質；「內舉不避親，外舉不避仇」，擺脫個人好惡，勇於採取果斷行動、選擇人才。除了做後續追蹤，並且要經常有計畫的選材、育才、用才並予以培訓，使其能符人望，也有能力應付現在與未來所需。

(二)學校行政組織中人員流程的調適

1.設立獲得承諾的學校願景

每個學校依潮流不能免俗的都設有洋洋灑灑的願景，願景只是由校長個人所擬定，而非經由全體成員深度交談凝結而成。大家都不了解，也不知道作什麼，怎麼作才能達成願景，願景不清，將只是口號。所以學校領導者要參酌學校的歷史背景、各項資源，分析學校的強項與弱項、機會與威脅，設定符合學校特色的具體目標成為優先執行的方向，並且使相關人員確實了解其理念及目標內涵。

2.健全學校人事制度

目前學校的人事制度隸屬公務系統，校長遴選制度的實施與任期制，使得未當校長的必須汲汲經營，當上校長的有連任的壓力，加以校長看似有權，實則權力有限，也不敢大刀闊斧的作；教師的遴選與聘用，事前學校沒有一套發展願景，更無一套學校人事發展計畫，經過職位分析，學校需要哪些人才，欠缺哪些專長人才，哪些是自己進行培訓，那些是要自外面甄選補充；再加上防弊甚重的教師甄試制度，使得學校人員專長重複，欠缺所需要的人才。

所以將來學校的人事制度可以與公務人員系統脫鉤，自成一套符合學校所需的教育人員人事制度；也要求學校作學校發展計畫下的人事發展計畫，精確而深入地作職位分析與評量每位員工；提供一個鑑別與培

養人才的架構,以配合學校組織未來執行策略所需;充實領導人才儲備
管道,將人力資源的任務與運作加以轉型。

3. 名實相符的獎懲,激勵成員

目前學校校長並無充分的獎賞籌碼與懲罰權限,對於學校教職員無
法達到激勵與警惕之效果。學校中的組織成員皆具備有公務員的資格,
亦即成員的薪資、福利獎懲均有一訂法令規定。加上學校陋規,記功嘉
獎經常是依主官的指示分配,而未落實依照貢獻的多寡敘獎,導致因敘
獎而爭吵、隔閡;懲處不公,導致心生不平、不服與忿悶,難以激勵成
員與以儆效尤。因此領導者欲期望組織成員有好的績效表現,必須適切
地考慮該組織的激勵保健因素為何,才能激發成員的績效表現。

學校領導者需要落實賞罰制度,使其名實相符;雖然學校領導者所
能運用的獎懲權力有限,物質的獎懲有限,但是學校成員都是高級知識
份子,要多針對成員高層次自我實現的需求著手,使得教師多數在追求
教學專業提升時,自我實現成為其最大的報酬,以精神層次的獎懲成為
其主要運用的手段。學校領導者激勵方法如下(謝文全,2003):

(1)配合成員興趣與需求;

(2)提升成員專業能力;

(3)提供良好的工作情境;

(4)給予社會性支持;

(5)公平對待每一位成員。

(三)學校行政組織中營運流程的調適

學校目前遭遇的「學校中長期發展計畫」,是供上級視導以及對外
宣傳用,都是一堆紙上作業,實際執行上沒有人認真去檢視;人員異動
後也不連續,另寫一套「學校中長期發展計畫」;甚至「學校中長期發
展計畫」經上級正式核定後,也不做準,施政失去連續性與穩定性;實

際的組織運作未落實每年去檢討與改進，只是被動的因應。所以學校行政組織中在營運流程的調適上，應：

1. 制定真實而穩定的「學校中長期發展計畫」

學校依願景制定「學校中長期發展計畫」，計畫制定的過程需要有廣泛的參與、論辯與共識，針對學校不同發展階段，定出具體明確的目標，將目標轉化為具體可行的執行策略、步驟，並承諾與遵守既定的發展計畫，戮力執行。如果要調整也需要經過一定的程序，經過大家的充分討論獲得同意，不能以一人之好惡隨意更改。

2. 建立依學校發展計畫編列預算制度

學校經過一定程序，制定了真實而穩定的學校發展計畫，政府就應該依照計畫編列經費預算，不能像目前只是依照往年經費多寡，今年增增減減一番，就是今年的經費預算，使多經費預算者恆多，少者恆少，預算既無重點，也不可預測，更糟的是政治力的斧鑿太深，有違教育發展的中立性。這是學校預算的長年沉痾，是急需努力改進之處，使學校能依發展計畫編列足夠的預算，是學校可以很穩定、且很有把握的依計畫作為，向前發展。不要要一塊給五毛的市場交易，或是只能活命的預算，若是，學校要發展簡直緣木求魚。

3. 運用客觀數據，持續突破精進

學校雖然不如企業界變動快速，但是服務顧客，讓顧客滿意是一致的，所有的作業程序必須有一定的標準作業規劃，也需要有一套蒐集行政作為的數據，檢討是否有依計畫執行，問題在何處，如何解決？可以增進多少，不是憑感覺回答，必須有客觀數據，才能持續追蹤措施、持續突破精進，以確保服務承諾的完成，細節請參閱本書第六章全面品質管理在學校的應用。

㈣學校行政組織策略流程的調適

在企業組織中,其設想的策略是為獲得更多的利潤,而學校組織在制定策略的目的上是為了使學校永續發展,使學生能習得更多有用的知識。學校組織執行的策略除多數需因應政策發展而來,但是學校也要依學校背景、體質、資源去分析,建構學校的願景目標,依目標發展出學校的核心能力發展策略,發展學校特色。

學校組織策略的制定必定也要有全員的參與,具體落實的建構執行策略,才能成事;如果未能全員參與制定,將使學校願景空洞與制式化,組織成員亦無法了解其內涵,致使行動方案未能確切落實,更遑論要後續追蹤執行情形。

㈤結語

目前許多學校行政革新的措施,也充分顯露出領導者的權威必須有所轉變,更須檢視其能力特質,使組織溝通管道增加,組織文化才能轉化,組織成員才會對該組織有向心力,也熱衷於參與組織,而非喊喊口號而已。作者在此套用高希均教授名言用於學校上,改為:「只有靠『執行力』,學校才能終結政策空轉;只有靠『執行力』,學校才能反敗為勝;只有靠『執行力』,學校才能重現生機。」

第三節　領導者的自我反省

領導者自己受性格、教育、人生歷練等形成自己的領導風格,加上在職位上擁有一些權力,能影響事務的決定、人事的考核遷調等,經常受到部屬或他人的稱讚或奉承,到底真實的狀況如何,領導者需時時自我評估與反省,避免自己與現實脫節、驕傲自大。以下列舉領導者需時時自我反省的事項:

一、有否大頭病

首先反省自己是否得了大頭病，Heller（1999）將其稱為「最高執行長病症」，他自己既是病因，又是帶原者的疾病，無法治癒。在位過久不易察覺自己的自大，最後自毀長城。其反映出來的行為症狀是：

㈠不會做錯事；

㈡拒絕承認任何錯誤；

㈢外務太多；

㈣身旁纏繞著唯唯諾諾的人；

㈤做所有的決策；

㈥對自己的收入、舒適及額外的特權非常在意；

㈦追求個人知名度；

㈧緊抓權力不放，貶抑他人或可能之繼任人選。

二、是否像陀螺

領導者經常是秘書把時間安排得滿滿的，像陀螺轉呀轉的，像是充實，其實捫心自問是否需要如此，有多大意義；或者整天埋首例行公事的紙堆中，是否有時間冷靜思考重要的問題，時間管理妥適性如何，效率如何，Smith（1998）當北大西洋空軍指揮官時，給自己訂出四小時原則—辦公室時間不超過四小時，其餘用做會客、拜訪附屬單位、主持典禮儀式、發表簡短而實用的演講。所以領導者反省自己是否訂立自己的日程表、優先順序，做有效的時間管理。

三、是否像詐騙集團

領導者與部屬相處是長期的關係，領導者與部屬是否真誠，還是爾虞我詐，相互不誠實，儼然像詐騙集團，雖然一時的狡詐會得逞，但終

將被識破,所以領導者要反省:

(一)自己的可靠性,自己是否為不輕易允諾,重然諾的領導者。

(二)誰告訴你所有的消息—不論好的或壞的。

(三)應有誠實而坦率的親信。

(四)你的道德標準和價值是什麼?

(五)你的誠信標準是什麼?

(六)你有多認真聽別人說話。

(七)別人畏懼你、不信任你、還是喜歡你、尊敬你、愛你?

四、是平庸抑或卓越

領導者在人際關係和行事風格,是平庸拙劣抑或卓越有特色,領導者只有一雙眼睛在看、一雙耳朵在聽,但是部屬在台下可是把領導者看得清清楚楚,有如透明人,無所遁形,所以領導者必須反省:

(一)你的肢體語言如何?

(二)你是否被視為一個善於溝通的人?

(三)有創意的稱讚,下工夫,轉述上級之稱讚。

(四)你是否被視為一個要求紀律的人?

(五)你喜歡你的工作嗎?是否居功?

(六)你是一位創新者嗎?(歡迎建議、觀念、新想法、新方向、新概念、連貫性與創新性之間找到適當的平衡點,創新的事物必須是循序漸進以保存組織的既有力量。)

(七)你是否有彈性?

(八)你是否保持生理和智能方面的健全?

五、是「推事」還是「幹事」

領導者對外、對上、對下、對內和對外有否影響力,能信任部屬而

授權適當與否，能否面對問題勇於負責，均會影響組織氣氛與領導效能，所以領導者必須反省：

㈠能向上向外發展嗎？有良好的橋樑與智囊團？

㈡能轉移來自上級的壓力嗎？是部屬的隔熱板（heat shield），或是加熱器。

㈢是否了解組織現況，還是與現實脫節？

㈣是否勇於面對問題且為主要的解決者？

㈤是個果決的人，還是「逃避決策的人」？

㈥是否有旺盛的企圖心？

㈦是否野心太大—花時間取悅上司，打擊部屬？

㈧是否善於授權？授權（delegation）與授能（empowerment）而不會過度授權，導致組織變得「巴爾幹半島化」（Balkanization），四分五裂、各自為政。

六、是「張飛」還是「諸葛亮」

面對危機或挫折的事情發生，你是如何反應呢？是屬於猛張飛一型，或是老謀深算、沉穩的諸葛亮呢？會影響成事或是敗事，所以領導者必須反省：

㈠你是樂觀的人，還是悲觀的人？

㈡你有安全感嗎？

㈢你是個很緊張的人，還是個很放鬆的人？

㈣是否得了「最後一年症候群」（the last-year syndrome）：「看到自己設定的目標均不能實現、體認很快就得放棄所有權力、擔心退休生涯的許多未知數、預期退休的痛苦、認知自己隨歲月老去的事實。」

㈤你是個「紅色反應者」（red reactor）嗎？（對部屬的批評反應過於情緒化或太激烈的領導者。）

㈥你是否能傾聽再反應呢？

㈦所有作為是精心設計過方法、步驟？

第四節　結　論

　　領導者可以造就事情發生、看著事情發生、茫然不知發生什麼事。端看領導者是否敏於事、專注於自己的任務。領導者不但需要積極主動引領組織，也必須果決，否則「瞻前顧後的人少能成大事。」（J. Schiller）。自己也要與時俱進，不斷學習，避免彼得原理（the Peter Principle）與保羅原理（the Paul Principle）的發生，彼得原理就是人們常會被提升到他們「能力所不及的職位」，然後就待在那個職位上；保羅原理就是領導者與所領導的組織脫節、退化、保守、抗拒改變，所謂的死腦筋。領導者必須了解你的部屬，尊重部屬，尊嚴與榮譽是人的第二生命，縱使要部屬下台，也要給予「尊榮的喪禮」（respectful funeral）（Smith, 1998），讓部屬有優雅的背影步下舞台，因為「朋友是來來去去的，但是敵人是不斷累積的」。領導者務請記住：

　　　　「事必躬親—精疲力竭。」

　　　　「凡事交與別人—現實脫節。」

　　　　「投變化球—拖延決策。」

　　　　「是否能從領導中獲得滿足和成就感—決定去留」。

參考書目

丁福慶（2004）。**國民小學學校組織文化與學校效能之研究—以雲嘉地區為例**。國立嘉義大學國民教育研究所碩士論文（未出版）。

江岷欽、林鍾沂（1995）。**公共組織理論**。台北：空中大學。

呂育誠（民87）。論組織文化在組織變革過程中的定位與管理者的因應策略。**中國行政評論**，**8**(1)，65-84。

李新鄉（2002）。探索學校組織的運轉手—學校文化的內涵與研究。**教育研究**，**95**，31-42。

李政翰（2004）。**桃園縣國民中學學校組織文化與組織公民行為之關係研究**。輔仁大學教育領導與發展研究所碩士論文（未出版）。

吳美嬌（2002）。**組織文化在學校行政上的應用**。線上檢索日期：2004 年 7 月 2 日。網址：http://web.ed.ntnu.edu.tw/~minfei/curriculum/90schoolorgshare（full）-17.htm

吳清山、林天祐（2003）。教育執行力。**教育研究月刊**，**110**，160。

吳煥烘（1996）。**國民小學組織環境與教師服務精神之研究**。台北：心理出版社。

吳璧如（1990）。**國民小學組織文化與組織效能關係之研究**。國立高雄師範大學教育研究所碩士論文（未出版）。

卓鴻賓（2004）。**台灣中部地區公立國民小學學校組織文化與知識管理相關之研究**。國立彰化師範大學工業教育學系碩士論文（未出版）。

林明地（2002）。**校長領導：理念與校長專業生涯**。台北：高等教育文化。

林清江（1981）。**教育社會學新論**。台北：五南。

林偉文（2003）**國民中小學學校組織文化、教師創意教學潛能與創意教學之關係**。國立政治大學教育學系博士論文（未出版）。

高希均（2003）。拚經濟，就在拚執行力。線上檢索日期：2004 年 7 月 7 日。網址：http://www.gvm.com.tw/column-kao-v.asp? code=1&wgvmno=1011

黃乃熒（2001）。學校行政瘋狂行為實際之探究。**師大教育研究輯刊，47，**
　　215-251。

黃裕敏（2003）。**國民小學學校組織文化與教師組織承諾、工作滿意關係之**
　　研究。臺東師範學院教育研究所碩士論文（未出版）。

黃振球（1990）。**學校管理與績效。**台北市：師大書苑。

湯志民、廖文靜（2001）。**校園文化藝術環境的建構。**論文發表於國立台灣
　　師範大學主辦之「知識經濟與教育發展國際學術研討會」，台北。

許嘉政（2004）。**學校本位管理與學校組織文化特性關係之研究。**屏東師範
　　學院國民教育研究所碩士論文（未出版）。

陳木金（1999）。從學校組織文化塑造談如何增進學校領導效能。**學校行政**
　　雙月刊，3，14-29。

陳聖謨（1995）。**高級中學學校組織文化與教師教學承諾關係之研究。**國立
　　高雄師範大學教育研究所碩士論文（未出版）。

陳奎憙（1994）。學校組織與學校文化。**師大教育研究所輯刊，36，**53-79。

陳慧芬（1998）。文化的意義與功能。台中師院學報，12，1-18。

張明輝（2003）。三項管理新議題對學校領導人的啟示。**教育研究月刊，**
　　111，29-35。

張素貞（1999）。國民小學營造「學習型學校」─行與不行。**現代教育論壇**
　　第四集。台北：國立教育資料館編。

張慶勳（1996）。**國小校長轉化、互易領導影響學校組織文化特性與組織效**
　　能之研究。國立高雄師範大學教育研究所博士論文（未出版）。

張德銳（1980）。組織文化析論。**國立編譯館館刊，19**(1)，185-189。

董素貞（2002）。**學校組織文化。**線上檢索日期：2004年7月2日。網址：
　　http://web.ed.ntnu.edu.tw/~minfei/curriculum/90scoolorgshare2（full）-13.
　　doc

蔡榮福（2003）。**國民中學學校組織文化與組織變革支持度之研究。**國立政
　　治大學行政管理碩士學程碩士論文（未出版）。

蔡進雄（2001）。**學校行政領導。**台北：師大書苑。

鄭曜忠（2001）。**高級中學行政主管知識管理態度、學校組織文化與學校效能關係之研究**。國立彰化師範大學工業教育學系碩士論文（未出版）。

廖春文（民 88）。**班級領導的基本理念實施策略**。線上檢索日期：2004 年 7 月 2 日。網址：http://content.edu.tw/primary/music/tp-ck/classroom/content-class 003.htm

謝文全（1988）。**教育行政—理論與實務**。台北市：文景。

謝文全（1998）。**道德領導—學校行政領導的另一扇窗**。輯於林玉体（主編），**跨世紀的教育演變**（頁 237-249）。台北市：文景。

謝文全（2003）。**教育行政學**。台北：高等教育。

Bossidy, L., & Charan, R. (2002)／李明譯（2003）。**執行力**。台北市：天下文化。

Cook, P. A. & Lafferty, J. C. (1987). Level V: *Organizational Culture Inventory-form III*. Plymouth, MI: Human Synergistic,

Deal, T. E. (1985). The symbolism of effective school. *Elementary School Journal, 85*, 601-620.

Deal, T. E., & Kennedy, A. A. (1983). Culture and school performance. *Educational Leadership, 40* (5), 14-15.

Denison D. R (1990). *Corporate Culture and Organizational Effectiveness*. New York: John Wiley & Sons.

Dyer, W. G. (1985). The cycle of cultural evolution in organizations. In R. H. Kilmann, M. J. Saxton, R. Serpa and associates. (1985). *Gaining control of the corporate culture*. San Francisco: Jossey-Bass.

Handy, C. (1988). Cultural forces in schools. In G.. R. Preedy, M. R. Colin, & M. Masterton(Eds.), *Understanding school management*. Philadelphia: Open University Press.

Hargreaves, D, (1999). Helping practitioners explore their school's culture. In Prosser, J. (Ed.), *School culture* (pp.48-65). Thousand Oaks, CA: Sage.

Harris, T. E.(1984). *Organizational culture and the role of professional communica-*

tion. (ERIC ED260397).

Kerr, S., & Jermier, J. M. (1978). Substitutes for leadership: Their meaning and measurement. *Organizational Behavior and Human Performance, 22*, 375-403.

Peters, T. J., & Waterman, R. H. (1982)／天下編譯（1993）。**追求卓越**。台北：天下文化。

Quinn, R. E. & McGrath, M. R. (1985). The transportation of organizational culture: A competing value perspective, in P. J. Frost, et al. (eds.), *Organizational Culture.* Beverly Hills, Ca.: Sage.

Robbin, S. P. (1994). *Organizational Behavior: Concepts, controversies, applications* (7th ed.). N J: Prentice Hall International Editions.

Robbins, S. P. (1996). *Organization behavior: Concept, controversies, and applications*(7th ed.). Englewood Cliffs, N J: Prentice-Hall.

Sathe, V. (1983). Implications of corporate culture: A manager's guide to action. *Organizational Dynamics, 10*, 5-23.

Schein, E. H. (1985). *Organizational culture and leadership: A dynamic view*. San Francisco: Jossey-Bass.

Schein, E. H. (1992). *Organizational Culture and Leadership* (2nd ed.). San Francisco CA: Jossey-Bass.

Sethia, N. K., & Glinow, M. A. (1985). Arriving at four cultures by managing the reward system. In R. H. Kilmann, M. J. Saxton & R. Serpa (Eds.). *Gaining control of the corporate culture*, 400-420. San Francisco: Jossey-Bass.

Smith, P. M. (1998)／羅玉蓓譯。**領導的 24 堂必修課**。台北：臉譜出版。

Trompenaars, F., & Hampden-Turner, C (2003)／栗筱雯譯。**21 世紀卓越領導人**。台北：高寶國際。

Wiener, Y. (1982). Commitment in Organizations: A normative View. *Academy of Management Review, 1*, 424.

Yukl, G. A. (2002). *Leadership in organization* (5th ed.). New Jersey: Prentice-Hall, Inc.

國家圖書館出版品預行編目資料

學校行政領導理論與實務／吳煥烘著. -- 初
版. -- 臺北市：五南，2004[民93]
面；　公分.
ISBN 978-957-11-3736-0（平裝）
1.教育行政
526　　　　　　　　　　93015483

1INS

學校行政領導理論與實務

作　　　者 — 吳煥烘(60.4)

發 行 人 — 楊榮川

總 編 輯 — 王翠華

主　　　編 — 陳念祖

責任編輯 — 許宸瑞

出 版 者 — 五南圖書出版股份有限公司

地　　　址：106台北市大安區和平東路二段339號4樓

電　　　話：(02)2705-5066　　傳　　　真：(02)2706-6100

網　　　址：http://www.wunan.com.tw

電子郵件：wunan@wunan.com.tw

劃撥帳號：01068953

戶　　　名：五南圖書出版股份有限公司

法律顧問　林勝安律師事務所　林勝安律師

出版日期　2004年 9 月初版一刷
　　　　　2012年 3 月初版四刷

定　　　價　新臺幣620元